| 16 | 3  | 2  | 13 |
|----|----|----|----|
| 5  | 10 | 11 | 8  |
| 9  | 6  | 7  | 12 |
| 4  | 15 | 14 | 1  |

Apoio cultural

*Coleção*
*Formadores do Brasil*

# DIOGO ANTÔNIO FEIJÓ

*Organização e introdução*
Jorge Caldeira

editora■34

EDITORA 34

Editora 34 Ltda.
Rua Hungria, 592  Jardim Europa  CEP 01455-000
São Paulo - SP  Brasil  Tel/Fax (11) 3816-6777  editora34@uol.com.br

Copyright © Editora 34 Ltda., 1999
*Diogo Antônio Feijó* © Jorge Caldeira, 1999

A FOTOCÓPIA DE QUALQUER FOLHA DESTE LIVRO É ILEGAL, E CONFIGURA UMA
APROPRIAÇÃO INDEVIDA DOS DIREITOS INTELECTUAIS E PATRIMONIAIS DO AUTOR.

Imagem da capa:
*Retrato de Diogo Antônio Feijó em litografia de S. A. Sisson,*
*extraído de* Galeria dos brasileiros ilustres (os contemporâneos). *Rio de Janeiro:*
*S. A. Sisson Editor, 1861, 2 vols. (agradecimentos à Biblioteca Guita e José Mindlin)*

Capa, projeto gráfico e editoração eletrônica:
*Bracher & Malta Produção Gráfica*

Revisão:
*Magnólia Costa*
*Alexandre Barbosa de Souza*

1ª Edição - 1999 (1ª Reimpressão - 2002)

Catalogação na Fonte do Departamento Nacional do Livro
(Fundação Biblioteca Nacional, RJ, Brasil)

Feijó, Diogo Antônio, 1784-1843
F297d      Diogo Antônio Feijó / organização e introdução
de Jorge Caldeira — São Paulo: Ed. 34, 1999.
360 p.  (Coleção Formadores do Brasil)

ISBN 85-7326-153-6

Inclui bibliografia.

1. Feijó, Diogo Antônio, 1784-1843. 2. Estadistas -
Brasil. 3. Brasil - História - Império, 1822-1889. 4. Brasil -
História - Regências, 1831-1840. 5. Brasil - Política e governo -
1822-1889. I. Caldeira, Jorge, 1955-. II. Título. III. Série.

CDD - 981.04

# DIOGO ANTÔNIO FEIJÓ

Apresentação ............................................................................ 9

Introdução, *Jorge Caldeira* ..................................................... 11

Obras de Diogo Antônio Feijó .................................................. 42

## I. O POLÍTICO

1. Discurso nas Cortes de Lisboa ........................................... 49
2. Manifesto de Falmouth ...................................................... 55
3. Manifesto do Recife .......................................................... 57
4. Representação de Diogo Feijó ao Imperador ...................... 60
5. Nação sem moeda ............................................................. 66
6. Responsabilidade dos ministros ......................................... 67
7. Mandato popular ............................................................... 72
8. A capital tomada .............................................................. 76
9. Condições impostas para o aceite no Ministério da Justiça ....... 77
10. Ofício dirigido à Câmara pelo deputado Feijó
    em 31 de outubro de 1831 ............................................... 79
11. Proclamação ao povo ...................................................... 81
12. Proclamação aos brasileiros para que defendam o 7 de abril ..... 82
13. Relatório do ministro da Justiça (1832) ............................ 83
14. Discurso do deputado Feijó em 16 de maio de 1832 .......... 94
15. Discurso do deputado Feijó em 21 de maio de 1832 .......... 100
16. Golpe de vista sobre o estado atual do Brasil ................... 104
17. Caráter do Ministério desde 7 de abril ............................ 112
18. Dos partidos no Brasil .................................................... 117
19. Interessa o Brasil na conservação do Partido Moderado?
    Poderá ele sustentar-se? ................................................. 119
20. Sobre o governo ............................................................ 122
21. Reformas da Constituição ............................................... 124
22. Governo Geral ............................................................... 128
23. Os jurados .................................................................... 130
24. Negócios da província ................................................... 133

25. Causas da tranqüilidade do Brasil ........................................... 135

26. Sobre o governo .................................................................... 138

27. O jornalismo no Brasil .......................................................... 141

28. Variedade ............................................................................. 144

29. Da origem e progresso do Partido Restaurador ..................... 145

30. Negócios provinciais ............................................................. 148

31. Exterior ................................................................................ 149

32. O tráfico dos pretos africanos ............................................... 151

33. Atividades do Ministério ....................................................... 155

34. Necessidade de purificar-se a monarquia constitucional ........... 159

35. O Brasil depois da morte de d. Pedro .................................... 162

36. A Monarquia é necessária no Brasil? ..................................... 165

37. Negócios provinciais ............................................................. 168

38. Testamento ........................................................................... 170

39. Discurso de regente eleito ..................................................... 172

40. Fala do Trono (1836) ............................................................ 175

41. Fala do Trono (1837) ............................................................ 178

42. Renúncia ao cargo de Regente ............................................... 180

43. Manifesto à nação ................................................................. 181

44. Comentários sobre a Fala do Trono de 1839 (1) ..................... 182

45. Comentários sobre a Fala do Trono de 1839 (2) ..................... 185

46. Defesa de sua gestão ............................................................. 195

47. Defesa do poder provincial .................................................... 202

48. Defesa dos poderes municipais .............................................. 207

49. Defesa dos poderes locais (1) ................................................ 211

50. Defesa dos poderes locais (2) ................................................ 217

51. Correspondência entre o senador Diogo Antônio Feijó
    e o general barão de Caxias ................................................... 222

52. Defesa do senador Diogo Antônio Feijó ................................ 225


## II. O Administrador

1. Projeto de civilização dos índios ............................................ 237

2. Escravização de índios .......................................................... 238

3. Índios selvagens .................................................................... 240

4. Africanos livres ..................................................................... 241

5. Justiça para os pobres ........................................................... 242

6. Alforria de escravos ............................................................... 243

7. Despesas com presos escravos .................................................... 244
8. Tráfico negreiro ......................................................................... 245
9. Roupas para os presos pobres .................................................... 246
10. Escravos no calabouço .............................................................. 247
11. Perturbação da ordem .............................................................. 248
12. Tráfico de escravos (1) ............................................................ 250
13. Tráfico de escravos (2) ............................................................ 251
14. Tráfico de escravos (3) ............................................................ 252
15. Tráfico de escravos (4) ............................................................ 253
16. Vadios estrangeiros ................................................................. 254
17. Tráfico de escravos (5) ............................................................ 255
18. Despesas com presos (1) .......................................................... 256
19. Despesas com presos (2) .......................................................... 257
20. Tráfico de escravos (6) ............................................................ 258
21. Depósito de escravos ............................................................... 259
22. Capoeira ................................................................................. 260
23. Negócios gerais [Confusões com a moeda (1)] .......................... 261
24. Negócios gerais [Confusões com a moeda (2)] .......................... 265

## III. O Padre

1. Oração fúnebre ao padre Jesuíno do Monte Carmelo ............... 271
2. Padres estrangeiros .................................................................. 278
3. Demonstração da necessidade de abolição
    do celibato clerical (1828) ....................................................... 279
4. Resposta do deputado Feijó às parvoíces, impiedades e
    contradições do padre Luiz Gonçalves dos Santos ............... 342

# Apresentação

A Coleção Formadores do Brasil tem o objetivo de resgatar obras fundamentais do pensamento sobre a Nação. Trabalhos de pessoas que formularam os caminhos básicos pelos quais seguiu o Brasil.

A seleção de autores foi realizada por um Conselho Editorial dirigido por Jorge Caldeira e composto pelos historiadores Boris Fausto, Evaldo Cabral de Mello, Fernando Novais, José Murilo de Carvalho e Sergio Goes de Paula.

Para a confecção de cada volume, foram realizadas pesquisas em vários arquivos para, tanto quanto possível, levantar a obra completa dos autores. Feita a seleção do material, este foi editado de acordo com os seguintes critérios:

1) Escolheu-se como base a versão mais completa dos textos, cotejando-se sempre com a primeira, quando foi o caso;

2) Naqueles textos publicados como livro, mantiveram-se as construções originais, atualizando-se apenas a ortografia e, em alguns poucos casos, a pontuação;

3) Nos textos cuja forma não se deve ao autor, especialmente a transcrição de discursos parlamentares, foram atualizadas a ortografia, a pontuação e a separação de parágrafos;

4) Em alguns casos, em que havia necessidade de excessiva repetição de títulos indicativos (exemplo: discurso proferido na sessão de ...), foram dados títulos pelos organizadores, indicando o assunto do texto.

No futuro, os textos não-publicados dos diversos autores deverão estar disponíveis na Internet, no endereço: www.historiadobrasil.com.br.

A realização desta obra se tornou possível graças ao apoio do Banco BBA Creditanstalt.

# Introdução

Jorge Caldeira

No dia 7 de abril de 1835, pela primeira vez na história do Brasil, houve uma eleição nacional para indicar o chefe do poder Executivo. O escolhido iria substituir, como regente único, o imperador d. Pedro II, então com nove anos de idade, até sua maioridade. Seria um cidadão com poderes de rei. Esta foi, em todo o período imperial, a única oportunidade que os brasileiros tiveram de escolher o homem que queriam à frente do governo do país. Também foi uma oportunidade única: a eleição ocorreu num tempo em que não havia partidos políticos organizados, nem candidatos previamente indicados — e tampouco unidade de pontos de vista. Qualquer cidadão podia ser eleito num pleito em dois turnos. Os votantes (assim eram chamados os eleitores comuns de hoje) de cada município escolhiam seus eleitores (termo aplicado aos indicados pelos votantes); estes, em assembléia na capital de cada província, votavam livremente no nome que julgavam mais apropriado para o cargo. As listas com os votos de cada província eram enviadas para o Rio de Janeiro, e ganhava quem tivesse mais votos. Neste cenário pouco marcado por partidos políticos ou organizações nacionais, escolhia-se mais um perfil pessoal que propriamente um programa.

O eleito foi o padre Diogo Antônio Feijó, um brasileiro comum: sem tradição de família num país de dinastias familiares (sua certidão de batismo o apresentava como "filho de pais incógnitos"); sem dinheiro ou terras (tinha, na época, apenas uma casa num subúrbio em São Paulo); e sem títulos de nobreza — os quais dava mostras de detestar. Se, na condição de padre, tinha alguma influência na Igreja, ela era negativa: muitos outros padres o abominavam, pois se opunha publicamente ao celibato. Suas qualidades de orador eram escassas e tinha fama de falar mal em público: voz baixa, mal articulada, com forte sotaque caipira. Não era exatamente bem-apessoado: cabeça grande, corpo pequeno e atarracado, no qual se destacavam as mãos fortes. Não era um apreciador da política de bastidores; suportava-a como uma obrigação, mas aproveitava todas as oportunidades possíveis para voltar ao "mato", que considerava seu lugar. Para completar, não fez nenhum esforço de campanha para conquistar o cargo. Passou os meses que antecederam a eleição retirado em sua província natal, no exercício do contato com a vida das pessoas comuns.

Por que motivo então foi ele o escolhido? Em primeiro lugar, porque era um homem do Parlamento, um deputado importante. Constituição e Parlamento haviam sido as instituições novas, brasileiras, que se acrescentaram à administração monárquica herdada de Portugal com a fórmula da independência brasileira, comandada pelo herdeiro do trono português. Porém, enquanto a Constituição fora outorgada pelo imperador, a vida parlamentar era vista como uma conquista de todos os brasileiros sobre seu destino. Na época, o Parlamento contava apenas nove anos de existência. Embora recente, a nova instituição revelou-se de importância crucial. Com apenas cinco anos de funcionamento, o Parlamento foi responsável pela renúncia de d. Pedro I e, desde 1831, era o único centro efetivo de poder no Brasil. Ser deputado, nessas condições, era participar ativamente do destino do país. Do Parlamento saíam as idéias e os homens que então comandavam a construção nacional; Feijó, ao ser eleito, foi considerado o melhor deles. A maioria dos outros nomes lembrados na eleição também eram de parlamentares, mas Feijó pareceu ter idéias melhores sobre o futuro do país.

Quais eram essas idéias que o destacaram entre seus pares? As atividades a que se dedicou em sua província enquanto corria a eleição são um bom ponto de partida para chegarmos a elas. O retiro anual em São Paulo durante os meses de recesso do Parlamento (de novembro a abril) era um hábito que prezava, tanto pelo incômodo que lhe causava o clima quente do Rio de Janeiro, como pela necessidade de ouvir seus amigos, na maioria brasileiros tão comuns quanto ele, de inteirar-se dos problemas e soluções da província (em cuja administração colaborava) e de se preparar com calma para as batalhas políticas nacionais — que dava muitos sinais de detestar, embora nunca tenha fugido a elas. O retiro do verão de 1834-35 serviu para que ele se preparasse para a eventualidade da eleição, uma probabilidade que não podia desprezar. Tendo sido deputado e, por indicação do Parlamento, ministro da Justiça, era reconhecido em todo o país como um homem indispensável para a superação dos imensos problemas políticos e econômicos do momento. Fora um bom gerente da pesada herança deixada por d. Pedro I após sua abdicação em 1831, mas nem de longe os problemas tinham acabado. Em São Paulo, em vez de afiar seus argumentos em favor do otimismo, o padre Feijó mergulhou num rigoroso exame de consciência. Analisou detidamente os problemas que sabia difíceis de resolver e, a partir desse exame, traçou um

Diogo Antônio Feijó foi batizado como "filho de pais incógnitos" no dia 17 de agosto de 1784 na igreja da Sé, em São Paulo. [Thomas Ender, *Cathedral Kirche zu St. Paul*, Kupferstichkabinett der Akademie der bildenden Künste, Viena]

Regente Feijó: o humilde padre, deputado e posteriormente senador paulista seria o primeiro chefe do poder Executivo brasileiro a ser escolhido em eleição nacional, em abril de 1835. [Jorge José Pinto Vedras, *Diogo Antônio Feijó*, Museu Paulista, São Paulo]

quadro bastante realista da situação nacional. Como resultado, o que se poderia chamar de seu programa de governo era, na verdade, antes uma lista de obstáculos a superar que um rol de promessas anunciando um futuro grandioso. Em outras palavras, pensava em lutas, não em vitórias, pois não entretinha ilusões quanto a sair vencedor de todos os combates que sua análise indicava como fundamentais.

Mas as lutas que vislumbrava eram as que interessavam aos brasileiros, pois todas eram essenciais para transformar a herança colonial num país de verdade. Como fazer isto? No final de 1834, o senador Feijó experimentou uma nova forma de divulgar suas idéias a respeito da situação nacional, publicando um pequeno jornal, impresso em São Paulo e destinado sobretudo a seus amigos na província. O nome do pequeno jornal já revelava algo de suas preocupações: *O Justiceiro*. No artigo de fundo do número de estréia, intitulado "Golpe de vista sobre o estado atual do Brasil" [ver a p. 104 deste volume], é justamente a partir da preocupação com a Justiça, ou, mais precisamente, com a falta dela, que ele funda seu edifício de idéias sobre os rumos que gostaria de imprimir ao Brasil.

Para Feijó, o Brasil da Colônia e do Primeiro Reinado se confundia com o lugar do despotismo, das prisões arbitrárias, dos privilégios dos ricos e poderosos, do abandono dos pobres, dos cargos públicos a serviço de interesses privados. Já o Brasil que imaginava era um país no qual imperariam a "liberdade, e a Constituição que a deveria garantir". A tarefa do governo, portanto, deveria ser a eliminação dos inúmeros resquícios da velha ordem portuguesa, fechada e excludente, permitindo a implantação da nova ordem, brasileira, na qual o governo seria o fiador da justiça num quadro constitucional.

Essa substituição do arbítrio pelo império da lei como etapa fundamental da transformação da antiga colônia num país digno desse nome é o tema central dos escritos e da atuação política de Diogo Antônio Feijó. Tão importante é este objetivo para um homem público que, até os dias de hoje, ele continua a orientar políticos, juristas, escritores e cidadãos. Se a continuidade no tempo mostra a relevância dos temas a que dedicou o melhor de si, o quadro da época lhes dá outro caráter. Nos primórdios do Brasil independente, estava muito longe de existir um consenso em torno da idéia de que a lei deveria garantir a liberdade, que os governantes deveriam se submeter à lei, e que a finalidade última disso era criar uma situação social justa. Na época, aqueles que pensavam assim eram exceção — e suas idéias, mais inovação de revolucionários que princípios assentados. E se esses princípios, derivados da filosofia iluminista, não eram unânimes, menos ainda o eram as formas para colocá-los em prática.

Até mesmo o primeiro passo dessa mudança, a criação de leis que garantissem a liberdade, era ainda um experimento incerto. Na época, apenas um país no mundo, os Estados Unidos, conhecia uma organização permanente dos poderes que se baseava na separação entre Executivo, Legislativo e Judiciário, que era definida por uma Constituição e mantida por eleições para os cargos públicos. Por todas as partes fizeram-se outras tentativas, mas a maioria durou apenas o tempo de uma vaga revolucionária.

No caso brasileiro, todas essas dificuldades eram complicadas ainda pela própria estrutura da sociedade. O Brasil não escapava das dificuldades então mundiais para se fundamentar o Estado nas idéias iluministas. Mas enfrentava obstáculos adicionais: metade de seus 4 milhões de pessoas eram escravos ou índios, destituídos de direitos políticos efetivos; o grosso da elite detestava as novas idéias e acumulava poderes suficientes para se furtar ao alcance da lei; 97% da população era analfabeta e havia apenas um curso superior, recém-fundado; as comunicações no imenso território eram precárias, dificultando imensamente a discussão de idéias. Mas, sobretudo, a administração colonial herdada intacta se pautava por idéias opostas àquelas defendidas por indivíduos como Feijó.

Portanto, dado esse quadro de dificuldades, não há como negar o pioneirismo de Feijó, que se mostrou capaz de dar a suas idéias de liberdade e justiça uma densidade suficiente para convencer muita gente. Ele dispunha, em relação aos outros parlamentares, de uma apreciável vantagem: como ministro da Justiça, dera provas de sua determinação em aplicar suas idéias à realidade. Ele conseguiu mostrar que, desde cedo, os brasileiros livres desejavam o caminho da lei e da democracia, e se opunham à escravidão e à multidão de gente influente contrária a qualquer mudança. Sua vitória na eleição de 1835 foi tanto a vitória de um desejo nacional como um indicativo de quem via melhor as possibilidades efetivas de realização de transformações no momento. Se ele tinha sido eleito pelo desejo de mudar, tinha sido eleito também porque os brasileiros sabiam muito bem que havia uma formidável quantidade de obstáculos a serem transpostos para que esses desejos se realizassem — e ele era o homem que poderia alcançar esse objetivo, mesmo que estivesse identificado com causas aparentemente impossíveis.

Feijó conhecia os riscos. Em seu artigo de estréia no *Justiceiro*, os obstáculos vinham detalhados: abusos havia séculos tolerados; prisões arbitrárias e sem julgamentos; deportações; morosidade da justiça; favorecimento dos ricos; proteção a compadres; humilhações dos pobres; monopólio dos cargos de direção por cortesãos ambiciosos; a herança de um monarca "alimentado no leite do despotismo"; uma Constituição imperfeita; crise econômica agu-

# O JUSTICEIRO.

S. PAULO. — SEXTA FEIRA 7 DE NOVEMBRO DE 1834. — N.º 1.

Publica-se na Typographia do Farol Paulistano, ás Quintas Feiras, excepto se a chegada do Correio do Rio de Janeiro for n'esse dia, ou no immediato, porque então publicar-se-ha no seguinte. — Recebem-se assignaturas a 960 rs. por tres mezes pagos adiantados, e vendem-se n.ºˢ avulsos a 80 rs, na casa do Sr. Lúcio Manoel Felix dos Santos Capello, Rua do Rosario n.º

## INTERIOR.

*Golpe de vista sobre o estado actual do Brazil.*

A Confrontação do passado com o presente é que nós-porá ao alcance de formarmos juizo seguro sobre o estado em que ora nós achamos.

Até Maio de 1826 foi o Brazil governado pelos Capitães-Generaes nas Provincias, e pelos Capitães-mores n'as Villas, e seus Termos. Elles exercião a parte policial da nossa Legislação comulativamente com os Corregedores e Juizes Ordinarios, e por abuso, ha seculos tolerado, prendião á sua fantasia mente a quem querião; e chamava-se a isto — prender de potencia, — e muitas vezes deportavão para fóra da Provincia ou do Termo. Se taes arbitrariedades e despotismos erão practicados com a classe pobre, nem-um outro recurso restava que o soffrimento. Se porem o raio cahia sobre o homem rico ou que contava protecção na Cidade ou na Corte, encetava-se a carreira das representações sempre apoiadas nos empenhos pela maior parte dispendiosos, e depois de mil soffrimentos, respostas, e eternas delongas, se a injustiça era clamorosa, se os patronos erão fortes, algumas vezes mandava se soltar o desgraçado, passados mezes e annos d'incommodos, trabalhos, despezas, e soffrimentos.

O recrutamento perpétuo era um meio fecundo de vexações e despezas. Esta Provincia sem commercio, porque lhe erão feixados todos os portos, a excepção dos de Portugal, como acontecia a todo o Brazil, pobre e despovoada, ainda assim conservava em armas constantemente mais de dois mil homens, a quem se não pagava soldo senão dois ou tres mezes no anno. Os Capitães-mores querendo vingár-se de qualquer inimigo, ou de quem quer que tractasse menos bem ao seu compadre, immediatamente remettia o filho para a praça: e eis o pobre Pai mendigando favores e protecção na Capital, é depois de bem lagrimas derramadas, humilhando-se perante os validos do General, é de suas concubinas, levava o filho resgatado por cem e duzentos mil reis, segundo suas possibilidades.

Em fim não é tão remóta a epoca do despotismo para que careçamos contar a nós mesmos, que o vimos, que o presenciamos, que o sentimos, o que então se passou: basta recordal o para fazer o contraste que se pretende.

Em 1821 proclamou se a Liberdade, e a Constituição que a devia garantir. Agitarão-se os animos, é o Povo sem saber o porque, só ao annuncio da Liberdade, do alivio da oppressão, saltou de contente, é acompanhou aquelles, que lhe derão tão feliz noticia. O chefe do governo tinha sido alimentado com o leite do despotismo: o ar que respirava, os Conselheiros que escutava, todas as antigas recordações oppunhão-se ao enthusiasmo, que o magico nome de Liberdade lhe inspirava. A mocidade do Princepe deixava-se arrastar um pouco pelo amor da gloria, contemplando-se fundador de um Imperio livre, e objecto das esperanças de um Povo novo, que emprehendia a conquista de sua Independencia, acto que anticipava a Epocha de sua elevação ao throno. Os que o rodeavão, aquelles que mais imperio tinhão sobre o seu coração, tinhão demaziado amor a Liberdade para

7 de novembro de 1834: número inaugural do jornal *O Justiceiro*, veículo de divulgação das idéias de Feijó, com seu artigo "Golpe de vista sobre o estado atual do Brasil". [Arquivo da Biblioteca Nacional, Rio de Janeiro]

da; uma "aristocracia fantástica, despida de todos os atavios"; corrupção generalizada; e, sobretudo, a realidade iníqua da escravidão.

Implantar os novos princípios significava vencer hábitos velhos e arraigados, mais do que debater idéias. Contra tantos riscos evidentes, uma pequena oportunidade. Para a sorte de Feijó, muitos dos defensores de idéias e hábitos absolutistas, exatamente por serem absolutistas, em geral desprezavam solenemente a necessidade de se elegerem para mandar. Eram opositores que nem disputavam eleições, consideradas uma irrelevância por aqueles mais interessados em abocanhar um cargo por indicação em manobras de Corte do que arriscar seus nomes nas urnas. Para os inúmeros brasileiros que cultivavam esses ideais arbitrários, poucos mandavam e o resto obedecia porque esta era uma lei de Deus ou da natureza, que não seria mudada pela vontade dos homens, por leis escritas num pedaço de papel, nem por eleições. Uma atitude que, sem dúvida, facilitou o caminho de Feijó, que chegou ao poder justamente pela via eleitoral — mas que não facilitaria sua ação no governo, como ele bem o sabia, pois teria de contar com as ambições dessa gente na hora de governar.

A oportunidade, porém, não podia ser desperdiçada. Naquele momento, o relativo desprezo dos absolutistas pelo processo eleitoral abriu espaço não apenas para o eleito, mas para a própria instituição de onde ele vinha. O jovem Parlamento era a única organização política que apostava na construção do novo país imaginado por Feijó e seus eleitores. Era uma força coletiva. Centro de criação das leis, centro da liberdade garantida pela lei, centro onde se reuniam os homens que esperavam desenvolver o país novo governando de outro modo, em nome do povo. Como representantes eleitos do povo, deste recebiam o poder, a autoridade e a legitimidade. Um centro aberto a homens desvinculados do regime absolutista, pessoas comuns como Feijó. Mas, também por isso, centro de poder limitado, pela própria fórmula da independência, pois a permanência do monarca significou a permanência de tudo que o cercava: áulicos, manobras de bastidores, atalhos para o poder que passavam pelas alcovas da Corte e não pelo voto.

Enquadrar na lei essa tradição despótica, esses representantes da tradição, tal era a tarefa primordial de Feijó. Porém, mesmo com a Regência nas mãos do Parlamento, não se tratava de uma tarefa de fácil realização. O maior obstáculo não era a organização explícita dos partidários do despotismo. Representados pelo Partido Restaurador, que defendia a volta do monarca e de seus métodos de governo, eles formavam um grupo fraco no Parlamento, mas forte nas manobras de bastidores e influente na Corte que educava o futuro imperador. A maior força com que Feijó contava, a maioria no Parlamento, era insuficiente em muitos aspectos. Para implantar de fato as mudanças, era necessário força administrativa, e não apenas parlamentar. Era preciso reproduzir a autoridade democrática, mas o grosso das pessoas que exerciam essa autoridade não era democrata. Avaliando as possibilidades administrativas de alcançar seus objetivos quando assumisse o cargo de regente, Feijó não vislumbrava um quadro otimista dos instrumentos à disposição do governante: "legislação má, completa e insuficiente"; "governo fraco" e "sem meios para fazer efetivas [as leis] que tem"; "autoridades mal organizadas"; "cidadãos sem estímulos"; "povo sem educação"; um Judiciário "a fazer ainda piores as leis".

Ele, porém, foi o escolhido para enfrentar os obstáculos e não podia fugir de sua responsabilidade pública, que encarava de modo peculiar. Feijó lidava com o medo. Este sentimento esteve presente desde sua primeira manifestação como homem público. Padre de província, sem nunca ter saído dos estreitos limites de poucas vilas de São Paulo, em 1821 foi eleito deputado junto às Cortes de Lisboa. Sem experiência parlamentar (algo comum a todos os deputados, já que aquela foi a primeira Assembléia Legislativa também em Portugal), e sem qualquer experiência em cargos de mando (o que o destacava da imensa maioria dos deputados), passou calado os primeiros meses de seu mandato. Aprendia os rudimentos da mecânica parlamentar em meio a um clima pesado. Os deputados brasileiros eram minoria. Vinham cada um de uma província e não haviam tido tempo para estabelecer contatos entre si ou elaborar planos comuns. Chegaram com os trabalhos legislativos quase encerrados, apenas para sacramentar uma Constituição já delineada enquanto viajavam para Portugal, e que era contrária ao pensamento da maioria: na prática, reduzia o Brasil à sua condição anterior à abertura dos portos, de mera colônia a ser explorada pela metrópole. Os brasileiros, empenhados em salvar a situação, sofriam. Eram vaiados no plenário, xingados na rua, injuriados na imprensa, perseguidos pela maioria portuguesa. Este foi o cenário de seu discurso de estréia [p. 49]. E no cenário, um homem lidando com a consciência do medo: "Não porque eu não seja suscetível de medo; já o tenho experimentado, e não duvido ainda experimentar; e bem longe de censurar, antes o julgo necessário, e concedido ao homem pelo autor da natureza para advertir dos males, e obrigar a evitá-los. O valor e a coragem consistem em vencer o temor, quando convém afrontar perigos: parece-me também que os terei quando chegar a ocasião".

Por maiores que fossem os perigos imaginados sob o domínio do medo, Feijó não se deixou paralisar por ele. Após considerar os motivos do medo, e a resposta de sua consciência, afrontou o perigo. Propôs, na frente dos adversários, nada menos que a independência das províncias brasileiras, a suspensão dos atos do governo português e a retirada das tropas metropolitanas do território brasileiro. Saiu vaiado. Mas, contra a maioria, permaneceu firme até o fim. Recusou-se a assinar a Constituição com a qual não concordava. Pela ousadia, viu-se obrigado a fugir de Lisboa a bordo de um navio inglês e enfrentar uma série de peripécias antes de retornar ao Brasil — já então independente —, lançando manifestos pelo caminho [pp. 55 e 57].

Nos anos seguintes, o Feijó que temia foi praticamente eclipsado pelo homem que agia sobre o medo — nem sempre com sensatez. Queria a independência do Brasil, queria a Constituição, aceitava plenamente a fórmula monárquica. Mas seu primeiro gesto no Brasil foi o de trombar de frente com o homem que transformava tudo isso em realidade, o ministro e deputado José Bonifácio de Andrada e Silva — que além de tudo era paulista, como ele. Mais ainda, Feijó admirava Antônio Carlos Ribeiro de Andrada, irmão do ministro e seu mestre nas Cortes de Lisboa. Se tudo isso os aproximava, a diferença estava num detalhe: Bonifácio não gostava nem um pouco de pessoas que colocavam seus princípios liberais acima das necessidades do momento, enquanto Feijó detestava pessoas que colocavam as necessidades do momento acima dos princípios liberais — e ambos eram iguais na intransigência com relação a essas crenças. Para que os dois bicudos não se beijassem, bastaram uns tantos comentários sobre as atividades da Assembléia Constituinte brasileira (para a qual não havia sido eleito) para Bonifácio colocá-lo sob vigilância, o que Feijó considerou um gesto despótico. Assim que soube da ordem, escreveu um protesto ao imperador contra o ministro [p. 60]. D. Pedro, interessado em se livrar de seu mais precioso auxiliar, já havia recebido Feijó em audiência, e oferecido a ele um cargo na Capela Real — cargo recusado, pois Feijó também era intransigente em não aceitar nenhum poder que não viesse das urnas.

E se até José Bonifácio lhe parecia suspeito de despotismo, o que não dizer então do imperador, que logo depois de receber Feijó começou a abandonar uma a uma as promessas liberais que sustentava? Demitiu e exilou sem processo o próprio Bonifácio, fechou a Assembléia Constituinte e escreveu por sua conta a Constituição de 1824. Tornara-se, com esses gestos, um monarca absoluto. Como um mínimo disfarce para essa realidade, decidiu validar sua Constituição pelas muitas Câmaras Municipais, então os únicos órgãos eletivos funcionando no país. A grande maioria (exceto em Pernambuco, onde o fechamento da Constituinte provocou uma revolução, a Confederação do Equador) aceitou. A de Itu, em São Paulo, decidiu sugerir mudanças e emendas. Principal articulador do protesto? Diogo Antônio Feijó.

Sessão de 4 de maio de 1822 nas Cortes de Lisboa: Antônio Carlos (de costas) discute com Borges Carneiro (de pé); Vergueiro (à direita) volta-se para falar com Feijó. [Oscar Pereira da Silva, *Sessão das Cortes de Lisboa* (detalhe), Museu Paulista, São Paulo]

Em 1823, quando tinha residência em Itu, Feijó foi colocado sob vigilância pelo ministro José Bonifácio: os dois paulistas que fizeram a Independência nunca mais se aproximaram. [Miguelzinho Dutra, *Vista da cidade de Ytú* (detalhe)]

O imperador ignorou o conteúdo, mas não a mensagem de reações como essa. Para tentar diminuir sua impopularidade, que crescia a cada decisão, d. Pedro I contava com o início do funcionamento do Parlamento brasileiro. Feijó foi eleito deputado. A partir de 1826, começou a tentar formular as leis que julgava mais importantes para o funcionamento do país. Seus projetos e discursos permitiram revelar os caminhos que julgava necessário estabelecer primeiro. Em vez do debate político geral, brigava apenas pelo que lhe parecia mais importante: as mudanças práticas. Na Câmara ou na Assembléia Provincial paulista (da qual participava no intervalo entre as sessões na capital), oferecia projetos específicos e tentava aprová-los. Educação; organização democrática dos poderes locais; tratamento dos índios [pp. 237-40], pobres e dos escravos; novas leis civis; solução da crise financeira [p. 66] eram os temas mais importantes.

Apesar de bem intencionado, Feijó revelou-se, no geral, um deputado pouquíssimo transigente. Por isso, não iria conhecer o sucesso inicial pela eficiência parlamentar. Nenhum de seus projetos foi adiante, pois ele tinha dificuldade em negociá-los, o que é essencial num sistema de decisões coletivas. Também não era homem de discursos efusivos, que ganhasse nome com o uso da retórica; falava tão mal que muitas vezes nem os taquígrafos da Câmara o entendiam. Mesmo assim acabou famoso, da maneira como homens como ele podem obter fama nos parlamentos: pela polêmica gerada por suas posições. E a fama veio de uma polêmica que não era nem econômica, nem jurídica, nem educacional — enfim, das áreas onde ele talvez desejasse mais notoriedade. Envolvia, é certo, sua preocupação central: a lei definindo os limites da liberdade, para garanti-la. Mas envolvia também a Igreja, e Feijó era padre. Um padre que ficou famoso porque queria acabar com o celibato dos padres [pp. 279 ss.].

Que espécie de padre era Feijó? Um padre secular, formado não nos seminários, mas nas ruas. Padre de baixo escalão, enfim. Essa era, na época, a única espécie de padre que poderia ser um homem com uma certidão de batismo como a dele: "Aos 17 de agosto de 1784, nesta Sé, batizei e puz os Santos Óleos a Diogo, filhos de pais incógnitos, exposto na casa do Reverendíssimo Fernando Lopes de Camargo". Um homem com os sinais da fé atestados juntamente com a marca indelével da bastardia, definidora de toda uma vida, em tempos nos quais o nascimento marcava a posição das pessoas até o fim de seus dias. Contrastando com o anonimato de origem do bebê sem sobrenome, há no documento apenas um nome completo: o nome do padre Fernando Lopes Camargo, dono da casa onde foi exposto (onde sua existência e seu abandono pelos pais se tornaram públicos, segundo os termos da época). Nome de família tradicional e poderosa em São Paulo, do filho de um presidente da Câmara (o cargo mais alto para o qual, no Brasil colonial, uma pessoa podia ser eleita). Só mais de meio século depois da morte do regente a combinação entre anonimato e nomeada veio a se esclarecer: o menino Diogo era filho de Maria Joaquina de Carvalho, irmã do padre, e possivelmente de Félix Antônio Feijó, irmão de um cunhado.

Seja como for, a marca de bastardia da certidão se impôs sobre a do sangue. Mesmo sendo inicialmente recolhido na casa da família, na rua da Freira (atual rua Senador Feijó, no centro de São Paulo), o menino foi criado de forma que as aparências públicas de bastardo, nela impressas, se mantivessem. As marcas de seus passos, registradas pelo poder público na infância, se fizeram através da categoria do "agregado" (pessoa sem relação de parentesco, mas moradora e dependente do dono da casa). E nem sempre agregado da família Camargo, embora haja registro dele na rua da Freira em alguns censos. Em muitos registros anuais aparece, no entanto, agregado muitas vezes de padres — o tio ou amigos —, servindo em paróquias mais ou menos distantes. Em 1795, por exemplo, "Diogo, exposto de doze anos", foi registrado em Guaratinguetá, na casa do padre João Gonçalves Lima. A cidade era, na época, uma vila de fronteira, e um dos principais trabalhos do padre era o de catequizar índios bravios, reunindo-os no aldeamento de Queluz (hoje, cidade de mesmo nome).

Não foi como neto de um presidente de Câmara, mas como agregado de padres de paróquias distantes que ele construiu sua vida. Aprendeu a ler com os padres que cuidavam dele, e com eles, um pouco aqui, outro tanto ali, também os rudimentos do ofício sacerdotal. Aperfeiçoou-os em São Paulo, cidade onde volta a ser encontrado a partir de 1798 na lista dos moradores da rua da Freira, ao lado da mãe ("que vive de quitandas", expressão dos censos da época para designar quituteiras) e de uma outra agregada oito anos mais nova, sua irmã igualmente sem identidade parental, Maria Justina de Camargo. Estudar por conta própria era o caminho da imensa maioria dos padres brasileiros da época. E ser padre por esse caminho era mais ganhar uma habilitação de funcionário público concursado que qualquer outra coisa. A primeira fase consistia em fazer algumas provas de conhecimento: retórica e gramática latina, concluídas em 1801. Mas o saber não era tudo para a profissão. Feijó, aos dezessete anos, era novo demais para ser ordenado; teria ainda de esperar para as etapas seguintes do concurso. Mas já querendo ser dono de sua vida, mudou-se para Campinas (então um vilarejo recém-fundado chamado São Carlos, com pouco menos de 2 mil habitantes). Tentou fazer a única coisa que podia naquele momento para ganhar a vida: dar aulas. Os censos dos anos seguintes mostram o quanto isso era difícil: registram-no ora como professor, ora como pessoa que "vive de esmolar". Uma situação que os beneficiados por seu saber tentavam remediar como podiam. Em 1804, um documento assinado pelos vereadores da vila pede que o jovem, "o qual só espera pueridade suficiente para subir ao sacerdócio", receba um salário público, "por não sentir lucro ao menos para a sua módica subsistência", apesar de ser "um excelente mestre ensinando".

Sair dessa situação com a "subida ao sacerdócio" era passar da condição de professor para outra bem melhor. Um padre, na estrutura portuguesa, era bem mais um funcionário graduado que um pastor de almas. Responsável pelas missas e pela catequese, é certo, mas também pelos registros paroquiais, que eram tanto eclesiásticos como civis (a certidão de batismo, por exemplo, tinha também o valor da atual certidão de nascimento). Funcionário porque seu ganho não vinha apenas dos sacramentos (embora estes propiciassem rendas), mas também do Tesouro, responsável tanto pelo recolhimento do dízimo como pelo pagamento dos padres. Esse grande poder do governo sobre a organização da Igreja era uma característica peculiar do governo português. Ao contrário de quase todos os países católicos da época, o governo português administrava a Igreja, e não o Vaticano. Era assim desde o século XV, quando Portugal recebeu de Roma o direito do padroado, isto é, de organizar a Igreja: todos os cargos e provimentos eclesiásticos (conazias, bispados etc.) eram criados e tinham seus ocupantes indicados pelo rei, não pelo papa.

O saber demonstrado nos primeiros exames era apenas a primeira parte do caminho, a parte que poderia ser vencida pela competência individual. A ordenação exigia bem mais que isso. Exigia, por exemplo, a necessidade de se comprovar boa situação de origem familiar. Uma impossibilidade que ele tentou contornar ajuntando ao processo várias declarações, como a de José Branco Pereira, afirmando que ele era "de boa família" e "isento de crimes, erros e infâmias", ou a de Francisco Mendes de Oliveira, que o dizia "de boa geração e ilustre família" — enfim, verdades talvez fatuais, mas nunca legais. Para vencer a dificuldade legal, foi preciso mais que arranjos de terceiros. Feijó foi obrigado a fazer uma declaração de próprio punho, jurando que "não era, nem haveria de ser, imitador da incontinência de seus pais". Em troca da humilhação, a aprovação lhe deu aquilo que nunca teve: uma identidade social numa sociedade que vivia para elas. Passou a aparecer como "padre" nos censos campineiros a partir de 1805, mas ainda muito pobre: "vive de esmolas", informam os documentos. Somente a partir de sua designação como presbítero, em 1808, é que melhoraria um pouco sua situação econômica:

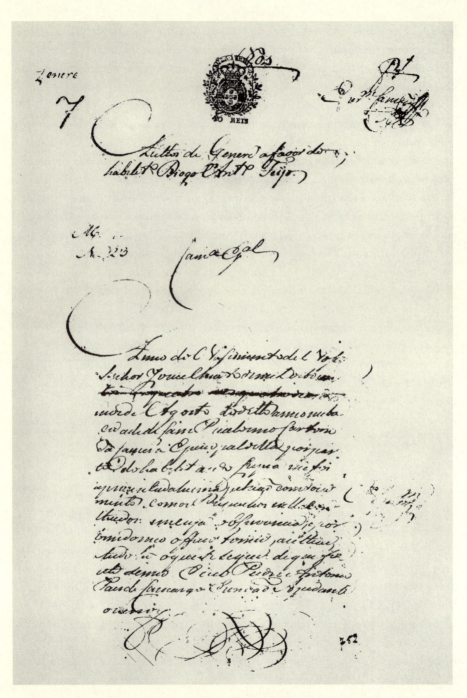

"Autos de gênere a favor do habilitando Diogo Antônio Feijó", documento do processo de sua ordenação como padre, datado de 14 de janeiro de 1804.
[Arquivo da Cúria Metropolitana de São Paulo]

podia cobrar pelos sacramentos — batizados, casamentos etc. Pouco, mas o suficiente para os censos o registrarem como pessoa que "vive de suas ordens", nos anos seguintes.

Um padre secular (isto é, formado por sua conta e aprovado em exames civis) tinha lugar certo na estrutura administrativa, mas um lugar secundário na estrutura hierárquica da carreira. Não precisava fazer os votos de pobreza ou obediência, como os padres formados nas ordens religiosas. Mas, sem a proteção material e a formação espiritual garantidas pelas ordens, precisava ganhar a vida por sua conta. Para isso, mantinha os direitos civis de qualquer súdito do reino: podia ser proprietário, fazendeiro, comerciante, receber e deixar heranças, votar e ser votado nas câmaras municipais, ser vereador — e sem precisar de autorização de ninguém. Padre que era bem mais cidadão comum que os atuais. E foi como cidadão que sua vida mudou. Recebeu uma herança da avó, suficiente para fazer como os que progrediam em Campinas na época: comprar terras e uma dúzia de escravos, montar um pequeno engenho de cana. Cuidar de um negócio próprio era o caminho de milhares de padres como ele: havia padres mineradores, pequenos e grandes agricultores, comerciantes — proprietários de um ou centenas de escravos. O progresso na vida terrena era tranqüilamente admitido — e talvez até publicamente preferido ao progresso espiritual, a se julgar pelos itens censitários. Na segunda década do século, os recenseadores, que em geral marcavam o título mais alto, deixaram de lado seu título clerical para registrarem Feijó sucessivamente com os qualificativos de "lavrador", "agricultor" e finalmente "senhor de engenho", já em 1817.

Mas se os padres brasileiros se pareciam com os leigos brasileiros em muitas coisas, numa estavam obrigados — também pelo governo — a seguir o Vaticano: não podiam casar. Uma proibição que era geralmente ignorada em todo lugar, especialmente pelos que não eram membros de ordens religiosas, obrigados a seguir o voto de castidade desde cedo e treinados para isso. Ricos ou pobres, muitos seculares tinham mulher e filhos. Estavam em todas as paróquias e estratos sociais. José Bonifácio, de família rica, tinha um irmão padre — e comerciante — que deixou dois filhos. Entre os deputados, o líder liberal José Martiniano de Alencar era padre e tinha mais de uma dezena de filhos, entre eles o escritor José de Alencar. Os exemplos existiam aos milhares. A situação de todos era precária. A qualquer momento, o fato podia ser usado contra eles. Somente uma certa tolerância cínica os protegia. Quando esta falhava, havia rupturas que espalhavam manchas — às vezes até sobre inocentes. Mesmo na pequena Campinas, acontecia o inevitável: um padre, colega de Feijó, ligou-se a uma mulher casada e esta abandonou o marido. Sem conseguir a mulher de volta, o marido acabou processando não só o suposto amante, mas também o padre Feijó, por não se aproveitar de uma confissão para convencer a mulher a voltar para casa. Foi o suficiente para, mesmo inocentado depois, ver arruinado o nome duramente construído na cidade: a acusação de ser alcoviteiro (incentivador de sexo pecaminoso) era suficiente para isso. Antes do processo, Feijó tinha chegado a ser reconhecido como "senhor de engenho", com as conseqüências do prestígio local: era muitas vezes o orador principal das grandes cerimônias públicas da vila, como as missas para comemorar aclamações de soberanos ou nascimento de princesas. A partir do processo, acusado e acossado, a carreira foi destruída.

Mas Feijó encontrou uma das raríssimas oportunidades existentes no Brasil para um padre secular resolver problemas desse tipo com elevação espiritual. Ligou-se a uma espécie de espelho de santidade em que se mirar: frei Jesuíno do Monte Carmelo [p. 271]. Era, como ele, um tipo marcado pela sina brasileira: sobrinho-bisneto de gente importante — Alexandre de Gusmão, secretário do rei d. João V (que reinou entre 1705 e 1750). Mas também mulato, o que lhe vedava o acesso a quase tudo, inclusive às ordens religiosas. Pintor sacro de renome, quis entrar para a Ordem dos Carmelitas, para a qual decorava a igreja de Itu. Mas foi impedido pela origem — como o eram brasileiros de sua cor. São raríssimos os brasileiros de nascença admitidos nas ordens religiosas — e quase nulo o número de mulatos, mamelucos ou filhos de pais desconhecidos que se tornaram jesuítas, beneditinos ou carmelitas. Pertencer a uma ordem era um privilégio: elas tinham rendas próprias, garantidas pela exploração de grandes propriedades com muitos escravos; possuíam bons seminários, ofereciam condições de estudo teológico. Mas as vagas estavam reservadas para metropolitanos, estrangeiros e brasileiros bem-nascidos. A fé contava muito pouco. Para os padres seculares como Feijó, os "colegas" de ordem em geral reservavam um tratamento que não diferia muito daquele que autoridades portuguesas dispensavam aos coloniais brasileiros: imputar-lhes mal-disfarçados preconceitos contra sua situação "inferior", sendo as faltas contra a castidade uma das mais comuns. Argumentos eficientes, todos eles em geral aceitos por uma alta administração que considerava a colônia "naturalmente" inferior à metrópole. Sobre os seculares, os padres de ordens levavam vantagens não desprezíveis: elas tinham ligações diretas com o Vaticano, dinheiro e poder próprios. Transformavam tais vantagens na exclusividade dos cargos mais elevados da carreira: conazias, bispados etc.

Mesmo sendo notoriamente piedoso, bondoso, e tendo dedicado parte de sua vida a embelezar o templo carmelita de Itu, frei Jesuíno do Monte

Carmelo era mulato e brasileiro — defeitos que, aos olhos da ordem, eram muito mais importantes que os dotes de sua fé. Sem poder se tornar um carmelita, frei Jesuíno montou, por conta própria, um arremedo de ordem religiosa. Juntou padres seculares numa casa, onde estudavam e discutiam teologia, faziam caridade, preces ou jejuns. Ficaram conhecidos como os Padres do Patrocínio, porque construíram a igreja de Nossa Senhora do Patrocínio. Os bons exemplos que difundiam logo lhes granjearam simpatias de muitos fiéis: o número de seguidores aumentava a cada dia. E com a influência, o ódio dos padres da alta hierarquia (em geral, saídos das ordens), monopolizadores até então dos estudos mais aprofundados de doutrina (só as ordens podiam manter seminários para formar padres; recusavam os locais e depois os acusavam de ignorância em matéria teológica). O sucesso dos patrocinistas colocava um problema para os donos dos cargos altos: eram concorrentes em rendas e influência espiritual. Não demorou, e passaram a surgir da hierarquia acusações de heresia, subversão da ordem etc.

Com tudo isso se pode entender que o padre Diogo Antônio Feijó não fosse exatamente um apreciador das ordens religiosas ou da alta hierarquia da Igreja. E também que, sendo um cidadão brasileiro e, mais que isso, um deputado brasileiro, desejasse ardentemente que o poder público renovado, isto é, onde a lei dominava, fizesse sua entrada também na questão religiosa. O caminho para isso no Parlamento era a discussão do direito do padroado, de definir onde estariam as fronteiras entre o governo brasileiro e o Vaticano. Feijó, compreensivelmente, queria ver a linha de limite o mais longe possível de Roma e seus representantes visíveis: defendia uma reinterpretação mais lata dos diretos do padroado, com o aumento dos poderes do governo e diminuição da influência romana. Queria atitudes firmes, como a sanção legal de bulas romanas (só valeriam as normas do papa aprovadas pelo governo) ou a proibição de livre entrada de padres estrangeiros, com uma ampliação dos poderes do governo brasileiro. Mas o que realmente colocava o deputado acima do padre era o desejo de que as leis brasileiras não servissem para ratificar uma situação em que os próprios brasileiros eram tratados com preconceito — uma lei que fosse oposta ao comportamento estabelecido, feita exatamente para tachar o comportamento dos brasileiros de desviante, justificando a superioridade, seja metropolitana, seja dos supostamente bem-nascidos.

A discussão sobre o fim do celibato envolve esse contexto. Com a autorização dos casamentos, ele buscava moralidade e fé pura, não o contrário: "Quem terá mais zelo da religião, e caridade para com seus irmãos? Quem deseja ver os seus ministros irrepreensíveis, derrogando-se uma lei, que é a ocasião da imoralidade nos mesmos, que os desacredita, e os torna sem con-

O frei Jesuíno do Monte Carmelo, reconhecido pintor sacro, foi uma grande influência para o jovem padre Feijó: a ambos foi vedado o ingresso, devido à origem simples, nas tradicionais ordens religiosas. [Frei Jesuíno do Monte Carmelo, *São Mateus*, Museu de Arte Sacra, São Paulo]

D. Romualdo Seixas (com a mão no queixo, sentado ao centro), deputado e todo-poderoso arcebispo de Salvador, reconhecia em Feijó "virtudes morais muito elevadas", mesmo sendo um inimigo ferrenho de suas idéias sobre o celibato. [J. Veloso Salgado, *Os constituintes de 1821* (detalhe), Assembléia Nacional, Lisboa]

sideração; e que finalmente os conduz à perdição; ou quem estupidamente satisfeito com a formalidade do celibato, insensível à desgraça de seus irmãos, ao escândalo que recai sobre a religião", apenas vocifera?

Metaforicamente, era essa a posição da maioria dos brasileiros na época. Independência, para eles, era o fim da sina de inferioridade dos aqui nascidos; o fim das marcas como a bastardia, o preconceito de cor, os privilégios metropolitanos. Lutavam contra isso ainda convivendo com a legislação colonial que os discriminava, e não havia sido derrogada, com os preconceitos absolutistas, e sobretudo com a escravidão. Mudar essa realidade era uma forma de redimir como bons cidadãos homens como Diogo Antônio Feijó, marcado desde o nascimento pela separação completa entre a situação legal e afetiva, obrigado a escrever contra seus próprios pais para poder se tornar padre. Mesmo à custa de uma luta sem tréguas e com poucas esperanças, como a que se desencadeou sobre ele depois de seu voto pela abolição do celibato, usando o argumento de que este se baseava numa questão de disciplina, sendo portanto da esfera governamental, e não de fé, ou da esfera romana.

Assim se pode entender não as críticas, que eram previsíveis, mas como Feijó não foi destruído por elas — e eventualmente chegou a obter apoio variado para sua posição. De deputados (poucos, entre os quinze padres que tinham cargo no Parlamento); da imprensa liberal, que desejava a ampliação do padroado; de seus eleitores. Ser um padre contrário ao celibato não foi sequer um fato impeditivo para que a maioria dos brasileiros confiassem em que ele deveria substituir o rei, que dirigia a religião no país. Em suma, a maioria dos brasileiros, tanto quanto Feijó, colocavam a fé acima do casamento dos padres, as condições locais acima dos preconceitos europeus — e viam nesta inversão a afirmação de sua transformação de colonos em cidadãos. Essa posição, é bom que se diga, era inclusive a dos adversários de Feijó. Mesmo nos momentos mais virulentos da polêmica que desencadeou, Feijó quase sempre teve reconhecida a profundidade de sua fé, mesmo pelos que discordavam dele. O mais poderoso de seus adversários, d. Romualdo Seixas, deputado, arcebispo de Salvador (o mais elevado cargo eclesiástico brasileiro) e Marquês de Santa Cruz, o definia como homem "de virtudes morais muito elevadas".

Todas as polêmicas parlamentares de Feijó, no entanto, funcionariam apenas como um inocente ensaio para sua capacidade de enfrentar situações difíceis. Como muitos parlamentares de oposição, ele tinha ao menos um conforto para propor mudanças radicais durante o reinado de d. Pedro I: não tinha quase nenhuma esperança de vê-las efetivadas, e por isso mesmo o álibi já estava dado de antemão: a culpa do fracasso recairia sobre o despotismo imperial. E, durante o primeiro reinado, o despotismo de d. Pedro I foi pródigo em providenciar fracassos para os deputados. Não havia ramo onde não se esmerasse. Produziu fracassos diplomáticos, com o nefasto tratado de reconhecimento da independência, de 1825; fracassos militares, na guerra com a Argentina, entre 1826 e 1828; fracassos econômicos, com a falência do Banco do Brasil e uma economia movida a moeda falsa; fracassos políticos, com sucessivas nomeações de ministérios que sucumbiam; fracassos morais, na época do esplendor de sua amante, a marquesa de Santos; fracassos com seus aliados escravistas, ao aceitar o fim do tráfico de escravos. Todos eles alimentaram a oposição no Parlamento — inócua até o dia em que finalmente tragou o imperador. Com sua renúncia, no dia 7 de abril de 1831, o poder mudou de lado, e com ele a responsabilidade de resolver os problemas, que eram extremamente graves. Acabava o Primeiro Império e começava o período das Regências. Ser oposição a um imperador despótico era uma coisa; resolver os problemas que ele deixou, tarefa dos parlamentares que sustentavam a Regência, era outra, bem diferente.

Nem todos os opositores perceberam a importante mudança. Muitos, os chamados liberais exaltados, achavam que a renúncia era apenas um passo no sentido de uma mudança maior. Por isso, aceleraram suas reivindicações na direção de uma República e de uma democracia direta. Do lado contrário, também houve algo semelhante: a nova ordem legal não era exatamente levada a sério pelos partidários do monarca, que passaram a ser chamados restauradores e não tinham qualquer pudor em afrontar as leis. Combatidos dos dois lados, os que apostaram na responsabilidade de governar tinham de resolver todos os problemas deixados pelo imperador, por si mesmos alimentadores de discórdias. Com pouca experiência e frágil base real, os chamados moderados precisaram aprender as primeiras lições de ser o governo em meio ao fogo cerrado.

Coube a Diogo Antônio Feijó, nomeado ministro da Justiça em julho de 1831, a parte mais dura da tarefa. Seria ele o encarregado da manutenção da ordem no país convulsionado. E a maior ameaça à ordem, naquele momento, era a explosiva combinação de um exército imenso (havia sido enormemente ampliado durante a guerra com a Argentina, terminada em 1828), sem disciplina (desde o final da guerra, os soldados tinham pouco mais a fazer que protestar contra o atraso no pagamento dos salários, que era freqüente em meio à crise econômica) e que facilmente dava ouvidos a provocadores de plantão (as idéias contra a ordem vigente, tanto de restauradores como de exaltados encontravam eco entre os militares irritados). O resultado era uma seqüência ininterrupta de motins, provocados ora por um ora por outro grupo. Cada um desses grupos possuía ainda seus jornais, cuja especialidade eram os mais grosseiros e caluniosos ataques contra o governo. Muitas vezes, era difícil distinguir a origem do ataque. Revolucionários e reacionários falavam a mesma linguagem naquele momento: a ordem legal era um embuste, e seus agentes, adversários de seus projetos.

Tudo isso se refletia mesmo dentro do Parlamento, onde havia aliados dos dois grupos. Tanto que, dois dias depois da posse de Feijó como ministro [p. 78], já havia na Câmara uma moção de censura contra ele — por suspeita de atos de despotismo. Uma semana mais tarde, e a saudação dos adversários foi ainda mais viva: um motim num batalhão de infantaria, sufocado pela guarda municipal. Eram apenas os ensaios. No dia 14 de julho, dez dias após a posse, a mistura explodiu [p. 76]. O grosso dos batalhões armados da cidade amotinou-se (o único fiel ao governo ficou no quartel, por temor de uma explosão); os exaltados se uniram a eles para aumentar a lista de exigências: deportação de 89 brasileiros, entre os quais alguns senadores, destituição dos empregados públicos suspeitos de não apoiarem instituições livres e proibição por dez anos da entrada de portugueses no Brasil. O Parlamento, para onde essas reivindicações foram mandadas, foi cercado pelos amotinados, mas manteve-se firme. Ficou em sessão permanente por seis dias, negociando o que podia e tentando ajudar o ministro da Justiça a encontrar uma saída.

Aos poucos, enquanto se escudava na ausência de determinação parlamentar para não dar respostas, Feijó foi convencendo parcelas das tropas a voltar para os quartéis. Enquanto isso, tomava atitudes radicais: dissolveu a polícia, desarmou a guarda municipal. Entregou o policiamento da cidade a um batalhão formado apenas por oficiais, chamado Voluntários da Pátria. Quando conseguiu algum controle, os parlamentares recusaram a petição. Era a inauguração de um novo estilo de governo: a revolta foi dominada sem medidas de exceção, sem censura à imprensa, sem prisões arbitrárias. Mesmo com dificuldades imensas, Feijó iria governar dentro da lei. E iria fazê-lo, com apoio dos liberais moderados, de modo forte. Dois terços do Exército e o grosso das tropas policiais foram demitidos. Para garantir a ordem no Rio de Janeiro, a população foi armada para cuidar de sua defesa. Em todo o país, a recém-criada Guarda Nacional, formada por cidadãos, assumiria o papel dos demitidos. Nesse momento, um dos mais preciosos colaboradores de Feijó foi o major Luiz Alves de Lima e Silva, futuro Duque de Caxias, que dividia seu tempo entre o exército, o treinamento militar de cidadãos, o controle dos motins que se sucediam e o apaziguamento de ânimos. Os sucessos começaram a aparecer: as revoltas eram dominadas, mas nenhum dos amotinados foi preso sem processo. Somente ficariam detidos os que fossem condenados na for-

Com a renúncia de d. Pedro I, no dia 7 de abril de 1831, iniciou-se o período da Regência: o então deputado Feijó é nomeado ministro da Justiça, seu primeiro cargo executivo. [Oscar Pereira da Silva, *Diogo Antônio Feijó* (detalhe), Museu Paulista, São Paulo]

O Paço Imperial, no Rio de Janeiro, sede do poder Executivo da nação.
[Thomas Ender, *Hauptein gang in den Koenigl. Pallast*,
Kupferstichkabinett der Akademie der bildenden Künste, Viena]

ma da lei. Houve condenações duras, muitas à morte, mas dentro da lei. Assim, a base de sustentação do governo foi se ampliando: muitos cidadãos comuns passaram a se interessar pela possibilidade de apoiar o governo legal.

Mas a seqüência de revolta militar, reivindicações, domínio da revolta, processos e prisões legais, e protestos se repetiria ainda muitas vezes, no Rio de Janeiro e fora dele. A partir de agosto, no entanto, a cada novo movimento, as forças contrárias estavam mais organizadas, resistiam melhor às pressões que vinham de todo lado. O ministro não era exatamente saudado pela imprensa adversária, mantida livre. Nos jornais exaltados, nem mesmo pequenas doenças deixavam de ser motivo de troça; já para os órgãos restauradores, ele era "o ministro de Satanás", "sedutor e alcoviteiro de donzelas em confessionários", "homem que viu a luz do dia em chiqueiro de porcos". A tudo isso Feijó respondia com seus métodos novos [pp. 235-54]: proibindo prisões sem culpa; melhorando o sustento de presos pobres; responsabilizando juízes que mantinham pessoas presas injustamente; impedindo prisões arbitrárias; mandando juízes processar senhores de escravos que castigassem; invalidando depoimentos que não fossem públicos, para evitar confissões fabricadas sob tortura.

Controlada a situação do lado dos exaltados, os motins continuaram — desta vez incentivados pelos restauradores. Seriam agora motins muitas vezes tramados no interior do Paço Imperial, por homens da Corte do imperador menino. Gente mais sofisticada, capaz de aliciar comandantes (muitas vezes admiradores do despotismo), em vez de empolgar soldados. Capaz de produzir revoltas não para reivindicar, mas para desgastar o governo. A primeira aconteceu no dia 3 de abril de 1832, chefiada por oficiais de duas fortalezas. Contra esse tipo de revolta, com apoio do alto e organização dos chefes militares, eram necessários outros métodos. O ordem de Feijó para o major Lima e Silva foi curta e direta: "Passe-os a ferro e a fogo". Vendo tal disposição na organização das tropas, os revoltosos se renderam. Duas semanas depois, voltaram à carga. Dessa vez os revoltosos foram os próprios soldados encarregados de defender o Paço Imperial, o ninho dos restauradores, aliados a oficiais e a alguns chefes mercenários estrangeiros que tinham ficado no país — uma revolta rapidamente sufocada com apelo aos métodos empregados para combater profissionais das armas.

Feijó sabia que a situação mudara. Uma coisa era enfrentar reivindicações civis em meio a tumultos militares, chefiadas por pessoas às vezes bem intencionadas, porém mal organizadas. Outra eram chefes administrativos e militares que não acreditavam no poder civil. Gente que mandava há séculos, sabia usar os grandes vazios legais do país, que estava protegida por cargos e prestígio social, que fiava a passagem para a esfera do Brasil independente da herança legal e institucional do despotismo. Contra essa gente, Feijó só via uma saída: uma rápida e ampla reforma legal, que extinguisse as leis despóticas ainda válidas e fosse capaz de retirar deles a carapuça de legalidade que encobria seus atos. Não se tratava de enquadrar quem não gostava da lei e queria mudá-la, mas quem se julgava acima dela. O problema é que tais idéias absolutistas tinham um apoio difuso na sociedade e no Parlamento: muitos eleitos, apesar de quererem um governo na lei, tinham melindres para se livrar de posições autoritárias aprendidas no trato com escravos, em suas próprias crenças de superioridade social, em seu desejo de serem nobres, e não cidadãos. Contra isso, mesmo Feijó podia pouco — mas não iria deixar de tentar. Assim que recomeçaram os trabalhos parlamentares de 1833, enviou um relatório [p. 83] de sua pasta onde todos os problemas eram colocados com clareza, as providências pedidas quase com desespero — e onde os adversários restauradores eram atacados de frente. A retórica forte, especialmente contra José Bonifácio, acusado de liderar os restauradores e participar da organização das revoltas — sem provas — era, possivelmente, sinal de desespero. Em vez de dividir os adversários, como tinha conseguido com os exaltados, a acusação do ministro os uniu e ajudou a ampliar sua força. Transformada rapidamente em questão pessoal contra o patriarca [pp. 94-9], a discussão economizou saliva de muitos restauradores (que puderam deixar a tarefa de combater Feijó para deputados que eram liberais e irmãos do acusado) e minou a base moderada: muitos liberais tinham respeito por José Bonifácio mas pouco respeito por acusações sem provas. Em pouco mais de dois meses, veio o resultado do erro: Feijó, embora tenha conseguido aprovar a retirada de Bonifácio do cargo de tutor na Câmara, perdeu a disputa no Senado. Em 26 de julho, pediu demissão. Seus aliados ainda tentaram ensaiar uma cartada desesperada: tentar aprovar o conjunto de mudanças constitucionais que o mais importante ministro do governo propunha. Mas não conseguiram.

Feijó abandonou o governo e a Corte, indo fazer um de seus retiros em São Paulo. Deixava um governo que tinha conseguido estabelecer uma certa ordem; que atacara de frente o maior problema da economia, conseguindo cortar gastos e amenizar a crise econômica; que introduzira disciplina no orçamento; mas, sobretudo, que mostrara na prática que a obediência à ordem legal podia ser o caminho para sustentar um governo na sociedade. Deixava também um problema sem solução: como enquadrar nessa ordem o despotismo, a arbitrariedade que vinha do lado conservador. Um problema que nenhum dos ministérios que o sucederam conseguiu resolver.

Enquanto a ameaça conservadora se confundiu com a volta de d. Pedro I, que muitos odiavam, ainda foi possível manter a crença de que a mudança seria possível. Feijó continuou na luta como parlamentar, sendo eleito senador pelo Rio de Janeiro em 1833. Os liberais ainda conseguiam vitórias. A Constituição foi reformada no ano seguinte, com a retirada de alguns traços mais evidentes de despotismo, e os poderes locais, muito ampliados. Mas longe de produzir nas províncias os mesmos resultados positivos do Rio de Janeiro nos anos anteriores, a ampliação da margem legal dos poderes locais foram boas armas para muitos partidários do despotismo. A realidade da escravidão era um grande fundamento para a idéia de que os homens não eram iguais. Longe da capital, as autoridades embebidas de despotismo podiam usar as franquias legais não para proteger os mais necessitados, mas para aumentar o grau de arbítrio com que governavam. Como resultado, por todo lado explodiram revoltas locais — e reações do governo que não tinham nada de legalidade. Antes, apelavam a todo o rosário de armas despóticas: prisões ilegais, perseguições, fuzilamentos, abandono de garantias individuais. Ao mesmo tempo, o único resultado positivo do processo, a percepção de que as eleições seriam um caminho fundamental para a chegada ao poder, mudara de caráter. Conservadores de todo o país descobriram que era fácil manipular eleições locais. Ganhar no voto com o poder descentralizado passava a significar ganhar o poder legal para fazer o que sempre fizeram e continuavam fazendo: ser absolutistas. Com a vantagem de praticar o ato liberal da eleição. Começava a era dos conflitos eleitorais, das violências no dia da escolha dos candidatos. Em vez de estender o espaço da liberdade, as leis iluministas eram empregadas como uma nova capa para o arbítrio. O que, paradoxalmente, era uma adaptação local da idéia liberal: a seu modo, os conservadores tratavam de trazer o tipo de contribuição que estavam acostumados a dar para um sistema de poder baseado na eleição.

Essa mudança foi claramente percebida por Feijó [p. 162] em seu retiro paulistano de 1834-35, a partir de um fato: a morte de d. Pedro I. Ela afastava o fantasma da Restauração, mas ao mesmo tempo colocava a nu o fato de que o desejo de arbítrio continuava forte, enquanto as forças liberais se esgotavam. Não é de se espantar, portanto, que o regente eleito não fosse exatamente otimista. Num tempo de mudanças rápidas, sua escolha já tinha um quê de passado. O apoio parlamentar era menor, as reticências quanto à sua sinceridade, maiores. Feijó teve as dificuldades de sempre para tentar a aprovação das leis que julgava necessárias para instalar o império da Justiça, e dificuldades ainda maiores para formar o ministério que poderia colocá-las em prática. A toda hora tinha de trocar ministros, e havia um nú-

D. Pedro I morreu no Palácio de Queluz (próximo a Lisboa) no dia 24 de setembro de 1834, aos 36 anos de idade: estava afastado o fantasma da Restauração, mas "o governo estava só", e Feijó temia o "progressivo desenvolvimento da anarquia".
[*A morte de d. Pedro I*, Palácio Grão-Pará, Petrópolis]

O Senado, com seus mandatos vitalícios e imunidade parlamentar, não impedia a flagrante ilegalidade de certos atos arbitrários do governo: no final de sua vida, o senador Feijó foi perseguido com um processo de "insanável nulidade".
[*Abertura do Senado* (detalhe). In: Rev. R. Walsh, *Notices of Brazil in 1828 and 1829*. Londres: Frederick Westley and A. H. Davis, 1830]

mero crescente de aliados que não queriam saber do cargo. De alguma forma, sentiam as mudanças.

Caído o véu, ficava claro o problema: despótico e autoritário não era apenas o rei português. Monopólio e exploração não eram frutos apenas do sistema colonial. Agora vinha a hora da "nacionalização" de um sistema de poder que até então podia atribuir suas mazelas a fatores externos. Em vez da justiça, a lei consagraria a legalização das diferenças. No centro de tudo estava a escravidão, produtora permanente de relações assimétricas, dividindo o mundo da liberdade. Com a escravidão, a liberdade não podia servir para todos, mas só para alguns. Para um senhor de escravos, o espaço da lei era apenas o que existia para além de seu poder absoluto sobre o escravo e o que ele produzia. Um espaço limitado, onde até mesmo um homem probo e sinceramente liberal como Feijó era senhor de escravos — e o fato de tratá-los com humanidade era apenas uma questão de estilo.

Daí também por que o Brasil precisou mudar tão pouco para se tornar independente: bastou abrir um espaço intermediário no sistema de poder, através do Parlamento, para acomodar o grupo intermediário dos cidadãos livres, que Feijó representava, e que antes ficava de fora do poder. Mas os tempos de domínio desse grupo estavam agora em perigo. Aceita pelos ex-restauradores a idéia do poder parlamentar, eles rapidamente se fizeram surgir como força no Congresso. Seu grande intérprete foi Bernardo Pereira de Vasconcelos, antigo companheiro de Feijó. Mudou de lado com a morte do imperador. Mudou o objetivo da política. Deu o nome de Regresso a suas idéias. Desfiou o programa: um parlamento a serviço do tráfico de escravos e dos fazendeiros donos de escravos. Estabeleceu o objetivo: em vez de ampliar a esfera da lei e da liberdade, limitá-la. Moldou-lhe os métodos: oposição parlamentar cerrada, enfraquecimento diário do governo que queria estender a esfera da lei, condescendência com o arbítrio. Ganhou força: em 1836, as regras liberais trouxeram pencas de conservadores eleitos das províncias. Agora que eles se interessavam por eleições, o aumento do poder local facilitava a tarefa de ganhá-las com apelo à violência — garantidas pela Guarda Nacional, transformada em muitos lugares numa armada dos senhores.

Contra a situação, Feijó tinha poucas saídas: transigir ou endurecer. No primeiro caso, poderia ficar facilmente no governo, indicando ministros adversários e assistindo do alto de sua cadeira à instalação do que propunham: em vez de leis para combater o arbítrio, leis para legalizá-lo. No segundo, apenas cair com suas idéias. Em poucos meses de sessões, em 1837, o Parlamento tinha reduzido a nada o poder efetivo do regente — e se esmerava em criticar sua ineficiência. Por motivos opostos, ficou na mesma posição do primeiro imperador: demolido pelo Legislativo, apelando para o poder pessoal na hora de nomear ministros. Mas, ao contrário do imperador, o regente soube achar uma saída honrosa: buscar um substituto entre os adversários, depois que os aliados declinaram da possibilidade de sucedê-lo. No dia 19 de setembro de 1837, depois de recusar um bispado oferecido pelo Vaticano e nomear um regressista para seu lugar, renunciou [pp. 180-1]. Entre 1831 e 1835, o tráfico de escravos tinha sido praticamente extinto no Brasil; em 1836, com o início da afirmação do Regresso, 5 mil africanos foram trazidos; em 1837, primeiro com o governo paralisado e depois com os regressistas no poder, vieram 35 mil escravos, número que cresceria nos próximos anos.

O tradicional retiro em São Paulo, dessa vez, foi maior e teve outro significado. Em vez de reunir forças para novas batalhas, Diogo Antônio Feijó, com 53 anos de idade, começou a se preparar para a velhice e a morte. Acertou suas contas, reviu amigos, comprou um sítio para a velhice como produtor rural em Campinas, se penitenciou do que considerou excessos em sua vida, fez as pazes com velhos desafetos, visitou familiares. Passou assim todo o ano de 1838, só voltando ao Rio de Janeiro no ano seguinte. Era agora quase uma figura do passado. Figura imponente, eleita presidente do Senado. Mas homem sem poder, capaz apenas de desafogar com relativa educação algumas mágoas [pp. 182-221], como as que guardava contra Bernardo Pereira de Vasconcelos, opositor feroz e ministro fracassado. Fracassado não por falta de maioria parlamentar, mas simplesmente porque o figurino liberal implantado em 1834, capaz de permitir a eleição de conservadores, dificultava o exercício autoritário do poder: governar dentro da lei, mesmo com apelo ao arbítrio, era ainda um problema para eles, tanto quanto o era para o antigo regente. Era preciso ainda mais arbítrio administrativo para o sistema funcionar. Um problema para o qual ainda não tinham solução. As ironias possíveis de Feijó foram, assim, uma quase despedida da atuação parlamentar. De volta a São Paulo no fim das sessões, o velho guerreiro sofreu um derrame. Lutou vários dias contra a morte e ganhou uma hemiplegia como seqüela.

Enfrentou a doença com resignação, e saiu dela um pouco como tinha começado na vida: como um padre de paróquia pequena no interior. Colocou um grande oratório na sala do sítio em Campinas, onde dizia missas e fazia sermões aos domingos. Vinha o povo da terra, que se emocionava com as prédicas sobre Maria junto à cruz de Cristo, seu tema preferido. Tocava a propriedade: como um homem pobre, com dificuldades para se sustentar na velhice. Era senador, um cargo vitalício na época, mas só receberia o salário se estivesse presente nas sessões, o que agora era impossível. Acompanhava apenas de longe os ecos da vida política: a maioridade do imperador, em 1840, golpe liberal que provocaria um breve intervalo no Regresso. Intervalo que, do ponto de vista pessoal, acabou sendo útil: os antigos amigos liberais conseguiram que lhe fosse aprovada uma pensão anual. Por conta dela, fez o supremo esforço de viajar até o Rio de Janeiro a cavalo: participou de umas poucas sessões do Senado, homenageou e foi homenageado pelo jovem imperador cujo trono protegeu. Mas logo voltou a seu sítio.

Sobretudo inteirou-se das novidades, que não eram nada boas para seus ideais. O golpe da maioridade deu apenas uns poucos meses de poder aos liberais. Mas foram logo derrubados por regressistas, que, apoiados no imperador, finalmente descobriram como completar a obra de adaptar as instituições protetoras do escravismo à realidade liberal. Em vez da lei adequada para os cidadãos livres do país, fariam aquelas aptas a proteger os interesses de segurança e rentabilidade das grandes propriedades — num momento em que o café produzia riqueza suficiente para alimentar otimismo com a compra maciça de escravos. O mecanismo, montado na essência pelo visconde de Uruguai, seria o de submeter as indicações para os cargos de mando provinciais mais importantes ao discricionarismo da Corte. Com uma única lei, uma interpretação do Ato Adicional de 1834, que consagrava o fim da liberdade local, tudo foi mudado. O sistema de governo brasileiro herdaria parte da ordem estabelecida pelos liberais: a consolidação do poder do Congresso, do sistema eleitoral como veículo para troca nos cargos de mando. Ganharia, no entanto, fortes tons conservadores, com a perda de liberdade e poder das instâncias locais de governo, e uma centralização tributária ainda mais violenta, que praticamente extinguia as oportunidades de desenvolvimento regional.

Todas essas mudanças, mais a anulação das eleições de 1840 (feitas com os liberais no governo e vencidas por estes), provocaram uma onda de indignação. Onda mais forte nas províncias mais marcadamente liberais, especialmente Minas Gerais e São Paulo. Situação perdida, gestos desesperados. Em pouco tempo, os liberais armaram uma revolução quase sem esperança, mais um estrebuchar que uma luta. Que teve, entre seus adeptos, um padre em cadeira de rodas, um homem de 58 anos que jamais tinha participado de uma revolução numa era de revoluções. Um homem sempre defensor da legalidade — mas de uma legalidade que não oprimisse, e antes desafogasse os brasileiros do peso das leis pouco adequadas, que obrigavam homens probos ao desrespeito e satisfaziam seus algozes. Uma legalidade que via a lei como um contrapeso a um sistema de favores e arbítrio, enquanto as novas regras consagravam o oposto. Por causa disso, juntou ainda forças para arregimentar gente, preparar defesas, escrever proclamas.

Vista das casas (hoje demolidas) onde residiram Diogo Antônio Feijó e seu tio, o padre Fernando Lopes de Camargo, na antiga rua da Freira, atual Senador Feijó, centro de São Paulo. [Fotografia realizada em 1900]

Ironicamente, o homem mandado pelo governo para combater os revolucionários foi o barão de Caxias, o aprendiz de Feijó — já agora com uma década de experiência contínua no assunto. Não teve qualquer dificuldade para desbaratar as tropas paulistas arranjadas às pressas e se dirigir à capital proclamada pelos revolucionários. No caminho, recebeu uma carta de Feijó [p. 222], que respondeu no mesmo tom. Era quase um encontro de velhos amigos, que o tempo tinha colocado em campos opostos. Um encontro com as marcas da nova época. Cumpridor de ordens agora claramente despóticas, Caxias fez com Feijó o que se fazia nos tempos coloniais. Embora legalmente imune, como senador do Império, foi preso sem processo, exilado sem sentença em Vitória, mantido degredado sem julgamento. Voltava-se ao tempo em que o papel assinado por um chefe administrativo valia mais que a Constituição. Ordem a ser cumprida: Feijó, doente, foi deixado para morrer lentamente. Só a muito custo outros senadores conseguiram que a ele, ao menos, fosse instaurado um processo — e a oportunidade de se defender. Trazido para o Rio de Janeiro, cujo clima sempre lhe fez mal, entre crises cardíacas e respiratórias cada vez maiores, ele produziu sua última peça: a defesa frente ao senado [p. 225]. Defesa que teve como maior resposta a procrastinação. Enquanto Feijó morria, os conservadores silenciavam. Em vez da resposta pública, que fosse na forma de uma condenação, foi-lhe concedida uma licença para voltar à sua terra, apesar da violenta oposição de Bernardo Pereira de Vasconcelos, que nutria um ódio mal-disfarçado por Feijó. Queria ir para Campinas, mas não teve forças. Ficou mesmo na casa da rua da Freira, a casa da família que legalmente nunca foi sua. Morrendo numa agonia de meses, acompanhada por toda a cidade, por todos os amigos da província que representou. Morrendo enquanto no Rio se debatia sua condenação, com os adversários sempre implacáveis. Recitando para os que iam visitá-lo entre as crises seus versículos preferidos da Bíblia, até a noite de 10 de novembro de 1843.

Seu testamento [p. 170], escrito em 1835, começava quase com as mesmas palavras da certidão de batismo: "Sou natural desta cidade, filho de pais incógnitos...". Mandava libertar seus escravos, deixava os bens para a irmã — que o inventário mostrou valerem, no total, menos da metade de seu salário anual como senador. Sua herança maior, no entanto, era o projeto pelo qual lutou toda a vida, que outros usaram o exemplo para tentar implantar: um país justo.

# OBRAS DE
# DIOGO ANTÔNIO FEIJÓ

~

Em vida, Diogo Antônio Feijó teve publicadas em livros apenas as seguintes obras:

*Demonstração da necessidade de abolição do celibato clerical.* Rio de Janeiro: Typographia Nacional, 1828.

*Relatório da Repartição dos Negócios da Justiça apresentado à Assembléia Geral Legislativa.* Rio de Janeiro: Typographia Nacional, 1833.

*Fala do Trono de 1836.* Rio de Janeiro: Typographia Nacional, 1836.

*Fala do Trono de 1837.* Rio de Janeiro: Typographia Nacional, 1837.

Os demais textos são publicações póstumas, artigos ou compilações. Em cada um dos textos publicados neste volume estão apontados os responsáveis pela publicação.

Obras sobre Diogo Antônio Feijó:

DAUNT NETO, Ricardo Gumbleton. "Diogo Antônio Feijó na tradição da família Camargo". São Paulo: Imprensa do Estado, 1945.

EGAS, Eugênio. *Diogo Antônio Feijó.* São Paulo: Typographia Levi, 1912, 2 vols.

ELLIS JR., Alfredo. *Diogo Antônio Feijó e a primeira metade do século XIX.* São Paulo: Companhia Editora Nacional, 1980.

NOVELLI JR., Luiz Gonzaga. *Feijó, um paulista velho.* Rio de Janeiro: Edições GRD, 1963.

ORICO, Oswaldo. *O demônio da Regência.* Rio de Janeiro: Civilização Brasileira, 1932.

RICCI, Magda Maria de Oliveira. *Assombrações de um Padre Regente: Diogo Antônio Feijó (1784-1843)*. Mimeo., Tese de Doutorado, Unicamp, 1998.

SOUSA, Octávio Tarquínio de. *Diogo Antônio Feijó*. Rio de Janeiro: José Olympio, 1942.

VÁRIOS. *Revista do Instituto Histórico e Geográfico de São Paulo*, nº 84, 1989.

# DIOGO ANTÔNIO FEIJÓ

Glossário das abreviações de formas de tratamento:

D.: Dom
Exmo.: Excelentíssimo
Ilmo.: Ilustríssimo
Pe.: Padre
Rvmo.: Reverendíssimo
S. exc.: Sua excelência
S. m.: Sua majestade
S. m. f.: Sua majestade fidelíssima (rei de Portugal)
S. m. i.: Sua majestade imperial (imperador do Brasil)
S. st.: Sua santidade
V. exc.: Vossa excelência
V. exc. rvma.: Vossa excelência reverendíssima
V. m.: Vossa majestade
V. m. i.: Vossa majestade imperial
V. p. r.: Vossa paternidade reverendíssima
V. rvma.: Vossa reverendíssima

# I.

# O POLÍTICO

# 1.

## Discurso nas Cortes de Lisboa

[Extraído de *Diário das Cortes*, sessão de 25 de abril de 1822,
1ª Legislatura, t. V, p. 951]

~

Sr. presidente, é a primeira vez que tenho a honra de falar nesta Assembléia[1], não porque me faltassem desejos, nem que obstasse o meu natural acanhamento, que é grande, como bem se deixa ver, mas porque desde o primeiro dia que tomei assento neste Congresso, notei nele opiniões diametralmente opostas às minhas e às de minha província, e talvez de todo o Brasil. Acresce ser poucos dias depois chamado à ordem um dos meus companheiros, por querer desenvolver princípios alguma coisa análogos aos meus. Em conseqüência disto fiz uma indicação, na qual pedia que o Congresso resolvesse certos quesitos que me serviriam de governo para o futuro; mas entregando-a ao senhor secretário Filgueiras, este me assegurou que a não lia, porque necessariamente seria chamado à ordem, como por muito menos acontecera a um senhor deputado da Bahia; que se eu quisesse a lesse, mas que certamente seria chamado à ordem; com isto resolvi entregar-me ao silêncio, e somente dar o meu voto segundo a minha consciência; visto que não tendo eu talento, energia, nem mesmo facilidade para exprimir-me, nem conceito público, não podia esperar ser atendido. Novos sucessos ocorreram, que obrigaram-me a retirar do Congresso; e para este fim dirigi ao mesmo uma representação no dia 17. Mas se, para não vir, persuadi-me haverem circunstâncias ponderosas, para tornar a vir, circunstâncias de muito maior peso de novo apareceram; porquanto alguns senhores deputados protestaram à face da nação e do mundo inteiro que os fundamentos da minha representação eram falsos, e como não pode haver maior vergonha para a nação que ter no número de seus representantes, falsos, ou homens de má-fé, cumpre-me hoje

---

[1] Conseqüência da Revolução Constitucionalista do Porto, de 1820. As Cortes de Lisboa, com representantes de todo o mundo português, tinham o propósito de preparar uma Constituição. Elas se reuniram a partir de janeiro de 1821, meses antes da chegada dos representantes brasileiros a Lisboa.

justificar-me à face da nação e do mundo inteiro. As minhas razões eram fortíssimas para julgar comprometida a minha honra e vida, a dignidade e os interesses da minha província. Não é só nas galerias que temos sido insultados com epítetos vergonhosos, como sabem todos os que ali têm estado; pelas ruas, pelas praças são os deputados do Brasil, e com especialidade os da minha província[2], tratados como bem se sabe, principalmente depois dos últimos acontecimentos de São Paulo e Rio. Aqui mesmo no Congresso em nossas mãos se nos têm entregado impressos injuriosos às nossas pessoas e províncias, sem que se tenha por isto dado a menor providência, quando me consta que Sandoval fora perseguido, e com razão, porque atacara a um ou dois senhores deputados de Portugal. Todos os dias os periódicos estão aparecendo recheados de injúrias ao Brasil, os quais apesar de serem capazes de incendiar o Brasil, já bem agitado, são contudo tolerados. Desgraçadamente não temos sido acreditados em nada relativamente ao estado e espírito público de nossas províncias, do que resulta que as medidas tomadas a seu respeito tornam-se-lhe prejudiciais: somos suspeitos a muitos senhores deputados, entre os quais se descobre esta rivalidade que torna maior a indignação pública contra nós. Como pois se podem chamar falsos estes motivos? Embora se digam insuficientes para o que eu pretendia, pois devo estar pela decisão do Congresso, a quem me sujeitei, por não poder ser juiz e parte ao mesmo tempo; mas nunca falsos, pois não são argumentos, sim fatos. Parece-me que pedia a justiça que ao Congresso não estar pela minha representação, devia determinar que eu explicasse quais eram essas circunstâncias ponderosas para formar seu juízo sobre elas, e não atribuir-se logo, como fizeram alguns senhores deputados, a rumores de galerias e medo. É verdade que muito estranhei a animosidade do povo chamar à ordem o meu companheiro de mistura com os senhores deputados: que eles o façam, está na ordem, mas o povo! Eu me persuado que se conterão daqui em diante, pois tendo nos confiado seus poderes só lhes toca obedecer; e bem devem saber que a sua felicidade, e a nossa, depende do respeito, e subordinação, devido aos seus representantes. Não tive temor pelo sucesso na sessão passada; não porque eu não seja suscetível de medo; já o tenho experimentado, e não duvido ainda experimentar; e bem longe de censurar, antes o julgo necessário, e concedido ao homem pelo autor da natureza para advertir dos males, e obrigar a evitá-los. O valor e a coragem consistem em vencer o temor, quando convém afrontar perigos: parece-me também que os terei quando chegar a ocasião.

---

[2] Diogo Antônio Feijó era representante da província de São Paulo.

Não posso deixar de lamentar-me da pouca atenção que merecem as desgraças do Brasil. Com as primeiras notícias o Congresso nomeou uma comissão, e exigiu com urgência o parecer; deu-se com brevidade, assinalou-se o dia para a discussão; mas por um incidente substituiu-se a esse parecer outro, a meu ver de conseqüências perigosas; tem-se passado imenso tempo, as notícias todos os dias são mais terríveis; e nada se determina. Portanto se eu tenho liberdade, como se me assegura, se posso falar com franqueza, peço licença para ler uma indicação que me parece ser a única que convém para evitar as desgraças que ameaçam o Brasil.

[Em seguida, Feijó leu a seguinte indicação]

### INDICAÇÃO

Nenhuma associação é justa, quando não tem por base a livre convenção dos associados: nenhuma sociedade é verdadeira, quando não tem por fim as vantagens dos indivíduos que a compõem. Um homem não pode, não deve impor leis a outro homem: um povo não tem direito algum a obrigar outro povo a sujeitar-se às suas instituições sociais. O despotismo tem podido atropelar estas verdades, mas o sentimento delas ainda não pôde ser de uma vez sufocado no coração do homem. É porém da natureza das instituições políticas que durem enquanto convém à felicidade de todos. Este princípio de eterna justiça aterra o ambicioso, enquanto povos livres não têm duvidado inseri-lo em suas constituições, porque o não temem. Eis aqui o que justifica a revolução de 24 de agosto[3], e que fará em toda a posteridade a glória de seus empreendedores.

Mas quanto é fatal este período! Homens reunidos por desejos e sentimentos, não mais pelos laços sociais, que não existem, quanto é fácil errarem na escolha; e tornando-se fracos pela divisão, virem a ser presa de um ou muitos ambiciosos! Portugal, animado daquela prudência que tanto o caracterizava, protesta não desligar-se dos mais portugueses, e considera-se uma só nação com eles; e deste manifesto forma um artigo das bases da sua futura Constituição. Portugal, porém, jamais quis por este ato tornar vacilante sua sorte e dependente da vontade alheia. Apenas seus habitantes reunidos em sentimentos: firme em sua resolução, estabelece sua representação, funda as

---

[3] Referência à Revolução Constitucionalista do Porto, iniciada com uma sublevação militar em 24 de agosto de 1820.

bases de sua Constituição, a jura sem demora e nada pode retardar a marcha augusta na organização do seu novo pacto social.

O Brasil ouviu o eco da liberdade, inveja a futura sorte de Portugal e, apesar dos obstáculos que prevê, apesar dos sacrifícios em que entrar, e que mais ou menos sofre, rompe os laços da antiga e já forçada associação. Cada província de per si, em tempos diversos, sem comunicação, sem socorro instala seu governo sobre as ruínas do antigo, elege seus representantes, os envia ao soberano Congresso Nacional para aqui organizar-se a Constituição, que para o futuro a deve reger, e obriga-se à obediência do que pelos mesmos for sancionado.

O Brasil teme, como Portugal, a divisão e seus terríveis efeitos: proclama a Constituição que fizerem as Cortes de Portugal, porque recusa ter parte nas Cortes que el-rei lhe promete: jura essa Constituição tal qual fizerem as Cortes, porque não quer sujeitá-la à sanção real, e como então se pretendia; protesta-lhes obediência porque quer e deve por enquanto subtrair-se à autoridade de el-rei; porque lhe convém tomar um ponto de apoio, que igualmente seja o centro da convenção.

Mas estes fatos ligaram o Brasil a Portugal; sujeitaram-no à dura necessidade de uma obediência passiva? A receber a lei que se lhe quiser ditar? Não, sem dúvida. Nações respeitáveis por suas forças e luzes têm ensinado aos povos até que ponto se estendem seus direitos, para que cegamente se queiram hoje sujeitar à vontade alheia.

Cada província tem um governo tão legítimo como o foi aquele que Portugal instalou a 15 de setembro[4]. Ela o criou; só ela o pode mudar, até que a Constituição, organizada por seus deputados de acordo com os de Portugal, determine e marque o seu futuro destino. Beneméritos da pátria regularam nesta crise arriscada a marcha política do Brasil: os povos a tudo assentiram, porque se lhes assegurava que tudo se fazia para sua felicidade. Chegou porém o tempo de tranqüilidade, eles se uniram, eles nos elegeram, eles nos enviaram, não para receber a lei fundamental do seu futuro governo, mas para fazê-la. Será tudo isto um erro, mas é erro generalizado no Brasil, e que só a força poderá destruir: erro que o artigo 21 das bases autoriza, e de que Portugal primeiro lhe tem dado o exemplo.

Mas porque o Brasil adotou as fórmulas das procurações dos deputados de Portugal, bem como este tinha adotado algumas de Espanha; porque alguns

---

[4] Governo interino formado em Lisboa, após a vitória do movimento liberal iniciado no Porto em agosto de 1820.

de seus representantes tomaram assento nesta sala augusta, sujeitou-se a reconhecer a legitimidade da Constituição feitas nestas Cortes sem que para ela tenha concorrido a maioria dos votos dos seus deputados? E ainda mesmo sem o consenso de um só. Esta idéia é revoltante para o Brasil. Cada província se cobriria de luto quando visse que suas mesmas palavras tinham traído o seu coração. Que sua boa-fé lhe privara da liberdade por que tanto pugnara.

Soberano Congresso, o Brasil já sabe que a Constituição é o estabelecimento da ordem, da maneira por que um povo é governado; que é a expressão da livre convenção; a base fundamental da sociedade entre homens livres.

Nós somos enviados para convencionarmos: só duas cláusulas se nos têm marcado e mais se deixou ao nosso arbítrio: é portanto de necessidade ou que assintais às nossas requisições, ou que rejeiteis a nossa associação. Nós ainda não somos deputados da nação, a qual cessou de existir desde o momento que rompeu o antigo pacto social. Não somos deputados do Brasil, de quem em outro tempo fazíamos uma parte imediata; porque cada província se governa hoje independente[5]. Cada um é somente deputado da província que o elegeu e que o enviou: é portanto necessária a pluralidade dos votos, não coletivamente de todos os deputados, mas dos de cada província, pela qual lhe possa obrigar o que por eles for sancionado. Se concordarmos, se a Constituição se nos tornar comum, desde esse dia somos um só Estado, uma só nação, e cada deputado lhe pertencerá com igual direito ao da província que o elegeu.

Mas suponhamos por um momento que a nação existe, e que todos nós indistintamente somos deputados dela; e ainda assim poder-se-á avançar que a vontade de uma a metade pode obrigar outra a metade? A nação já decidiu, e quem mais o pode decidir? A natureza das convenções, os direitos do homem não exigem a unanimidade do consenso entre as partes que contratam? As bases juradas julgam necessários os votos de dois terços para alterar-se um só artigo constitucional. Constituições de povos civilizados, e que nos servem de modelo, apesar de duas câmaras e um veto mais extenso requererem mais dois terços de votos para a validade de algumas deliberações, e para organizar-se uma Constituição inteira será bastante o voto da metade da Nação, e ainda sendo bastante quantos artigos haverá [na] Constituição sancionados por mais de noventa votos, uma vez que se não pode negar que a nossa representação excede a 180 deputados.

---

[5] A Revolução do Porto repercutiu no Brasil, levando à criação, nas províncias, de juntas governativas favoráveis às Cortes de Lisboa.

Soberano Congresso, a Constituição regulará a criação das leis administrativas; mas quem há de regular as leis fundamentais? Todos nós, ou pelo menos a maioria muito assinalada que represente e exprima de um modo não equívoco a vontade geral da nação, mas nunca somente alguns de nós. Não imitemos aos déspotas que, ambiciosos de comandar, não podem ouvir as reclamações dos direitos do homem. O Brasil apresenta cada dia um prospecto mais triste; a sua luta é só para salvar seus direitos, que julga violados. Aproveitemos o momento, que talvez já escapa: não queiramos que o mundo inteiro nos tache de insensíveis aos males da humanidade, que a posteridade nos acuse de abandonarmos um irmão, que ajudará sem dúvida a afirmar nosso poder, nossa independência e nossa glória.

Proponho portanto, como único meio de fazer parar o progresso das desgraças que ameaçam o Brasil, como a medida mais segura para consolidar a reunião da grande família portuguesa, e para dar ao mundo o irrefragável testemunho de nossa prudência, desinteresse e justiça:

1º Que se declare que o Congresso de Portugal, enquanto se não organiza a Constituição, reconhece a independência de cada uma das províncias do Brasil.

2º Que a Constituição obrigará somente aquela província cujos deputados nela concordarem pela pluralidade de seus votos.

3º Que as Cortes prestarão todo o auxílio àquela província que se achar ameaçada de facções, sendo por ela requerido, com o fim somente de a pôr na perfeita liberdade de escolher.

4º Que se declare ao governo que suspenda todos os provimentos, e qualquer determinação a respeito do Brasil, exceto quando lhe for legitimamente requerido por alguma província.

5º Que os governos do Brasil, onde se acharem destacamentos de Portugal, os possam fazer retirar desde que assim o julgarem ser conveniente.

[Assinatura.]

# 2.
# MANIFESTO DE FALMOUTH

[Extraído de Eugênio Egas, *Diogo Antônio Feijó*.
São Paulo: Typographia Levi, 1912, 2 vols.]

Os abaixo assinados, querendo prevenir qualquer suspeita alheia da verdade, que possa ocasionar a sua inesperada retirada de Lisboa[6], declaram à nação portuguesa e ao mundo inteiro os motivos que os obrigaram a assim obrar.

Desde que tomaram assento no Congresso de Portugal[7], lutando pela defesa dos direitos e interesse da sua pátria, do Brasil e da nação em geral, infelizmente viram malogrados todos os seus esforços, e até avaliados estes como outros tantos atentados contra a mesma nação.

O desprezo e as injúrias andaram sempre de companhia à rejeição de suas propostas; e, depois de verem com dor de seus corações todos os dias meditar-se e pôr-se em execução planos hostis contra o Brasil, apesar de suas repetidas e vivas reclamações, se lhe ofereceu para assinar e jurar a Constituição, onde se encontram tantos artigos injuriosos e humilhantes ao seu país, e talvez nenhum só que possa, ainda de um modo indireto, concorrer para a sua futura, posto que remota, prosperidade[8].

Os abaixo assinados não podiam, sem merecer a execração de seus concidadãos, sem ser atormentados dos eternos aguilhões da consciência, sem sujeitar-se à maldição da posteridade, subscrever e muito menos jurar uma tal Constituição, feita como de propósito para exaltar e engrandecer Portugal à custa do Brasil; recusaram, portanto, fazê-lo.

---

[6] Depois de se recusarem a assinar a Constituição elaborada pela Cortes de Lisboa, Diogo Antônio Feijó e outros quatro deputados fugiram de Lisboa rumo à Inglaterra, em 6 de outubro de 1822.

[7] Ver nota 1.

[8] As decisões das Cortes favoreciam um estreitamento dos laços coloniais entre Portugal e Brasil. Decidiu-se, por exemplo, que os governos provinciais passariam a ser independentes do Rio de Janeiro e diretamente subordinados a Lisboa.

O ódio e a indignação, já bem desenvolvidos contra os deputados daquele reino, cresceram a ponto que seria a maior das imprudências, e mesmo uma criminosa temeridade, deixarem-se permanecer em Lisboa, onde, sendo já inútil a sua assistência, era inevitável pelo menos o sofrimento de insultos da populaça, que se crê apoiada pelo governo e pelas Cortes, as quais nas expressões de alguns de seus deputados de maior consideração têm dado não equívocas provas de ressentimento e futuras deliberações, contrárias à inviolabilidade dos abaixo assinados, e mesmo à liberdade civil de que goza qualquer cidadão em um Estado livre.

O governo negou passaportes a um e a comissão dos poderes julgou inadmissível a pretensão de outro que instava pelo regresso à sua pátria porque três meses de enfermidade crônica o tornavam impossibilitado para o exercício do seu emprego, dando aquela pelo maior dos motivos o não haver este assinado a Constituição, e ameaçando que devera sujeitar-se à sorte que esperavam os que se achavam em iguais circunstâncias.

Os abaixo assinados julgaram por outra parte que a comissão de que estavam encarregados estava terminada; eles podiam e deviam dar conta dela aos seus constituintes, retirando-se para onde lhes foi possível.

Pela exposição circunstanciada que farão à sua pretensão dos diferentes acontecimentos, durante o tempo da sua missão, o universo inteiro em sua imparcialidade julgará do merecimento da sua conduta; e os seus concidadãos, inteirados daqueles sucessos prevendo sem dificuldade a sorte que os espera, saberão que seus representantes nada mais podiam fazer em seu beneficio que oferecer-lhes o quadro fiel do passado e um esboço provável do futuro.

Em Falmouth, 22 de outubro de 1822.

[Assinam Cipriano José Barata de Almeida, Francisco Agostinho Gomes, José Lino Coutinho, Antônio Manuel da Silva Bueno e Diogo Antônio Feijó.]

# 3.
# Manifesto do Recife

[Extraído de Eugênio Egas, *Diogo Antônio Feijó*.
São Paulo: Typographia Levi, 1912, 2 vols.]

Retirando-nos de Lisboa[9], onde estávamos comprometidos pela causa da pretensão, chegamos a Falmouth e aí recebemos todo o acolhimento que era de esperar de um povo nobre, generoso, amigo da liberdade e da justiça; naquela cidade fizemos um manifesto, que por cópia lhe enviamos, e a 8 de novembro nos fizemos à vela para este porto em um brigue inglês.

O capitão fundeou em franquia na cidade de Funchal, ilha da Madeira, e foi à terra entregar certas cartas aos seus compatriotas.

Sabendo-se na ilha da nossa chegada àquele porto, foi tal o tumulto do povo, que o governador mandou cercar o nosso brigue por um escaler armado, e intentou arrancar-nos dele, não obstante ser navio estrangeiro, de um porto inglês, não termos culpa formada, não pertencermos mais ao governo português, e pela Constituição daquele mesmo povo não sermos responsáveis pelo nosso proceder nas Cortes em que tínhamos sido deputados.

Convocou-se um conselho, e nele se decidiu que se devia retirar a guarda e deixar o nosso navio seguir o seu destino.

Devemos confessar perante o mundo, em sinal do nosso reconhecimento e gratidão, em abono da verdade e retidão à magnanimidade do povo inglês, que o cônsul daquela nação veio logo a bordo significar-nos a sua mágoa e desassossego pelo inaudito atentado que se premeditava, assegurando-nos que por honra da sua nação e amor da justiça empregaria aquela resistência que estivesse a seu alcance, e que se ainda assim o resultado fosse funesto a Inglaterra não sofreria o ultraje do seu pavilhão.

Os senhores ingleses habitantes daquela cidade, e mesmo o cônsul, vieram a bordo dar-nos os parabéns de estarmos salvos do perigo, e fazer-nos os mais sinceros e obsequiosos oferecimentos.

Tanto devemos a esta nação generosa e magnânima!

A Providência, que vigia sobre a nossa sorte, nos conduziu sem o sabermos, por entre o bloqueio inimigo, a este porto amigo.

---

[9] Ver nota 6.

Qual não foi a nossa satisfação quando encontramos um povo possuído dos mais elevados sentimentos de honra e de patriotismo, conservando no meio das paixões uma prudente moderação, que só sabe avaliar quem, como nós, o presencia.

Briosos e valentes pernambucanos! Nós vos declaramos o fim principal de tocar às vossas praias; sabei: foi contar-vos com fidelidade o que em Portugal se maquina contra vós, e igualmente sermos testemunhas do vosso estado político.

Portugal desde outubro trabalha com o derradeiro esforço por introduzir no Brasil pelo menos 4 mil homens, e nós conjeturamos que por todo o mês de janeiro de abordar às nossas praias.

Este passo nos será incômodo, mas será mil vezes mais funesto àquele desgraçado e caprichoso reino.

Pernambuco e Alagoas, ou ambas as províncias juntamente, são o alvo desta expedição; o povo de Lisboa e os europeus para ali emigrados instam com furor para que se enviem tropas para estes pontos, a fim de serem defendidos suas propriedades e seus compatriotas; para interessar mais o governo eles pintam com negras cores, e até com atroz calúnia, os diários insultos que se fazem aos europeus aqui residentes; e para facilitar a empresa têm tomado o ridículo partido de descrever-nos como um povo insubordinado; eles asseguram que a vossa tropa é pequena, sem ordem nem disciplina; que os soldados comandam os oficiais, que o vosso governo é um fantasma, que nada pode senão vos obedecendo, que só à vista da tropa e aos primeiros impulsos dos soldados europeus correreis espavoridos ao centro das matas, porque não sois outra coisa mais que um povo amotinado e faccioso.

Pernambucanos, eis aqui somente a notícia que feria os nossos corações.

Todo o mundo sabe que soldados sem a cega obediência são animais furiosos que a si mesmo se devoram, e que um povo sem governo é a maior das desgraças.

Hoje, porém, estamos certos do contrário; elegestes um governo da vossa confiança; a ele somente entregastes o regulamento da vossa conduta; tendes oficiais corajosos capazes de vos conduzir ao campo da glória.

É verdade que a suspeita e a paixão vos conduzem algumas vezes à medida que a prudência reprova; mas ainda no meio destes excessos admiramos a vossa moderação, e estamos certos que vós mesmos nos momentos de calma conhecereis os funestos resultados de um proceder que as nossas circunstâncias de suspeita toleram, mas que, repetido, tornar-se-á sem dúvida a origem de nossa desgraça.

Na verdade Pernambuco é uma província de quem se pode esperar tudo;

venham embora nossos inimigos; sofreremos algum incômodo, mas eles serão infalivelmente rechaçados, e nossos prejuízos ressarcidos sem que nos seja necessário demandar o Tejo; as províncias estão coligadas: não há poder capaz de escravizar-nos. O nosso magnânimo defensor protesta que os portugueses poderão assenhorear-se do Brasil, mas nunca dos brasileiros; mas se ele estivera em Pernambuco diria talvez: "Virão os portugueses ao Brasil, mas primeiro seus corpos entulharão os nossos portos para ao depois invadirem nossas cidades".

Permitam os céus que os nossos inimigos não consigam dividir-nos para enfraquecer-nos; nas convulsões políticas as desconfianças são necessárias, mas quando são temerárias e imprudentes, tornam o povo volúvel e inconstante, acaba-se a força, reina a anarquia, perde-se a pátria; os pernambucanos têm tido tempo para saber escolher; resta colher a fruta da sua mesma escolha pela cega obediência às autoridades por eles mesmos constituídas, e esperar sem impaciência pela nossa sábia Constituição brasileira, que não tardará a vir sanar os nossos males.

Os europeus emigrados do Brasil para Portugal, tendo-se envolvido nos nossos negócios políticos comprometeram-se a si e aos seus compatriotas; advogando ainda a sua causa tornaram-se cada vez mais nossos inimigos; e para que tantas vítimas inocentes não sejam sacrificadas no ato de alguma invasão, seria prudente que os senhores europeus aqui residentes representassem ao governo de Portugal e ao de Madeira que jamais tomassem medidas hostis contra esta província, porque em lugar de os proteger excitariam o ódio dos patriotas contra eles, e os arriscariam aos funestos efeitos da guerra civil; talvez este só passo pusesse em sossego Pernambuco e salvasse os ditos senhores dos males que eles bem conhecem quanto estão iminentes se houver alguma invasão neste país.

Nós estamos persuadidos da inocência de muitos que aqui residem; porém críticas e apertadas circunstâncias produzem quase sempre extraordinários sucessos, e se eles consultarem seus próprios interesses serão apressados em abraçar esta medida.

Eis os nossos sentimentos a respeito de uma província a quem tanto amamos, respeitamos e somos gratos pelo bom acolhimento que lhe temos merecido.

Recife, 24 de dezembro de 1822.

[Assinam Cipriano José Barata de Almeida, Antônio Manuel da Silva Bueno, Francisco Agostinho Gomes, Diogo Antônio Feijó e José Lino Coutinho.]

# 4.
## REPRESENTAÇÃO DE DIOGO FEIJÓ
## AO IMPERADOR

[Extraído de Eugênio Egas, *Diogo Antônio Feijó*.
São Paulo: Typographia Levi, 1912, 2 vols.]

Senhor! Se eu não conhecera a humanidade e o liberalismo de v. m. i., tremeria ao pegar na pena para ocupar o tempo precioso de v. m. em objetos insignificantes. V. m. i., pai do seu povo e perpétuo defensor de seus direitos, não pode deixar de ser sensível à desgraça do menor dos seus súditos. Eis aqui o que desculpa a minha temerária ousadia na seguinte exposição do que me acontece.

Quando eu pensava em descansar tranqüilo no meio da minha família, rodeado dos meus amigos, depois de haver concluído a espinhosa tarefa nas Cortes de Portugal[10], onde, posto que nada fiz, trabalhei contudo por não desonrar a comissão de que me encarregaram, e a todo o risco recusei subscrever à ignomínia e à desgraça da minha pátria, havendo rejeitado nessa Corte o canonicato da Capela Imperial, com que v. m. se dignará honrar-me, e isto não só pela contradição dos meus princípios respeito a semelhante instituição, como para não ver-me privado da companhia dos meus; quando eu não me lembrava de solicitar honras, nem empregos e me comprazia de não ser escorregado [encarregado] de tratar mais negócios políticos em tempos tão arriscados, para, entregue todo a uma vida particular, trabalhar [unicamente] em preencher os deveres de cidadão e sacerdote; quando, apesar de não estar de acordo com o principal ex-ministro de v. m.[11], estava resignado a tudo, não só porque não me atribuía qualidade de inenarrável, como pela impossibilidade de fazer, já não digo o Brasil, mas a minha província[12], abraçar as minhas opiniões; e não querer por nenhum modo concorrer para a desgraça

---

[10] Ver nota 1.

[11] Diogo Antônio Feijó se refere aqui a José Bonifácio de Andrada e Silva, contra quem ele escreve esta representação ao imperador, no ano de 1823.

[12] Província de São Paulo.

da minha pátria; quando apesar de muitas vezes me ver tocado e sumamente magoado, por alguns procedimentos do ministério de v. m.; procedimentos que tendiam, muito rapidamente, a espalhar o terror e a indignação por toda a parte, e odioso a v. m. que tanto tem se interessado pela prosperidade do Brasil; eu nada mais fazia que consolar os meus amigos, fazendo-os esperar no liberalismo e justiça de v. m. o remédio a tantos males; quando certo que eu tenho a infelicidade de pensar diverso daquele ex-ministro, devia necessariamente sofrer a sua perseguição, desde o momento que o descontentamento se tornasse mais geral, e por isso, crescente o seu temor, eu procurava refugiar-me a lugares ermos, passando pela vila de Itu, lugar da minha residência, onde com efeito, só demorei-me o tempo necessário em satisfazer os deveres da civilidade e pela de São Carlos [Campinas], onde eu tenho propriedade e escravos, e onde demorei-me quinze dias sem bem providenciar a minha casa, que há dois anos não via o seu proprietário; e enfim, colocando-me neste sítio perto de trinta léguas da capital, à espera de que passasse a época do perigo, o que nessa Corte tinha dito muito claramente o deputado Antônio Carlos ao ex-deputado Antônio Manuel [da Silva] Bueno, e outros senhores, é nestas circunstâncias que se me avisa, por diferentes pessoas, que no correio de 20 de junho, o segundo depois da minha chegada dessa Corte, recebera o capitão-mor da vila de Itu ordem discreta do ministério para observar meus passos, comportadamente etc., porque eu era *fingido*, e tinha idéias *desorganizadoras e que me fizesse observar por toda a parte a que eu me dirigisse.*

Nem se poderá pretextar semelhante ordem com uma denúncia, que aquele ex-ministro diz ter-se dado contra mim, de São Paulo, porque vindo a referida ordem no correio de 20 de junho, não podia ser resultado da denúncia, que se diz dada no correio de 10 de junho.

Na verdade, logo me certificou o capitão-mor da vila de São Carlos, e o comandante da vila de Constituição, em cujo distrito me acho, que tiveram apertadas recomendações daquele capitão a meu respeito. O que sucedeu, senhor? Os meus amigos, que conhecem o meu caráter, exasperaram-se com uma tal medida; os que não me têm afeto, principiaram a espalhar suas suspeitas por fatos; e eu sou hoje, na boca de uns, tratado de velhaco, na de outros, de inimigo da causa nacional e, na de muitos, por aborrecido de v. m. E o povo me lança vistas suspeitosas. Eis aqui a tranqüilidade e a segurança, única retribuição que eu apetecia. Eu estou certo que v. m., ou não sabe de semelhante ordem, ou iludido por aquele ministro a aprovou. Era impossível que v. m. se desagradasse ao ponto de comunicar diretamente a um capitão-mor sobre objetos desta natureza; este procedimento é só próprio de um ministro tímido e desconfiado, porque a sua conduta, nem franca, nem leal, está em contradição com os votos da nação, e a quem somente pode assustar um homem como eu, sem emprego, nem fortuna, e habitante de uma província humilde e tão passiva, que foi capaz de ter sofrido, até que esse ex-ministro derribasse nela um governo legítimo, criasse a si e aos seus novos governadores, ordenando-lhes imediata obediência, sem por modo algum solicitar jamais a sua aprovação.

Senhor, as minhas opiniões se fizeram públicas, pelo pouco que disse nas Cortes de Portugal, e elas, em suma, foram expostas no manifesto que apresentei a v. m., nas mãos daquele ex-ministro, e que por infelicidade minha, v. m. não leu, mas soube do seu contexto, pela única informação do mesmo ex-ministro. Este não se atreveu então a censurar as ditas opiniões, apesar de opostas às suas, porque seria um despotismo o mais cruel querer obrigar a todos pensarem como um só, mas foi o bastante para ser eu julgado *democrata, carbonário* etc., porque esta infelicidade acompanha todo aquele que não quer o que aquele ex-ministro quer. Se v. m. i. lesse aquele manifesto veria dizer eu que todas as expressões de v. m., na época da nossa revolução, foram humanas, justas e desinteressadas, mas que escapavam ao ministério algumas palavras, que davam lugar aos inimigos da causa e aos mesmos amigos da liberdade a funestas reflexões. Isto necessariamente não podia agradar ao ex-ministro, mas eu não fui fingido, disse o que entendia e sobre o que eu ouvia muitos queixarem-se, e porque importava que v. m. também o soubesse. Eu, analisando a Constituição de Portugal, declarava francamente o que nesta me parecia bom e mau; eu declarei alguma coisa contra a *aristocracia*, certo de que assim não pensava aquele ex-ministro, porque muitos são os que querem governar com v. m., mas também certo que no tempo em que escrevi aquele manifesto, era a idéia mais revoltante para o Brasil a criação de uma aristocracia, que já não tínhamos e a quem os povos atribuíam as suas desgraças passadas, pois todos sabem que s. m. f. amou sempre a seus súditos, ainda que em seu nome fossem estes sempre maltratados, e que até hoje me persuado que semelhante instituição é uma vergonha para os povos e um estorvo para os monarcas; e que só a prudência tolera, quando já se acha criada, como acontece na Europa. Será isto um erro, mas eu assim o penso, nem exijo que o meu pensar sirva de regra a ninguém. Eu declarei o meu sentimento contra o veto absoluto, nisto parecia eu contrário a v. m., mas como o não julguei indispensável para ornamento do trono, e sendo a Constituição feita para os povos, nunca me persuadi que o imperante tem poucas atribuições, tendo-as necessárias para bem governar. Estarei errado; mas ao menos, muitos sábios têm errado comigo, nem julguei ser crime manifestar com franqueza os meus sentimentos, quando os demais também dizem o contrário francamente, e julguei do meu dever dar a entender a v. m. o voto geral, pelo menos da maior parte do Brasil, visto que parece de propósito, se tem querido ocultá-lo a v. m., para estabelecer uma Constituição, segundo o entender dos nossos sábios, mas de certo pouco acomoda a opinião dos povos. Eu descobri naquele manifesto o meu pensar sobre o governo das províncias e assim expus em geral os meus sentimentos, com a sinceridade e franqueza que caracteriza o mesmo manifesto, sem me importar com a contradição em que se achava com os planos e objetos daquele ex-ministro. Senhor! Se sou criminoso por minhas opiniões, elas são as que acabo de expor, a que me animei pela liberdade de pensar e de escrever, que cada um tem direito, que v. m. tantas vezes nos tem prometido garantir.

O meu comportamento, senhor, desde que cheguei ao Brasil, e fiquei inteirado de que o ex-ministro de v. m. pretendia substituir a sua opinião a pública, e que cessando de fato a liberdade da imprensa, nada mais se escrevia, senão em conformidade com as idéias dele, foi tremer, encarando a desgraça futura da minha pátria; porque ela talvez aceitasse a Constituição, que se lhe desse, mas talvez constrangida e de certo modo violada, desconheceria a sua perfeição, quando a tivesse, e cedo ou tarde empregaria a reação que não poderia deixar de ser funesta. Sem ser declamador desabafava-me com os de minha confiança, rememorando os fatos que mais escandalizavam ao Brasil, como eram: as deportações de tantos homens que tanto trabalharam e a tanto risco em benefício da causa da Independência; as expatriações de alguns, que tendo cometido erros, não tinham delinqüido senão contra aquele ex-ministro e sua família; o procedimento contra o capitão Mendes, que achando-se em Pernambuco, na melhor fé possível, encarregado de fazer aclamar naquela e mais províncias [vizinhas] a v. m., o tinha executado com zelo, fidelidade e patriotismo e, não obstante, por ordem do ex-ministro, tinha sido mandado expatriar para qualquer porto da Europa, sem outro pretexto que o de ser menos afeto à causa do Brasil — nem ao menos se diz ser inimigo dela; a devassa geral para o que foram conduzidas tantas vítimas do ódio e da intriga; a porta aberta para toda sorte de denunciantes comprometer a liberdade e a segurança do cidadão pacífico; a simples suspeita qualificada de crime provado, prisões violentas pela única acusação dos aduladores e pertencentes, que queriam tornar-se beneméritos e agradar ao ex-ministro tímido ou demasiadamente desconfiado; as espias por toda a parte, sem que alguém se julgasse seguro; a fé do correio violada, abrindo-se cartas e até sumindo algumas, como a mim próprio aconteceu, sem que ninguém se atrevesse ao menos queixar-se de semelhante atentado contra a fé pública; a honra de v. m. comprometida porque, convidando v. m. os paulistas a voluntariamente se incorporarem à expedição de Montevidéu, eram estes ainda, os voluntários, conduzidos à capital em correntes e algemas, reproduzindo-se as cenas de lástima e horror que encheram de consternação esta província no tempo do passado antigo despotismo. Esses e outros fatos semelhantes, senhor, eram os que aterravam os cidadãos que amam sinceramente a sua pátria e se interessaram pelo crédito e pela glória de v. m. como eu sempre confiei e proclamei e defendi a constitucionalidade de v. m.

V. m. confiava em extremo naquele ex-ministro, para que qualquer se venturasse a falar a verdade toda inteira; não obstante eu, de Pernambuco, escrevi a v. m.; não sendo entregue o meu ofício, pessoalmente apresentei-o a v. m. Nele, depois de confessar como a última convicção de que o Brasil devia a existência pública a v. m.; eu assegurava que devia ainda a sua prosperidade e glória ao desinteresse, à liberdade e à justiça de v. m. Tenho o prazer de ver realizada em parte a minha asserção: v. m. acaba de salvar o Brasil da opressão em que se achava, e ainda espero só de v. m. o complemento da nossa felicidade. Eu terminava aquele ofício, com as seguintes palavras:

"Praza a Deus que v. m., sempre obediente à voz do seu magnânimo, justo e liberal coração, não dando jamais ouvidos a opiniões particulares, marche de acordo com a vontade geral dos povos, nem se deixe arrastar pelos atrativos da lisonja, que sabe o segredo de torcer a seus fins os gênios mais bem favorecidos da natureza, nem duvida expô-los a terríveis e vergonhosos sacrifícios, quando espera torná-los em seu proveito." Eu quis dizer tudo com estas palavras; eu na verdade disse muito. Hoje v. m. talvez penetre o sentido delas: algum dia talvez, melhores circunstâncias me ponham em estado de desenvolvê-las completamente. Como pois, senhor, um cidadão que fala deste modo é suspeito ao governo? E é fingido, e tem idéias desorganizadoras? É verdade, senhor, eu nunca aplaudi a Constituição que o ministro e seus aderentes querem dar ao Brasil, mas nunca me opus a que os povos a aceitassem. Tanto amo o governo monárquico, representativo, como abomino a democracia pura e a aristocracia num país que tem a felicidade de não a possuir. No Brasil, cada homem branco disputa nobreza; criar uma classe acima desta é, enquanto a mim, introduzir uma rivalidade que só o fim dos séculos poderá destruir. Eu confesso que amo mais o governo absoluto de um só que o chamado liberal de muitos, quer sejam democratas, quer sejam aristocratas. Como eu não duvido estar enganado, cedo à vontade geral e protesto acomodar-me com a Constituição que se me der. Parece que este meu proceder nada tem de anárquico, nem subversivo da ordem.

Rogo, portanto, e espero na bondade e justiça de v. m.; ou declarar-me que é do seu imperial desagrado este meu comportamento, para eu reduzir-me ao mais inviolável silêncio, ou que tomando em consideração o meu justo ressentimento, por ver o meu crédito arruinado, único bem que possuo e aprecio, e isso em nome do mesmo que é nosso perpétuo defensor, haja de fazer restaurá-lo por aquele meio que melhor parecer a generosidade e prudência de v. m. i., a quem peço toda a indulgência pela minha ousadia, e por qualquer indiscrição, que, sem pensar, me haja escapado nesta minha representação.

Deus guarde a v. m. i.

De v. m. i., súdito afetuoso e obediente,

[Assinatura.]

# 5.
# NAÇÃO SEM MOEDA

[Extraído de *Discurso na Câmara dos Deputados*, sessão de 14 de junho de 1828. Rio de Janeiro: Typographia Parlamentar, 1876, t. II, pp. 117-8]

Com os remédios que se têm proposto para acabar o ágio do cobre, e para remediar a falta do troco do papel-moeda que nós temos, parece-me que nenhuma das medidas produzirá o efeito desejado; e por isso queria arriscar a minha opinião.

O Rio de Janeiro tem uma moeda provincial de 50 milhões mais ou menos, a que se chama papel-moeda; ora, o Tesouro não tem sistema monetário perfeito [não se entende o taquígrafo até que disse] por isso mesmo que o papel tem ágio. A respeito do mesmo papel, quero dizer que as notas de 4 ou 6 mil-réis têm ágio sobre as de 30 etc., e então os trocos não se podem facilitar senão reduzindo-se a moeda papel, por exemplo até 5 réis; o que é impraticável, e por isso é necessário que estas transações se façam em moeda de cobre, como em toda a parte; creio pois que se nós tivéssemos uma moeda de cobre provincial, como esta moeda papel não sairia do mercado como sai, nem haveria tão grandes dificuldades que se observam nos trocos.

Não direi como a nação está privada de outra moeda, como seja a de cobre, mas também não diria que se cunhasse toda a moeda provincial; queria que se cunhasse uma quantidade de cobre necessário para o Rio de Janeiro, e parece-me que 500 contos ou 300 seriam bastantes para não haver ágio.

Disse-se que os gêneros subiram de valor desde que o cobre desapareceu; mas eu digo que apesar do ágio que o cobre tem, há muitos gêneros que não têm alterado, e tanto faz comprar em cobre como em papel.

Portanto quero propor um artigo aditivo para que admita uma moeda provincial para a província do Rio até 300 contos ou um terço do cobre que se tem cunhado até agora.

# 6.
# RESPONSABILIDADE DOS MINISTROS

[Extraído de *Discurso na Câmara dos Deputados*, sessão de 16 de julho de 1829. Rio de Janeiro: Typographia de Hyppolito José Pinto & Cia., 1877, t. IV, pp. 124-5]

Sr. presidente, é sem dúvida este o primeiro dia constitucional que o Brasil vai presenciar. A nossa Constituição até hoje não tem sido mais que um nome vão, e Constituição sem responsabilidade é uma quimera, ou antes um laço que se arma ao cidadão, porque o governo faz o que quer à sombra dela, enquanto os governados se iludem com belas palavras e promessas; mas se acaso mostrarmos hoje à nação que ela é soberana, que seus mandatários hão de lhe dar contas de sua conduta, que impunemente se não ataca a Constituição em um só de seus artigos e muito menos nos seus alicerces, então é que o Brasil verdadeiramente tem Constituição e pode dizer que já não é escravo como em outro tempo.

Sr. presidente, a questão é a mais simples do mundo; mas tem-se envolvido, parece de propósito, com tantas coisas para assim ver-se se persuade a inocência do ministro e, na falta de razões, pretende-se escurecer o entendimento cem sofismas para ficarmos todos baralhados; nem eu posso descobrir outra coisa, porque uns remetem-nos para França, outros para Inglaterra, e outros para os Estados Unidos, e outros para questões totalmente estranhas da presente.

Havemo-nos regular pelo que se faz na França ou pela Constituição do Brasil? Que nos importa que comissões militares sejam a coisa mais santa e a mais justa das invenções? O que resta é saber se o ministro podia criá-las.

O ministro da Guerra é denunciado de ter usurpado o poder Legislativo e o poder Judicial[13]. Vejamos se usurpou.

A Constituição dividiu os poderes: marcou a cada um deles atribuições.

---

[13] O ministro Joaquim de Oliveira Álvares era acusado por expedir o decreto de 27 de fevereiro de 1828, criando uma comissão militar em Pernambuco, por ocasião da rebelião.

Ora, atribuição de criar alguma coisa está nas atribuições do governo? Eu não leio a Constituição porque os senhores a sabem muito bem. Fazer uma lei, criar um emprego, é atribuição do poder legislativo: logo, o ministro da Guerra, criando uma comissão militar, fez uma lei, criou um tribunal, segue-se que usurpou o poder Legislativo. Ainda fez mais, constituiu-se juiz, e juiz soberano, que até deu comissão a outrem para julgar em seu nome. A isto não sei como se possa responder.

Desejaria pois que qualquer sr. deputado que está resolvido a dar o seu voto a favor do ministro da Guerra ficasse antes em silêncio do que apresentasse razões tão fúteis, com as quais parece supor que nos pode iludir. Elas não merecem resposta. É, porém, nossa obrigação analisar a defesa que apresentou o ministro da Guerra.

A primeira é o exemplo dos seus antecessores; mas desgraçada é a defesa de um réu quando se funda no fato do terem havido outros réus de crimes semelhantes. A esta não respondo eu.

A segunda é o projeto da lei dos foros.

Sr. presidente, diz o artigo dessa lei: "Ficam extintos os juízes de comissões especiais etc.". Pergunto: perde-se o artigo da Constituição por que não foi sancionada esta lei? Decerto que não. Para que serve pois esse tão safado raciocínio de haver a Câmara inserido esse artigo das comissões militares na lei dos foros, que não foi sancionada? Que diz o resto do artigo? "Ficam compreendidas as comissões militares, e nem se poderão criar de novo."

Primeiramente aqui não se diz "o governo não as poderá criar"; diz que ninguém as poderá criar; ou, o que vale o mesmo, que aquela a quem compete criar as coisas não pode mais criar comissões militares. Ora, isto mesmo não é contra o ministro da Guerra? Se diz, porém — a Constituição é escura nesta parte, e pode o ministro interpretá-la sem usurpar atribuições da Assembléia —, se neste artigo da lei se diz que não se poderão criar mais comissões militares, apesar de não ser sancionada a lei, não foi ao menos o ministro contra a opinião da Assembléia Geral, a qual reconheceu que as comissões militares estavam proibidas pela Constituição? Mas que se embaraça o ministro com a opinião da Assembléia, quando ele tem em seu poder interpretar a Constituição e até revogá-la quando lhe fizer conta?

O ministro conhece mui bem a fraqueza da sua defesa; ele não insiste em um argumento, toca-o levemente e passa logo a distrair-nos para outras razões. Ele apela para as circunstâncias que então, diz ele, existiam, e disse que como grande servidor tinha lançado mão de recursos extraordinários, procurando apadrinhar-se com o perigo iminente da pátria, com ameaça da dissolução social!

A Câmara dos Deputados é demasiadamente imparcial, é muito justa para aproveitar-se da fraqueza deste ministro. Ele, querendo salvar-se de um abismo, precipitou-se em outro ainda maior. Sr. presidente, ele se apresenta como ministro o mais traidor à nação brasileira. Pois com setenta a cem vasos de guerra, com 20 a 30 mil homens à sua disposição, não pôs em movimento nenhuma dessas forças para acautelar esse perigo iminente que abalava o Trono, a Constituição e ao Estado inteiro! Deixou Pernambuco entregue a seus próprios recursos, abandonou os rebeldes, e só quis perseguir os já prisioneiros com comissões militares? Nada disto houve, senhores; aqui há somente muita exageração para não dizer mais alguma coisa.

Vamos examinar, portanto, a verdadeira causa que produziu semelhante crime, a ver se nela se encontra ao menos algum motivo de desculpa.

Eu as descubro, são:

1°) *Pouco caso da representação nacional.* Lembremo-nos que no primeiro ou segundo dia que se lhe permitiu assento nesta casa, fazendo-se representante dos militares, chegou a ameaçar-nos indiretamente com seus constituintes. Os primeiros atos do seu ministério foram marcados com os decretos de recrutamento, de privilégios, de ampliações de leis, e isto à face da Assembléia Geral. Sr. presidente, quando me lembro de semelhantes atos, parece-me ver no ministro uma tendência manifesta de querer acabar de uma vez com a Constituição.

2°) *O espírito militar deste ministro.* Sabemos que ele viveu desde menino entre as armas, e encaneceu no campo dos combates acostumado a decidir tudo com a espada; não pode vergar-se ao jugo da lei. Senhores, o ministro é rebelde à Constituição.

Notemos agora a natureza do crime. A criação da comissão militar é um agregado de crimes enormes; com ela o ministro revogou muitas leis, revogando a lei geral do processo, revogou a resolução da Assembléia Geral que determina que nos processos, ainda os mais sumários, se observem certas formalidades; atacou a Constituição invadindo os poderes Legislativo e Judicial; suspendeu o artigo que determina que ninguém seja sentenciado senão por uma autoridade competente e por lei anterior; aquele que proíbe a criação de comissões especiais. O que declara que nenhum dos poderes políticos pode suspender a Constituição no que respeita aos direitos individuais etc.

Sr. presidente, o ministro não pode ocultar suas intenções contra o Brasil, ainda mesmo na sua própria defesa. Ele diz [leu]. Ele não se lembra que o Brasil tem Constituição, quer-nos chamar para o berço da monarquia lusitana, quer que continuemos os usos e práticas dos nossos antepassados, em que um militar, diz ele, desde que empunhava a espada, decidia tudo com ela, isto quer dizer que ele, como ministro da Guerra, pode decidir tudo e castigar a todos com a sua espada.

Ele traz mais este exemplo — se acaso o militar no campo de combate por ter dado um sinal de um simples receio, é logo morto pelo oficial mais vizinho, afim de que se não gore uma simples escaramuça —, como não poderá ele, que é um ministro acima de todos os militares, mandar assassinar metade dos cidadãos, quando seja isto necessário, para que se não gorem seus planos e projetos? Na verdade assim está fazendo Fernando VII[14], assim pratica o usurpador de Portugal[15] para que não falhem seus planos e seus projetos. Eis aqui mais um princípio anárquico e subversivo de toda a ordem social professado pelo ministro.

Diz o ministro: "Creio que as comissões militares não são reputadas etc. [leu]". Sim, ele se não importa com a Constituição, nem com o que ela determina no artigo 102, § 15, onde se incumbe ao governo defender e segurar o Estado, mas na *forma da Constituição*; o que ele julgar necessário para a defesa do trono e da Constituição, ainda que seja contra a mesma Constituição, há de fazer, há de lançar mão. Nem ao menos lhe fez impressão esta sentença proferida pelo chefe da nação em um ato o mais solene, "que quem quer ser livre deve ser escravo da lei"; mas ele professa outros princípios, a sua vontade é a sua lei.

Como, à vista de tudo isto, é possível que se deixe impune um crime semelhante, que teve a sua origem em paixões tão desgraçadas, e que pode ter as mais fatais conseqüências?

É portanto necessário que seja acusado. Sei que almas nobres, corações generosos se tocarão a um espetáculo desta natureza, principalmente entre nós, que estamos pouco acostumados a ver ministros descer do pé do trono e abaixar-se (na frase deles) à representação nacional a responder por sua conduta; mas é necessário que combatamos o nosso coração, deixemos de ser compassivos para podermos ser justos; hoje a nós não é lícito fazer o que desejamos, mas fazer somente o que a lei mandar.

Se não passa essa acusação, que dirão os nossos constituintes? Que a Câmara dos Deputados discutiu por três vezes a denúncia contra o ministro

---

[14] Rei da Espanha de 1814 até sua morte em 1833, Fernando VII instaurou um governo despótico, marcado por forte repressão aos liberais.

[15] "O usurpador" era d. Miguel, irmão de d. Pedro I e casado com sua filha Maria da Glória (d. Maria II), que em 1827 dissolveu as Câmaras e tornou-se monarca absoluto de Portugal.

da Guerra e afinal julgou que não tinha criminalidade pelos decretos de 27 de fevereiro; que estão sancionadas portanto as comissões militares, contra a letra e espírito da Constituição; que os direitos do cidadão brasileiro não têm mais garantias; que suas vidas foram por nós entregues no capricho do governo.

Quem mais se atreverá a queixar-se de um ministro à vista deste precedente? Eles temerão, e com razão, que a sua sorte se tornará pior, irritando ao governo sem proveito. Na verdade, se um crime tão atroz que reclama providências enérgicas não merecer nenhuma atenção da Câmara, qual será o delinqüente digno de castigo? Como teremos ânimo de exigir a responsabilidade de um empregado subalterno, deixando impune um ministro tão criminoso? Mostraremos nossa onipotência com os fracos e pequenos, deixando escapar os grandes e os fortes? Não nos envergonharemos então que se nos lance em rosto o nosso procedimento com o atual ministro da Guerra?

Senhores, a Constituição não pode marchar sem a responsabilidade do governo; voto, portanto, pela acusação do ministro.

# 7.
## Mandato popular

[Extraído de *Discurso na Câmara dos Deputados*, sessão de 29 de maio de 1830. Rio de Janeiro: Typographia de Hyppolito José Pinto & Cia., 1878, t. I, pp. 269-70]

Sr. presidente, eu devo declarar que bastante devo ao público do Rio de Janeiro, e creio que esse está certo que eu poderei errar, mas não trair a pátria. É contra meu gênio, sr. presidente, entrar nestes esconderijos de jurisprudência, e eu só serviria para juiz de paz, por isso tenho só por princípio que aquilo que não quero para mim, não quero para os outros. Eu irei repetir o que diz a comissão, declaro, porém, que a causa do sr. Clemente Pereira está sem defensor, porque a comissão não defende a sua causa, defende unicamente a causa da Câmara, e creio que, se não se provar que a lei das eleições não nos obriga a especularmos se ele tem os quesitos que ela exige, de certo que o sr. Clemente Pereira não poderá deixar de entrar nesta casa[16].

Diz a comissão que, se acaso o deputado eleito não tiver grande saber, virtude, patriotismo etc. como recomenda a lei das eleições, se isto é objeto de verificações de poderes, se é dado à Câmara [que] pôr fora de seu seio a membros que não tenham estas qualidades seria um ataque à Constituição, e como é que se pode saber se este homem tem decidido zelo pela causa do Brasil? Desgraçado do homem de quem se escreve que é um ladrão; por mais que se justifique, sempre fica suspeitoso, e querer-se que por simples suspeita não entre aqui qualquer pessoa eleita é querer que a lei seja contra nós. Eu apresento um fato; suponhamos que nesta mesma questão se vença que o sr. José Clemente Pereira não tenha assento nesta casa, que a maioria da Câmara está persuadida que esse senhor é inimigo do Brasil; ora, os deputados que votarem pela sua admissão serão igualmente inimigos, porque já se disse que ele é um perjuro, por isso que era contra as comissões militares e nesta Casa as defendeu.

---

[16] José Clemente Pereira, deputado pela província do Rio de Janeiro, assumiu interinamente a pasta da Guerra em 5 de agosto de 1829, sendo depois acusado por seus atos como ministro.

Mas, sr. presidente, suponhamos que esta maioria seja de 44 srs. deputados, e ela poderia formar por si Câmara? Não poderia; este fato não é possível que aconteça, porque eu estou certo que os srs. deputados não querem semelhante coisa. Esta lei seria inexeqüível, porque qual de nós está livre de ser suspeitado como inimigo da causa do Brasil? Qual de nós está livre de ser suspeitado de não ter grande patriotismo, saber, virtude etc.? É necessário portanto conhecermos que esta lei não pode neste artigo ser considerada como um preceito, e se é preceito, é unicamente para os eleitores, eles são responsáveis por terem votado naquelas pessoas que não têm as condições exigidas pela lei, e nós unicamente conhecemos se essa eleição está em regra.

Parece-me portanto que, não só pela idéia que nós formamos da lei como pelo direito dos cidadãos, não devemos tomar este artigo das instruções como lei que obrigue.

A comissão examinou unicamente se estes homens podiam ser suspeitosos como inimigos da causa do Brasil. Confesso que estive persuadido de que não só o sr. Clemente Pereira, mas até o ministério todo tratava de querer acabar a Constituição do Brasil, mas era só o complexo de muitas circunstâncias que produziam estas idéias. Mas procurei fatos e não os encontrei. Estão tantos srs. deputados aqui, e nunca apareceu nenhum que apresentasse um fato.

Estamos enfim, sr. presidente, no campo das conjeturas: a comissão reconhece muitos crimes neste homem, mas estes crimes são de traição, são crimes pelos quais se julgue ser ele inimigo da pátria? Não, eis aqui pois por que a comissão diz que, reconhecendo que era um pérfido ministro, reconhecia que não era inimigo do Brasil, apresenta fatos que abonam ao sr. Clemente Pereira, e por isso diz que muitos presidentes de província mereciam até elogios daqueles a quem mandavam.

Mas, disse um sr. deputado, "eu não sei de fatos de alguns presidentes, e o que posso dizer é que eles eram inimigos do Brasil". Estamos nós (torno a repetir) em conjeturas, pois se todos os cidadãos têm o direito de apresentar suas queixas e reclamações à Assembléia Geral e ao poder Executivo, se está aberto o tribunal para virem estas queixas, e mesmo em qualquer juízo ordinário podem aparecer denúncias, para que não usam desse direito? Quais são as queixas que aparecem nesta casa contra estes homens? Logo, pode-se mui bem dizer que são rumores vagos, e o governo não seria obrigado a arrancar fora da presidência semelhantes homens só por que se diz serem maus homens. Mesmo nenhum sr. deputado se lembrou de apresentar fatos contra estes presidentes, e como é que eu hei de dizer que são maus presidentes, se eu ainda não tenho visto queixas contra eles? Mas disse-se que estes presidentes que são bons, desmentiram o conceito que o sr. Clemente Pereira fazia deles. Ora, isto é muito interpretar; pois estes presidentes não podiam ser removidos por qualquer pretexto por este ministro? Podiam. Estes comandantes de armas não podiam também ser removidos? Podiam certamente; e este procedimento está em contradição com o plano de derrubar o sistema constitucional, muito mais havendo aquela ordem pública a um presidente dizendo que s. m. o imperador não queria outra forma de governo senão o constitucional.

Falou-se aqui na lei do orçamento, não sei por que só este ministro deve carregar com a culpa de não haver lei de orçamento, todos deviam ser criminosos; e eu também digo que, se não esteve na mão deles a prorrogação da sessão para se concluir a lei do orçamento, que fizessem então saber ao público que eles pediram a prorrogação, o que não foi concedido, e este é um fato porque o julgo criminoso. Falou-se na felicitação vinda de São Paulo sobre a destituição do ministro de Sua Majestade. Esta felicitação era unicamente o ter Sua Majestade por um meio tão fácil removido todas as suspeitas e então agradecia a demissão do ministério.

Finalmente se disse que este homem tem sido traidor à pátria. Ora, um sr. deputado que se atreve a dizer à face da nação que um ministro tem sido inimigo da Constituição tem necessariamente obrigação de o acusar, e eu desejava ver isso, porque esta Câmara não pode decretar a acusação só por conjeturas. Eu não duvido que se apresente a acusação deste ministro, mas é por outros crimes e não por traidor à pátria.

Eu o digo é, sr. presidente, que estas idéias antecipadas que nós formamos de qualquer objeto nos embaraça de conhecer a verdade; ora, se nós quisermos entrar em suspeitas, qual seria mais suspeitoso do que o atual ministério[17]? Eu não suspeito dele, mas se os fatos praticados pelo atual ministério o fossem pelo sr. Clemente Pereira, julgo que ele até seria apedrejado.

Eu vou mostrar o que tem feito o atual ministério. Na província do Ceará se diz que há absolutismo; o presidente daquela província se mostra com energia, e o ministério o lança fora daquela presidência.

Vamos agora à província de Pernambuco: depõe o presidente, porque a opinião pública se declarava contra ele, agora remove-se de lá o general Antero. Ali existem os colunas e manda-se tirar uma devassa pelo mesmo chefe dos colunas.

Vejamos quem se nomeou para presidente do Ceará. Nomeou-se um homem que creio ser bom homem, mas também devemos confessar que ele

---

[17] Referência ao ministério empossado em 4 de dezembro de 1829.

nunca deu um voto senão de acordo com esse ministro. Na província das Alagoas existia um presidente que, estando em contato com Pernambuco, podia fazer oposição aos colunas, e o que faz o ministério atual? Remove dali aquele presidente, e quem vai para aquele lugar? Sabe-se que vai um homem que nos insultou nesta casa.

O comandante das armas foi tido por bom; porém, quando se retirou da província, já a opinião pública não se declarava a seu favor, a fazer-lhe justiça pior, porém é àquele homem tão suspeitoso na província que se lhe entrega o comando das armas! O comandante de Minas Gerais diz-se que estava de acordo com o ministério transacto, porém o que se fez ao ministério? Demitindo este homem o premiou, deu-lhe empregos de rendimento e consideração, o que não aconteceu ao presidente do Ceará, que saiu sem recompensa nenhuma por ser constitucional. Assim sucede com outros muitos fatos.

Se acaso neste momento o sr. Clemente Pereira tivesse praticado estes fatos, dir-se-ia que eles provavam que era inimigo da causa. Porém, por que dizemos outro tanto do atual ministério? Porque não estamos prevenidos contra ele. Nós tivemos aqui um membro desta casa que se fez célebre, digamos a verdade, pelo seu servilismo; contudo hoje aparece gratificado; outros muitos fatos deporiam contra o atual ministério se acaso houvesse prevenções.

Sr. presidente, eu julgo que ele era inimigo do absolutismo, e que o que ele só desejava era mudança na Constituição, pois o ministério conhecia que o absolutismo nunca poderia vingar no solo do Brasil. As mesmas ordens deste ministério fazem-se suspeitas a este respeito e fazem crer que ele queria neutralizar de certo modo o sistema, e não ir contra a Constituição, o que parece provável pelos fatos e principalmente pela tolerância que tem havido com estes impressos sediciosos, para fazer que de repente nos outros lugares se proclamasse o despotismo. Então ele convinha com o seu conceito que não bastava mais que modificar a Constituição, o que era da carta de liberdade, isto é o que nós devemos temer mais, porque os ferros lançados com disfarce de liberdade são mais terríveis.

À vista disto, concluo que o sr. José Clemente Pereira, como ministro, não se pode negar que foi péssimo, basta lembrar a maneira com que ele prostituiu as honoríficas recompensas dignas só dos beneméritos, mas apesar de reconhecer no ex-ministro muitos delitos, todavia não vejo suficientes meios para não ter assento nesta Câmara, pois assevero que não existem nele crimes que o possam constituir inimigo da pátria, ainda que ache nele imensos crimes de responsabilidade. Porém, como não está na conformidade da Constituição, não se pode negar assento, e Deus nos livre que passe semelhante precedente, porque então nenhum de nós estava seguro.

# 8.
# A CAPITAL TOMADA

[Extraído de *Atas da Câmara dos Deputados*, sessão de 16 de julho de 1831. Rio de Janeiro: Typographia de Hyppolito José Pinto & Cia., 1878, t. I, p. 242]

A insubordinação de uma parte do corpo da polícia deu ocasião a reunir-se a tropa toda da capital no Campo da Honra, onde até hoje se conserva e consta que dirigem ao governo exigências extraordinárias[18]. A cidade está submergida no terror. Consta-me, não oficialmente, que os perversos em vários pontos têm já cometido assassínios, roubos etc. As guardas municipais recolheram-se amedrontadas, e porque se achavam mal armadas e sem disciplina, não podem servir para restabelecer a ordem. Hoje recomendou o governo ao comandante militar a polícia da capital por meio de patrulhas comandadas por oficiais de conceito até segunda ordem. A Regência[19] manda comunicar isto mesmo à Câmara dos srs. deputados, a quem v. exc. fará ciente.

[Assinatura.]

---

[18] A tropa exigia a deportação de 89 cidadãos (incluindo vários senadores), a proibição por dez anos da entrada de portugueses no Brasil, e a demissão de vários empregados públicos, tidos como "inimigos das instituições livres".

[19] Eram regentes Francisco de Lima e Silva, José da Costa Carvalho e João Bráulio Muniz. Diogo Antônio Feijó ocupava a pasta da Justiça.

# 9.
## CONDIÇÕES IMPOSTAS PARA O ACEITE NO MINISTÉRIO DA JUSTIÇA[20]

[Extraído de Novelli Jr., *Feijó, um paulista velho*.
Rio de Janeiro: Edições GRD, 1963]

1º) Conservarem-se os membros da Regência na maior harmonia, sem outras vistas em suas resoluções que a prosperidade do Brasil.

2º) Tomarem-se todas as resoluções relativas à escolha e demissão de empregados; a medidas gerais, e a casos particulares, em conselho de ministros, presidido pela Regência, ficando livre ao ministro da repartição a que o negócio pertencer, quando seja dissidente, fazer o que entender; ficando os mais desonerados de defender semelhante ato; e autorizados mesmo a censurá-lo em qualquer das câmaras, quando neles se toque. As ordens tendentes a mandar executar as leis, dar esclarecimentos e proceder a diligências para pôr afinal resolução em conselho, poderão ser dadas por cada ministro independente de conselho.

3º) Dentro de um ano, se por motivo de moléstia me for indispensável largar a pasta por algum tempo, será esta interinamente substituída ou ocupada pelo ministro que eu indicar à Regência; mas, se o incômodo durar mais de quatro meses; e mesmo depois deste primeiro ano, a Regência nomeará outro ministro se quiser.

4º) Se for necessário demitir alguns dos ministros atuais, o que só terá lugar quando estes o peçam ou a verdadeira opinião pública se declare contra eles, os que os substituírem serão da aprovação do conselho pela maioria de votos dos ministros e regentes.

5º) Haverá um periódico dirigido por mim.

O modo por que me pretendo conduzir no ministério é este:
Persuadido de que em todo o tempo, e principalmente nos convulsivos, só a firmeza de conduta, a energia, e a justiça podem sustentar o governo,

---

[20] Texto de 4 de julho de 1831. Feijó assumiu o Ministério da Justiça no dia 6 de julho de 1831.

fazê-lo amado e respeitado; e certo de que a prevaricação, e mais que tudo a inação dos empregados, é a causa do justo queixume dos povos, serei rigoroso e inflexível em mandá-los responsabilizar. As leis são, a meu ver, ineficazes, e o processo incapaz de por ele conseguir-se o fim desejado; mas a experiência desenganará os legisladores, salvará o governo da responsabilidade literal, e o habilitará para propor medidas salutares que removam todos os embaraços.

Como governo livre é aquele em que as leis imperam, eu as farei executar mui restrita e religiosamente, sejam quais forem os clamores que possam resultar de sua pontual execução; não só porque esse é o dever do executor, como por esperar que, depois de algum tempo, cessado o clamor dos queixosos, a nação abençoe os que cooperam para a sua prosperidade.

E advirto finalmente: a minha maneira de vida, o meu tratamento pessoal não sofrerão alteração alguma; serão os mesmos que até aqui.

Para que a todo o tempo, ou me reste a consolação de, quando infeliz nos resultados, ter sido fiel a meus princípios e à minha consciência, ou me encha de vergonha por haver faltado ao que nesta prometo, assino-me, rogando à Regência queira também assinar em testemunho de que aceita e concorda com o exposto.

[Assinam Diogo Antônio Feijó, Francisco de Lima e Silva, João Bráulio Muniz e José da Costa Carvalho.]

# 10.
## OFÍCIO DIRIGIDO À CÂMARA PELO
## DEPUTADO FEIJÓ EM 31 DE OUTUBRO DE 1831

[Extraído de Eugênio Egas, *Diogo Antônio Feijó*.
São Paulo: Typographia Levi, 1912, 2 vols.]

~

Ilmo. e exmo. sr.:

De ordem da Regência[21] em nome do imperador, participo a v. exc., para fazer constar à Câmara dos senhores deputados, que nesta noite das 8 para as 9 horas a guarnição da Presiganga* pegou em armas, abandonou a guarda dos presos e foi reunir-se aos seus companheiros de armas no quartel da Ilha das Cobras, pedindo ou ordenando a não-retirada para fora da capital, do capitão José Custódio. Muitos tiros foram disparados da Ilha para a cidade, que foram respondidos pelos Guardas Municipais, que de repente tomaram armas, e correram à defesa da pátria, reunindo-se a cavalaria da vizinhança que espontaneamente acudiu à alarma que pela cidade derramou a rebeldia daquele corpo.

Ninguém poderá hoje dissimular o estado terrível da capital; a indignação ferve nos peitos dos cidadãos, todos os dias ameaçados por meia dúzia de intrigantes e miseráveis indivíduos que têm a demência de querer ditar a lei ao Império, mudar a forma de governo e colocar nele entes ou nulos, ou desprezíveis. Quatro periódicos, ecos desse partido anárquico[22] entretêm e conservam no espírito da população, a insubordinação, o desprezo das leis, o nenhum caso das autoridades, e por conseqüência a verdadeira anarquia. Não é o governo que compete puni-los; a lei e os jurados são insuficientes, e o Código Criminal é em muitos casos irrisório pela leveza das penas; e o nos-

---

[21] Ver nota 19.

* Navio que servia de prisão. (N. do org.)

[22] Referência ao partido dos exaltados, que se opunha ao dos moderados do governo. Os exaltados defendiam propostas de reformas radicais, como a instituição da República Federativa. Do outro lado do espectro político, os restauradores ou caramurus também faziam oposição aos moderados, defendendo a volta de d. Pedro I ao poder.

so processo eterno, e cercado de mil tortuosidades, abre a porta à impunidade; e quando a agitação tem chegado ao termo atual não são medidas ordinárias que podem salvar o Estado: o governo já tem proposto algumas medidas, mas seriam propostas se esperança houvera de serem atendidas, e se já semelhantes não fossem desprezadas.

A Câmara dos srs. deputados deve saber que 6 mil cidadãos armados, não da qualidade dos que em 15 de julho derramaram a consternação na capital, mas 6 mil proprietários e industriosos, que representam cada um família e bens que constituem a massa da mais rica e populosa cidade do Império, têm declarado não poder mais sofrer a inquietação, o sobressalto, os incômodos e prejuízos que lhes causam os anarquistas, e que a indiferença da Assembléia Geral sobre as calamidades, que se passam diante de seus olhos, lhes é muito sensível e desagradável.

O governo sempre deve ser franco, mas hoje deve ser ainda mais, e por isso certifico à Câmara dos srs. deputados que os cidadãos, abandonados aos seus próprios recursos, vão já tocando a desesperação; e que será melhor que seus representantes provem de remédio eficaz a seus males, do que deixar que a paixão obre quando as leis se calam. Até este momento a guarda municipal está em armas para defender-se de seus inimigos, sem dormir, e sem comer, só remédios fortes e muito prontos podem hoje salvar a capital, e com ela o Império.

Deus guarde a v. exc.

Paço, em 7 de outubro de 1831.

[Assinatura.]

## 11.
### PROCLAMAÇÃO AO POVO

[Extraído de Diogo Antônio Feijó, *Proclamação ao povo*. Rio de Janeiro: Typographia Nacional, 1832. 1 p. Obs.: ao lado de "Proclamação!", manuscrito em tinta preta: "da Regência 1832", e abaixo do documento: "3 Abril 1832"]

Cidadãos!

A paz e tranqüilidade pública, que com tantos sacrifícios havíeis chegado a firmar entre nós, foi de novo perturbada por um punhado de miseráveis ambiciosos[23]; não era já só contra o governo legalmente constituído que os inimigos da ordem pública tramavam seus negros planos: os representantes do povo haviam incorrido no ódio da cabala: contra estes se dirigiam também seus sacrílegos anátemas: nesse manifesto, que tão ousada quão impudentemente publicaram, ressumbram os pérfidos desígnios de desorganizar nossa bela pátria, para sobre ela estabelecerem a mais detestável tirania. A vossa coragem e patriotismo, as virtudes cívicas, que tantas vezes tendes patenteado, vieram desta vez ainda, graças à Providência, que sempre nos tem protegido, salvar a nação do abismo, que lhe cavavam filhos degenerados, e mostrar ao mundo inteiro, que os brasileiros são dignos da liberdade de que gozam. Cidadãos! o procedimento heróico, que até agora haveis mostrado, e pelo qual em nome da nação vos tributamos os mais cordiais agradecimentos, dá também a nossos compatriotas o direito de esperar de vós a continuação dos serviços, à custa dos quais haveis tanto concorrido para fundar a prosperidade da pátria e a ventura de seus filhos. Viva a Constituição, viva a Assembléia Legislativa, viva o senhor d. Pedro II.

[Assinam Francisco de Lima e Silva, José da Costa Carvalho, João Bráulio Muniz e Diogo Antônio Feijó.]

---

[23] Referência à sedição eclodida em 3 de abril de 1832, promovida por exaltados e caramurus, ou restauradores.

## 12.
## PROCLAMAÇÃO AOS BRASILEIROS PARA QUE DEFENDAM O 7 DE ABRIL[24]

[Extraído de Diogo Antônio Feijó, *Proclamação aos brasileiros para que defendam o 7 de abril*. Rio de Janeiro: Typographia Nacional, 1832, 1 p.]

Cidadãos!

A Lei confiou-nos as armas, que ora trazeis. A vosso zelo e patriotismo está entregue a defesa da cidade. O sossego público, tantas vezes ameaçado por ambiciosos ou perversos, tem sido conservado à custa de vossos esforços; e aos sacrifícios, que haveis feito, deve a capital do Brasil a segurança de que gozam seus habitantes. Os exemplos de firmeza, constância e resignação nos trabalhos a que vos chamaram os interesses da Pátria, desde os escandalosos sucessos de julho próximo passado, jamais serão apagados da memória de vossos concidadãos. O respeito às autoridades, a veneração às leis, de que haveis dado tantas provas no meio da insubordinação e desobediência, com que homens desvairados e impelidos por paixões ignóbeis procuram manchar a glória do DIA 7 DE ABRIL[25], e frustrar-lhe os mais prósperos resultados, tem até agora livrado a nação das garras da anarquia. Se trilhardes pela mesma vereda que vos tem adquirido a gratidão de vossos conterrâneos, não temais as sugestões da ambição e malvadez; nossa pátria será salva: se porém afrouxardes na nobre defesa de vossos pais, de vossas esposas e filhos, ficareis com eles sepultados sob a ruína da mesma pátria; e esta calamidade vos será toda imputada, pois que as armas estão em vossas mãos. Cidadãos, meditai; e fazei delas o uso que vos prescrevem a honra, o dever, e os interesses da pátria.

[Assinam Francisco de Lima e Silva, José da Costa Carvalho, João Bráulio Muniz e Diogo Antônio Feijó.]

---

[24] Proclamação feita no dia 12 de fevereiro de 1832, por ocasião da revista da Guarda Nacional. Ver nota 29.

[25] Dia da abdicação de d. Pedro I.

# 13.
## Relatório do ministro da Justiça (1832)

[Extraído de Eugênio Egas, *Diogo Antônio Feijó*.
São Paulo: Typographia Levi, 1912, 2 vols.]

Augustos e digníssimos senhores representantes da nação. Tudo quanto tenho de expor é triste, e mais melancólico é ainda o futuro que se me antolha, se a Providência Divina não dirigir os importantíssimos trabalhos da presente sessão. Talvez que a minha imaginação, assombrada com tantos acontecimentos desastrosos que rapidamente têm se sucedido uns aos outros em todo o Império; que minhas forças estancadas na luta com tantas dificuldades: e que minha razão pouco fecunda em recursos sejam a causa de prever males tão próximos e que por ventura se acham a tão grande distância; mas sou brasileiro: interesso-me pela minha pátria; e antigos e novos exemplos me fazem estremecer à vista da marcha progressiva do espírito revolucionário no Brasil.

### Tranqüilidade e segurança pública

Pará, Maranhão, Ceará, Pernambuco, Bahia, Espírito Santo, Cuiabá e Goiás são as províncias onde mais extensivo foi o movimento revolucionário. Sedições manejadas por pessoas turbulentas e ambiciosas, reforçadas por militares que aberraram no caminho do dever e da honra, têm sido em geral o gênero de comoções que mais tem perturbado estas províncias. Todas acham-se presentemente em aparente tranqüilidade, e o mesmo Ceará deve estar livre das atrocidades de Pinto Madeira, segundo as últimas notícias, das quais constava que os habitantes daquela província lhe tinham oposto rigorosa resistência e que os circunvizinhos estavam do mesmo acordo.

As outras províncias têm mais ou menos se ressentido do mesmo espírito vertiginoso; mas nem suas capitais têm sido perturbadas, nem o restante da população afetado.

A capital do Império tem se conservado constantemente em sustos desde abril do ano passado. A licença uma vez desenfreada com dificuldades se contém. Os lutuosos acontecimentos de 14 de julho e 7 de outubro[26] passaram-se diante dos vossos olhos. Os esforços da classe interessada na manutenção da ordem pública a tem segurado até hoje; mas à sombra dessa aparente tranqüilidade os partidos formaram-se, os planos foram concertados; e o governo, sem meios legais para os destruir, viu-se na dura necessidade de aprontar-se somente para o combate. No dia 3 do passado saiu a campo o primeiro partido gerado no Clube Federal; mas iludiram-se as suas esperanças, falharam seus cálculos; e esse punhado de facciosos, que se atreveu a afrentar a capital, colheu o fruto de sua temeridade. A 17 do corrente mês[27], com igual audácia apareceu a facção restauradora anunciada pelo insolente Caramuru, e preparada no conventículo da Conservadora: igual também foi o resultado. Doloroso, mas necessário é dizer, que Boa Vista foi o quartel general dos conspiradores: que da Quinta saíram duas peças, que sob diferentes pretextos se recusou entregar dias antes; que os criados do Paço formavam o grosso do exército e que os comandantes deles não cessavam de freqüentar os que governavam ou dirigiam o mesmo Paço.

Senhores, esses fatos incontestáveis vos devem convencer do grande perigo em que está a pessoa e os interesses do novo monarca debaixo da tutela daquele a quem a confiastes[28]. Se ele não é conivente é tão inepto que nem soube o que a capital há muito pressentia, ou se soube não preveniu o mal, que nada menos importava do que a destronização do seu augusto pupilo. Todos esses partidos existem, e em grande número; não cessam de tramar novas conspirações, que todas têm por fim deixar o Brasil acéfalo e sem representação. Se a voz pública designa seus principais autores, e o governo bem os conhece, os meios que a lei oferece para apreender e punir são ineficazes. Há homens que julgam ter direito aos altos empregos do Estado e não duvidam arriscar tudo para saciar a ambição que os devora. É incompatível a paz, a segurança interna com a presença de semelhantes homens.

A tropa de primeira linha da capital desapareceu: as guarnições de terra, as rondas policiais, o auxílio à justiça são prestados pelos guardas nacionais[29].

---

[26] Em 14 de julho e em 7 de outubro de 1831 ocorreram sedições militares, promovidos pelos exaltados.

[27] Em 3 e 17 de abril de 1832 ocorreram levantes promovidos por adversários do governo, exaltados e restauradores, ou caramurus.

[28] José Bonifácio de Andrada e Silva era então o tutor de d. Pedro II.

[29] Criada em agosto de 1831 para substituir as antigas milícias, a Guarda Nacional era um corpo armado de cidadãos confiáveis — ou seja, com as mesmas qualificações exigidas dos votantes.

Este ônus é insuportável. Há mais de seis meses, esses cidadãos são distraídos de suas ocupações diárias. Serviços ordinários e extraordinários alteram a cada momento os seus cômodos e muito deve a pátria à fidelidade, ao patriotismo e intrepidez dos guardas nacionais da capital do Império.

Deixando esta de ser presa de facções, tem dado exemplo às demais províncias de quanto pode o respeito à lei e o amor à pátria.

A Guarda Municipal, não obstante as vantagens com que foi criada, ainda não tocou o número de quatrocentos praças. Tal é a repugnância que têm os brasileiros à profissão militar, em todos os tempos tão mal e tão desigualmente recompensada. Cumpre providenciar esta falta. Sem o auxílio da primeira linha encarregada da guarnição da cidade não é possível que possa continuar o atual método de segurança pública.

A instituição dos guardas nacionais deve ser alterada, a fim de compreender maior número de cidadãos prestáveis. Os de reserva acham-se em serviço ativo; a mocidade reunida à antiga Guarda Municipal está adida àquela. Fizeram-se as possíveis reduções nas diferentes guarnições: não há uma só sentinela dispensável. A Guarda Municipal coadjuva com serviços extraordinários; beneméritos oficiais militares cooperam ativamente como simples soldados, mas ainda assim raro é o dia em que se completa o detalhe. A parte penal e o processo é ou inexeqüível ou ineficaz. Em algumas províncias do Império consta ter-se dado princípio à organização das guardas nacionais e municipais e ainda mesmo nesta província alguns municípios há em que elas não se acham organizadas. A má divisão das paróquias, a negligência de algumas Câmaras e juízes de paz, o desejo de condescender com a repugnância de alguns oficiais de segunda linha e ordenanças que de mal grado se sujeitam a ser contemplados como simples guardas têm sido as causas deste retardamento. Quatro engenheiros estão encarregados de formar a divisão das paróquias e curatos desta província, de maneira que a comodidade de seus habitantes esteja em harmonia com o serviço público. A capital tem hoje cinco batalhões de infantaria e três esquadrões de cavalaria contendo força de 4 mil guardas nacionais. Se o governo do Brasil deixar de ser militar, se não convém às liberdades públicas aumentar o número desta classe, cumpre que todas as câmaras municipais organizem uma guarda própria, à custa do município, cujo plano seja previamente aprovado pelos Conselhos Gerais respectivos: é só desta arte que a justiça será respeitada; e os particulares desonerados de serviços, aliás necessários e freqüentes, e que de ordinário ou não são prestados, ou são fora do tempo, poderão entregar-se seguros às suas ocupações diárias.

ADMINISTRAÇÃO DA JUSTIÇA

Augustos e digníssimos senhores representantes da nação, quando à força de instâncias encarreguei-me desta repartição, todo o Império sabe em que estado de horror e de consternação achava-se a capital: ninguém nela estava seguro; roubos e assassinatos cometiam-se de dia, nas ruas, à face das autoridades; e este mal trazendo sua origem de tantos anos de descuido e relaxação não dava esperanças de pronto remédio. A polícia tinha desaparecido, nem o governo era informado dos acontecimentos diários: tudo estava abandonado. Hoje, se não foram as facções, se a ambição não estivera em campo, talvez se pudesse afirmar sem erro que há muitos anos, a cidade do Rio de Janeiro não ofereceu tanta segurança a seus habitantes, entretanto que de dia não se vê uma só patrulha. Desapareceram as quadrilhas de ladrões que infestavam sempre a capital e suas vizinhanças; os assassinatos diminuíram consideravelmente e as desordens já não são tão freqüentes, graças à vigilância, ao zelo incansável e ao patriotismo dos juízes de paz, que sem o menor interesse, com sacrifícios de seus bens expostos à maledicência dos perversos, votaram-se inteiramente ao bem da pátria. Sendo tão freqüentes as prisões dos vadios, turbulentos e que usam de armas [defesas], que meses houve em que foram recolhidos às cadeias mais de quinhentos. Hoje haveria menor número de presos do que há um ano atrás, se os sediciosos e conspiradores não viessem há poucos dias engrossá-lo, mas ainda assim não excede a 850.

A organização da polícia em todo o Império deve merecer-vos mui particular cuidado. Os juízes de paz exclusivamente encarregados dela nem sempre poderão entregar-se ao trabalho, que demanda circunstâncias extraordinárias, nem todos terão a inteligência e circunspeção necessárias. Magistrados probos e inteligentes, da nomeação do governo, colocados nos centros de diferentes círculos, com jurisdição cumulativa com juízes de paz e com inspeção sobre os mesmos, são os que podem suprir suas faltas e habilitar o governo a providenciar sobre a tranqüilidade e segurança pública. De outra sorte, sem unidade de ação e sem meios, o governo colocar-se-á fora da responsabilidade e os cidadãos ficarão sujeitos à sorte de erradas escolhas. A administração da justiça civil é desgraçada: um grito uníssono se ouve de todos os pontos do Império. Os magistrados, em grande parte ignorantes, frouxos e omissos deixam que os desmandos se eternizem; e um processo decretado em vista de tudo acautelar envolve nas trevas da chicana as causas ainda as mais simples. A propriedade do cidadão depende do capricho do julgador; e se a prudência presidisse ao desejo das partes, mais útil lhes seria abandonar

86

o pretendido direito do que intentar reivindicá-lo à custa de tantos sacrifícios, quase sempre inúteis.

Se a Assembléia Geral não se ensurdecer às instâncias de supostas necessidades; se não desprezar as reclamações da classe obstinada a exigências de certas fórmulas dispensáveis, continuará ainda por muitos anos este, talvez o maior, flagelo do Brasil.

Os órfãos e pessoas miseráveis, a quem a lei designando magistrados privativos, quis providenciar, estão por toda a parte em abandono. O contencioso misturado com o administrativo; entregues as causas à discrição de juízes leigos ou negligentes, ou que por pouco tempo se demoram nos lugares, não oferecem garantia alguma àqueles infelizes. Outro tanto, e ainda mais, acontece com os desgraçados africanos conduzidos a nossos portos por contrabandos: não tendo parentes ou amigos interessados em sua sorte, vão ser perpetuamente reduzidos à escravidão; ignora-se até o poder em que se acham; não há meios de remediar semelhante falta.

O vergonhoso e infame tráfico dos pretos continua por toda parte. Sem efeito têm sido até hoje as enérgicas recomendações. Quando as mesmas autoridades são interessadas no crime, inevitável é o cometê-lo; contudo o governo acaba de dar um regulamento para a execução da Carta de Lei de 7 de novembro do ano passado, talvez que dele resultem os bens que a referida lei pretendeu mover.

Os juízos de primeira instância são encarregados em quase todo o Império a leigos, que habitam lugares onde nem há a quem consultar, e que dirigidos pelos próprios escrivães ignorantes ou perversos são cegos instrumentos de paixões alheias.

As relações mal organizadas e a tão grandes distâncias das partes, longe de serem mais uma garantia ao cidadão, só servem para prolongar seus sofrimentos. A relação de Pernambuco, criada com nove desembargadores, achava-se com dezoito. O governo não podia reconhecer empregados fora da lei: designou os que por sua antigüidade formavam o número legal; deixou continuar no exercício em que estavam seis, porque a lei do orçamento, aplicando-lhes ordenados, de certo modo parecia reconhecer a sua criação. Os mais foram declarados nulos até que a Assembléia Geral resolvesse o contrário. A relação do Maranhão foi inteiramente aniquilada pela sedição de setembro; forçoso foi nomear interinamente três desembargadores para que não se interrompesse a marcha da justiça naquela província; mas, restituídos, como estão, os proprietários aos seus lugares, terminadas as causas em que estes são suspeitos, devem aqueles retirar-se.

A administração da justiça criminal é péssima. A falta de pronta punição do crime descorçoa o cidadão pacífico e respeitador da lei. A indiferença dos magistrados, a ignorância de grande parte deles, organizando processos informes, dão lugar à impunidade dos réus; mil fatos vos poderiam ser apresentados, basta porém recordar que a capital inteira foi testemunha dos lúgubres acontecimentos de 14 de julho e 7 de outubro; entretanto, a maior parte dos delinqüentes não foi pronunciada e, dos denunciados, todos, ou quase todos, foram absolvidos. Já não há quem se atreva a depor contra os réus, porque esperam ser comprometidos, sem que por isso seja a justiça satisfeita. Verdade é que a minuciosidade do processo, e tantas solenidades requeridas, ocasionam freqüentes nulidades; e a lei, que tanto se cansou por salvar a inocência, pareceu importar-se pouco com a prosperidade pública, de onde resulta ter o magistrado na mão a chave dos destinos do cidadão, e verem-se por isso todos os dias, com espanto e indignação, soltarem-se réus carregados de enormes crimes, quando outros, por pequenas faltas, jazem sepultados anos inteiros nas prisões. Não é possível que possa continuar este estado de coisas! O Código de Processo[30], adotado já em uma das Câmaras, criando o jurado no crime, tem providenciado em parte; a imoralidade, porém, que todo dia cresce, é uma barreira, onde se quebra a força das melhores instituições.

Augustos e digníssimos senhores representantes da nação, entre nós a moral foi sempre um objeto religioso, e feliz o povo cujas máximas de virtudes vindas do céu não estão sujeitas ao capricho e às paixões dos homens. Enquanto a religião cristã foi respeitada; enquanto a sua moral foi ensinada; quando os seus ministros davam o exemplo da santidade da doutrina que professavam, os brasileiros, ainda semi-bárbaros, não obstante um governo despótico que os humilhava, deixavam entrever um fundo de honra e probidade, certo respeito, e veneração à virtude, o que hoje é bem pouco vulgar. Ele vai à religião ao seu antigo estado. Não espereis da mesma Igreja a reforma de que ela necessita; a maior parte dos prelados, dos sacerdotes e mais ministros de culto tem se esquecido inteiramente dos seus deveres. Contentando-se com exterioridades, percebendo unicamente as vantagens do seu ministério, grande é o mal que ocasionam à religião: nenhum é o proveito que os povos tiram de tão pequenas somas, com que contribuem debaixo de diversos pretextos para a manutenção do mesmo culto.

---

[30] O Código do Processo Penal, que seria adotado definitivamente em novembro de 1832, deu amplos poderes às autoridades locais, aumentando as atribuições dos juízes de paz e criando o sistema de jurados.

Sem que a Assembléia invada o domínio espiritual, sem dar motivo a justas queixas de autoridades eclesiásticas, usando do direito, que ninguém lhe disputa, de admitir somente as leis disciplinares que estiverem de acordo com as leis, com os usos e costumes da nação brasileira, e negando ou suspendendo o beneplácito a todas as outras leis, está principiada e concluída a indispensável reforma. Nem é de presumir que os eclesiásticos do Brasil, conhecendo a pureza das intenções dos representantes da nação e a legitimidade de suas deliberações, queiram engrossar o número dos perturbadores da ordem pública e imitar o deplorável exemplo dos fanáticos e supersticiosos, que em nome da religião, que detesta o crime e reprova a desordem, inundam o mundo de atrocidades e de misérias.

Se a Câmara dos senhores deputados reconhecer com o governo a absoluta necessidade de pôr termo à imoralidade pública, se concordar no meio proposto, importantes trabalhos estão quase concluídos e serão apresentados à vossa consideração.

Senhores, outra causa não menos fecunda da imoralidade é a licença de escrever. Povos ainda ignorantes; uma mocidade fogosa, cujos anos vão despontando no horizonte de uma liberdade ainda mal firmada e pouco esclarecida, abraçam com precipitação e sem o menor exame tudo quanto pelo prestígio da imprensa se oferece à sua inexperta razão. Qualquer homem sem letras e sem costumes espalha impunemente princípios falsos; ataca a vida particular e pública do cidadão honesto; inflama as paixões e revolve a sociedade. Temos lei, é verdade, que castiga esses abusos; mas é ainda insuficiente para reprimi-los. O escritor descobre muitos meios de escapar à responsabilidade: e, sendo tão graves as conseqüências do abuso de escrever, é contudo o crime mais favorecido pela lei existente. Cautelas devem ser tomadas, para que o escritor nem possa iludir a boa-fé dos leitores, ocultando o seu nome talvez bem desprezível, nem escape ao pronto castigo de sua temeridade. As injúrias, calúnias e ameaças, que pela lei de 26 de outubro do ano próximo passado tão sabiamente classificastes entre os crimes policiais, ainda impressas, devem ser processadas do mesmo modo. A simplicidade do processo, a pronta imposição da pena abafarão o ressentimento da honra ultrajada, evitar-se-ão as funestas conseqüências do amor próprio ofendido, e conter-se-á a audácia do homem sem pundonor e sem educação. A sorte dos presos já não é tão desgraçada; comem duas vezes ao dia, uma subministrada pelo governo e a outra pela Santa Casa. Os nus são vestidos; seus processos têm sido alguma coisa adiantados; e à vigilância e zelo incansável do presidente da relação, deve-se esse tal ou qual melhoramento na administração da justiça, e alguma ordem e regularidade na marcha dos processos. Se o governo não tivera a pronta coadjuvação desse magistrado, nada teria feito neste ramo da administração. Por filantropia ele se tem encarregado de obrigações pesadas e alheias do seu ministério. À integridade, ao amor da justiça do desembargador, que nestes últimos tempos serviu de promotor, deve-se, nas suas visitas das cadeias, a descoberta de tantos desgraçados, inteiramente esquecidos e totalmente abandonados.

Os armazéns de Santa Bárbara e as prisões da Ilha das Cobras têm sido preparadas; acham-se quase concluídas e com capacidade para conter mil presos, em onze repartições, entrando no número destas as destinadas para a Marinha e um espaçoso hospital, que pode acomodar mais de cinqüenta enfermos. Estão limpas e arejadas; são seguras e retiradas do centro da cidade; já não devem assustar os seus habitantes. Nas duas ilhas há lugares destinados para audiências, guardas e carcereiros. Já o horroroso da cadeia desapareceu, e este inferno dos vivos não atormentará jamais.

Não era possível que a quantia decretada no orçamento bastasse para tanta despesa, e despesa reclamada com urgência pela humanidade; mas tanto foi o excesso deste ano, tanta será a diminuição no ano seguinte.

Resta o calabouço, prisão tirânica e intolerável. Se os presos forem transportados para a antiga cadeia, como tanto convém ao serviço a que são destinados, deve ser quanto antes arejada; a despesa será pequena e muito ganhará a humanidade.

Está banido o abuso vergonhoso de mandarem os senhores aos escravos enterrarem-se naquele lugar por meses e por anos e de serem açoitados desumanamente, por ordem da mesma autoridade, que mais devia proteger esses desgraçados. Nem mais de um mês poderão ser ali retidos a arbítrio dos senhores; nem maior castigo que o de cinqüenta açoites serão dados por ordem dos mesmos. O governo julgou que a autoridade dos senhores, restrita à correção das faltas, não devia estender-se à punição de crimes, reservada à justiça. Os escravos são homens e as leis os compreendem.

Se a capital possui hoje prisões suficientes, outro tanto não acontece no resto da província e do Império. Não é possível que das contribuições gerais se possa aplicar quantia suficiente para objeto que reclama mui prontas providências. Cada município tem particular interesse na prisão e castigo dos malfeitores, deve ser obrigado a contribuir para semelhantes despesas. Enquanto ela não se fizer às custas dos interessados, promessas e esperanças serão o único socorro que a Assembléia Geral lhes poderá administrar.

Nestes últimos tempos tem sido extraordinário o esforço dos presos em arrombar as prisões. Desde que souberam que o arrombamento não é crime, não há vigilância nem meios de obstar as tentativas. O governo espera que a

Assembléia Geral, retocando o novo Código Criminal[31] nesta sessão, para pôr em melhor proporção as penas com os delitos, se não esquecerá deste importante objeto.

Cumpre igualmente que o poder legislativo decrete o gênero e quantidade de castigos correcionais que os carcereiros possam infligir aos presos, quando recusam cumprir com seus deveres. Esta falta produz uma imoralidade espantosa; ameaça a existência dos empregados nas prisões e dificulta sobremaneira o tratamento dos presos.

Senhores, não vos pareça estranho que o governo, primeiro executor da lei, tanto se queixe de sua falta de execução. O que pode fazer o governo no Brasil? Recomendar? Instar? Mandar? Tudo isso tem feito. Nada mais lhe resta fazer. Expor-vos, com franqueza, o verdadeiro estado de tranqüilidade e segurança pública, e da administração da justiça; arriscar suas conjeturas sobre as causas que produzem esse mesmo estado; apontar os meios que a experiência aconselha para removê-las: é até onde chega a alçada do governo.

Augustos e digníssimos senhores representantes da nação. Se a nação, cujo governo é fraco, está exposta ao embate das paixões e aos assaltos do crime, o que será de um Estado como o Brasil, onde uma administração frouxa e imprevidente por longos anos deixou os homens familiarizarem-se com o crime; onde a impunidade tem sido constante, e os laços sociais quase inteiramente se dissolveram? O hábito de obedecer, o temor do retorno do absolutismo, o prestígio de um monarca rodeado de atribuições e de poder, e que parecia escorado por potências fortes foram, ao meu pensar, a mola que sustentava ainda a ordem social no Brasil. Tudo isto porém desapareceu; e tiveram de suceder na Regência a um príncipe, cidadãos tirados do meio da sociedade, sem outro prestígio mais do que a probidade e o patriotismo. O governo, desde então, exposto aos ataques da inveja, da ambição, da maledicência e da calúnia; obrigado a implorar justiça muitas vezes perante os próprios ofensores, e este recurso impotente apenas concedido longo tempo depois do ultraje, não pode deixar de tornar-se cada vez mais fraco. Se o oficial público não for encarregado de oficialmente vindicar as injúrias feitas a um tal poder, nem poderá sustentar a sua dignidade nem deixar de ser presa das facções.

Senhores, pela Constituição é o governo obrigado a prover tudo quanto for concernente à segurança interna; as leis, porém, lhe não facultam os meios; é ao poder Judiciário, unicamente, que se oferecem alguns recursos. Ao governo compete dirigir decretos, regulamentos e instruções adequadas

---

[31] O novo Código Criminal foi elaborado em 1830.

à boa execução das leis; mas qualquer homem lhe disputa a inteligência delas, o magistrado se arroga esse direito, formam-se dúvidas reais ou aparentes, e o governo é mero espectador dessa confusão. O que acontece é que cada cidadão obedece quando quer, que cada juiz entende a lei e julga como lhe convém, e o governo, que é o principal executor dela, nem ao menos pode fixar sua inteligência para exigir sua execução. À Assembléia compete pôr termo à sua colisão, e declarar o direito de o governo firmar a inteligência das leis, pelo menos enquanto o poder legislativo não interpretá-las diversamente.

Pela Constituição, o governo nomeia os empregados públicos; sem eles não marcha a administração; entretanto todos, ou quase todos, são vitalícios, ou de eleição popular. O governo nem os pode demitir, nem mesmo em muitos casos suspender e muito menos castigar; é a outro poder a quem está reservado o juízo da sua conduta. Este poder acha-se mal organizado: antigas peças, e muito imperfeitas, compõem este novo edifício; é quase sempre rival do Executivo, [mas] este ainda não pôde conseguir a responsabilidade talvez de um só dos que têm sido submetidos ao seu juízo, não obstante a voz pública persegui-los.

Senhores, se a responsabilidade dos empregados não for encarregada a um tribunal popular, ou ao menos heterogêneo aos que devem ser responsabilizados; se o processo não for simples e pronto, é a responsabilidade uma perfeita quimera. O Tribunal Supremo de Justiça está absoluto de fato, porque se julga irresponsável em suas deliberações e recusa dar contas de sua conduta, de direito, porque a lei, fazendo o tribunal inteiro juiz em muitos casos, deixou seus membros sem juiz que conheça de suas prevaricações. Se mau é um governo absoluto sem magistratura responsável, quem poderá suportar uma magistratura absoluta com governo responsável?

Senhores, o governo do Brasil nenhum mal pode prevenir; ele não pode nem punir, nem recompensar e, quanto mais não fosse, isto bastava para provar a sua nímia fraqueza. Tem pois existido ainda o governo do Brasil, porque é nacional, porque tem marchado a par da vontade do maior número; porque a classe interessada na ordem, convencida da pureza de suas intenções, da justiça de suas deliberações, da invariabilidade do seu caráter, tem feito esforços extraordinários, tem sacrificado seus cômodos, e até a sua própria existência para sustentá-lo; mas quanto é desigual a sorte do cidadão respeitador da lei e a do ambicioso e do perverso! Os chefes dos conspiradores lançam mão de todos os meios para conseguir seus fins, enquanto o governo, restrito à lei, não pode dar um só passo fora dela. Circunstâncias extraordinárias sobrevêm, mas nem por isso as leis se mudam. A ambição, a inveja, a vingança, o interesse desenvolvem-se de mil maneiras, nenhum obstáculo encontram, quando o governo, ou ignorando as ciladas ou mero espectador dos tramas insidiosos, apenas se prepara para um combate incerto. E ainda depois deste, é obrigado a ver os inimigos da pátria saírem das cadeias carregados de crimes para forjarem outros ainda maiores.

Tal é senhores, o governo do Brasil. Tais são as tristes circunstâncias em que nos achamos. Um abismo horroroso está a um só passo diante de nós. Remédios fortes e prontíssimos podem ainda salvar a pátria. Um só momento de demora talvez faça a desgraça inevitável. Ou lançar mão deles com presteza, ou decidir-vos já pela negativa. O governo está firmemente resolvido a ajudar vossos esforços em salvar o Brasil, quando queirais marchar de acordo com ele, ou a abandonar já o lugar, para ser substituído por quem se julgue com valor de arrostar tantas dificuldades.

Rio de Janeiro, 10 de maio de 1832.

[Assinatura.]

# 14.
## Discurso do deputado Feijó
## em 16 de maio de 1832

[Extraído de Eugênio Egas, *Diogo Antônio Feijó*. São Paulo: Typographia Levi, 1912, 2 vols. Discurso, na condição de ministro da Justiça, pronunciado na Câmara dos Deputados, na sessão de 16 de maio de 1832]

Confesso, sr. presidente, que nunca me vi em tanta dificuldade de falar em público como no estado atual. Tudo quanto tenho ouvido dentro desta casa já o tinha lido fora dela; nada para mim é novo. Criado pois, na roça, onde só se fala a linguagem do coração, desconhecendo as etiquetas da Corte, onde é mais usual a expressão da razão, eu não asseguro ser tão comedido que deixe de ofender, bem a meu pesar, mas quero antes ser sincero do que prometer atacar só princípios e opiniões, e não pessoas como alguns têm feito, e depois com manifesta contradição esquecem-se dos princípios para ultrajar indivíduos.

Sr. presidente, nada me é tão sensível do que ultraje em face. A minha província é célebre por este distintivo de honra e pundonor, e a minha educação concorre para me serem mui pesadas as injustas recriminações, as sinistras intenções que se dão aos meus atos, onde os senhores da oposição encontram tudo o que é mau.

Sr. presidente, nunca quis ser ministro e nem o quero agora. Instâncias de meus amigos, de pessoas que comigo têm relação, e talvez os votos da capital do Império são o que ainda me retém.

Sou ministro não para satisfazer a vontade de dez ou vinte homens, mas a da maioria.

Senhores, quem é Feijó para assustar a capital se ele é tão odiado? O que o sustenta no lugar que ocupa? Que exército mercenário tem ele à sua disposição? Não sabem todos que trezentos homens é toda a força paga? Por que a um grito do governo aparecem armados 4, 5, 6 mil homens? Se os atos do governo, e principalmente do ministro da Justiça, são os que têm excitado o descontentamento e a desesperação, por que os descontentes e desesperados em 3 e 17 de abril[32] apenas chegaram a trezentos? E os que saíram a

---

[32] Ver nota 27.

campo para combatê-los, o fizeram por amor de Feijó? O que é Feijó? E que pode ele fazer para tanto merecer? É pelo contrário o ente mais desgraçado do Brasil. Basta lembrar que qualquer escravo pode ser perdoado de seus crimes, só Feijó não pode ser.

O que pode hoje fazer o ministério para merecer tanta consideração? O ministério de outro tempo ainda poderia arriscar-se, na esperança do perdão ou de alguma fita, ou mesmo da mudança de nome, o que nunca Feijó apeteceu e menos procurou. O que dá pois importância a Feijó? O que o obriga a carregar com o peso tão grande e até expor-se a ser assassinado, como bem um senhor deputado que confessou nesta casa saber que pretendia assassinar-se a atual administração? É a necessidade de satisfazer os votos do maior número que está convencido que o ministro da Justiça não se liga a partidos e que tem declarado guerra aos perturbadores da ordem pública.

Se assim não é, senhores, se o governo é execrado em todo o Brasil, como se diz, por que razão uma só província ainda não deu a menor demonstração de querer separar-se da capital, apesar de conhecer que ela não tem forças para a subjugar? Não será porque o Império está convencido de que o governo é nacional e que só procura promover a sua felicidade?

Antes que me esqueça, direi ao senhor deputado que lhe não posso nem agradecer o ter-me salvado a vida, e nem mesmo elogiar a sua ação. Não agradeço porque os bons conselhos que deu aos facciosos foram, segundo a sua própria confissão, em atenção aos princípios e não à pessoa de Feijó. Não louvo porque um cidadão que sabe uma conspiração contra a ordem pública e que contenta-se unicamente com dar conselhos, não faz o que deve, não merece louvor.

Sr. presidente, tantas coisas ouvi que nem sei por onde principiar e por onde acabar o meu discurso. Tem-se repetido que os erros e arbitrariedades da administração são a causa de todos os males públicos.

Sr. presidente, por que magia o atual ministro da Justiça promoveu os horrores da capital em maio e junho do ano passado? Estarão esquecidos estes senhores do que então se passou? Entrei para o ministério em 6 de julho, em 14 rebentou a sedição do Campo da Honra; e serei eu a causa das comoções em todo o Império desde o Pará até Mato Grosso, onde talvez ignorava-se então até o nome do Feijó? Três revoluções em Pernambuco, roubos, massacres, incêndios ali praticados; outras tantas na Bahia; todas, senhores, têm sido operadas por influência do ministro da Justiça? Isto não tem resposta. O governo do Rio de Janeiro não consta de aristocratas, pois não o foram nem o querem ser. Os membros de que se compõe pela maior parte, ao menos pelo que me toca, apenas têm meios de uma parca subsistência; não era possível conservar-se a despeito da maioria se fosse verdadeiro o descontentamento e desespero público por atos despóticos, que gratuitamente se lhe atribuem.

Periódicos infames, que onde quer que foram lidos atestaram até onde chegou no Brasil o abuso e a licença de escrever; mas periódicos gabados, cuja causa eu teria vergonha de advogar, cobriram de baldões e ultrajes a Regência e a administração; mas ela se susteve apesar disso. Falarei já da recriminação feita ao ministro da Justiça de haver atacado a maior e a mais segura garantia da liberdade mandando proceder à eleição do novo júri na capital.

Senhores, quem leu a *Matraca,* o *Filho da Terra,* o *Exaltado* e outros não pode deixar de lamentar os abusos e a licença de tais escritores. Mas quem dirá que o governo, querendo que a capital do Império tivesse um júri em tudo igual aos demais municípios da província, atacasse a liberdade da imprensa? Diga-se embora que o ministro cometeu um crime, praticou um ato ilegal, mas nunca que atacou a liberdade de escrever.

Sr. presidente, a Câmara já pediu as atas dessa eleição, para essa discussão me reservo; por agora basta dizer que o governo, mandando proceder ao novo júri, observou a letra e o espírito da lei, entendeu-a como a entendeu a província de São Paulo e talvez algumas outras, como entendeu a Câmara Municipal que não recalcitrou e a maioria dos eleitores que nisso concordaram.

Aproveito a ocasião de fazer observar quanto se enganou o sr. deputado quando disse que tal era o desvio e as arbitrariedades do governo que tínhamos chegado ao ponto de que cada cidadão sabia até onde devia obedecer, até onde devia resistir e até onde chegava o respeito devido às autoridades. Pois que a Câmara e a maioria dos eleitores não resistiram e antes prontamente obedeceram e o fizeram por convicção, porque hoje qualquer [um] desobedece quando diz que a lei lhe é duvidosa e por isso nada lhe acontece.

Disse o sr. deputado que o ministério, e principalmente o ministro da Justiça era a causa da pública desgraça e que, se não abandonasse o lugar, inevitável seria o transtorno da ordem social.

Senhores, eu bem claro falei no meu relatório que não posso sustentar a máquina social do Brasil com os elementos de força e de ordem à minha disposição; isto mesmo tenho dito à Regência e a meus amigos muitas vezes e há muito tempo; na mão da Câmara está livrar-se já deste ministro; não é necessário que a Câmara negue, basta que demore os meios que peço, e estou fora do ministério. Saiba-se porém que me hei de retirar não porque quatro, seis ou vinte deputados advogam a causa dos que perturbam o Brasil, mas é somente porque não quero que a pátria pereça em minhas mãos.

Resta que estes senhores que tanto declamam contra a atual administração encarreguem-se dela e que salvem o Império. Alguns deles têm já dado a entender que outrora foram convidados; mas tal foi então o seu patriotismo que mais quiseram que os destinos do Brasil dependessem de mãos tão más do que encarregarem-se da administração. Estou persuadido que hoje não aceitarão o convite, o pejo lho há de embaraçar. Façam ao menos o obséquio de indicar à Regência candidatos que tenham a seu favor o voto público, que nem ela se obstina em conservar o atual ministério, nem ele tem o menor empenho em conservar-se, antes ardentemente deseja ter pretextos para retirar-se. Perguntarei a estes senhores que tanto censuram o governo, e isto só por amor da causa pública, por que não apontam os meios? Por que não indicam a vereda que ele deve seguir? Se tanto é o seu patriotismo por que nos seus impressos, bem longe de aconselharem, não direi aos *perversos* mas a esses *bons homens*, não direi aos *ambiciosos*, mas a esses *homens desinteressados* que se contivessem em seu fervor, que se reservassem para a próxima instalação da Assembléia, para então serem punidos esses malvados ministros; que não recorressem a sedições e a outros crimes, pelo contrário uniram seus pensamentos, suas expressões às dos descontentes, nunca censuraram seus desatinos, e fizeram guerra aberta a esse governo que os conspiradores e sediciosos tanto se empenharam em derribar. Aconselharam sim a paz e a moderação com os criminosos perturbadores da ordem. Pois que deveria o governo sair ao encontro a esses grupos armados e dizer-lhes: "Irmãos, nada de derramar sangue. Quereis nova Regência? Dizei quais os membros dela. Quereis novo ministério? Nomeai-o".

Senhores, o governo nunca foi atacar; ele procurou somente defender a capital dos sediciosos e conspiradores que, com as armas na mão, queriam alterar as leis e a ordem pública. E por que tanta atenção nos merece esses *estonteados e indiscretos*, como os chamou um senhor deputado, e nenhuma vos merecem esses capitalistas, industriosos, cidadãos pacíficos que tanto sofrem por causa de semelhantes comoções? Censurai embora o procedimento do governo contra esses facciosos. Ele tem feito o seu dever, a nação o tem provado.

Senhores, dizia-se em outro tempo que eu era da oposição, mas nunca insultei a ministro algum, nunca ataquei seus atos a torto e direito; sempre me persuadi que à oposição competia censurar as más ações, não envenená-las, e por isso muitas vezes perdi essa popularidade que tanto ambicionam, porque com eles votei quando os julguei com razão.

Sr. presidente, a oposição não apresentou fatos ainda, exceto a eleição do novo júri.

Alguma coisa já se respondeu a essa argüição e este mesmo fato pertence mais à Câmara Municipal, a quem a lei encarrega a eleição, do que ao governo que só ordenou a sua observância.

Senhores, quando o cidadão faz alguma coisa a bem do seu país, tem direito de perguntar aos senhores da oposição: O que tendes vós feito para salvar o Império do estado desgraçado em que se acha desde o ano passado? Censurar tudo que os outros fazem, declamar contra todos.

Nesta sessão ouvi que um senhor deputado, que deve trazer os ouvidos cheios das lamentações de sua província, que não tem pouco sofrido, pedira urgência para ler *um decreto em que se tributa mais fortemente a aguardente.*

Esta medida decerto é muito fraca para curar os males da pátria. Absorver o tempo em discursos eternos e fora de lugar, censurar o governo com tanta acrimônia e injustiça, será isto o que de nós reclama o Brasil? Hoje são 16 de maio, o que se tem feito? Censurou-se o relatório do ministro da Justiça por haver insultado a magistratura.

Senhores, eu dizendo que grande parte dos magistrados é ignorante e negligente disse o que qualquer rábula, solicitador de causas ou demandista sabe e experimenta, disse uma verdade, e verdade que deve ser atendida. Mas censura-se o ministro por declarar o estado de grande parte da magistratura e não é censurável quem ataca com insultos ao governo? Não é ele também um poder político e nacional?

Disse o senhor deputado que, tendo eu elogiado o promotor que serviu nestes últimos tempos, não me lembrava que foi ele mesmo que deixou de embargar a sentença que absolveu os réus de 14 de julho, e que tanta integridade e honradez que eu lhe atribuo seria bastante para justificar o procedimento dos juízes que proferiram aquela sentença a que ele aquiesceu.

Admira, senhores, que, tendo o senhor deputado tido a fortuna de assentar-se nos bancos da Universidade de Coimbra, ignore que se a sentença foi bem dada, o promotor nenhum direito tinha de embargá-la; entretanto que o juiz que formou o processo, que inquiriu as testemunhas ou que não procurou as que sabiam do fato, deu causa à absolvição do crime. O caso é que criminosos foram absolvidos, e que todo este negócio é da atribuição do poder Judicial; sou padre, mas até este ponto sei eu, apesar de nunca ter advogado causa alguma.

Outra injusta argüição me fez o senhor deputado.

Diz ele que, tendo eu tanto criminado o comportamento dos cidadãos de 14 de julho, que pediram deportação de pessoas que julgavam inimigas do Brasil, agora faça igual petição à Assembléia. A acusação é gratuita. Em 14 de julho, soldados insubordinados, a que se reuniram paisanos, pediram com as armas na mão a deportação de supostos inimigos. O ministro da Justiça apenas profere a sua opinião sobre o mal que fazem certos homens à tranqüilidade e segurança pública, cuja ambição insaciável é de todos conhecida; e como as conheço, como sei que nunca lhes agradaram senão os próprios atos, ainda direi que, no momento em que semelhantes homens empolgarem certos empregos, estará tocado o rebate para a separação das províncias.

Disse o senhor deputado que, já em outro tempo, eu insultara a Assembléia e que no relatório ainda continuava, quando de certo modo punha em dúvida que ela quisesse pôr termo à imoralidade pública. Sr. presidente, quando há má vontade, esmerilham-se palavras, cavam-se intenções e em tudo se acha crime. Com razão disse eu: "Se a Assembléia concordar com o governo na necessidade de pôr termo à imoralidade pública"; pois que poderia ela pensar que não era tanta que necessitasse já de pronto remédio. Assim pensou o senhor deputado, quando há pouco afirmou ter eu desacreditado a nação imputando-lhe a imoralidade que não tinha.

Tenho explicado algumas passagens do meu relatório, que foram mal entendidas; tenho respondido a algumas recriminações que me lembraram; e, para satisfação dos senhores da oposição, torno a declarar que sou filho de uma província onde se faz timbre de fazer o que se promete. Disse que estava firmemente resolvido a abandonar o lugar quando se me neguem ou se me demorem as medidas que peço. Hei de cumpri-lo. Estimarei que se indiquem à Regência homens hábeis, e de pública confiança, porque ela nada mais deseja do que satisfazer ao voto nacional.

## 15.
## Discurso do deputado Feijó em 21 de maio de 1832

[Extraído de Eugênio Egas, *Diogo Antônio Feijó*.
São Paulo: Typographia Levi, 1912, 2 vols.]

Sr. presidente, bem desagradável é o espetáculo que está dando a Câmara dos Deputados à nação brasileira. Até o presente servem às injúrias, ultrajes e insultos e nada mais!

Eu de propósito não responderei às injúrias de um senhor deputado que desde os fins da sessão passada tem-se feito célebre pelo seu ar de escárnio e de ridículo que lança sobre todos a quem combate[33].

Sr. presidente, outro senhor deputado avançou que o meu relatório era a hipocrisia e a ferocidade personalizadas! É muito difícil suportar semelhante insulto! Pois imputa-se hipocrisia a um homem que faz gosto de dizer a verdade, quando aos mais tanto custa? Será, como se disse, porque falei em Providência Divina? Não sou ateu, não sou ímpio, e me é dado recorrer à Providência Divina, reverenciá-la e respeitá-la.

Senhores, o ato mais franco e sincero do meu relatório é para o senhor deputado a prova de minha hipocrisia! Pois quando eu declaro que não espero da Assembléia Geral remédio aos males públicos, quando em tudo o relatório não atribuiu a ela nem prudência, nem sabedoria senão quando refiro a lei de 26 de outubro, e tão claramente afirma que o futuro que se me antolha é ainda mais melancólico se a Divina Providência não dirigir os importantíssimos trabalhos da presente sessão, é quando sou tachado de hipócrita? Senhores, eu previa a marcha da Câmara. Os excessos da oposição não me eram desconhecidos, e cada dia conheço que me não enganei em ter só recurso à Divina Providência. Só ela poderá socorrer o Brasil contra os esforços dos facciosos, e oxalá que eu me engane!

Comparemos fatos e vejamos quem é hipócrita. Despedir com abraços

---

[33] Provável referência a Martim Francisco Ribeiro de Andrada, um dos mais aguerridos opositores de Feijó.

a um homem, chamá-lo patrício honrado, em quem se confia haver de promover a tranqüilidade do país para onde parte, e entretanto no primeiro correio mandar que este mesmo homem seja vigiado por todos os meios ocultos, porque os sentimentos anárquicos e sediciosos une à mais refinada dissimulação; isto sim, é hipocrisia. Feijó não faz tanto.

Sr. presidente, o que entendo por ferocidade é isto. Mandar enforcar homens, tendo ainda recurso legal contra a primeira sentença. Sr. presidente, eu vi com meus olhos na minha província. Era o primeiro espetáculo, a curiosidade chamou-me àquele lugar. O desgraçado pendurado caiu por haver-se cortado a corda. Recorreu-se ao governo da província pedindo que se demorasse a execução enquanto se implorava a clemência ao príncipe regente; não foram atendidos. Alegou-se não haver corda própria para enforcar, mandou que se usasse de laço de couro. Foi-se ao açougue buscar o laço; o infeliz foi de novo pendurado, mas o instrumento não era capaz de sufocar com presteza. Cortou-se a corda e o miserável caiu ainda semivivo; já em terra foi acabado de assassinar! Isto, senhores, é que eu chamo ferocidade! Senhores, eu nunca odiei e ainda hoje tenho horror de proferir este pensamento: "o sangue do inimigo é muito saboroso para beber-se de um só trago". Isto é que é ferocidade.

Note-se que aqueles desgraçados foram julgados, no Conselho Supremo, não dignos de morte; mas já estavam mortos! Sr. presidente, eu desejava não atolar-me no charco imundo de recíprocos insultos, mas...

Vede agora, senhores, se tive razão em dizer que a paz e segurança interna era incompatível com a presença de semelhantes homens. Sabei mais que rumores se espalharam muitos dias antes de 3 de abril[34], de próxima comoção, e que Andradas acharam-se à testa dela. Rebentou a revolução e corre impresso o manifesto dos rebeldes, no qual um Andrada é aclamado regente. E será possível que fosse ele escolhido para dirigir um governo revolucionário sem ser sabedor dele, sem ter parte na revolução, sem ter os mesmos sentimentos, sem haver acordo entre eles? Pelo menos é isto contra a natureza das coisas.

Falou-se na conspiração dos caramurus; espalhou-se ao mesmo tempo que estes homens estavam nela. Eu contarei um fato. Um homem que algumas vezes foi à minha casa procurar-me pálido e assustado exige que lhe permita comunicar-me um segredo de muita importância e ele se explica desta sorte: "Estando v. ex. à nossa testa, tudo se faz sem sangue; há muita gente,

---

[34] Ver nota 27.

não há nada a recear. Resta que v. ex. consista de ter uma entrevista com fulano", com esse senhor deputado que me chamou de hipócrita, "que ponha-se de acordo com ele, e então é certa a vitória. Sem v. ex. nada queremos".

Convenho na entrevista, mas nesse mesmo dia duas denúncias se me dão e que concordam com o que o homem havia deixado entrever. Eu me horrorizo na perfídia de uma sociedade que apenas julgava indiscreta. Ordeno que se espalhe pela cidade a notícia da traição a fim de desconcertar o plano, e dou todas as providências para o combate.

Recuam e, se encontrando comigo dias depois, o mesmo sujeito disse-me: "Não sei que diabo fez a coisa rebentar antes do tempo. A cidade está cheia, e instaram para que lhe não dissesse mais palavra sobre a coisa". À vista de todas estas coincidências, exigi do ministro da Guerra que mandasse imediatamente retirar da Quinta da Boa Vista duas peças que eu sabia a muito ali existirem. Recusa-se a entregá-las. Mando examinar o armamento que ali se achava, e ordenar que sem ordem positiva do juiz de paz não pegassem nelas enquanto não se davam outras providências. Entretanto rebenta a revolução de 17, composta de gente do Paço, aparecem as duas peças, e os comandantes são pessoas que freqüentavam a companhia destes senhores. E terei razão para os julgar compreendidos e firmar que ambição insaciável os devora, que se julgam com direito aos altos empregos do Estado, e que a paz e a segurança interna é incompatível com semelhantes homens...

Disse-se que se fez fogo no teatro a cidadãos inermes, e serei criminoso pelos tiros que ouvi já deitado na minha cama? Acaso eu ordenei que se dessem? Só se é pela aprovação que dei, segundo a exposição do juiz de paz, na ocasião em que esta câmara procurou instruir-se do fato. Mas se tal exposição é verdadeira, como suponho, nenhum crime então se cometeu.

Disse-se que quando foram combatidos os rebeldes, mataram-se homens que com as mãos postas suplicavam a vida. Acaso dirigi eu a ação? Mandei eu que tais mortes se fizessem? Alguém já representou semelhante injustiça? Por que razão hei de eu pois carregar com ações alheias?

[O orador continuou provando a justiça da demissão do oficial das guardas permanentes, a legalidade da eleição do novo júri e desaparição dos sicários inimigos do governo, cuja maior parte morreu por não haver quem os comprasse, continuando assim mesmo o *Tempo*, o infernal *Caramuru*, o *Trombeta* e mesmo o *Diário da Manteiga*. Justificou-se de algumas inculpações de menor monta, e concluiu dizendo:]

Repetirei o que me disse há pouco o meu colega.

Hei de sair do ministério, não quando a minoria quiser, mas quando julgar conveniente, e isto porque quero, porquanto se no mundo houvesse coisa que me pudesse fazer recuar e faltar à minha palavra, era esse desejo que mostra a oposição de que eu me retire, mesmo por acinte a essa pequenita minoria. Mas não. Eu pedi medidas fortes e prontas; ou se neguem ou se demorem, eu deixarei de ser ministro, e talvez para sempre.

# 16.
## GOLPE DE VISTA SOBRE O ESTADO ATUAL DO BRASIL

[Extraído de *O Justiceiro*, nº 1, de 7 de novembro de 1834]

A confrontação do passado com o presente é que nos porá ao alcance de formarmos juízo seguro sobre o estado em que ora nos achamos.

Até maio de 1826 foi o Brasil governado pelos capitães-generais nas províncias, e pelos capitães-mores nas vilas e seus termos. Eles exerciam a parte policial da nossa legislação cumulativamente com os corregedores e juízes ordinários, e por abuso, há séculos tolerados, prendiam arbitrariamente a quem queriam; e chamava-se a isto "prender de potência", e muitas vezes deportavam para fora da província ou do termo. Se tais arbitrariedades e despotismos eram praticados com a classe pobre, nenhum outro recurso restava que o sofrimento. Se porém o raio caía sobre o homem rico ou que contava proteção na cidade ou na Corte, encetava-se a carreira das representações sempre apoiadas nos empenhos pela maior parte dispendiosos, e depois de mil sofrimentos, respostas e eternas delongas, se a injustiça era clamorosa, se os patronos eram fortes, algumas vezes se mandava soltar o desgraçado, passados meses e anos de incômodos, trabalhos, despesas e sofrimentos.

O recrutamento perpétuo era um meio fecundo de vexações e despesas. Esta província sem comércio[35], porque lhe eram fechados todos os portos, à exceção dos de Portugal, como acontecia a todo o Brasil, pobre e despovoado, ainda assim conservava em armas constantemente mais de 2 mil homens, a quem não se pagava soldo senão dois ou três meses no ano. Os capitães-mores, querendo vingar-se de qualquer inimigo ou de quem quer que tratasse menos bem ao seu compadre, imediatamente remetiam o filho para a praça; e eis o pobre pai mendigando favores e proteção na capital, e depois de bem lágrimas derramadas, humilhando-se perante os validos do

---

[35] Província de São Paulo, onde era editado o periódico *O Justiceiro*.

general e de suas concubinas, levava o filho resgatado por 100 a 200 mil réis, segundo suas possibilidades.

Enfim não é tão remota a época do despotismo para que careçamos contar a nós mesmos, que o vimos, que o presenciamos, que sentimos o que então se passou: basta recordá-lo para fazer o contraste que se pretende.

Em 1821, proclamou-se a liberdade e a Constituição que a devia garantir. Agitaram-se os ânimos e o povo sem saber o porquê, só o anúncio da liberdade, do alívio da opressão, saltou de contente e firme acompanhou aqueles que lhe deram tão feliz notícia. O chefe do governo tinha sido alimentado com o leite do despotismo: o ar que respirava, os conselheiros que escutava, todas as antigas recordações opunham-se ao entusiasmo que o mágico nome de liberdade lhe inspirava. A mocidade do príncipe deixava-se arrastar um pouco pelo amor da glória, contemplando-se fundador de um Império livre e objeto das esperanças de um povo novo, que empreendia a conquista de sua independência, ato que antecipava a época de sua elevação ao trono. Os que o rodeavam, aqueles que mais império tinham sobre o seu coração, tinham demasiado amor à liberdade para poder reparti-la com os seus patrícios. Elevados ao poder, livres de toda a sujeição, não encaravam com bons olhos uma Assembléia Nacional que se tornasse onipotente, vigiasse sua conduta e punisse seus desvios. A obediência cega nos súditos; uma representação acanhada e sempre curvada ao monarca: uma Constituição ditada por eles: instituições que formassem uma monarquia forte sobre fórmulas representativas, eis o que se meditava, e tratava-se de pôr em prática por fás ou por nefas.

Imbuído o príncipe em tais princípios, que não houve habilidade em ocultar, deixou de ser o ídolo do povo, e a ser olhado como a bandeira do despotismo a que se refugiavam conselheiros ambiciosos.

Acordou, mas por momentos. Abandonando seus antigos conselheiros, tornou-os seus encarniçados inimigos: estes mudaram de bordo, temendo o seu monarca forte, voltaram a proclamar a necessidade de instituições democráticas, ameaçando sem rebuço ao chefe do governo se ousasse contrafazer suas vontades.

O monarca já se tinha familiarizado com as doutrinas favorecedoras do despotismo, achava-se industriado nos planos anteriores, para poder facilmente mudar de conduta, e acostumar-se com linguagem que outrora se lhe fez parecer tão insolente. Dissolveu a Assembléia Constituinte. Deportou deputados que lhe eram suspeitos ou temíveis. Fez retirar para fora desta província cidadãos pacíficos que nenhuma relação tinham com esses seus antigos privados. Tomou uma atitude militar e ameaçadora: debalde ofereceu uma Constituição mais liberal que a projetada no Apostolado, e mil protestos com sua constitucionalidade: O ATENTADO ERA HORROROSO para que o Brasil deixasse de estremecer à vista dele. Pernambuco proclamou sua Federação do Equador; o Sul do Brasil adotou a Constituição oferecida, receando ficar sem nenhuma; todos estavam coatos, e bem pouca esperança restava de ver reunida a Assembléia. Mas fosse pelos continuados revezes das nossas armas na caprichosa e malfadada guerra do Sul[36], fosse pelo receio de proclamar-se às claras o despotismo, fosse enfim porque o monarca tivesse ainda alguma inclinação à glória de ser chefe de um povo livre em 1826, instalou-se a Assembléia Legislativa do Império do Brasil.

Desde então os brasileiros divisaram um crepúsculo de liberdade. Alguns poucos deputados mais corajosos, a medo foram deixando escapar na tribuna expressões que bem incomodavam ao governo acostumado a ouvir somente a linguagem doce, mas suja, da lisonja. Um ou outro escritor animado com este exemplo começou a emitir suas opiniões sobre os negócios da pátria, sendo porém imediatamente alvo do ódio e da desconfiança do monarca e seu governo.

O imperador não duvidava ser constitucional contanto que se respeitassem os seus atos, mandados praticar pelo seu Ministério, os quais nem sempre estavam de acordo com a Constituição. Criou-se uma aristocracia fantástica despida de todos aqueles atavios que ornam os titulares da Europa. Faltava-lhes dinheiro, grandes ações, vasto saber e prestígio avoengo: apressaram a queda do monarca, pois que todos foram criados contra a Constituição.

A Assembléia tornou-se livre; nela falou-se com suma liberdade. Ministros inábeis nem souberam nela formar partido; não o julgaram mesmo necessário: instrumentos cegos da vontade do imperador, deram sempre motivo a justas censuras.

A administração pública de dia em dia piorava pelo descuido do governo: a justiça era pessimamente administrada sem que os ministros com isso se importassem; as despesas supérfluas cresciam; a arrecadação das rendas estava quase abandonada; os empregados públicos quase todos eram filhos do mais vergonhoso patronato. A Corte prostituía-se miseravelmente diante de pessoas desprezíveis que obtinham as graças do monarca. A dívida pública crescia com espanto, já pelos empréstimos, já pela emissão enorme de notas do banco, já pelo cunho indefinido de péssima moeda de cobre. Enfim a

---

[36] Guerra entre o Brasil e as Repúblicas Unidas do Rio da Prata (atual Argentina), que durou de 1825 a 1828.

corrupção lavrava em todos os ramos da administração pública, e sintomas de mui próxima gangrena já se divisavam no Estado.

O imperador destituído de confiança; objeto do ódio universal, sem um só ministro ou conselheiro que pudesse acordá-lo, nem tivesse forças para suster o colosso a precipitar-se, tomou melhor partido, abdicou. Nova época para o Brasil. Não concordamos com aqueles que hoje dizem que devera-se imitar a França, já alterando a Constituição, já purgando o Senado de membros opostos à vontade nacional. A queixa universal era contra o monarca e seus ministros: o clamor público era contra as freqüentes feridas da Constituição e violação das leis. Na mesma Assembléia nunca se pretendeu alterar a Constituição, sempre pugnou-se afincadamente pela sua literal observância. Verdade é que bem se conheciam seus defeitos; porém o receio de alterá-la para pior, como pretendia o monarca, aconselhava não tocá-la; mas isto mesmo era bastante obstáculo para justificar perante a nação qualquer mudança ainda não desejada.

O Senado é de eleição popular; não tem número excessivo, nem ilimitado; com o tempo far-se-á a limpeza necessária: outro tanto não podia acontecer na França.

O Senado ali não é reformável senão pela vontade do rei; seu número é ilimitado, e de propósito foi aumentado para hostilizar as liberdades públicas. A sua Constituição era péssima, dada pelo único arbítrio do rei, contra o voto de França. De mais, ali houve uma perfeita revolução; o rei foi expulso; uma nova dinastia se elevou; tudo quanto o povo reclamava devia ser concedido.

Em verdade, muito pouco ainda se fez.

No Brasil o monarca abdicou espontaneamente porque os remorsos o ralavam; a opinião pública o abandonou; não viu mais meio de conservar-se; descorçoou e teve razão. A reunião do dia 6 de abril no Campo da Honra apressou talvez somente alguns dias a abdicação: ela já há muito estava projetada, como afirmam testemunhas auriculares; portanto, o que convinha fazer é o que se fez. Nomeou-se uma Regência patriótica; esta nomeou ministros populares. Algumas providências deram-se para que a Constituição e as leis fossem executadas: fizeram talvez quanto podiam, mas deixaram de fazer muita coisa necessária e indispensável às circunstâncias.

Reuniu-se a Assembléia; dela tinha o Brasil direito a tudo esperar; mas se falarmos com franqueza, confessaremos que em nada desempenhou a expectação pública.

Propuseram-se alguns artigos de reformas à Constituição, e posto que mesquinhos, ainda assim nem todos foram aprovados, faltando o essencial, "qual a extinção da vitaliciedade do Senado que, enquanto for perpétuo, será uma barreira insuperável aos mais importantes objetos", principalmente em matéria de reformas constitucionais. A nossa legislação toda em retalhos, sem métodos, sem sistema, obscura e contraditória em muitos lugares, não foi nem compilada, nem retocada. O Código Criminal tão desproporcionado nas penas, tão cheio de lacunas nos delitos, tão inconseqüente na aplicação dessas mesmas fracas penas aos diferentes crimes, não foi alterado apesar de ser tão reclamada essa providência. O que aconteceu? A soldadesca sem disciplina, aliciada por qualquer estouvado, por vezes pôs em alarma a capital do Império e das províncias, e certos indivíduos sem título algum empreenderam, confiantes na força bruta, depor a Regência, e alterar a forma de governo estabelecida.

Criou-se uma Regência sem força, e um ministério cheio de responsabilidade e sem meios de cumprir os deveres que lhe foram impostos. A imprensa deu o exemplo da mais escandalosa licença. O mal estava na legislação, não porque esta de antemão fosse feita para enfraquecer a administração passada, como muitos têm asseverado, mas porque é produção de legisladores noviços na arte de legislar e que, longe de fundarem-se na experiência, têm lançado mão de teorias mal entendidas e ainda mais mal aplicadas.

Apareceu na Câmara dos Deputados uma forte oposição organizada do partido que não concorreu para a formação da Regência e seu ministério, composto de grandes ambiciosos que julgavam ter direito aos altos empregos do Estado. Esta, apoiando os facciosos por três sessões consecutivas, embaraçou algumas medidas propostas pela maioria, que nunca soube, por pusilânime, reunir-se para dispor da própria força. Um dia porém (em 30 de julho de 1832) reconheceu que só com um golpe decisivo poder-se-iam curar radicalmente os males da pátria. A opinião pública estava formada sobre a necessidade de reformar-se uma Constituição que foi aceita por conveniência e capitulação, reforma em grande parte já aprovada por ambas as Câmaras. A nação, cansada com tantas rusgas e boatos de novas, estava por medidas enérgicas capazes de conter as facções e firmar a tranqüilidade pública tantas vezes perturbada; deliberaram alguns membros da maioria e resolveram usar de suas forças, e por um ato revolucionário salvar o Brasil, mas recuou enfim, à vista do seu próprio projeto, e temeu da sua mesma sombra[37].

---

[37] 30 de julho de 1832 foi a data escolhida por alguns moderados da Assembléia e pelos membros da Regência para promover uma espécie de golpe parlamentar, pelo qual a Câmara dos Deputados seria transformada em Assembléia Constituinte para votar, por aclamação, uma série de mudanças na Constituição. Na última hora, porém, os próprios deputados recuaram e desistiram do golpe.

Tudo ficou e se conservou como antes, à exceção das reformas, sobre que falaremos em outros números.

Eis o estado em que se acha o Brasil.

Não sofremos as injustiças e vexações do despotismo. Respiramos desafogados depois da abdicação, porém temos uma legislação má, incompleta, ineficaz, insuficiente; o governo fraco, sem atribuições, sem meios para fazer efetivas as que têm; autoridades mal organizadas, quase todas de eleição popular, sem a menor ingerência do governo, todas destacadas, sem centro, sem unidade; os cidadãos sem estímulo para interessarem-se no serviço da pátria; o povo sem educação, sem religião, sem moral; uma Assembléia pouco cuidadosa de curar esses males, pensando mesmo pouco nos remédios mais convenientes a eles; a magistratura como apostada a fazer ainda piores as leis pela má aplicação, que muitas vezes lhe dão; o governo heterogêneo; uma Regência incompleta e, por sua triplicidade, incapaz de promover o bem público, não obstante as melhores intenções; o meio circulante por sua variedade e descrédito, ameaçando uma calamidade desastrosa. Entretanto, existem dois partidos ambos poderosos, o dos restauradores e o dos moderados: aquele por suas riquezas, condecorações e antigas influências, contando por chefe, ao menos ostensivo, ao ex-imperador, escorado na triste narração de nada havermos feito a bem da pátria depois da abdicação, espreita o momento favorável aos seus intentos; quando bem ponderado, alguma coisa se tem feito para que o mal que nos legou a administração passada não tenha produzido todos os seus terríveis efeitos.

Quando a sociedade toca o último da corrupção, não é [em] um dia que ainda o mais hábil político pode reorganizá-la.

Este partido, o dos moderados, é poderoso por seu número, porque conta com a nação, cujos votos e opiniões representa; pela santidade da causa que defende, que é a propriedade nacional; e ainda mesmo por seus princípios, porque detesta excessos, porém, em honra da verdade, não tem sabido aproveitar-se das circunstâncias. Semelhante aos médicos de medicina expectante, este partido não obra, pisa sempre o mesmo terreno; teme todas as medidas. Ele não enxerga em tudo quanto se lhe propõe senão fraqueza ou energia em excesso; sempre esperando, sempre irresoluto, contenta-se no momento da crise com um ato de meia medida, que só se encaminha a acobertar o mal e deixá-lo criar profundas raízes. Como existe hoje, julga ter direito a existir amanhã, e a sua prova favorita é lançar em rosto aos que pressagiam mal de sua apatia.

"Assim se nos dizia o ano passado, mas nós chegamos a este." Verdade é que, quando se desfechar a tormenta, não será com tal sistema que os moderados salvarão a pátria; eles então cheios de susto e de vergonha; nos dirão "tal não pensávamos"; como nós não a julgamos mui distante, porque vemos o progresso que faz a imoralidade, a apatia geral dos cidadãos para os negócios públicos, a indiferença da Assembléia para casos urgentíssimos e de vital interesse do Estado. Como não está em nossas mãos acudir à pátria ameaçada da restauração ou da anarquia e de, em ambos os casos, perder a liberdade, resolvemos tomar sobre nossos ombros a pesada tarefa de escritor público, dando uma folha por semana, e mais, quando há afluência de negócios de interesse público.

O nosso plano é censurar os atos do governo, da Assembléia Geral, das Assembléias Provinciais, dos magistrados, dos jurados, dos eleitores, enfim de toda a casta de empregados públicos. Ninguém tema a nossa pena: a justiça presidirá a todas as nossas censuras; conhecemos a fraqueza humana, para deixar de dar os necessários descontos. A vida privada será religiosamente respeitada, mas aquele que com escândalo atacar a moral pública, mofar da religião, a ponto de seduzir [com] seus exemplos os incautos ou os inocentes, será por nós severamente profligado. Não irritaremos a ninguém; nós somente os procuraremos envergonhar para que se tornem melhores e não danem a sociedade.

Apontaremos tudo quanto nos lembrar que possa aproveitar à nação, e com especialidade a esta província, nossa pátria. O governo e a Assembléia terão em nós um censor dos seus desvios e um admirador de seus serviços.

Os literatos terão algumas notícias de descobertas interessantes, que nos forem comunicadas por nossos correspondentes.

O comércio achará em nossa folha uma coadjuvação, pelos preços correntes, que lhe anunciaremos, quer dos nossos gêneros, como estrangeiros nesta cidade, em Santos, no Rio de Janeiro, e bem assim o estado do câmbio.

Os curiosos e aplicados saberão as notícias nacionais e estrangeiras, que pudermos obter, de algum interesse. Em uma palavra, procuraremos ser úteis a todas as classes.

Advertimos já aos nossos leitores que nós não escrevemos para os sábios; a esses pertence a tarefa de criticar-nos somente. Escrevemos para o povo: sempre zelamos pouco de linguagem e do estilo, gostamos de ser entendidos, e isto basta. Se formos felizes em ser lidos, se formos atendidos em nossas reflexões, teremos mais esse estímulo para cumprirmos com gosto este dever à pátria. Não ocultamos nossos nomes: sempre nos foi suspeito o periódico encapotado. Os abaixo assinados são os únicos redatores, respondendo cada um pelo artigo que escrever. Nenhuma correspondência se aceita, mas quem tiver motivos de queixa contra empregados públicos, pode enviar-nos pelo correio (porte pago) que inseriremos a denúncia em nossa frase e estilo, ficando responsável o correspondente, para o que deverá fazer reconhecer a sua firma pelo tabelião desta cidade.

Qualquer pessoa que nos queira coadjuvar com lembranças úteis ao público faz-nos particular obséquio em comunicá-las, que serão inseridas em extratos ou por inteiro, como mais convier.

[Assinam Diogo Antônio Feijó e Miguel Archanjo Ribeiro de Castro Camargo.]

# 17.
## CARÁTER DO MINISTÉRIO DESDE 7 DE ABRIL

[Extraído de *O Justiceiro*, nº 2, de 13 de novembro de 1834]

À exceção do Ministério dos quarenta dias[38], pode assegurar-se que todos os ministros desde 7 de abril têm sido afeitos à atual ordem de coisas. Mais ou menos interessados na prosperidade pública, eles têm constantemente pugnado pela Constituição do Império e pela execução das leis. O erro, que é a partilha da humanidade, tem aparecido em muitos dos seus atos. Nem era possível que no labirinto da nossa atual legislação, em tempos convulsivos, tendo de marchar-se quase sempre às apalpadelas, rodeado de mil dificuldades, houvesse o ministério de acertar sempre. Errou; e o que é pior, algumas vezes prevaricou. As paixões, companheiras inseparáveis do homem, à falta de munir-se contra as tentativas do poder e de desconfiar prudentemente dos que mais afetam amizade aos que governam, precipitaram alguns ministros; mas isso passou. Vejamos se o atual ministério[39] tem trilhado a mesma vereda.

Quando encarregaram-se das pastas os ministros da Guerra, Império e Justiça, o Partido Restaurador[40] ostentava na Corte uma atitude forte, ameaçadora e insolente. A oposição da Câmara dos Deputados e o procedimento do Senado tiveram o maior quinhão nesta desenvoltura; quero dizer, deve-se a audácia deste partido à proteção verdadeira, ou aparente, que ele encontrou, ou pensou encontrar, na oposição e no Senado. A questão portuguesa ainda não estava decidida; e os cálculos humanos pareciam fazer pender a balança da probabilidade a favor do usurpador[41]; maior era portanto a espe-

---

[38] O ministério dos quarenta dias durou de 3 de agosto a 13 de setembro de 1832.

[39] Ministério empossado em 13 de setembro de 1832.

[40] Partido que defendia a volta de d. Pedro I ao trono.

[41] "O usurpador" era d. Miguel, irmão de d. Pedro I e casado com sua filha Maria da Glória (d. Maria II), que em 1827 dissolveu as Câmaras e tornou-se monarca absoluto de Portugal.

rança dos restauradores de que breve se resolveria o seu *homem necessário* a abordar nossas praias. A mocidade fluminense agitava-se à vista desse futuro melancólico, e quase tocava o termo da desesperação, observando, por um lado, a insolência dos restauradores e dos escritores infames que os defendiam e ao mesmo tempo ultrajavam o partido nacional; por outro lado, a apatia do governo, a quem ela sem razão atribuía o descaramento e licença dos adversários, só devida à insuficiência de nossas leis. Rompeu em alguns excessos, que motivaram a dissolução (pouco legal) da Sociedade Militar pelo ministro da Guerra, primeiro fato que abalou o partido antinacional, antevendo a capacidade do ministro de atentar maiores coisas, se lhe parecessem necessárias à salvação pública.

Rumores se espalhavam, e alguns sintomas próximos de rompimento se divisavam. O Paço de São Cristóvão era, e já tinha sido em 17 de abril, o quartel general dos conspiradores, e o tutor[42] era tido e havido como consentidor, senão chefe, da conspiração. O partido nacional, por um modo um tanto tumultuoso, ia ser pela suspensão deste: mas o governo, ainda tímido e irresoluto, não se atreveu a praticar um ato que estava na órbita de suas atribuições, e que desde abril de 1832 era reclamada pelo interesse público e pelo voto nacional. A persuasão da instante e infalível revolução contra o mesmo governo produziu o decreto de suspensão do tutor referendado pelo ministro do Império, que se tornou objeto do geral aplauso de todo o Brasil, porém que em nossa opinião foi tardio e por extorquido deixou de merecer apreço. A sua execução foi miserável já pelo necessário aparato de que foi revestida, já pelas fracas confidências e humilhações praticadas pelos executores.

A dissolução da Sociedade Militar, a suspensão do tutor e, mais do que tudo, os atos tumultuosos que a necessidade obrigou a praticar a fogosa mocidade do Rio de Janeiro, faz conhecer aos restauradores que sua posição não era a mais segura e que podia bem acontecer que quando menos esperassem fossem os seus principais chefes e colaboradores visitar outro mundo ou pelo menos outras praias. Desalojados dos pontos principais em que diariamente se fortificavam, tomaram o partido de concertarem os seus planos no silêncio, no Consistório*, e somente onde os sócios fiéis fossem nela iniciados.

Os exmos. ministro da Guerra e do Império tiveram a parte que narramos no aparente extermínio dos restauradores e o exmo. ministro da Justiça,

---

[42] José Bonifácio de Andrada e Silva era então o tutor de d. Pedro II.

* Consistório é a casa onde os maçons de papo amarelo, capitaneados por Montezuma [Francisco Gê Acaiaba de Montezuma, visconde de Jequitinhonha], trabalhavam nos seus santos mistérios. (N. de Feijó)

fazendo sair do Império os portugueses indigitados como mais empenhados na restauração, ativando os magistrados nos processos contra os indiciados nela, concorreu, não pouco, para o susto que naqueles dias se apoderou de tais criminosos. Eis o que têm feito os atuais ministros a respeito da política do país. Observemos o que são a respeito dos negócios mais particulares.

Não pode negar-se aos três ministros patriotismo, zelo pela causa pública, limpeza de mãos e honradez; é porém também inegável que alguns atos seus aparecem contrários a tão belas qualidades que os ornam. Querendo contentar a todos, confiando em muitos, não podemos sempre resistir a importunas rogativas; a justiça tem algumas vezes sofrido no provimento dos empregos públicos, e as mesmas rendas nacionais têm sido consumidas em pensões que, a não serem destituídas de fundamento, são pelo menos intempestivas, atento o apuro de nossas finanças e o progressivo aumento de nossas despesas. Neste artigo é onde os nossos ministros têm mais pecado. Nenhum espírito de economia aparece em seus atos, obras supérfluas, ao menos para o tempo presente; na repartição da Guerra e Marinha, [há] muitos militares vencendo gratificações na instrução das Guardas Nacionais[43], quando em outro tempo cada batalhão de milícias tinha um major e um ajudante, e estavam melhor disciplinados do que estão hoje os guardas nacionais. Basta ler os relatórios por eles apresentados nesta sessão para conhecer-se que cada um quis organizar a sua secretaria com um exército de empregados, que em nossa opinião são supérfluos, bastando o número dos atuais, contanto que haja menos condescendência com os omissos e ineptos que nelas existem.

O ministro da Justiça[44] tem sido o alvo de muitas censuras, seja pela importância da sua pasta, que oferece freqüentemente objetos de um interesse imediato ao cidadão, seja por ter dado motivos em que se nutra a maledicência e algumas vezes o verdadeiro espírito de censura. S. exc. trata-se com certo esplendor, de que não usaram seus antecessores, ainda mesmo talvez em tempo de Pedro I. Sabemos e é verdade, que s. exc. tem consumido para isto não só o seu ordenado, como parte de seu patrimônio. Persuadiu-se que este aparato era necessário ao ministro de um monarca, que com ele granjearia estima e consideração social. Enganou-se. O resultado o tem provado. O espírito democrático americano, que a nossa Constituição consagrou, e que [de] dia

---

[43] Criada em agosto de 1831 para substituir as antigas milícias, a Guarda Nacional era um corpo armado de cidadãos confiáveis — ou seja, com as mesmas qualificações exigidas dos votantes.

[44] Era então ministro da Justiça Aureliano de Sousa e Oliveira Coutinho, visconde de Sepetiba.

em dia se propaga por todas as classes da sociedade, não tolera senão certa decência, que se não faça sentir nem pelo excesso, nem pela mesquinhez. O povo apenas deixa de murmurar quando enxerga esse brilhantíssimo em pessoa de grande fortuna, e que desde menino o conservou; mas se ainda abastado, viveu sóbrio e elevado a alguma dignidade, mostra-se então opulento com seu tratamento, ele entra logo em suspeitas de que o empregado faz render o seu emprego. Muitos têm dado causa à semelhante juízo. Se s. exc. se julgar menos prudente, se prestar mais atenção às censuras de seus próprios rivais; se for menos condescendente com as pessoas que o rodeiam, se quiser firmar a sua glória não no testemunho dos que o aplaudem, mas no da própria consciência, virá a ser ótimo ministro. Tem talentos, tem instrução, tem patriotismo, tem probidade, o que falta? Saber aproveitar-se de tão belas disposições e corrigir-se dos defeitos que a inexperiência e a mesma fragilidade humana têm feito nascer. Tomamos a ousadia de dar o mesmo conselho aos exmos. ministro da Guerra e do Império[45].

Sobre o exmo. ministro da Fazenda[46], ainda não podemos formar juízo seguro sobre o seu caráter ministerial. Se nos regulássemos por sua anterior conduta, muito bem, podíamos agourar de seus atos. Nós somos colegas, e sobejo tempo tem havido para nos conhecermos. Constante no partido, que uma vez abraçou, um só dia, um só momento ainda o não vimos desertar dele: companheiro fiel, tem estado ao lado dos seus nas ocasiões mais críticas, nas circunstâncias mais arriscadas; trabalhador, diligente, pesquisador nos negócios de Fazenda, interessado no bem do seu país, liberal por gênio e por princípios e não por especulação, procurou em todo o período de sua carreira parlamentar sustentar a Constituição, e nas reformas dela mostrou-se inclinado a dar maior expansão ao elemento democrático, por estar persuadido, como nós, que a monarquia no Brasil será tanto mais duradoura quanto mais se democratizar. Nunca ouvimos falar senão bem do seu caráter como pai de família, bom marido etc. Ora, quem à vista de um tal agregado de qualidades não pressagiará bem da administração do sr. Manuel do Nascimento Castro e Silva? Contudo, suspendemos ainda o nosso juízo, e esperamos pelos fatos. Não será a primeira vez que falham todos os cálculos e que o varão conspícuo colocado em dignidade desmente todos os preconceitos.

---

[45] Respectivamente, Antero José Ferreira de Brito, barão de Tramandaí, e Antônio Pinto Chichorro da Gama.

[46] Era ministro da Fazenda, desde outubro de 1834, Manuel do Nascimento Castro e Silva.

Tal é o caráter do atual ministério; francamente expusemos tudo quanto nele achamos de bom e de censurável; querer perfeição é não querer nada; nem o Brasil abunda de gênios, nem mesmo de grandes homens. A educação que tivemos, o estrago que o dilatado despotismo fez sobre os espíritos e sobre as consciências, não permite que tão cedo possam se desenvolver os naturais talentos dos nossos patrícios em matérias políticas e administrativas. A liberdade e o tempo nos trarão este benefício de que já gozam as nações mais adiantadas no sistema representativo. Contentemo-nos por ora com o *menos mal*; se queremos alguma coisa; trabalharemos sim por melhorarmos de posição; cada um concorra com o seu contingente e brevemente, e sem pensar, nos elevaremos ao grau de prosperidade que apetecemos. Nada de dar ouvidos a certa gente, que tudo censura e nada faz; para quem todos são ignorantes e perversos, que entretanto, colocados no mando, são homens tão pequeninos, como qualquer de nós e até suas intenções deixam de parecer as mesmas que inculcavam, quando de fora, e a ninguém perdoavam. Cumpre que tais censores provem primeiro por fatos sua missão para seus bons desejos merecerem o nosso crédito e a nossa confiança.

# 18.
## DOS PARTIDOS NO BRASIL

[Extraído de *O Justiceiro*, n° 2, de 13 de novembro de 1834]

A falarmos com propriedade diríamos que no Brasil só existe um partido, o Restaurador[47]. Só este afasta-se do voto nacional, só este pretende a ignomínia dos brasileiros, e pouco se importa com a sua liberdade, contanto que consiga entrar outra vez na carreira das honras, títulos e empregos, viver à custa do Estado, vingar-se dos que censuram tanta vileza e perfídia, e deleitar-se com um aceno, um sorriso de seu *senhor*. Este partido infame indubitavelmente existe. Já apareceu em 17 de abril, já proclamou a necessidade da volta do ex-imperador em diferentes periódicos, fiéis expositores e intérpretes de seus sentimentos, já enfim encarregou um *Andrada* da desgraçada missão de persuadir e convencer a d. Pedro da necessidade de sua presença no Império para conservação do trono do sr. d. Pedro II. Os ambiciosos, os pretendentes de empregos e de fortunas por meios tortuosos e indignos, os descontentes por haver perdido a influência que indevidamente gozavam à sombra do monarca, que injustamente os protegia, estão alistados neste partido, ou pelo menos amam de coração a restauração, e se hoje afetam linguagem diferente, se o temor os contém, a presença do *desejado* lhes daria coragem, valor e ferocidade.

O Partido Exaltado[48] não existe, ao menos não o conhecemos. Depois de 7 de abril, na capital do Império e de diferentes províncias, surgiram alguns estourados, destituídos de consideração, e de título algum que justificasse a empresa de dirigir os negócios públicos; apoiados na força militar então existente, umas vezes pretenderam depor a Regência e o ministério, outras

---

[47] Ver nota 40.

[48] Referência ao partido dos exaltados, que se opunha ao dos moderados do governo. Os exaltados defendiam propostas de reformas radicais, como a instituição da República Federativa. Do outro lado do espectro político, os restauradores ou caramurus também faziam oposição aos moderados, defendendo a volta de d. Pedro I ao poder.

vezes presidentes e governadores de armas, para substituí-los por criaturas suas. Em alguma parte lembraram-se de proclamar a federação, sem saber o que era, enfim era a anarquia que se apresentava sob diferentes formas, segundo o capricho ou demência do chefe. Desapareceu a força militar, evaporou-se o partido. Sem sistema, sem plano, sem fim, de ninguém mereceu aplausos. Alguns velhacos ambiciosos mas inábeis por vezes quiseram fazer servir a seus fins estes cegos instrumentos da vontade alheia, mas faltou-lhes cabeça e coração. O povo assustado dos roubos, assassinatos, mortes, tumultos e desordens, que era o ordinário cortejo que precedia, acompanhava e seguia as freqüentes *rusgas* de tais amotinadores, tomou-lhes tanto horror, que em massa se armou para debelá-los, [e eles] foram plenamente derrotados.

No número dos intitulados *rusguentos* ainda apareceram alguns poucos que não partilhavam as opiniões anárquicas dos seus colaboradores, que simpatizavam contudo com algumas idéias exaltadas emitidas por aqueles no turbilhão de despropósitos com que enchiam as folhas de seus licenciosos jornais. Os moderados, que nunca pretenderam destruir, mas sim aproveitar os cidadãos que de qualquer forma pudessem prestar serviços a pátria, querendo fazer justiça a estes homens desvairados, posto que bem intencionados, intitularam-nos "exaltados" para distingui-los dos "rusguentos", salvá-los do opróbrio que pesava sobre estes; assim reconciliados, trabalharam unidos na defesa das liberdades públicas.

Os exaltados não formam um partido, são alguns poucos cidadãos, que a boa-fé e prudência dos moderados arrancou da turba dos anarquistas, a que pareciam ligados, mas com quem não podiam fazer inteira causa comum.

Os moderados, já dissemos no n° 1, não são verdadeiramente um partido, são os representantes dos votos e da opinião nacional: são a mesma nação. A Regência, o ministério, os eleitores, a Câmara dos Deputados, os Conselhos Gerais, as Câmaras Municipais, as Guardas Nacionais, todos em sua maioria são moderados: detestam excessos; querem o bem, mas sem tumulto, com ordem e com prudência. Ora a nação não é um partido; partido é aquele que dela separa-se. Não queremos com isto justificar a conduta dos moderados. Os que por sua posição dirigem os negócios públicos, ainda que bem intencionados, em nossa opinião, não levam a nau do Estado ao porto desejado; cumpre ser mais ativos, mais resolutos e menos tímidos. Mas porque os moderados tenham errado, tenham sido mesmo desleixados, deverá a nação abandoná-los para lançar-se nos braços de seus detratores? A resposta fará objeto de um artigo no número seguinte.

# 19.
## INTERESSA O BRASIL NA CONSERVAÇÃO DO PARTIDO MODERADO? PODERÁ ELE SUSTENTAR-SE?

[Extraído de *O Justiceiro*, n° 3, de 20 de novembro de 1834]

Tais foram as perguntas de um jornalista que em nossa opinião não foram respondidas, nem de suas reflexões poder-se-á coligir o que talvez o mesmo pretendeu. Se o Partido Moderado[49] é o partido nacional, aquele que detestando excessos quer com ordem e prudência a prosperidade pública, como pode o Brasil deixar de interessar-se na sua conservação? Como pode a nação aborrecer-se a si própria para entregar-se nas mãos de seus inimigos, daqueles que querem engrandecer-se à sua custa, que lhe negam a liberdade ou a concedem tão mesquinha, que pouco vem a distar da escravidão? Serão os brasileiros outra raça de homens, destituídos de razão e de amor-próprio, que só cuidam de interesses alheios com prejuízo seu? Ou estarão tão acostumados ao cativeiro, que tenham em honra morrer por seus tiranos, como faziam povos antigos, e ainda os modernos, criados debaixo do azorrague, desconhecendo inteiramente sua dignidade e seus direitos? Tanta injúria não merece o bom senso, e o nobre coração dos brasileiros. Poderá entretanto sustentar-se o Partido Moderado? Aqui a questão muda de face.

A nação não se governa por si, mas por meio dos seus escolhidos: se estes, ineptos, ou negligentes, abandonarem a causa da pátria, se deixarem de prescrever a regra, a norma de conduta que convém ao cidadão nas atuais circunstâncias; se permitirem que os inimigos ganhem terreno, fortifiquem-se em posições vantajosas, sem armar o *poder* de atribuições necessárias para debelá-los em tempo, se vigilantes não observarem a marcha deste para obrigá-lo a entrar no caminho da lei; se o governo tímido, irresoluto, condescendente e fraco não lançar suas vistas sobre todos os ramos da pública administração para fazer que os negócios nacionais sejam tratados com dignidade, jus-

---

[49] O Partido Moderado era o partido com maioria na Câmara dos Deputados; constituiu o governo da Regência desde a abdicação de d. Pedro I.

tiça e vantagem; ou para apresentar às Assembléias os inconvenientes, lacunas e tropeços que encontra na legislação a fim de serem removidos, ou da nação conhecer a ineptidão ou desleixo de seus mandatários e retribuir-lhes segundo o seu merecimento; sem dúvida, se isto continua, não é possível que o partido nacional se conserve, ou, para melhor dizer, a nação pouco a pouco definhando, perdendo o entusiasmo pela atual ordem de coisas, que nenhum bem lhe traz; descorçoando das promessas da prosperidade, que nunca se realizam, e daqueles que as fazem; desaparecendo então o germe fecundo do patriotismo, tornando-se cada cidadão indiferente aos negócios da pátria, os ambiciosos, os descontentes, os que perderam e ainda choram, os restauradores alegando nossas omissões, desfigurando nossas intenções, com novo gênero de promessas, procurarão apoderar-se do leme do Estado. Deus nos defenda de tão horrível futuro. A nação ainda conta com filhos desinteressados, que trabalham por livrá-la de uma tal ignomínia. Não percamos de todo as esperanças. Não haverá porém outro recurso? A oposição não poderá dirigir com mais acerto e energia os negócios públicos? Vejamos.

A oposição da Câmara dos Deputados de 1834 é, sem dúvida, diferente daquela que terminou. Estamos persuadidos que pelo menos a maior parte nem quer a restauração, nem trocaria d. Pedro I pela atual Regência e seu ministério, apesar de lhe não merecer consideração, e ainda menos confiança. Compõe-se portanto de outra casta de descontentes. Aplaude a abdicação, a considerá-la como um fato que produziria imensos bens, se por acaso o poder lhes caísse nas mãos; não reputando a ninguém capaz de reger o Império e dirigir os seus destinos, dói-se, lamenta-se que seus talentos não sejam aproveitados. Mas terá a oposição, perante a nação, essa afetada supremacia? O que tem ela feito a benefício do Brasil? Censurar com acrimônia e injustiça ao governo, sem intentar contudo uma só acusação contra ele. Tanto conhece a futilidade de suas recriminações! Atacar os projetos da maioria, ou emendá-los para pior; protelar as discussões, e muito cooperar para que se consumam cinco meses de sessão sem que a nação colha vantagem notável da reunião dos seus representantes. Nem se diga que muito conviria tentar a experiência, encarregando-a da administração. Dois, que hoje são chefes da oposição, um que se assina doutor, e outro que não consente que algum outro o seja além dele, já por quarenta dias mostraram do que são capazes. Não nos consta que praticassem indignidades, mas a inércia de um e a *esquisitice* do outro puseram em campo a anarquia, que havia desaparecido, e a capital do Império julgou-se perdida com tais administradores: retiramse. Ambos tinham sido ministros do ex-imperador; nada então fizeram, e muita gente atribuía este fenômeno a embaraços e resistências no chefe do governo. Boa foi a experiência: pouco mal fizeram, e a nação os conheceu. Nada há tão fácil como o censurar a torto e a direito: a dificuldade consiste em bem praticar. Como ministros deixaram célebres os quarenta dias de sua administração, como parlamentares andam escritos alguns poucos projetos por eles apresentados: a maior parte o público ou recebeu com desprezo ou com indiferença; e o sr. Holanda Cavalcanti não pode justificar-se da justa censura de ter por costume invectivar os ministros até em face; e por seus gestos, modos, e expressões descomedidas ultrajar os seus colegas da maioria? E será desta maneira que pretende a oposição ganhar terreno, suplantar a maioria e inculcar-se à nação como capaz de encarregar-se de dirigir os seus destinos? O Brasil não perdeu ainda o senso comum para cair em semelhante precipício.

Conclui-se do que temos dito que a nação não abandonará jamais os moderados, porque são os verdadeiros representantes dos seus desejos; que por meio dos patriotas irá lhes lançando em rosto seus desleixos ou inaptidões, para que tomem atividade e energia ou abandonem o cargo que se lhes confiou; que irá escolhendo (dentre os seus) quem reúna as qualidades necessárias para bem servi-la. Se não os encontrar entre as notabilidades, como desgraçadamente tem acontecido, lançará mão a esmo de qualquer um dos seus filhos, até acertar. Releva que tenha tempo para o fazer, que desordens externas não venham de repente mudar as circunstâncias, em que depois não possa mais segurar sua liberdade. Quando um Estado acha-se enfraquecido e desorganizado, qualquer acidente descobre a enfermidade e o coloca em situação tão arriscada de que raríssimas vezes pode salvar-se. Patriotas, concorrei todos para vossa mesma obra, unamos nossos esforços: firmemos nossas instituições, nossa posteridade ao menos colherá os frutos de nossos trabalhos.

# 20.
## Sobre o governo

[Extraído de *O Justiceiro*, n° 3, de 20 de novembro de 1834]

Poucos são os atos ministeriais que publica o *Correio Oficial*; a julgar por ele, dir-se-ia que o governo dorme; mas a razão será porque seus redatores julgam de pouco interesse que o público seja inteirado da marcha da administração. Nós pensamos de outro modo: nos mais insignificantes detalhes pode descobrir-se o espírito que a anima e a energia que nela reina; e se uma folha diária com o título de *oficial* há de ocupar-se com traduções literárias, seria mais grato ao público que desempenhasse o nome e a promessa, informando-nos do que se passa em todos os ramos da administração.

Pelo *Correio Oficial* apenas notamos a demora da publicação da lei que regula os governos provinciais. O exmo. ministro do Império, retardando a remessa oficial daquela lei, fez com que a Fazenda Pública despendesse inutilmente alguns contos de réis com os conselheiros das presidências, como aconteceu nesta província, em que reuniram-se desde o 1° de outubro; conservou este embaraço demais aos presidentes, e concorreu para que estes deixassem de fazer talvez algum bem em virtude da mesma lei, e tanto mais notamos esta omissão quanto a repartição de s. exc. é a menos pesada, e hoje depois das reformas muito mais aliviada.

Notamos com bem mágoa nossa, que o sr. ministro da Justiça[50] trate com tanta indulgência a Relação (que certamente não a merece), deixando de certo modo menoscabar a sua autoridade, pois lemos uma portaria em que reitera ao presidente da mesma ordem para dar certa informação a respeito de queixas de uma parte, asseverando ser já a terceira, segundo nos lembra. O presidente da Relação deve reconhecer a sua subordinação à autoridade suprema, para deixar de ser tão negligente, e se semelhante falta pode admitir desculpa em um idiota, é indesculpável e sumamente criminoso em tão

---

[50] Ver nota 44.

elevado empregado; muito mais quando s. exc. sabe as pretensões do poder judiciário com a sua independência, que eles traduzem por absolutismo e irresponsabilidade. Enquanto este poder não se tornar constitucional, isto é, independente nos seus atos mas responsável efetivamente por eles, quando desviados da lei ou da justiça, e defensor das liberdades públicas, cumpre que o governo não deixe pisar o terreno antigo; que não tolere nem ainda seus descuidos, quanto mais insubordinação. Se o arbítrio e o despotismo pesam ainda sobre os brasileiros, deve-se isso ao poder judicial. Se o governo pode, endireite a sua marcha; se não tem meios, faça a nação conhecer que os representantes cedo ou tarde providenciarão, de alguma maneira.

Uma outra portaria do mesmo exmo. ministro, respondendo a certa dúvida sobre inteligência do Código Criminal que lhe fez o juiz de direito da terceira comarca desta província, fazem-nos nascer as seguintes reflexões. Aquele juiz consentiu que o jurado decidisse uma questão de direito, que estava fora de sua competência, e s. exc. não lembrou-se de adverti-lo ao menos para que não consentisse em tais invasões, que devem trazer a confusão e a desordem no tribunal do júri, continuando este a intrometer-se em questões fora de sua alçada, e que a lei as considera fora de sua compreensão. Por esta ocasião lembramos a s. exc. quanto é contrário à boa ordem e à consideração que o governo deve aos presidentes de províncias, seus delegados, o comunicar-se diretamente com os empregados subalternos das mesmas: cumpre que os presidentes estejam ao fato do que se passa e do que o ministério ordena relativamente às suas províncias. Felizmente o artigo 9º da lei de 3 de outubro deste ano firmou a regra: assim seja ela executada.

# 21.
# REFORMAS DA CONSTITUIÇÃO

[Extraído de *O Justiceiro*, n° 4, de 27 de novembro de 1834]

Desde que a nossa Constituição proclamou o grande dogma político — *A soberania nacional — e que todo cidadão tinha direito de intervir nos negócios da sua Província, que são imediatamente relativos a seus interesses peculiares* —, sancionou irrevogavelmente a reforma do pacto fundamental todas as vezes que a nação, por um modo livre e expresso, manifestasse a sua vontade. Pouco importa que a mesma Constituição deixasse de desenvolver e aplicar tão santos princípios às instituições que criou, ela traz em si mesma o remédio para curar as lacunas e contradições que o hábito e a brevidade com que foi concluída lhe deixaram.

Os Conselhos Gerais foram os germes das Assembléias Provinciais; a sua concepção porém foi mesquinha, atendendo-se à vastidão do Brasil e à grande extensão de suas províncias. Encarregados somente de propor suas necessidades à Assembléia Geral, que jamais as podia bem avaliar, encontrando-se em seus membros rivalidades, indiferença e falta de conhecimentos locais, acrescendo a afluência de negócios gerais que anualmente lhe absorve quatro a cinco meses de sessão, vinham a ser uma quase nulidade. Nem era possível que os conselheiros conservassem por muito tempo o fogo do patriotismo entre tantos sacrifícios que lhes custara uma proposta ou desprezada, ou honrosamente abandonada. Acanhados em suas discussões por faltar-lhes a irresponsabilidade, impossibilitados muitos por falta de subsídio que os ajudasse a viver na capital, longe dos recursos que facilmente obteriam de suas fazendas, aconteceu, não raras vezes, que os Conselhos Gerais deixaram de reunir-se, ou com muitos poucos membros, ou foi necessário recorrer a suplentes que bem limitado número de votos obtiveram. A instituição não medrava: necessário era reformá-la, assim se fez.

As reformas decretadas[51], dando ao deputado provincial toda a latitu-

---

[51] Diogo Antônio Feijó se refere aqui ao Ato Adicional, de 12 de agosto de 1834, pelo qual reformou-se a Constituição do Império.

de na discussão, tornando-o irresponsável pelas opiniões que proferir, dando-lhe um subsídio durante a sessão e indenizando-o das despesas de vinda e volta, garantiram-lhe a independência necessária para bem empregar-se no serviço da província. Sujeitando-se às deliberações da Assembléia Provincial as reflexões do presidente, tornou-as mais prudentes e acertadas e podendo ser postas em execução imediatamente suas resoluções, acorda-se o patriotismo, desafia-se a emulação e habilita-se a mesma Assembléia para facilmente entender seus erros. Observemos agora a natureza dos objetos que foram entregues à sua definitiva decisão.

A instrução pública em toda a sua extensão lhe foi deixada. Pode a Assembléia Provincial criar aulas e colégios onde julgar conveniente, estabelecer uma fiscalização severa sobre os mestres para que não ganhem os seus ordenados em ócio, satisfazendo somente a certas formalidades com que obtenham as atestações para recebê-los, como geralmente está acontecendo. Tudo que diz respeito à prosperidade material foi entregue ao seu zelo. As estradas, pontes, canais, aterros, monumentos públicos, casas de correção e de caridade; e o direito de fazer aplicação dos bens particulares para semelhantes fins, quando necessários, precedendo indenização, tudo isto lhe foi confiado. A divisão interna e econômica da província ficou a seu cargo. Pode portanto criar e suprimir vilas, paróquias, termos, colégios, comarcas e distritos de paz. A polícia dos municípios é um dos objetos sobre os quais pode a Assembléia Provincial exercer suas atribuições sem atacar contudo o direito municipal, sendo privativo do município propor por meio dos vereadores, seus representantes imediatos, as suas necessidades relativas à comodidade, segurança e tranqüilidade. À mesma Assembléia Provincial pertence decretar a força necessária a cada município para segurança de seus habitantes e respeito de suas autoridades. Como conseqüência necessária de tão úteis atribuições foi-lhes concedido criar e suprimir os empregos que dizem respeito unicamente à província e marcar-lhes ordenados; desta regra foram exceptuados o presidente, o bispo e os membros da Relação, que exercendo jurisdição sobre toda ela, convinha deixar a sua criação à Assembléia Geral, e sua nomeação ao imperador, como laços da união e até para que tais nomeações fossem mais acertadas, sendo maior o círculo onde o governo geral pode escolher os candidatos. Fez ainda mais a reforma. Reconhecendo a necessidade de ampliar as atribuições dos presidentes para o bom governo das províncias, deixou à discrição de suas assembléias o decretar a forma por que os mesmos presidentes poderiam nomear, suspender e ainda mesmo demitir os empregados provinciais. Ainda fez mais: sendo geral o clamor contra as negligências e prevaricações dos magistrados, permitiu que as mesmas Assembléias os pudessem suspender e até demitir. Neste caso, a Assembléia converte-se em júri provincial para em nome da província declarar que tal magistrado tem perdido a confiança de seus comprovincianos e que não pode mais exercer nela jurisdição. Para salvar a dignidade do presidente e pô-la ao abrigo do capricho ou malevolência de qualquer um, e ainda mesmo dos descuidos do Tribunal de Justiça, quis a reforma que o presidente ainda pronunciado não fosse suspenso do seu emprego sem o consentimento da Assembléia Provincial.

Faltou, enquanto a nós, para ficar completa a reforma no que diz respeito às Assembléias Provinciais, o terem estas o poder de decretar a acusação dos presidentes, quando fossem denunciados de crime de responsabilidade. Os presidentes mais vigilantes e alguma coisa condescendentes com as Assembléias Provinciais mais exatos seriam no cumprimento dos seus deveres. A província teria este recurso legal contra o presidente omisso, ou prevaricador, que cegamente obedecendo às ordens da Corte, ou às insinuações perversas de algum ministro, oprimisse com arbitrariedades e despotismos a seus habitantes. As Assembléias obrigadas a seguir o processo da acusação dos ministros de Estado, que oferece por sua morosidade e organização toda a garantia desejável, não tendo efeito suas resoluções neste caso senão por dois terços de votos, encontrariam uma barreira às paixões ou a inconsideradas deliberações. Infelizmente esse artigo não foi aprovado; o mal porém tem remédio. Se a experiência provar a necessidade da medida, como os presidentes não têm foro privilegiado para a formação de culpa, a Assembléia Geral por uma lei ordinária poderá converter as Assembléias Provinciais em júri provincial para esse fim. Esperemos do tempo e do patriotismo futuro.

Podendo as associações quer políticas como religiosas exercer grande influência no espírito público da província, com razão foram as Assembléias Provinciais investidas do poder de legislar sobre elas: os conventos, as catedrais, as colegiadas e confrarias estão sujeitas à direção das Assembléias Provinciais. A mesma Igreja, compreendida na letra da reforma, pode receber regulamentos policiais, em tudo quanto tiver relação com os interesses temporais ou civis da província. As sociedades patrióticas, que têm por fim, ou intrometem-se a discutir negócios políticos, sujeitar-se-ão às leis que o bem da província exigir.

Os tributos, que só podem ser impostos pelos que conhecem as posses e circunstância dos contribuintes, e que têm de sofrer ônus igual ao que impõem aos outros, foram com justiça entregues à inteligência e discrição das Assembléias Provinciais no que diz respeito à receita necessária para fazer face às despesas com o seu melhoramento imediato. Se houver erro ou opressão, dentro de um ano será escutado o clamor público, e o remédio aplicado a tempo.

Enfim, somente os negócios gerais, quais os direitos e obrigações dos cidadãos, o Código Criminal e de Processo, o emprego das forças e dos dinheiros nacionais foram excluídos da ação das Assembléias Provinciais. Hoje as províncias têm em seu seio a potência necessária para promover todos os melhoramentos materiais e morais: a seus filhos está encarregada a espinhosa tarefa, mas honrosa, de fazer desenvolver os recursos necessários ao seu bem ser. Se as eleições forem acertadas, breve chegaremos ao fim desejado; se não, pelo contrário, marcharemos às cegas e o mesmo erro nos indicará o caminho que convém trilhar. Voltaremos ainda sobre este mesmo objeto.

## 22.
## GOVERNO GERAL

[Extraído de *O Justiceiro*, n° 4, de 27 de novembro de 1834]

O ministério vai marchando: não consta do *Correio Oficial*, nem por notícias particulares, de abusos na sua administração. O exmo. ministro da Justiça[52] acaba de dar um regulamento a respeito dos africanos importados por contrabando, que muito abona o seu zelo pela causa pública e a sua filantropia. Ordena que sejam arrematados os seus serviços, e por pessoas somente do município do Rio de Janeiro de reconhecida probidade, sujeitando-os a uma severa e prudente fiscalização, a fim de evitar-se a fraude que a sórdida avareza tão freqüentemente introduz em tais contratos; dá sábias providências para acautelarem-se atos de rigor e de desumanidade; enfim revive o alvará de 26 de janeiro de 1818, que realmente está em vigor enquanto a lei de 7 de novembro de 1831[53] não for exeqüível. Assim seja eficaz o zelo de s. exc. em procurar por outros africanos, que em conseqüência do mesmo alvará foram arrematados, que ninguém sabe aonde existem, e que o escrivão deixou de lavrar os necessários termos da arrematação, falta que não deve ficar impune. Lembra-nos nesta ocasião de certo número de africanos livres, mandados da África para aprenderem ofícios mecânicos, e que o mestre do barco, ou dono da carregação os vendeu, de que resultou queixarem-se à Assembléia e esta recomendar o negócio ao governo, mas não temos lembrança do resultado deste roubo ou assassinato. Onde estarão estes desgraçados? Grande serviço faria s. exc. à humanidade, se os descobrisse e fizesse dar o castigo merecido aos ladrões que os venderam.

Há três anos nesta província foram apreendidos em Santos alguns centos de africanos, e em lugar de pôr-se em execução o alvará citado e as or-

---

[52] Ver nota 44.

[53] Assinada por Diogo Antônio Feijó, então ministro da Justiça, a lei de 7 de novembro de 1831 declarava livres todos os escravos vindos de fora do Império, e impunha penas aos traficantes.

dens do governo a respeito deles, foram arbitrariamente pelo juiz de órfãos daquela vila mandados arrematar por pessoas até de fora dos limites de sua jurisdição; e não nos consta que alguém procure saber da sorte destes miseráveis. Pedimos ao exmo. presidente, em nome da lei e da humanidade, que faça recolher estes desgraçados e executar as ordens do governo que tem na sua secretaria a respeito deles. Ao exmo. ministro da Justiça, que tão bem intencionado se mostra neste negócio, muito lhe rogamos que fiscalize a execução da lei e das ordens do governo sobre estas centenas de africanos, que talvez muitos estejam sofrendo o mais duro cativeiro sem saber que são livres.

O exmo. ministro da Fazenda tem desenvolvido grande atividade na sua repartição, mostrando querer saber do estado dela para dar providências; mas se essa atividade parar em portarias às tesourarias, nada conseguirá. Até hoje os empregados da Fazenda têm-se limitado a responder aos ministros, na esperança talvez que se lhe dê mui breve sucessor e que já novas ordens apareçam. Suspensões aos negligentes, demissões aos ineptos e responsabilidade aos prevaricadores, são, em nossa opinião, companheiras inseparáveis dessas portarias, se se quer com efeito o exato comprimento delas. O sr. Manuel do Nascimento é capaz de assim o praticar.

## 23.
## OS JURADOS

[Extraído de *O Justiceiro*, nº 4, de 27 de novembro de 1834]

Não há quem não saiba que a instituição dos jurados teve por motivo a melhor e mais segura execução da justiça, garantindo ao mesmo tempo aos indivíduos todos os meios de mostrarem sua inocência. Era mister punir os criminosos, mas não castigar os inocentes. Os magistrados encarregados até aqui de julgar e impor a pena deram quase todos os mais vergonhosos exemplos de sua venalidade e corrupção, deixando de cumprir o seu dever, não só pelo interesse do dinheiro, como por empenhos e atenções com os criminosos e seus parentes ou com outras autoridades que protegiam o crime. O poder, a quem só cumpria perseguir os malvados, temeroso à vista do homem de bem, que sempre fez guerra ao vício, quase sempre empregava contra este sua tirania. Neste estado de coisas a sociedade devia procurar remediar tantos inconvenientes. Um tribunal composto de homens que se interessassem pela conservação da ordem e não deixassem evadir-se o crime sem pena; um tribunal de homens amigos da verdade, que dotados de sã inteligência, tendo em vista o crime, suas circunstâncias e suas provas, declarassem o que sentiam em suas consciências, era o meio melhor de socorrer aos citados males. As nações civilizadas antigas e modernas abraçaram este modo de julgar como o único de fazer bem aparecer o crime ou a inocência do pronunciado: ali o tremendo ofício de julgador faz esquecer a pessoa do delinqüente, o homem de bem dá um solene juramento de dizer a verdade; e por isso se esquece de tudo, e só atende para a consciência, esclarecida todavia pelos fatos e provas que se apresentam; os atrativos e influências particulares desaparecem, as idéias de partido não existem diante do juramento em que, tomando cada um a Deus por testemunha de sua verdade, declara que o réu cometeu ou não o delito. Desta sorte a sociedade, confiada na probidade, escorada na religião dos julgadores, fica satisfeita com a sua declaração, e o criminoso à vista da boa-fé com que é julgado, só a si atribui a culpa, quando é declarado justiçável. Mas o que diremos nós, vendo a maior parte dos nossos jurados, não só nesta província mas em todo o Brasil, como de propósito a depravar uma das melhores instituições que temos, esquecerem da boa-fé e da honradez, da probidade e bom senso (circunstâncias necessárias para exercer tão alto emprego) e praticarem tudo quanto pode praticar um juiz o mais corrupto e venal! Os nossos jurados ou por má-fé, ou por ignorância, querem levar a sociedade ao último apuro e em breve será necessário que o cidadão pacífico por si mesmo tome a vingança das injúrias, deixando ao tribunal dos jurados a vergonhosa, triste e escandalosa tarefa, não de aliviar o inocente oprimido, mas de tirar as cadeias aos criminosos, tornando-se aprovadores de seus delitos. Os jurados não procuram, ou parece que fecham os olhos para não ver verdade, ou antes quase que folgam em dizer o contrário do que todos sabem e do que sentem. Tanto é nenhum peso que dão à sua palavra e ao seu jurar [que] crimes conhecidos e sabidos são considerados não existentes por estes mesmos, que foram escolhidos por se supor não teriam o senso corrompido pelas partes, que em tudo costumam descobrir os rábulas interessados na absolvição do crime. Os advogados, cujo alto e importante emprego deveria ser somente fazer conhecer a verdade, têm feito da tribuna o objeto do ridículo à vista do homem sensato, manejando as armas da mentira e do engano, abusando da sinceridade dos homens do campo, que pensam que o advogado que lhes fala é o intérprete fiel da lei, quando eles são intérpretes somente do seu interesse. Os advogados escondem os fatos e as circunstâncias que podem tornar evidente o delito, ou quando lhes faz conta, relevam ninharias para fazer valer suas frívolas razões, arrastando assim os incautos jurados para o caminho do erro e da injustiça, tornando-se desta sorte os primeiros propagadores do crime e da imoralidade pública; porque, enfim, quem defende com má-fé o criminoso é criminoso, e da mesma sorte quem o absolve. Poderíamos apontar exemplos do que dissemos, onde se veria o crime praticado, defendido e aprovado à vista de todo o mundo, insultando-se a sociedade, comprando-se os juízes, assessores e talvez jurados, que antes do julgamento dão os parabéns aos réus por sua soltura, mas para que repetir o que estão vendo nossos leitores todos os dias? Será bastante que à vista do mal de semelhante impunidade cada cidadão, quando for chamado para ofício de tamanha responsabilidade, atenda para a declaração que der, pondo de parte os discursos ilusórios de advogados menos justos. Será bastante que os jurados se convençam que absolvendo o crime vão piorar o mal público, aumentando o número dos malfeitores, animando os outros a novos delitos, pela falta de castigo que observam. De outro modo teremos que ver (como já vemos) triunfar o vício, e a sociedade em vez de progredir na carreira da moralidade, única que a pode elevar à perfeição, terá de precipitar-se nos abismos da miséria e da desgraça. Honrosas exceções fazemos entretanto de muitos magistrados íntegros, advogados honrados e jurados conscienciosos, que procuram e amam o partido da lei, da verdade e da justiça. Narrando o estado geral da decadência e vilipêndio em que está a administração da justiça, seríamos injustos se não os excetuássemos de tão feia imputação. Publicando por [ora] este artigo, esperamos que os jurados não nos obriguem a apresentar ao público seus nomes e analisar suas decisões, para melhor conhecer seu caráter pouco reto.

## 24.
### NEGÓCIOS DA PROVÍNCIA

[Extraído de *O Justiceiro*, nº 4, de 27 de novembro de 1834]

Graças a Deus! Temos uma *Folha Oficial* destinada a publicar os atos do governo e das diferentes autoridades da província. Se houver franqueza, como supomos; se as decisões do júri forem acompanhadas de um breve extrato das razões proferidas, pró e contra o réu; e muito mais se o juiz de direito der seu juízo sobre a decisão dos jurados, principiará entre nós o governo representativo: a província será informada da marcha do governo; a instituição do júri será devidamente apreciada, corrigidos pela censura os seus membros; os legisladores serão esclarecidos pela experiência para reformarem os abusos que se forem introduzindo nos diferentes ramos da administração pública; as Câmaras Municipais aproveitarão, umas das outras, posturas ou deliberações que melhor satisfaçam as necessidades dos seus municípios; os patriotas terão ocasião de mostrar o seu zelo pela causa pública, já censurando os abusos, já lembrando medidas úteis. Louvores sejam dados ao sr. Rafael Tobias, que escorado no testemunho de sua consciência, longe de temer a manifestação de seus atos, como presidente da província, é, segundo se diz, o mesmo que promove a publicação desta *Folha Oficial*. Terão os seus compatriotas mais este benefício que agradecer-lhe.

O exmo. presidente da província, em portaria de 26 de maio, depois das informações necessárias, mandou ao inspetor da Fazenda que pagasse a metade da dívida atrasada dos militares nos termos do artigo 95 da lei de 24 de outubro de 1832. Em setembro, o vice-presidente revoga esta portaria mandando que os pagamentos se fizessem por inteiro, porque verificava-se ser suficiente a quantia decretada para esse fim. O que acontece? Os cessionários, que de ordinário tiram avultado prêmio das somas adiantadas, concorreram, foram pagos, porque estavam na capital e tiveram bons procuradores; e os soldados e outros militares miseráveis, talvez credores de limitadas quantias, ficaram por pagar-se; porque quando chegaram já estava consumida a quantia decretada, e que o vice-presidente assegura *verificar-se suficiente para pagar-se toda essa dívida atrasada.* Persuadimo-nos que o vice-presidente foi mal informado para com tanta leveza revogar a ordem prudente do presidente. Seus poucos anos e a inexperiência o levaram a querer emendar muito do que achou determinado, e por isso errou mais do que erraria se confiasse no seu saber e juízo.

Um correspondente assinado *o inimigo das arbitrariedades* é quem nos comunica este fato, ajuntando documentos que o provam. Nós não o imputamos à arbitrariedade, sim à precipitação e ao desejo de exceder. Os indivíduos prejudicados têm todo o direito de haver do vice-presidente a quota que por lei lhes competia. Se os tribunais lhes negarem este direito, a consciência o reconhecerá sempre.

# 25.
## Causas da Tranqüilidade do Brasil

[Extraído de *O Justiceiro*, nº 5, de 4 de dezembro de 1834]

Quanto menos viciada está a sociedade, tanto mais tranqüilos estão os cidadãos. Contente cada um com o seu estado, ou profissão, menos suscetível de paixões violentas; olha com desdém para objetos cuja posse aumentaria a felicidade, precedida porém de trabalhos e angústias. Todos os dias a providência se faz sentir, quando vemos nascer de males, que deploramos, grandes bens, que nem ao menos suspeitávamos.

A metrópole nos proibia acumulação de riquezas por meio de vínculos e morgados: economizava sobremaneira os seus títulos; e alguns gênios, que a natureza quase sem cultura fazia entre nós aparecer, ou eram desprezados, ou aproveitados fora do país que os produziu. Resultou deste sistema de humilhação o sentimento de igualdade, que hoje caracteriza os brasileiros. Não possuímos no Brasil colossos de riquezas permanentes como na Europa, que por sua poderosa influência além de absorver grande parte da fortuna pública, impõem silêncio à classe média, dispõem da numerosa indigência, e modificam a mesma ação dos governos. Os titulares, que conhecíamos, atraíam nossos respeitos pelos privilégios de que gozavam, pela proteção com que contavam na Corte, e de ordinário pela autoridade de que vinham revestidos: ignorávamos mesmo a sua origem, que o povo sabia misteriosamente remontar a tempos fabulosos. Formou-se a nossa fidalguia, abriu-se-nos os olhos: então conhecemos que os fidalgos são homens como nós, não obstante mudarem os nomes em barões, viscondes, condes e marqueses. Sem privilégios, sem autoridade, sem riqueza estável, mendigando da Corte favores, incapazes de proteger a alguém, tornando-se objeto de riso para o homem sensato, e de estranheza para o rústico, produziu o grande bem de neles aprendermos a formar verdadeira idéia daqueles que outrora admirávamos. A nossa fidalguia, longe de destruir em nós o sentimento de igualdade, veio firmá-la.

A escravatura, que realmente tantos males acarreta para a civilização e para a moral, criou no espírito dos brasileiros este caráter já de independência e soberania, que o observador descobre no homem livre, seja qual for o seu estado, profissão ou fortuna. Quando ele percebe desprezo ou ultraje da parte de um rico ou poderoso desenvolve-se imediatamente o sentimento da igualdade; e se ele não profere, concebe ao menos no momento este grande argumento: não sou seu escravo.

Eis aqui no nosso modo de pensar, a primeira causa da tranqüilidade de que goza o Brasil — *o sentimento de igualdade profundamente arraigado no coração dos brasileiros.* Este sentimento tem resistido às fracas tentativas de um ou outro ambicioso, que se supõe *notabilidade* para revolucionariamente depor a Regência ou ministério; e fazer e aclamar o *necessário* para guiar o Brasil ao seu destino. Mui poucos, ou nenhuns, quiseram sacrificar-se pelo ídolo, que eles mesmos conheciam incapaz de adoração. Acharam-se sós: perderam alguma popularidade bem mal adquirida; e com o seu exemplo desenganaram algum pretendente encoberto.

Por este lado certamente o Brasil está seguro de conservar a sua tranqüilidade: todos somos iguais; poderemos concorrer para a felicidade da pátria, mas não sacrificarmo-nos para elevação de ninguém.

O dia 14 de julho de 1831 deverá ser lembrado aos faustos brasileiros, como a verdadeira época de sua salvação. Neste dia a tropa toda da capital, composta de muitos batalhões de todas as armas, sublevou-se, não reconheceu subordinação, sem a qual o soldado é uma fera indômita. Só quem viu, como nós, a populosa cidade do Rio de Janeiro, presa da mais feroz anarquia, com todos os horrores que a realidade do mal produz e a imaginação realça, é que pode formar idéia de semelhante espetáculo. Mas o que seria capaz de aconselhar a inteira dissolução da tropa em todo o Império, senão o seu próprio desatino? Quem não reputaria esta medida como a mais impolítica, e capaz de criar uma desastrosa revolução? A presença do mal a ditou; a necessidade apressou sua execução. Como todos eram nela interessados, todos a aprovaram.

Eis a segunda causa, e eficassíssima, de o Brasil conservar-se tranqüilo. Desde que há tropas, há generais, chefes e superiores acostumados a mandar e ser obedecidos; com muita dificuldade se familiarizam com a marcha demorada da lei, que tantas garantias oferece ao cidadão contra a opressão dos que só querem ser obedecidos. Tendo à sua disposição centenas, ou milhares, de indivíduos votados por hábito e por afeição a satisfazer seus caprichos, nada mais fácil do que ambicionar o mando supremo; e qualquer pretexto basta para precipitá-los na carreira revolucionária. Sem irmos longe, temos a escola nos nossos vizinhos. As Américas espanholas retalharam-se em tantas repúblicas quantas quiseram os seus generais. A Colômbia e o

México, que apresentavam melhor aspecto, têm-se subdividido, e ainda hoje são a presa de generais ambiciosos, que se disputam a preferência em dominá-las. Assim o nosso governo e a Assembléia Geral estivessem convencidos desta verdade! Mas parece que ou ainda não meditaram nas causas deste fenômeno raro — conservar-se a monarquia na América sem monarca (em exercício) —, ou atribuem a causas diversas. Quando vemos anualmente o governo propor, e a Assembléia decretar, uma força regular de 10 a 14 mil homens, estremecemos. Nos Estados Unidos a proposta de 10 mil soldados fez dizer a um senador que estava em perigo a liberdade; e nesse tempo a população dos Estados Unidos excedia a 10 milhões: quanto não deveremos nós temer pela nossa liberdade, tendo há poucos dias saído da escravidão, sem ter ainda firmado nossas instituições e com 3 ou 4 milhões de habitantes! Ainda por esta vez conhecemos grandes bens ocasionados de males. A força ainda não pode ser elevada ao terço da decretada. Os moços recusam-se ao serviço militar; as autoridades incumbidas do recrutamento são negligentes e omissas; os recrutas fogem; ninguém toma interesse em persegui-los e o governo, sem meios de fazer efetiva a lei, é mero espectador da pouca diligência aplicada, e de serem baldadas todas as suas ordens e recomendações. Entretanto não temos Exército, e vivemos tranqüilos; à exceção de nossos males domésticos e cotidianos, que com o favor de Deus pouco a pouco se irão removendo.

Estas duas causas unidas, a de ser composta a nossa população de senhores e escravos, de os proletários serem em número limitado, que não podem servir de cego instrumento aos ambiciosos, como acontece na Europa, são as que nos têm conservado no estado de tranqüilidade em que nos achamos. Assim soubéssemos aproveitar a nossa feliz situação para consolidar a liberdade, e lançar sólidos alicerces à nossa futura grandeza e prosperidade.

## 26.
## SOBRE O GOVERNO

[Extraído de *O Justiceiro*, n° 5, de 04 de dezembro de 1834]

O *Correio Oficial* continua na sua mesquinhez na publicação dos atos ministeriais; contudo aparece o expediente da Fazenda, pelo qual o exmo. ministro respectivo[54] mostra-se todo empregado em cortar superfluidades, extinguir abusos introduzidos e pôr-se ao fato da sua repartição. Deus o ajude, para que não descorçoe entre as contradições e resistências que há de encontrar em empregados há longo tempo acostumados a pouco obedecer e a quase nada trabalhar. Estamos certos também que a justiça e energia do chefe comunica-se rapidamente por todos os subalternos quando há constância, firmeza e perseverança da parte daquele.

O exmo. ministro da Guerra[55] mostra que bem deseja os melhoramentos pessoais e materiais na Guerra e Marinha, de que está encarregado. Assim leve ele à execução os seus desejos e não pare nas recomendações. Quando virmos em efetividade a responsabilidade dos prevaricadores e omissos, então nos convenceremos de que s. exc. não é homem para graças.

Na repartição da Justiça notamos o procedimento do Tribunal Supremo de Justiça que reconhecendo em várias sentenças haver nulidades e injustiças manifestas, ainda assim em contravenção ao Código do Processo não o vemos mandar responsabilizar os juízes prevaricadores; e o exmo. ministro da Justiça[56] parece ou cansado ou indiferente a uma tal omissão.

Nada escandaliza tanto ao homem livre que ler em um jornal oficial denúncias provadas de prevaricações sem desculpa, e não ler que as autoridades superiores cumprem o seu dever em fazer perseguir tão descarados prevaricadores. Se isto assim continua, deixemos de ser constitucionais. Se

---

[54] Ver nota 46.

[55] Antero José Ferreira de Brito, barão de Tramandaí.

[56] Ver nota 44.

os nossos direitos, se a nossa vida e fazenda estão à discrição dos magistrados; se a nação despende tantas dezenas de contos com um tribunal encarregado de responsabilizar seus subalternos, só para ter o desgosto de ver publicadas as injustiças manifestas deles; se a principal garantia do cidadão é a responsabilidade dos funcionários públicos e o governo que deve vigiar sua conduta sabe de suas prevaricações e omissões e as encara com olho indiferente, melhor seria que fossemos governados por um só déspota a quem ao menos temessem os nossos juízes. Sofreríamos arbitrariedades, como agora, mas não seriam tantas nem tão *descarados* os perpetradores delas.

O *Astro de Minas*, que de certo tempo tornou-se eco ou continuador das diatribes do 7 de abril contra o sr. ministro da Justiça, além de repetir fatos que nada têm com os atos do ministro como são — que o ministro deu bailes; que refrescou com sorvetes seus convidados etc. —, o que denota falta de matéria para acusação, não cessa de repetir que o ministro é *caramuru*, por haver comutado a pena de prisão em banimento, ao estrangeiro intitulado barão de Bolow, e as de alguns sediciosos de Minas. Duas argüições que nos parecem graves, e sobre as quais proferiremos nossa opinião. Quem conhece as cadeias da capital, as continuadas fugas de presos, quer do poder dos guardas, quer por meio de arrombamentos, sem que toda a vigilância a mais ativa tenha podido obstar; quem sabe da habilidade para seduzir do célebre Bolow, suas artimanhas e estratagemas, as relações com toda sorte de desordeiros que ele entretém, as maneiras sedutoras com que pode conservar iludidos todos os caramurus com quem outrora viveu, reconhecerá que a conservação de semelhante aventureiro em nossas cadeias era perigosíssima; que cedo ou tarde daria sérios motivos de inquietação pública; e ainda que afinal viesse ele a ser vítima do seu atrevimento, traria de volta muitas outras vítimas. Ora, quem em vista disso não aprovará a conduta do ministro em banir este criminoso, livrando-nos de cuidados e perigos, e até de despesa diária para seu sustento e vestuário? A boa-fé, se não aconselha louvores às boas intenções de s. exc. neste ato, sem dúvida o justifica. Bolow pouca pena sofreu; nós porém muito ganhamos em nos livrarmos de semelhante peste.

De diversa opinião somos nós relativamente aos sediciosos de Ouro Preto e a outros criminosos até de morte, com quem s. exc. tem tido demasiada indulgência. O poder de agraciar só é tolerável; deixa de ser um verdadeiro despotismo, somente quando é exercido em benefício do cidadão honrado, a quem uma paixão violenta ou circunstâncias difíceis o colocaram na triste atuação de violar a lei. Então seus serviços prestados à pátria, sua reconhecida capacidade em continuar a prestá-los, suas virtudes desafiam a compaixão dos que o conhecem, todos passam neste caso a sofrer com ele. O legislador, se previsse este fato o isentaria de criminalidade, ou pelo menos moderaria a pena. Eis o caso único em que pode ter lugar o poder de agraciar. O governo, intérprete da vontade do legislador, faz-se órgão do sentimento público, perdoa ou minora a pena segundo as circunstâncias. Ora, estariam neste caso os agraciados por s. exc.? Ninguém o poderá afirmar. Rogativas de filhos ou mulheres, de amigo e patrono, se bastassem para obter semelhantes graças, nenhum só réu deveria ser punido. Informações de deputados sobre a opinião da província apenas dão uma aparência de desculpa à fraqueza com que s. exc., condescendendo a importunas preces, julgou com isso tornar-se mais popular, sem calcular muito com o detrimento da justiça. Nossas leis criminais são insuficientes, os magistrados e os mesmos jurados tendem para a clemência mal entendida. Se o governo, de sua parte, estende a mão aos delinqüentes, que sabem chorar ou mendigar proteções de pessoas fáceis em interessar-se por esses criminosos, o mal cada dia irá a pior, e ninguém duvidará cometer crimes contando certo com a impunidade. Com firmeza de caráter e Justiça severamente administrada é que se consegue glória sólida e durável.

# 27.

## O JORNALISMO NO BRASIL

[Extraído de *O Justiceiro*, nº 6, de 11 de dezembro de 1834]

Dissolvida a Assembléia Constituinte, o ex-imperador, tendo necessidade de fazer acreditar sua inculcada constitucionalidade, lançou mão de um projeto apresentado naquela Assembléia sobre o abuso da liberdade da imprensa e o fez publicar como lei. Um país dando o primeiro passo para a liberdade, enfurecido contra os ferros da escravidão, que há pouco sacudira e que razoavelmente temia que se lhe queria impor de novo, necessariamente aberraria do caminho da prudência e da justiça nos seus clamores, quer contra os verdadeiros, quer contra os supostos opressores. As autoridades ainda não afeitas a ouvir censuras de seus subordinados e muito menos diatribes, injúrias e calúnias públicas de pessoas obscuras *incógnitas* ou malcriadas, de sua parte reagiram já indiretamente perseguindo os escritores, já obstinando-se nos erros e crimes [de] que tão grosseiramente eram argüidos. O resultado, em nossa opinião, foi desfavorável à causa pública. Se os empregados públicos alguma coisa enfim se contiveram nos seus excessos desgostosos, se entregaram a uma escandalosa omissão dos seus deveres. Esta inação parece ter agradado aos nossos escritores, reputando a vitória alcançada pelos esforços da perseguição que lhes fizeram. Então tendo à sua disposição tal arma formidável escudados do *incógnito*, pelo qual escapavam aos raios diretos da ira do perseguido e da indignação pública, desfecharam um chuveiro de sandices, sarcasmos e maldições contra seus inimigos particulares, contra pessoas que nunca os ofenderam contra seus rivais, finalmente contra tudo e contra todos que de qualquer forma os desagradavam. A maledicência desenvolveu-se de uma maneira espantosa: a moral pública deteriorou-se consideravelmente; o pundonor, este nobre e o mais poderoso estímulo que o Criador plantou no coração do homem, para a decência e para a virtude, foi pisado, foi quase de uma vez destruído à força de insultos infamemente prodigalizados por escritores desprezíveis; e o Brasil desgraçadamente tem sido testemunha deste vergonhoso combate de infâmias com que *escrevinhadores* imprudentes têm à porfia querido desacreditar a liberdade da imprensa, e como forçar ao legislador a suprimir este dom, sem o qual uma sociedade ou retrograda ou conserva-se estacionária.

No meio deste aluvião de escritos imorais com que se encetou o tirocínio no exercício de exprimir livremente o pensamento, escritos que a muitos fazia amaldiçoar semelhante liberdade, apareceram alguns que ainda hoje honram o nosso jornalismo. Patriotas desinteressados, desejosos de comunicar suas idéias ao público, fortes em sua consciência pela pureza de suas intenções e pela santidade dos fins a que se propunham, declarando-se redatores responsáveis pelas folhas que escreviam, conseguiram comunicar aos seus leitores algumas luzes sobre objetos políticos e motivaram não pouco o governo na órbita de seus deveres criticando com severidade, mas com decência, os desvios e a tendência que mostrava ao velho sistema do arbitrário. Tais foram, por exemplo, nesta província o exmo. sr. Costa Carvalho, com o seu *Farol* [Paulistano] (não o novo), e no Rio de Janeiro o sr. Evaristo Ferreira da Veiga, com a sua *Aurora* [Fluminense]. Este último pela variedade de objetos que tem desenvolvido, pela coragem com que em face tem se oposto aos ministros que lhe pareciam acintosamente empenhados em menoscabar a Assembléia e desprezar as instituições livres, pela dicção clara e estilo corrente que atrai e suaviza os leitores, tem merecido geral e constante aprovação dos brasileiros que amam a decência, a moderação e a ordem. A *Aurora* é com justiça reputada o órgão dos moderados. Atos ilegais, aberrações das regras constitucionais e arbitrariedades, a opressão nunca foram legitimadas por ela. Se algumas vezes as facções extremas têm desenvolvido sua indignação, se parece em um número aconselhar a reação e algum passo menos prudente, no seguinte, acalmado o seu espírito, de novo entoa o seu crédito político — *prudência e moderação*. Arrasta seus apaixonados até o entrincheiramento do inimigo, mas à vista dele, dos resultados duvidosos do combate, treme; não dá costas, mas recua sobre o passo. Se o Brasil precisa de conselhos, ninguém mais capaz de os dar do que a *Aurora*. Se os brasileiros têm necessidade de entusiasmos para dar um salto, posto que arriscado, talvez indispensável para consolidar sua prosperidade, ninguém mais próprio para desanimar do que a *Aurora*. Se antolha bens nesses saltos, maiores são os males que ela prevê. Sua demasiada prudência a inabilita para grandes coisas. Muito deve contudo o Brasil ao redator da *Aurora*!

Tal tem sido entre nós a marcha do jornalismo. A lei é a culpada dos seus excessos. Já foi reformada, mas autorizando indistintamente a todos para se constituírem diretores do espírito público, órgãos da opinião nacional, os censores de seus empregados não exigindo garantia alguma do escritor, pela qual não possa iludir a responsabilidade, tem animado aos perversos, tem exposto a inocência e a honra a toda sorte de sofrimentos, tem desgostado ao homem de bem, vendo-se entregue à discrição dos maldizentes, sem outro recurso que a forçada requisição; e exasperando o homem sensível, atacado no melindre de sua vida privada, o tem obrigado a lançar mão da vindita reprovada pelas leis, onde têm perecido não poucos desses temerários ou abjetos escritores. Assim os nossos legisladores se apressam em emendar uma lei que a experiência assaz tem mostrado quanto é insuficiente para obstar os primeiros abusos da imprensa. Assim o público tenha aprendido a prevenir-se contra jornais que não apresentam outro fim que terem os seus redatores à sua disposição essa arma temível, para com ela ferirem seus adversários ou rivais, saciarem paixões ignóbeis e impunemente espalharem pelo público em tom dogmático erros, opiniões falsas ou o fel de negras calúnias.

# 28.
## VARIEDADE

[Extraído de *O Justiceiro*, n° 6, de 11 de dezembro de 1834]

Examinaremos primeiro qual é o fim da associação política. É o aperfeiçoamento e a ventura do homem, fundados sobre o desenvolvimento de suas faculdades intelectuais e morais, sobre a satisfação de suas necessidades, a conservação de todos os seus direitos e da sua liberdade. Qual é o objeto de toda a instituição política, ou de toda a espécie de governo? A garantia dos direitos e da liberdade de cada um. Eis a questão determinada. Mas o governo pode abusar da força que lhe é confiada: em vez de se servir dela para proteger, pode torná-la um meio de opressão. A nação, pois, deve ter garantias contra os governantes. Os homens, para serem felizes hoje, carecem de estar seguros da ventura de amanhã. Essas garantias estarão na Constituição jurada que fixa a natureza e os limites dos poderes, que os define com precisão; elas estarão na Assembléia dos deputados da nação que discutem e votam as leis, que vigiam em que a Constituição seja respeitada; estarão na responsabilidade de todos os agentes administrativos; estarão na liberdade da imprensa, ou na força da opinião, sentinelas vigilantes, sempre prontas para apontar os abusos; estarão no julgamento dos crimes por um júri de cidadãos, no direito de petição, na organização das municipalidades, em uma Guarda Nacional. O melhor governo, qualquer que seja a sua forma, é pois aquele que afiança os direitos de cada um, e que é obrigado a submeter-se à Constituição. Eis a questão resolvida.

# 29.
## DA ORIGEM E PROGRESSO DO PARTIDO RESTAURADOR

[Extraído de *O Justiceiro*, n° 7, de 18 de dezembro de 1834]

A muitos parecerá que, tendo retirado-se deste mundo o duque de Bragança, está inteiramente destruído o partido que batalhava por ele[57]. Restando só o sr. d. Pedro II, legítimo herdeiro do trono brasileiro, amado e por todos reconhecido imperador do Brasil, o que mais podem desejar os amigos e devotos daquele príncipe? Assim parece. Nós, porém, apresentando a marcha deste partido desde sua origem, oferecemos ao leitor alguns dados pelos quais conhecerá que, não estando preenchidos os seus fins, é do coração humano tentar novos meios de consegui-los: que cautela, e vigilância ainda maior, devemos aplicar sobre seus movimentos, para descobrirmos e embaraçarmos a sua tendência a ilaquear nossa boa-fé.

Tranqüilizada a capital do Império pelos esforços reunidos de todos os cidadãos contra a anarquia, que procurava tudo devastar; reanimados os espíritos dos comprometidos nos sucessos que motivaram o 7 de abril; observando estes que o governo não se permitia o menor desvio da lei; e que apesar de notar a insuficiência dela para embaraçar as conspirações, nunca lançou de meios arbitrários, encheram-se de ânimo; e vendo que estava passado o seu tempo, que o governo não lhes confiaria empregos, de que tanto abusam em detrimento público, saudosos do passado, concertavam o plano de depor a Regência e [o] ministério, para colocar, nestes postos elevados, ambiciosos, que suposto de credo político diferente, obrigados pela gratidão e pelo interesse da própria conservação com eles repartiriam honras e empregos. Tentaram a sedição: apareceram organizados em 17 de abril; mas o plano foi por um feliz acaso desconcertado com a prisão de Conrado, que com marinheiros tirados à falsa fé dos vasos de guerra, pretendia atacar e sur-

---

[57] D. Pedro I, duque de Bragança, faleceu no dia 24 de setembro de 1834, deixando acéfalo o Partido Restaurador, ou Caramuru.

preender o arsenal, enquanto os seus sócios por mais dois pontos diversos divertissem as forças do governo. Contavam os sediciosos com homens de todos os partidos, porque a todos iludiam com esperanças análogas aos seus desejos. Tudo falhou: nem o nome dos gigantes impôs à multidão, para que tomassem por eles algum interesse; nem os criados do Paço entusiasmados pela aclamação de Pedro I, com que foram alucinados, puderam resistir ao governo armado da lei, e forte da vontade nacional.

Descobertos os atores da comédia; presos uns, outros feridos, reconheceram a falta de uma notabilidade que, quando felizes em qualquer nova tentativa, pudesse chamar a atenção dos brasileiros, e oferecer-lhes segura garantia de ordem e prosperidade: mudaram então de plano. Próximas estavam as eleições dos deputados: se o partido pudesse obter a maioria deles, conseguiriam-se os fins sem menor revolução, e apoiados na legalidade. Contava com uma grande maioria no senado, que partilhava suas opiniões e sentimentos: com a reeleição de muitos deputados do Norte, que pelo menos não lhe eram ofensivos, havia dinheiro e poderosos agentes espalhados por todas as províncias; bastava portanto alguma diligência de mais, algum esforço maior para cantar a vitória. Alcançada esta nas eleições, uma oposição forte e sistemática ao governo necessariamente o obrigaria a largar o posto: a Regência abandonada, sem que algum se atrevesse a encarregar-se da administração, onde nada poderia obter das Câmaras, além de censuras acres, injúrias atrozes, e aviltantes calúnias, forçosamente renunciaria; então a nova eleição pela Assembléia Geral colocaria no poder criaturas suas, que a salvo, à sombra da Constituição e das leis, fariam reaparecer a época suspirada anterior ao 7 de abril. Talvez não conseguissem, mas eles procurariam fortificar-se; e menos escrupulosos na aplicação dos meios, nos dariam não pequeno trabalho para criar um novo 7 de abril mais estrondoso, e de conseqüências porventura funestas. A providência nos valeu. O bom senso brasileiro resistiu a todas as seduções, intrigas e manobras dos caramurus; e o Brasil tem a glória de ver composta a sua representação de cidadãos amigos da pátria, e de alguns pelo menos estranhos a esta facção liberticida. Falhou segunda vez o plano; necessário era recorrer a outro, porquanto os votos não estavam ainda satisfeitos. Daqui data a pura e perfeita idéia de restauração do duque de Bragança, ou como legítimo imperador do Brasil, ou como regente, durante a menoridade do sr. d. Pedro II.

A sociedade conservadora coberta de opróbrio, sem força entre os mesmos sócios pela derrota nos dois planos mal concebidos, e ainda mais mal consertados, converteu-se em sociedade militar, onde às claras se fosse pouco a pouco organizando um exército, que deverá operar de acordo com as divisões estacionadas além do Atlântico. Periódicos tinham a seu cargo desacreditar o governo por todos os meios, ridicularizado a fim de perder toda a força moral, proclamar descobertamente a necessidade do ex-imperador; acostumar o povo com esta idéia ignominiosa a todo o brasileiro honrado; espalhar a imoralidade por todas as classes da sociedade, para amolecê-la, tirar-lhe o pundonor, e habilitá-la deste modo para qualquer passo infame que conviesse ao partido. Ativa correspondência se estabeleceu entre o ex-imperador e os mais influentes da sua Corte, que há muito tempo conservam rancor ao nome brasileiro; e por vergonha desta província, um patrício nosso foi o emissário encarregado de apressar o momento da necessária e indispensável volta do duque de Bragança, sem o que (diziam os nossos inimigos) a monarquia extingue-se, e a anarquia devora o Brasil inteiro. Morreu o ex-imperador: morreriam também os desejos de empolgar o mando, de vingar-se de seus inimigos ou rivais? O partido liberticida nunca amou d. Pedro I: bastante motivos de queixa têm quase todos que o compõem, por ofensas recebidas; ele ama a si, e a si somente; assim o tem provado nas três épocas diferentes de sua existência; ele só quer apoio para seus fins. Brasileiros, vigiai seus passos; quando redobrar de atividade, opondo-lhe patriótica resistência: levai avante a vossa obra; por negligência ou por descuido não deixeis o Brasil ser presa dos seus inimigos.

## 30.
## NEGÓCIOS PROVINCIAIS

[Extraído de *O Justiceiro*, n° 7, de 18 de dezembro de 1834]

Tendo *O Paulista* procurado defender a resolução do exmo. presidente em julgar elegível para juiz de paz a um cidadão pronunciado, alegando contradição nos artigos 94, § 3 e 8, § 2, da Constituição, emitimos nossa opinião, que no artigo 8 trata-se do que ainda não entrou na posse do direito político, e no 94, do que acha-se no exercício dele, do qual só é suspenso por sentença. Nós aplicávamos a doutrina constitucional para o caso e a controvérsia, e não para o eleitor. Quisemos dizer que o juiz de paz, para poder ser eleito, deve ter as qualidades necessárias para eleitor, mas para ser suspenso do exercício de juiz só a sentença condenatória terá essa força, exceto se a lei outra coisa determinar; como fez o Código de Processo, que em conseqüência de pronúncia em crime de responsabilidade manda suspender de todas as funções públicas. Talvez fôssemos da mesma opinião sobre o eleitor, prevenidos por fatos; mas confessamos que a inteligência que dá o redator do *Novo Farol* ao artigo 94 é a mais literal, e óbvia.

# 31.

## EXTERIOR

[Extraído de *O Justiceiro*, n° 7, de 18 de dezembro de 1834]

∼

Os periódicos da Corte estão cheios de particularidades da morte de d. Pedro[58]. Os portugueses justamente gratos ao benefício incomparável, que só da mão daquele príncipe podiam receber, têm sentido, como deviam, a perda do seu libertador. A descrição do seu funeral; as lágrimas copiosas de seus companheiros nos combates e nas vitórias; os gemidos da nação, que por ele foi arrancada do túmulo do mais acerbo despotismo, da mais aviltante escravidão, nos obrigaram a simpatizar com a causa da humanidade. Nós encaramos uma nação pequena, devastada e pobre, presa da fidalguia, dos vínculos e dos privilégios, exposta ao capricho e à ambição de qualquer potentado, que revestido de algum prestígio, a faça cair de novo na opressão, como já por duas vezes aconteceu, sem que um só esforço, uma insignificante resistência fosse posta pelos amigos da liberdade à voz trêmula do despotismo! Enxergamos na morte de d. Pedro um vazio imenso, que ninguém poderá encher para firmar os destinos de Portugal! As lágrimas correrão por nossa face!

Príncipe estrangeiro, colocou no trono português uma brasileira. A Carta que ela levava na mão, a espada de seu pai escoltado de ingleses, franceses, belgas e polacos, fez esquecer aquela qualidade ignominiosa para um povo que tem liberdade de escolher! Teve razão... Nunca houve empresa mais temerária; nunca melhores resultados se colheram dela! Estes não foram devidos a insurreições internas, com que se contavam, nem à deserção das tropas do usurpador[59]. O susto, e o terror companheiros do crime, que

---

[58] Ver nota 57.

[59] "O usurpador" era d. Miguel, irmão de d. Pedro I e casado com sua filha Maria da Glória (d. Maria II), que em 1827 dissolveu as Câmaras e tornou-se monarca absoluto de Portugal.

tanto perturbou ao déspota; a morte de Fernando VII[60], a necessidade de Cristina[61] apoiar-se no Partido Liberal, o interesse enfim que tomaram na pacificação da península as duas grandes nações (circunstâncias todas imprevistas), unidas à constância férrea de d. Pedro no meio de tantos trabalhos e privações, deram Portugal à sra. d. Maria II e a Carta Constitucional aos Portugueses!

À vista destas verdades, como atreveu-se o marquês de Saldanha no discurso, que em nome da Câmara dos Deputados dirigiu a s. m. f., a proferir estas palavras? Esta perda terrível para a Europa será necessariamente funesta para o Brasil; e a nação portuguesa será talvez aquela que menos deva recear as suas conseqüências, por isso que tem a doce convicção que s. m. f. fará a sua ventura! Se uma princesa brasileira ainda menina colocada à força de armas no trono português pode fazer a sua ventura; apesar de estar o reino saturado de miguelistas ferozes e indomáveis, que uma imprudente anistia deixou talvez para conflagrá-lo um dia, o Brasil, que tem assentado no seu trono um brasileiro elevado pelo voto de todos os brasileiros sem oposição de um só, e em conseqüência da lei fundamental, não terá mais razão de ter a doce convicção, de que s. m. imperial fará a sua ventura?

Não há males que não tragam bens. O Partido Restaurador está acéfalo; e o marquês de Saldanha, que pareceu não ser estranho às suas manobras, alude sem dúvida a eles a ser necessariamente funesta a perda de d. Pedro. Chore Portugal a morte do seu libertador, é decente, é grato, é justo. O Brasil deve àquele príncipe ser a sua independência pouco disputada; mas na sua ausência cessaram os empréstimos; parou o cunho de cobre; dissolveu-se a tropa; as apólices subiram a mais de setenta, e na Europa alteram consideravelmente nossos fundos. Um chalaça não nos insulta; honras, títulos e empregos não são mais patrimônio de desprezíveis válidos. Poderemos sofrer revezes políticos: muitas vezes não está na mão dos homens evitá-los; mas se perdemos nossa grandeza, e consideração externa, ficar-nos-ão sempre a liberdade, a honra, e a prosperidade interna.

---

[60] Rei da Espanha de 1814 até sua morte em 1833, Fernando VII instaurou um governo despótico, marcado por forte repressão aos liberais.

[61] Após a morte de Fernando VII, em 1833, a rainha-mãe, Maria Cristina de Bourbon, exerceu a Regência apoiando-se em liberais.

# 32.
## O TRÁFICO DOS PRETOS AFRICANOS

[Extraído de *O Justiceiro*, nº 8, de 25 de dezembro de 1834]

Nada pode tanto sobre o homem como o hábito: este forma uma nova natureza. Se não fora esta observação, com razão se afirmaria ou que a espécie humana não tem máximas, regras, e princípios certos e invariáveis de conduta; ou que são tantas as castas diversas quantos são os usos contrários que na mesma se notam. Que práticas absurdas; que penívies, e até incríveis sacrifícios das mais caras afeições; que crueldades horríveis; que injustiças revoltantes não se vêem praticadas por povos antigos e modernos, e com geral aprovação, e plena aquiescência dos magistrados e espectadores! Que mais horroroso espetáculo do que ver homens, sem que a menor ofensa os tornasse inimigos, combaterem-se até perderem a vida, só pelo prazer de ser aclamado vencedor de quem nunca o ofendeu? E o que é mais, ser presenciada uma cena tão degradante com o mesmo prazer com que hoje os apaixonados assistem à briga de dois galos! Entretanto o Império Romano no auge de sua civilização, quando dava ao mundo lições de moral e de justiça, deleitava a capital com estas cenas de horror! Esqueçamo-nos do que praticaram povos da África e Ásia, tendo em honra as mulheres precipitarem-se na mesma fogueira que consome os restos mortais de seus maridos, e a triste necessidade de formar-se o funeral dos príncipes com o assassinato de alguns prisioneiros ou escravos! As vítimas humanas sacrificadas à divindade, e tantas outras práticas, que a ouvir a razão se nos revolta, o coração palpita, e quase que maldizemos a criação do homem! Lembremo-nos desses duelos tão freqüentes nos Estados Unidos, França e Inglaterra. Por uma palavra inconsiderada às vezes, por uma ofensa leve e reparável no mesmo tribunal da opinião, dois indivíduos, que outrora até se amavam, correm ao combate, onde entregam a decisão da querela não ao juízo dos contemporâneos, nem da posteridade, não aos magistrados encarregados pela sociedade de terminá-las, não ao arbítrio imparcial de dois homens honrados escolhidos a contento de ambos, mas à sorte, que tantas vezes castiga o inocente, o ofendido, o mesmo vilipendiado! Entretanto, o público em geral justifica este ato de demência, e até filósofos não duvidam salvá-lo de imoralidade em certos casos! Divina religião! Só vós constantemente reprovaste esta fraqueza no homem, esta rebelião na criatura. A Inglaterra ainda hoje consente que o marido conduza a mulher adúltera por uma corda ao pescoço até a praça pública, e ali a venda a quem maior paga lhe der: fato humilhante, que entrega o sexo frágil à mais acerba das ignomínias; arranca-lhe o pejo, a mais essencial e delicada de suas qualidades morais, e a inabilita para nunca mais reassumir a honra perdida.

À vista destes fatos não admira como tantas nações, conduzidas por motivos diversos, conservam na escravidão entes da sua mesma espécie, e que este ato, iníquo por todos os princípios, produza em todos os tempos e em toda a parte as tristíssimas conseqüências que traz sempre a aberração do caminho da justiça. Os brasileiros nascidos e educados entre escravos, notando desde crianças diferença de cor, de cabelos, e de costumes; observando os maus tratamentos, a abjeção em que os escravos são tidos por seus pais, os empregos a que são destinados; prevenidos pela educação e pelo hábito, julgam justa a escravidão, principalmente quando os ministros da religião possuem também escravos, e nunca declararam na cadeira da verdade que este fato era contrário à natureza e ao Evangelho. De mais, julgam os escravos indispensáveis à vida. No Brasil a lavoura está na sua infância: uma foice, uma enxada e um machado é todo o instrumento do lavrador. Se o terreno é fértil, se a natureza prodigaliza seus dons, o serviço bruto do escravo, faz a riqueza do senhor; mas se a terra tem necessidade de alguma cultura, o escravo obrigado a trabalhos excessivos, quase sem comer e sem dormir, ainda assim em breve tempo perde a vida, e empobrece ao senhor: eis o que é mui freqüente entre nós. Ora, neste estado de atraso da nossa agricultura, dos hábitos e opiniões de nossos patrícios, acabar de um jato com o tráfico de pretos africanos é querer um impossível. Ao princípio pareceu que ao menos a moral ganharia, embora o interesse perdesse; mas pelo contrário, tudo piorou.

O comércio além de iníquo, tornou-se ilegal: o interesse, e uma necessidade criada por hábitos e opiniões inveteradas, resiste a todas as tentativas de uma ou outra autoridade que pretende que a lei se execute[62]. Centenas de escravos enchem todos os dias as fazendas dos nossos lavradores, e crescendo o mal, como cresce, inevitável é que a lei caia, e que as autoridades cedam. Entretanto se esses miseráveis africanos já em outro tempo sofriam todas as privações e crueldades a que a sórdida avareza desses infames vende-

---

[62] Ver nota 53.

dores de gente os obrigava, quer nos barcos como em terra, hoje estão expostos a todo gênero de desumanidade, a que a mesma avareza unida ao temor tem necessidade de lançar mão. Já entre nós alguns fatos se contam, e sabido é o que praticavam os americanos do Norte em iguais circunstâncias. Os barcos, sujeitos às visitas e a graves penas, recorriam os mestres a toda casta de artifício para iludir a pesquisa dos executores; já metendo os pretos entre o montão de lenha, onde muitos eram pisados gravemente, já mergulhando-os nos tanques de água, já metendo-os em caixões, onde abafados alguns exalavam o último suspiro, já enfim lançando-os ao mar para serem devorados dos peixes, ou em pipas, para que passado o perigo, pudessem ainda ser aproveitados os que escapassem com vida.

A humanidade ditou sem dúvida o tratado que fez o ex-imperador com a Inglaterra para a abolição do tráfico da escravatura; e os nossos legisladores, levados do mesmo sentimento, quiseram fazê-lo eficaz por meio da lei; mas todos enganaram-se: a prudência faltou; o mal cresceu, e se o remédio oportuno não vier a tempo, talvez as conseqüências sejam verdadeiramente desastrosas.

Em nossa opinião, o primeiro passo que convém é estabelecer em todas as províncias escolas normais de agricultura: entre outras vantagens conseguir-se-á a de praticamente reconhecerem os lavradores que pequenos terrenos, e pouco férteis, e com um décimo ou vigésimo de braços, obtêm-se com menos custo maior e melhor produto; e que tendo seus filhos essa ocupação honrosa, dependente da razão mais cultivada do que a dos escravos, aumentar-se-ia a sua riqueza independente de grande número destes. Este objeto será melhor desenvolvido em um artigo que reservaremos para quando trabalhar a nossa Assembléia Provincial.

O segundo passo é ser o governo geral habilitado para engajar colonos, que vindo bem escolhidos, e já convencionados para a agricultura, deviam chegando ser convenientemente repartidos pelos lavradores que menos meios tivessem de os mandar vir, pagando à vista ou a prazos razoáveis as despesas feitas com eles. Os nossos vasos de guerra apodrecem nos ancoradouros, sem a menor vantagem pública. Já que é mania nossa ter marinha de guerra sem ter a mercante, ao menos sirvam para transportar colonos para as diferentes províncias do Império; e para isso basta a tripulação indispensável para as manobras da viagem; o que fará que a despesa seja pequena. Consegue-se, além desta vantagem, a do exercício da maruja, e acostumar alguns dos nossos moços oficiais a perder o enjôo e ver praias remotas.

Feito isto, então convém que o legislador proclame em voz bem alta aos brasileiros que é tempo de acabar com a escravidão que tanto desonra a nossa civilização; que é uma vergonhosa contradição com os princípios liberais, que professamos, conservar homens escravos, e perpetuamente; diga-se nessa ocasião tudo quanto os economistas, os filósofos, os filantropos e os que têm religião têm escrito contra a mais absurda das iniqüidades. Gradualmente se fará essa extinção segundo a idade e origem do escravo, com todas as precauções que dita a prudência e a política a bem do mesmo escravo e da sociedade. Deste modo intentemos nós prática razoável e justa, a extinção da escravatura; mas embaraçar que boçais africanos*, pela maior parte destinados a ser escravos dos seus conterrâneos, deixem de sê-lo no Brasil; entretanto que os nascidos cá, criados entre os filhos dos brancos, educados segundo nossos usos, alguns deles já mestiçados com raça européia ou brasileira, continuarão a ser escravos em todas as seguintes gerações! É miserável contradição, que não escapa à mesquinha inteligência dos nossos rústicos. Debalde se lhes descreva com cores horríveis a escravidão: chame-se embora traficantes de sangue e carne humana os vendedores de homens; como poderão os nossos lavradores combinar essas expressões com a perpetuidade da escravidão dos crioulos aprovada pela lei?

Se queremos leis exeqüíveis, cumpre que elas sejam inteiramente justas; que não sejam palpavelmente contraditórias; que quando o povo não conhece a injustiça do seu proceder; quando julga comprometida sua felicidade com a provação que se lhe quer decretar, seja primeiro instruído e que se lhe ofereceram os verdadeiros e sólidos meios de ser feliz.

Concluímos que em nossa opinião a lei deve quanto antes ser derrogada para evitar os males que causa atualmente e para o futuro causará: que deixemos à vigilância inglesa o embaraçar o embarque, o transporte dos africanos; e que tratemos já das escolas normais de agricultura, e de colonos, para então de uma vez acabarmos com esta vergonha e infâmia que deve cobrir a toda a nação que quer ser justa.

---

\* Escravo recém-chegado da África que não conhecia a língua portuguesa. (N. do org.)

## 33.
## ATIVIDADES DO MINISTÉRIO

[Extraído de *O Justiceiro*, n° 8, de 25 de dezembro de 1834]

O *Correio Oficial*, transcrevendo o nosso artigo sobre o "Caráter do ministério desde 7 de abril", ajuntou-lhe algumas notas para mostrar que o governo nem tem sido omisso e irresoluto, nem tem feito tão pouco a bem da tranqüilidade pública. Como o nosso fim é patentear o nosso juízo ou opinião a respeito de alguns objetos, em que não estamos de acordo com alguém, e não entrar em polêmica para sustentá-la, [mas abstermos] de insistir no que havíamos afirmado. Nós somos afeiçoados a todos os ministros atuais: reconhecemos neles boas qualidades; julgamos conveniente a sua conservação na administração; apesar dos defeitos que notamos, nunca pretendemos fazer escurecer os bons serviços que os mesmos têm prestado à causa pública, e muito menos deprimi-los de qualquer sorte; mas confessamos também que não somos entusiastas de sua administração; e será talvez essa a razão de havermos atribuído a tranqüilidade de que goza o Brasil não aos ministros, mas às três causas referidas no nosso n° 5; o governo com as atribuições atuais, com a organização judicial em todas as suas partes segundo ora existe, com a legislação criminal que temos, no nosso modo de pensar pode fazer muitos males, e muito pouco bem a respeito da tranqüilidade e segurança pública. A censura que temos feito, e que continuamos a fazer, a alguns de seus atos ou menos prudentes ou errados, convencerão o leitor do espírito que nos anima e da convicção em que estamos do que ora afirmamos.

Os exmos. ministros da Fazenda, tendo diante dos olhos a lei que organizou o Tesouro[63] e o regulamento das Alfândegas[64], têm constantemente nomeado empregados para nas províncias ocuparem diferentes empregos naquelas repartições; esquecidos sem dúvida que a lei constitucional, que li-

---

[63] Lei de 4 de outubro de 1831.
[64] Datado de 25 de abril de 1832.

mitou as atribuições da Regência, muito clara e positivamente confere aos presidentes das províncias o provimento de todos os empregos não excetuados nela. Pouco importa que as leis subseqüentes lhes deneguem esse poder: elas terão nessa parte a devida execução, cessada a menoridade [do imperador]; estão sujeitas à exceção decretada na lei da Regência, que, na qualidade de constitucional ou orgânica, não pode ser alterada por uma lei ordinária. Admira como os presidentes, que devem manter intatas as atribuições que aquela lei lhes concede para bem e comodidade das províncias, deixam de reclamar por seus direitos, e aceitam tais ordens ilegais. Cremos que o mesmo engano que têm tido os ministros, tem acompanhado os presidentes.

Aquela lei foi o resultado de longa experiência. A Assembléia Geral reconheceu que impossível era o acerto das nomeações em províncias tão remotas, onde o governo não pode nada saber oficialmente, a não ser por informações dos presidentes, seus delegados, cidadãos de sua confiança, e amovíveis à sua vontade; e que neste caso ou o governo faria as nomeações de acordo com os presidentes, e o despacho da Corte somente traria incômodos, despesas, e demoras; ou faria por patronato ou informações particulares, e dava um passo imprudente, dando ao seu delegado subalternos desconhecidos, ou fora de sua confiança. Além disto, convindo que certos empregos, que não são de alta hierarquia, sejam repartidos pelos moradores nas províncias, para evitar queixumes até certo ponto atendíveis; para estimulá-los a habilitarem-se para eles, para interessá-los na sustentação da ordem atual, com muita prática quis aquela lei que os presidentes os confirmassem. Que mais deve querer o governo? Os empregos maiores são providos imediatamente por ele; os outros o são por um agente seu de sua confiança, e cuja duração depende de sua vontade. O governo deve querer acertar na escolha dos empregados, e não aquinhoar protegidos, às vezes com prejuízo da causa pública. Se a escolha tiver sido imprudente recairia a responsabilidade sobre os presidentes, e o ministro pelo direito de suprema vigilância os corrigiria, e até emendaria seus erros quando a lei declarar, que tal é a sua atribuição; o que em nosso modo de pensar é evidente.

Gozem portanto as províncias desse benefício que a lei tão sabiamente lhes concedeu. A lei tem de durar somente nove anos, seja ela aproveitada; e nós esperamos que os legisladores brasileiros, conhecendo as vantagens daquela disposição, a farão perpétua.

Lemos uma provisão do Conselho Supremo Militar declarando em nome da Regência quais os crimes puramente militares, de que não devem conhecer os juízes do foro comum. Já em tempo do ex-imperador notamos a anomalia de ato semelhante. A Constituição desconhece a existência deste novo ministério; e nós sem escrúpulo algum não lhe daríamos o menor assento. Quem conhece os cidadãos assinados nesse documento? Que caráter oficial ocupam para dirigirem ordens em nome da Regência? São eles responsáveis? Onde está marcada essa responsabilidade especial? Nós não reconhecemos o governo constitucional senão no ministério; só por ele devem ser comunicadas as ordens do seu chefe; só os ministros participam oficialmente a sua nomeação aos chefes das repartições; só a eles reconhecemos responsáveis por todos os atos da administração. Se o Conselho de Sua Majestade é tribunal de consulta, seja embora consultado pelo ministro; mas o público não quer, nem interessa saber se o ministro consultou alguém; quer, e deve saber a que ordena, e se essas ordens são conformes à Constituição e às leis.

Parecem-nos tão justas as nossas reflexões, que não duvidamos que s. exc. advirta que até é pouco decente a um ministro constitucional consentir que um tribunal qualquer expeça ordens na sua repartição em nome da Regência, de quem nessa parte só ele é o órgão legítimo.

Dói-nos sobremaneira ter de ingressar no número dos censores do ministério. Pelos jornais de Pernambuco veio-nos no conhecimento de ter sido o deputado Seara nomeado comandante de armas para aquela província, e da sensação desagradável que tal despacho produziu. Nós ignoramos inteiramente os motivos que a isso conduziram à s. exc. Não sabemos se convinha a mudança do atual; e se s. exc. estava persuadido de haver-se desvanecido naquela província o conceito pouco desfavorável que obtinha o novo eleito. Dizemos somente que foi um despacho imprudente. Talvez o sr. Seara seja bom militar, e ainda melhor cidadão, mas é inegável que na sua pátria tinha desafeiçoados, rivais e inimigos; convinha que o tempo e as ações destruíssem esses preconceitos, para ser depois empregado convenientemente. Esta nomeação, que pode ser considerada como acintosa, é fatal a quem nomeia. Se as províncias até hoje conservaram-se unidas; se estão convencidas do interesse de sua união à capital, é pela franqueza, desinteresse, e boa-fé do governo em dar-lhes para seus principais empregados ou patrícios, ou cidadãos de sua confiança: o desvio desta marcha diminuirá a força do governo geral, única que o conserva atualmente. Exmo. sr., justiça e prudência devem ser a base do nosso governo para que possa ser estável.

Nós há muito tempo estamos persuadidos que o interesse é o móvel geral das ações humanas; que a ele se sacrificam honra, dever, estima, e tudo quanto há de nobre e generoso; e que por essa causa há muito pouca virtude propriamente dita; mas também conhecemos que o pundonor retém demasiado os homens no caminho da desonra, para deixarmos de estranhar a conduta de Conrado, pelo falso e humilde requerimento ao governo transcrito no *Correio Oficial*, em que asseverando achar-se em Portugal com licença (o que nega o governo no seu despacho) pede concessão para exercer ali emprego!!! Pois ainda sofreremos a ignomínia de contar entre nossos concidadãos a Conrado! Esse homem, que em 17 de abril descaradamente pretendeu depor a Regência e aclamar a d. Pedro! Que foi o mais ativo membro das sociedades conservadora e militar! E que afinal comprometido na projetada conspiração de dezembro, fugiu para Portugal! E que de lá escreveu a seus sócios declarando achar-se empregado, animando-os com a esperança de breve voltar na esquadra portuguesa! Se nós fôramos ministro, lhe daríamos o seguinte despacho: "O suplicante não tem necessidade de licença para continuar a exercer emprego na sua antiga pátria, a que hoje pertence". Tal é porém a nossa desgraça, que Conrado ainda há de vir ao Brasil, pertencer ao nosso Exército, e receber ordenado da nossa Fazenda! S. exc., perdoenos, tem tido ou muita condescendência, ou muito pouca prudência, quando admitiu aos principais da lista caramuruana as reformas, em que além de obterem acessos em honras militares e soldo, puseram-se fora da ação imediata do governo. Teriam os anos da lei, mas não tinham de certo impossibilidade de continuar em efetividade: os atestados o afirmariam, mas o fato desmentia os cálculos da medicina; e para quem não se satisfaz com formalidades, e sim com a verdade, razão sobeja havia para indeferir-lhes. Esperemos pelo resultado final deste negócio. Se Conrado não for aquinhoado na sua antiga pátria, será sustentado pelo Brasil, e contado entre os brasileiros! Tal é o nosso pressentimento.

# 34.
## NECESSIDADE DE PURIFICAR-SE A MONARQUIA CONSTITUCIONAL

[Extraído de *O Justiceiro*, nº 9, de 8 de janeiro de 1835]

Não admira que se encontrem na nossa atual monarquia tantos restos da antiga. O hábito tem força bastante para os ir conservando a despeito dos princípios proclamados; e a razão, acostumada a contemplar com indiferença atos que são avaliados insignificantes pelo filósofo, deixa escapar sem censura objetos que tendem aliás a prolongar as idéias, ou a crença do despotismo. Nós estamos persuadidos que quanto mais se eliminarem de nossas instituições as encanecidas fórmulas do governo absoluto, tanto mais depressa formar-se-á o hábito de amor à liberdade; e conseguindo-se por este a força necessária para sustentá-la, e fazer séria e porfiada resistência ao despotismo, seja qual for o nome com que ele se mascare; e por isso iremos apontando o que mais parece dever chocar ao cidadão livre para, reunidos todos, chamarmos a fim de ir-se purificando a monarquia de suas antigas fezes; e livrarmo-nos desta arte da ignomínia, que com justiça deve recair sobre uma nação americana que se gloria de ser Monarquia, mas sem baixeza, sem a menor sombra de aviltamento no seu caráter nobre, livre e independente. Desejamos que o exmo. tutor não consinta que criado algum dobre os joelhos à s. m. i. Este ato da mais consumada humilhação deve ser unicamente consagrado ao ser supremo. O Criador só é quem tem direito de exigir da criatura sua inteira sujeição, e o reconhecimento do seu nada. O mesmo escravo entre nós não é condenado à tanta baixeza. S. m. i. deve ser instruído sobre a igualdade natural de todos os homens, para que não só não exija de ninguém atos do mais requintado servilismo, mas para que conheça que a superioridade política dista muito da dominação, e que deve envergonhar-se de que um súdito seu degrade-se a ponto de render-lhe honras divinas. Muito convém excitar no cidadão sentimentos nobres; elevar-lhe a alma para que se torne capaz de coisas grandes. O homem vil não presta para nada.

Para que conservar a guarda dispendiosa dos arqueiros? É sem dúvida contraditório ver um monarca, que se diz aclamado por vontade unânime do povo; que senta-se no trono que livremente lhe foi elevado pela Constituição do Império; cujo poder lhe vem só da lei, e nunca da vontade de seus maiores; cuja coroa está segura na cabeça por interesse dos brasileiros somente; sim, é contraditório vê-lo, não contente com uma guarda à porta do seu palácio, composta de cidadãos que têm jurado defendê-lo, ter ainda na sua sala outra composta de seus escolhidos. O monarca constitucional não teme os seus súditos. A responsabilidade dos ministros desvia da coroa toda a odiosidade. E quando ele sabe discernir a opinião pública da indiscreta murmuração, quando a respeita, é o ídolo da nação. Portanto deve desterrar-se do Paço todo o aparato que possa indicar temor, ou desconfiança dos cidadãos. Deixemos isso para os monarcas absolutos, que ainda no fundo dos seus aposentos, perseguidos pela consciência do crime e da injustiça, tremem da própria respiração. Quanto mais o imperador simpatizar com os brasileiros, quanto mais se entregar à generosidade nacional, tanto mais guardado estará. Se a nação chegar a aborrecê-lo, para que servirão os arqueiros?

Outro abuso que excita a indignação de todo cidadão que tem consciência de sua dignidade é o tratamento dos criados de certa ordem. Como pode ver-se a sangue-frio dar-se o tratamento de "excelência" a um criado do Paço; quando o juiz de direito, que exerce um dos poderes políticos do Estado, que julga os cidadãos, que decide suas controvérsias, que é independente nos seus juízos apenas tem o tratamento de v. m.? Não é uma vergonha para o cidadão constitucional observar em uma sociedade tratar-se de excelência a um criado do Paço e negar-se ao seu representante, quando este faz a lei, fiscaliza a conduta do governo e até julga os membros da família imperial? Não é uma injúria, um desprezo, um vilipêndio nivelar-se o criado do Paço aos presidentes das Câmaras Legislativas, aos ministros do Estado, e à mesma Regência, dando-se a todos o mesmo tratamento de excelência?

Quando o nosso governo era absoluto, quando o monarca era nosso senhor, quando o cidadão era vassalo, ou escravo, que seus bens e a vida estavam pendentes da vontade do soberano, era conseqüente que os criados, servindo-o de mais perto, merecendo sua particular confiança, segundo a qualidade e importância do serviço prestado gozasse de maior consideração. Então todos os empregos de Estado eram graças e todo serviço era feito ao El-Rei nosso senhor. O grande empregado, para ter acesso ao monarca, para ter um lugar distinto no Paço, primeiro era elevado à categoria de criado, o rei passava de senhor a amo, e o cidadão de vassalo a criado, sem contudo perder jamais a primeira qualidade. Hoje porém, que o imperador é delegado da nação, seu primeiro representante, que o brasileiro é cidadão, e somente súdito do soberano que governa-se a si mesmo por meio de seus escolhidos, que tem direito a todas as honras e empregos, tendo para eles as qualidades necessárias; hoje, que a idéia de criado ainda mesmo do monarca é pouco compatível com o caráter do cidadão livre, ao menos na América, onde as instituições simples e desabusadas, onde os prejuízos das velhas monarquias tendo feito poucos progressos, obstam à conservação dessas práticas humilhantes, como podem ser ainda toleradas?

Ninguém queira à força acostumar-nos a gostar de abusos e humilhações; pretender perpetuar especiosos pretextos [para] práticas contrárias à razão e à dignidade do cidadão americano é criar uma força de oposição, é fazer que o ódio se estenda a mais do que convém; é mais arriscar o elemento monárquico apodando-o essencialmente ligado a estas formalidades degradantes e injustas. O Brasil tem necessidade da monarquia, mas não dos seus abusos. Talvez voltemos ainda ao mesmo objeto.

## 35.
## O BRASIL DEPOIS DA MORTE DE D. PEDRO

[Extraído de *O Justiceiro*, nº 12, de 29 de janeiro de 1835]

Muito antes da abdicação de d. Pedro, sentia-se já em todo o império uma declarada relutância ao cumprimento dos deveres sociais. O governo descontente por ver cada dia escapar-lhe o arbítrio, que outrora empregava para ser obedecido, pouco ou nada se interessava em que a lei fosse observada. Esta já não era filha do capricho ou da vontade absoluta do monarca, era o voto nacional enunciado por seus representantes e cuja sanção podia bem dizer-se arrancada ao poder moderador pela força da opinião pública. Ocupado apenas em segurar-se por meio de considerações e graças tão mal repartidas, com que pensava adquirir amigos (como se a injustiça os pudesse produzir verdadeiros), deixou o Brasil precipitar-se neste estado de anarquia em que ora nos achamos.

Se um governo antigo, firmado em prestígios, que tantos séculos de educação formaram, com muita dificuldade poderia suster a torrente da licença que seu mesmo desmazelo ou improvidência criara, como um governo provisório, com tão limitadas atribuições seria capaz de cortar-lhe os progressos? Enquanto tanta anarquia feroz, resultado necessário de mudanças repentinas e inesperadas na ordem social, ameaçava os bens e a vida dos cidadãos; reunidos estes em torno do governo, fizeram com ele causa comum; cessado o perigo, cada um tomou o seu rumo. De um lado apareceram ambiciosos querendo apoderar-se do mando por meios diversos, de outro lado o egoísmo tornou indiferentes os mesmos que outrora pareceram tão enérgicos na defesa de seus direitos, ameaçados tão diretamente.

A idéia de restauração, de que lançaram mão os ambiciosos, fez despertar a honra e o próprio interesse adormecidos. Os males infalíveis que ela acarretaria sobre os implicados nos acontecimentos do 7 de abril, e sobre os que de qualquer forma fossem suspeitos de não anuírem a semelhante ignomínia, saltavam aos olhos de todos; ocupados desta catástrofe futura, e acompanhada de tanta probabilidade, conservaram-se unidos ao governo, que mais que ninguém era empenhado em removê-la. Desapareceu o susto pela morte de d. Pedro[65], desapareceram igualmente os dois partidos que se espreitavam. O governo hoje está só. Se um ou outro pensador reconhece a necessidade de apoiá-lo e defendê-lo, a massa dos cidadãos só o contempla, como ávido do poder, o interessado em tirar partido de sua posição. Os egoístas serão restituídos ao comando que aspiravam e nada mais procuram do que gozar das vantagens que lhes oferece a vida privada. Os ambiciosos, observando os atos do governo outra vez pelo vidro da paixão que os devora, o julgarão insuportável e muitos até em boa-fé pensarão prestar serviços a pátria, duplicando seus esforços para derrubá-lo.

Hoje não há um interesse próximo e imediato em ligar-se alguém [ao] governo (à exceção dos parasitas), se este não oferecer em sua marcha garantia de ordem e de estabilidade; queremos dizer que se o governo não [se] mostrasse justo e desinteressado a toda prova. Nunca seus passos deveriam ser comedidos, nunca seus atos deveriam ter tanto o cunho da prudência como agora. O único farol que deveria guiá-lo na arriscada rota era a opinião pública. Depois de havê-la cuidadosamente sondado, deveria como antecipá-la: seria então reputado órgão fiel do sentimento nacional, em todo o Império encontraria amigos e defensores, embora os ambiciosos procurassem caluniosamente denegrir sua conduta. A verdade triunfaria e o interesse do maior número obrigaria a defesa do poder injustamente atacado. Se pelo contrário os seus atos forem caprichosos, e parecerem filhos do acinte, ou ditados pelo patronato, ou por condescendência imprudentes, a anarquia que infelizmente tem grassado por todas as ordens do Estado se desenvolverá de uma maneira incrível. O governo deve reconhecer sua delicada posição. Falta-lhe força física e legal suficiente para preencher a alta missão de que está encarregado; tem necessidade de criar-se força moral, de que nos parece hoje bastante destituído, o que conseguirá unicamente por atos freqüentes e invariáveis de justiça e desinteresse. É só desta arte que o governo nos poderá salvar ou ao menos obstar o progressivo desenvolvimento da anarquia, que a nossos olhos enluta já o horizonte político, até que a Assembléia Geral, mais cuidadosa de seus deveres, seja menos apática ou indiferente aos males que nos estão sobranceiros

Não tememos os exaltados, cujo partido se pretende que exista e com assaz preponderância; nós o repetimos, não o conhecemos. Se o Partido Exaltado é o que se supõe anelar a república ou trazer ainda reformas violentas

---

[65] Ver nota 57.

no pacto social, ignoramos onde tal partido exista; mas se exaltado é aquele que não está contente em ser excluído dos empregos; que não se satisfaz com a marcha das Câmaras e do governo; que apetece com ardor, que se concitam os desideratos nas reformas constitucionais a fim de que a Constituição brasileira se purifique de velhos prejuízos, e ponha-se em perfeita harmonia com os hábitos e costumes americanos, deixando da monarquia somente o que nela há de necessário e útil para segurança e estabilidade do Estado, sem que se pretenda atender mais ao indivíduo do que à nação, como acontece na Europa, onde tais concessões têm sido necessárias; então muita gente boa conhecemos, nós exaltados, e até afirmamos, com pouco medo de errar, que a maioria dos brasileiros é levada a estes sentimentos por uma espécie de instinto, tão congênitas lhes são estas idéias!

Portanto, deixando de haver um perigo comum, necessariamente estão hoje os brasileiros divididos em opiniões e desejos abundando cada um no seu senso. A falta de instrução e de educação geral pode tornar esta divisão perigosíssima e qualquer indiscrição da parte dos governantes, a inação da parte da Assembléia Geral será bastante para fazer a separação das províncias e, com ela, a desgraça do Império, e a extinção do nome brasileiro. Nós desejamos errar em nossos pressentimentos; ou se são verdadeiros ou pelo menos prováveis, que o governo e a Assembléia Geral meditassem séria e profundamente nos meios de prevenir a realidade do mal que tememos.

## 36.
## A MONARQUIA É NECESSÁRIA NO BRASIL?

[Extraído de *O Justiceiro*, nº 17, de 5 de março de 1835]

Prevemos já a indignação com que este artigo será lido pelos nossos monarquistas, monarquistas porém que só amam na monarquia os abusos com que os fofos ambiciosos aspiram dominar, ou pelo menos tornarem-se superiores dos que em talento, capacidade e patriotismo muito os excedem. Como não escrevemos para esta casta de gente e sim para a massa pensante do Brasil, pouco nos atemorizam suas iras.

Se por monarquia entendemos o que sempre se entendeu, isto é, a plenitude do poder em um homem, só os bárbaros e a Santa Aliança[66] a sustentam e defendem hoje. Se porém é a monarquia temperada a que se apetece para o Brasil, diremos: 1º) que ela não existe entre nós e 2º) que a monarquia atual do Brasil é a que nos convém, contando que se removam dela ainda certos inconvenientes, que pouco sentido agora e para o futuro a farão aborrecida.

Dizemos que a monarquia temperada não existe entre nós, porque o monarca do Brasil pela Constituição foi privado inteiramente do comando do poder judicial, que nem ao menos o exercita por meio de seus delegados amovíveis à sua vontade, quando negligentes ou prevaricadores. Foi privado do voto absoluto, do que resulta deixar de ser muitas vezes legislador, e ver-se obrigado a fazer executar leis em que ele não teve parte. O mesmo poder Executivo lhe tem sido bastante coarctado. Muitos são os empregados em cuja nomeação ele não intervém de maneira alguma. Todos os atos municipais são dados à execução sem a menor ingerência dos seus agentes e estes mesmos, à exceção dos ministros de Estado, presidentes de província e diplomatas e alguns poucos mais, não podem ser demitidos por ele; é ao poder Judicial independente a quem as leis têm dado semelhante atribuição. À vista disso, quem

---

[66] Aliança formada no fim das guerras napoleônicas (1815) pela Rússia, a Prússia e a Áustria, a fim de assegurar a manutenção dos tratados de limites de 1815 e proteger-se contra possíveis movimentos antiabsolutistas.

se atreverá a dizer que o Brasil é governado monarquicamente? Compare-se o nosso governo com o dos Estados Unidos e conhecer-se-á que no essencial são ambos os Estados governados pelo mesmo sistema, e que a maior diferença está no nome e em certas exterioridades de nenhuma importância para a causa pública.

Para que houvesse monarquia temperada no Brasil, cumpria que o monarca fosse investido dos três poderes políticos que formam o governo, posto que não em toda a sua plenitude, porém sujeitos às modificações que a Constituição prescrevesse; como porém assim não acontece, é evidente que o imperador é somente o primeiro magistrado da nação com o privilégio da inviolabilidade, mas responsável nas pessoas de seus ministros, sem o concurso dos quais também nada pode.

Dois são os grandes bens que resultam ao Brasil desta *democracia monárquica:* 1º) a solidez do governo pela perpetuidade do seu primeiro magistrado, que supõe-se viver sempre na dinastia imperante, removendo-se assim as tentativas dos ambiciosos, as intrigas dos pretendentes e as convulsões irreparáveis das eleições, principalmente em Estados novos, onde as capacidades estão ocultas ou ainda não desenvolvidas e as notabilidades faltam; 2º) a melhor garantia dos negócios públicos, porquanto o monarca tem um interesse imediato na tranqüilidade e segurança dos cidadãos, na prosperidade do Estado, do qual ele e sua família ocupam o primeiro lugar, de que tira vantagens, cujo atrasamento e ruína envolve também a sua e a dos seus. Isto deve acontecer em regra geral, quando o magistrado supremo, sendo temporário, não tem nem pode ter o mesmo zelo e interesse que tem o perpétuo, exceto se o patriotismo toma o lugar daqueles outros motivos; mas quanto é raro encontrá-lo, principalmente em Estados novos e mal organizados! Todos enchem a boca deste nome sagrado, mas os corações de quase todos esses patriotas palpitam de paixões condenadas pelo mesmo patriotismo que a toda hora eles invocam.

Conservemos pois a monarquia, por esses dois grandes motivos. Cerquemos o nosso primeiro magistrado de honra, de ostentação e de glória, pois é o primeiro representante da nação, mas não sejamos pródigos das rendas públicas. Tendo ele quintas, palácios e escravos, seja o cidadão de maior renda no Império, seja inteiramente independente da fortuna alheia. Carregue embora a nação com o peso da dotação a toda a dinastia, seja qual for sua extensão, mas nada de prodigalidade, nada de excesso. Tudo quanto se despender com a família imperial, além do necessário para tratar-se com uma decência tal que sobressai a família mais abastada do Brasil, é querer que os brasileiros se lembrem que os Estados Unidos, não melhor governados que nós, que possuem talvez mais de dois terços de população, nada devem, que têm inumeráveis estradas de ferro, milhares de carros e navios de vapor, despenderiam com o seu primeiro magistrado 50 mil cruzados anuais, quando nós só com o monarca ainda menino gastamos 500 [mil]!! O Brasil deve concorrer para as despesas públicas, mas não é escravo para ser consumido no luxo e desperdício dos grandes.

Conserve-se a monarquia, nós o repetimos, ela nos convém, ela nos é necessária; mas seja despida das formas de que se revestia quando era absoluta. Nossos olhos não podem mais suportar essas condecorações, esses títulos, que raríssima vez foram o prêmio de serviços prestados à pátria, e que por isso hoje não representam mais do que fatuidade. Para que servem condecorações e títulos sem privilégio, sem vínculos? São vãs exterioridades, que só prestam para sustentar tristes e odiosas recordações. A vaidade os solicitou sempre, mas o verdadeiro mérito as desdenhou ou recebeu com indiferença. O abuso freqüente na partilha de tais honras as tornou insuficientes para estimular o cidadão a bem servir sua pátria. Não digamos mais. Portanto monarquia barata e destituída de aparatos supérfluos, pesados e odiosos à nação, eis a urgente necessidade do Brasil. Quem a quiser ver acabada brevemente, forceje a conservá-la com seus inconvenientes, inculque-a demasiadamente, faça imprecações contra as repúblicas, e ela cairá quando menos convenha à prosperidade pública.

Se entre os brasileiros há alguns que sinceramente preferem, no estado atual, a república, não se incomodem, pois estamos com ela. Regência de um eleito pela nação, temporária, sem veto, sem direito de dissolver a Câmara dos Deputados, sem poder conferir condecorações, sem poder concluir tratados, fazer guerra sem consentimento da Assembléia, é alguma coisa a menos que o presidente dos Estados Unidos; de monarquia, só temos o nome. Oito ou nove anos são dados para experiência; e pois estamos persuadidos que ela convencerá aos brasileiros da necessidade de monarca, mas só para os dois fins que apontamos, uma vez que seja restrita ao que deve ser para o desempenho somente desses mesmos fins.

# 37.
## NEGÓCIOS PROVINCIAIS

[Extraído de *O Justiceiro*, n° 17, de 5 de março de 1835]

A nossa Assembléia Provincial breve começa a sentir cansaço e a fadiga. Muitos de seus membros faltam com freqüência, outros sentem bastante incômodo em permanecer constantemente na sala das sessões; entretanto a sessão está bem adiantada, e não nos lembra de ato algum dela dimanado que tenha importância real. O deputado Feijó, observando que as autoridades estando entre si desligadas, distantes do governo, que ignora suas negligências e prevaricações: os pobres sem meios de levar suas queixas ao presidente, e este sem agentes intermediários que executem suas ordens nas vilas e paróquias; que lhe sirvam como de anel que o ligue aos empregados mais remotos da capital, e lhe façam saber os acontecimentos e as necessidades que demandam providências, propôs a criação de prefeitos nas vilas e subprefeitos nas paróquias. Procurou emendar o grande defeito da nossa legislação, que tem retirado dos empregados toda a consideração, o que os torna desprezíveis, e por isso mesmo os lugares desprezados. Com estes novos empregados habilitava-se o presidente para bem governar; dava-se ao povo um recurso fácil, e pronto, e as Câmaras Municipais tinham executor de suas deliberações e posturas, cuja falta é em extremo sensível, o que dá motivo a que não se tenham ainda gozado das grandes vantagens das novas Câmaras constitucionais. Passou o projeto em terceira discussão, e na redação propôs o sr. Pimenta que fosse a uma comissão para examinar se continha ataque à Constituição, e assim resolveu. O mesmo deputado Feijó propôs a criação de corregedores em cada comarca, cujo emprego seria anexo aos juízes de direito; e cujo ofício fosse instruir os diferentes juízes, mandar reformar seus atos ilegais; e formar culpa exclusivamente a todos os empregados da comarca. Por este modo removia-se o grande mal de estarem os juízes de paz, municipais e de órfãos independentes, cometendo imensos erros nos processos, e grandes injustiças sem haver meio de remediá-las, ou já muito tarde. Ficavam os empregados ao abrigo da ignorância dos juízes de paz na formação da culpa de responsabilidade, e o povo com maior garantia pela instrução e independência deste novo magistrado, que poderia, sem necessidade de contemplações, sem temor de comprometimento, administrar justiça imparcial com os ditos empregados. Na primeira discussão foi a requerimento do mesmo sr. Pimenta remetido à comissão, para descobrir alguma inconstitucionalidade. O mesmo d. [deputado] Feijó oferece outro projeto para a criação de uma escola normal nesta capital. Em primeira discussão foi remetido a requerimento do sr. Vergueiro à comissão, para contemplá-lo, visto parecer incompleto. Enfim, nas comissões param diferentes projetos, em nossa opinião de suma vantagem à província, mas já bem retardados, e sem motivo justificável, pelo menos que se saiba. As comissões eclesiásticas reunidas já concluíram o seu trabalho, sendo apresentada a Constituição eclesiástica ao exmo. e rvmo. bispo diocesano para obter sua aprovação, e ser levada à Assembléia Legislativa Provincial para sancioná-la, quando lhe agrade. *Não é possível tanta felicidade junta*. O gênio do mal quantas vezes se cobre das aparências do bem para tudo destruir, ou ao menos retardar a prosperidade do gênero humano! Já estamos acostumados a ver abortarem as bem fundadas esperanças de melhorar-se a sorte de parte do gênero humano. Se todos estes projetos tiverem feliz êxito é então que nos encheremos de admiração.

A enfermidade de que temos sido atacados há mais de ano e que cresce sensivelmente; a persuasão em que estamos de que o *Justiceiro* nenhum bem tem feito, e talvez tenha antes produzido algum mal; a necessidade de lançar mão algumas vezes de pena alheia para não demorar sua publicação, tudo isto nos obriga a suspendê-la indefinidamente.

Os srs. que contribuíram com mais do que deviam podem vir receber o excesso onde o deram. Os que ainda devem são convidados a pagar, querendo.

# 38.
## TESTAMENTO

[Extraído de Eugênio Egas, *Diogo Antônio Feijó*.
São Paulo: Typographia Levi, 1912, 2 vols.]

Em nome da Santíssima Trindade dou princípio a meu testamento pela seguinte maneira: sou natural desta cidade, filho de pais incógnitos, de mais de cinqüenta anos de idade, quero ser enterrado sem acompanhamento nem ofício e de loba somente. Sou e sempre fui católico romano. Tudo quanto tenho dito e escrito sobre a disciplina da Igreja, tem sido por zelo e afeto à mesma Igreja, e desejo que se removam os obstáculos que a experiência mostra haverem na mesma à salvação dos fiéis. Desejo [que] se digam no dia da minha morte ou no seguinte vinte missas pelas quais se dará a esmola de mil réis por cada uma. Não reconheço herdeiro e por isso instituo minha herdeira a d. Maria Justina de Camargo, e quando aconteça ser esta falecida antes da minha morte, a d. Margarida, filha de d. Manuela Francisca de Jesus Feijó. Possuo uma chácara e alguns bens móveis. Dê-se crédito ao meu caderno encadernado e à minha carteira, e deles e de créditos consta o que se me deve e eu devo; mas estamos de contas justas com o meu compadre Raimundo Alves dos Santos Prado e meu amigo padre Geraldo Leite Bastos, os quais nada mais me devem. Deixo forros todos os meus escravos crioulos de maior idade e a Evaristo e sua mulher, a Eustáquio e Euzébio; e as mulheres destes, Querubina e Antonia, ficarão forras da data desta a cinco anos. Todos os demais escravos havidos e por haver serão forros logo que completem 25 anos de idade. A todos dará a minha herdeira no momento de sua liberdade 100 mil-réis, e aqueles que ainda têm de esperar o prazo aqui marcado dará além dos 100 mil-réis, o prêmio de 2% anual dessa quantia. Os que ainda ficam escravos só poderão estar em companhia e serviço da minha herdeira, e somente serão alugados ou emprestados à pessoa da escolha dos mesmos, da qual, ainda assim, poderão retirar-se para outra, se essa os maltratar. Esta mesma disposição terá lugar depois da morte de minha herdeira, quando ainda algum escravo tenha de preencher o prazo para libertar-se. Declaro que qualquer filho de escrava, ainda depois da minha morte, e antes de libertar-se a mãe, será livre desde o seu nascimento, e os pais terão todo o cômodo e tempo necessário para o criar e poderão conservá-lo, depois de criado, onde quiserem. Declaro mais, que só o carpinteiro Benedito fica excluído dos 100 milréis, por ter já meios de subsistência. Ficam pertencendo à minha herdeira os serviços dos que ainda ficam escravos e todos os mais bens que possuo. Declaro que a liberdade que dou aos escravos não é benefício, é obrigação que me impus, prometendo há muito, e aos mesmos que aceitaram a liberdade prometida a eles e a seus filhos. Rogo à mesma minha herdeira e ao dr. padre Miguel Arcanjo Ribeiro de Camargo [que] queiram ser os meus testamenteiros e dar execução a esta minha última vontade dentro de dois anos da data deste. Rogo às justiças queiram assim fazer cumprir.

S. Paulo, 3 de março de 1835.

[Assinatura.]

# 39.
## Discurso de Regente eleito

[Extraído de Eugênio Egas, *Diogo Antônio Feijó*.
São Paulo: Typographia Levi, 1912, 2 vols.]

Brasileiros. Colocado no governo pelo voto nacional, é meu dever expor-vos com franqueza os princípios que dirigem a atual administração, e manifestar-vos os sentimentos de que ela se acha possuída com relação à causa pública.

A constituição do Estado é a lei suprema a que, tanto os cidadãos, como o mesmo governo, devem prestar culto e homenagem por ser expressão da vontade geral: ela, e o Ato Adicional[67], serão religiosa e muito lealmente observados. O governo, longe de disputar as províncias, o gozo de vantagens que a reforma lhes outorgou, será o primeiro em mantê-las literalmente instruindo convenientemente aos presidentes, como seus delegados, para que o espírito e a marcha da administração sejam francos e uniformes a este respeito em todo o Império.

A escolha de empregados públicos, amigos de nossas instituições, caracterizados pela sua probidade e aptidão, será um dos principais cuidados do governo; eles eram aproveitados onde quer que se encontrem, quaisquer que tenham sido até agora as suas opiniões, ou o partido a que tenham pertencido. Todo o brasileiro tem direito aos cargos públicos, uma vez que, além dos outros requisitos que a lei possa exigir, seja dotado de talento e virtudes.

A primeira necessidade de um governo é o caráter de estabilidade. Nem os seus princípios mudarão, nem empregado algum será removido por declarações vagas, ou por intrigas sempre perniciosas. A demissão será precedida de exatas informações e só terá lugar quando falecer inteiramente a esperança de correção.

---

[67] Lei de 12 de agosto de 1834, que introduziu mudanças na Constituição do Império e determinou a eleição de um regente único (em substituição à Regência trina, vigente desde 1831).

O homem de probidade deve considerar-se seguro em seu posto; ele encontrará no governo forte protetor contra a maledicência e a calúnia.

A religião, base da prosperidade pública e individual, verdadeiro apoio das leis, sólida garantia da moral, será mantida e profundamente respeitada. O tribunal, porém, da consciência será imperscrutável ao governo, e o homem religioso poderá, debaixo da proteção da Constituição, fazer livre uso dos princípios que a sua razão lhe ditar.

A impunidade deve cessar: a tranqüilidade pública deve descansar sobre bases mais firmes e seguras. O governo será infatigável em promover a execução das leis penais, cumpre que o cidadão pacífico, o homem honesto, não esteja a discrição do turbulento e do perverso. Todo o habitante do Império encontrará no governo asilo à pressão: ele é protetor dos seus direitos.

A Marinha e o Exército serão convenientemente organizados. O governo deve ter à sua disposição os meios necessários para fazer respeitar as leis e executar a vontade nacional. Não será esquecida a sorte de tantos oficiais desempregados sem esperança de acesso.

A arrecadação das rendas públicas far-se-á com zelo, mas sem vexame, e a mais severa economia nas despesas convencerá os brasileiros de que nem patronato, nem considerações pessoais regulam a partilha desse depósito de parte de sua fortuna, que somente será aplicado às necessidades do Estado.

Nossas relações externas serão mantidas e ampliadas, mas o governo está firmemente resolvido a não sacrificar em caso algum a honra nacional. Nunca será provocador, mas sustentará sempre dignamente os direitos de uma nação briosa, certo de que os brasileiros saberão acudir as reclamações da honra e do dever.

A agricultura merecerá ao governo especial atenção. O lavrador entre nós ignora ainda os princípios desta arte, que tantos progressos tem feito entre outros povos, e por meio da qual espera o governo que os brasileiros aprendam a aproveitar os tesouros com que a natureza os enriqueceu, e que, aparecendo por toda a parte abundância, não tenham que invejar povo algum sobre a terra. À abundância seguem de perto a indústria, a sabedoria, a riqueza e com elas, a pública prosperidade.

A presente introdução de colonos tornará desnecessária a escravatura, e com a extinção desta, muito lucrará a moral e a fortuna do cidadão.

Perscrutando cuidadosamente todos os defeitos e abusos que possam existir nos diversos ramos da pública administração, o governo será solícito em aplicar, ou propor as providências e medidas que forem aconselhadas por um espírito circunspecto de reforma.

Brasileiros! O governo, fiel ao seu dever, promoverá com assiduidade e desvelo a prosperidade pública; e pela exata observância da constituição e das leis, empenhar-se-á em tornar a monarquia constitucional cada vez mais digna do vosso amor e veneração. Ela é a garantia mais sólida da paz e segurança, que tão propícias são aos progressos da indústria e da civilização, e ao desenvolvimento dos prodigiosos recursos do nosso abençoado país.

Brasileiros! Os poderes políticos do Estado são delegações vossas: cumpre respeitar a vossa mesma obra. Sem veneração às leis, sem respeito e obediência às autoridades públicas, não pode substituir a sociedade; a feroz anarquia, abandonando o fraco ao forte, o pequeno ao grande, o desvalido ao poderoso, devora em poucos dias o povo que sacode o suave peso das leis e desconhece as autoridades. Reuni-vos, portanto, em torno do governo, e coadjuvai-o nos esforços que há de empregar para consolidar a vossa felicidade e a glória da pátria.

Palácio do Rio de Janeiro, em 24 de outubro de 1835, décimo quarto da Independência e do Império.

Diogo Antônio Feijó.

[Assinam Antônio Paulino Limpo de Abreu, Manoel Alves Branco, Manoel da Fonseca Lima e Silva e Manoel do Nascimento Castro e Silva.]

# 40.
# FALA DO TRONO (1836)

[Extraído de Eugênio Egas, *Diogo Antônio Feijó*.
São Paulo: Typographia Levi, 1912, 2 vols.]

Augustos e digníssimos senhores representantes da nação. O dia 3 de maio[68] é o dia das esperanças do Brasil. Se os brasileiros sofrem resignados os males que os oprimem; se o governo imperial não esmorece na luta de tantas dificuldades que o inabilitam de proteger o cidadão pacífico, o homem honesto; de aproveitar os imensos recursos com que a natureza nos dotou; de dar nome e realce à nação brasileira pela estabilidade de nossas instituições, pela paz, segurança e tranqüilidade de seus cidadãos e pelo progressivo desenvolvimento de sua indústria; é na esperança de que, reunidos os representantes da nação, do seu saber e patriotismo sairão leis adaptadas às nossas circunstâncias, que satisfaçam às necessidades mais imperiosas do Estado, e reformem antigos e novos abusos introduzidos nos diversos ramos da pública administração. Portanto tenho a satisfação de congratular-me com a nação pela esperançosa e interessante reunião dos augustos e digníssimos senhores representantes dela.

Gostoso vos comunico que amigáveis relações são entretidas com os nossos antigos aliados, e que parece inalterável o sentimento de amizade que nos une. Tenho recebido lisonjeiras expressões de estima e todas as potências amigas mostram-se interessadas pela conservação do trono constitucional do senhor d. Pedro II, em cujo nome rejo o Império pelo voto nacional.

Não posso contudo ocultar-vos que s. st., depois de dois anos de explicações recíprocas, resolveu não aceitar a apresentação imperial do bispo eleito desta diocese. O governo tem de seu lado a lei e a justiça, mas s. st. obedece à sua consciência. Depois desta decisão julgou-se o governo desonerado de ter condescendência com a Santa Sé, sem contudo faltar jamais ao respeito e obediência ao chefe da Igreja universal.

---

[68] Data da abertura do Parlamento, por ocasião da qual Feijó pronunciava essa "Fala do Trono".

Em vossas mãos está livrar o católico brasileiro da dificuldade e muitas vezes impossibilidade de mendigar tão longe recursos que lhe não devem ser negados dentro do Império. É tão santa a nossa religião, tão bem calculado o sistema do governo eclesiástico, que, sendo compatível com toda a casta de governo civil, pode sua disciplina ser modificada pelo interesse do Estado, sem jamais comprometer-se o essencial da mesma religião. Não obstante esta colisão com o santo padre, nossas relações amigáveis continuam com a Corte de Roma. O Brasil está em paz com todo o mundo.

Outro tanto não posso dizer do nosso estado interno. Do Pará faltam notícias modernas, porém à vista dos esforços e providências do governo, é provável que, se já não está, brevemente seja restituída a cidade de Belém à província e ao Império. Por bem ou por mal, será ela arrancada às feras que a dominam[69].

A sedição de Porto Alegre foi tão rápida, que em poucos dias compreendeu a província inteira. O bem do Estado aconselhou medidas conciliadoras e até hoje têm elas obstado que atos de ferocidade se multipliquem, como é de costume em tais circunstâncias. O governo tem deixado entrever aos sediciosos que se o desejo de não sacrificar brasileiros ao estado de guerra tem feito dar espaço à reflexão; no caso de contumácia porá em movimento todos os recursos do Estado, para sujeitá-los à obediência, não romper a integridade do Império, e não deixar passar um exemplo que traria funestas conseqüências[70].

Augustos e digníssimos senhores representantes da nação. A falta de respeito e obediência às autoridades, a impunidade, excitam universal clamor em todo o Império. É a gangrena que atualmente ataca o corpo social. A nação de vós espera que diques se oponham à torrente do mal.

Nossas instituições vacilam, o cidadão vive receoso e assustado, o governo consome o tempo em vãs recomendações. Seja ele responsabilizado por abusos e omissões; dai-lhe, porém, leis adaptadas às necessidades públicas; dai-lhe força, com que possa fazer efetiva a vontade nacional. O vulcão da anarquia ameaça devorar o Império; aplicai a tempo o remédio.

O comércio prospera, porque nossos produtos aumentam, e as rendas públicas têm bastado para as despesas correntes. O governo, tendo em vista fomentar a agricultura e promover a indústria, procura introduzir a arte e os melhoramentos conhecidos.

---

[69] Referência à revolta conhecida como Cabanagem, eclodida no Pará em 1835, e que só iria findar em 1840.

[70] Era o início da revolução Farroupilha, que duraria até 1845.

O Exército exige ser de novo organizado, removendo-se os obstáculos que se opõem à conservação da disciplina, que lhe dá importância e vida. A Marinha vai com brevidade tomar a atitude necessária para prestar ainda maiores serviços ao Estado.

Augustos digníssimos senhores representantes da nação, os brasileiros têm necessidade de uma educação nacional: sem esta nunca teremos acordo nos pontos mais vitais à sociedade. E se no sistema representativo só as maiorias decidem dos negócios mais importantes, quanto não é necessário generalizar certas máximas, para que possam elas predominar ao maior número?

A moral, fundamento da ordem, deve ser melhor ensinada para que sirva de sustentáculo às leis, reja as consciências e seja mais sólida garantia da pública prosperidade. Senhores, sem educação e sem moral, não é possível haver verdadeira civilização.

As Assembléias Provinciais têm produzido os efeitos que se desejavam. Os legisladores, tendo diante dos olhos os meios e os dados necessários, livres de complicações, de interesses e de paixões podem certamente melhor providenciar as necessidades locais; mas é inegável que excessos se notam que ao vosso alcance está corrigir, e logo, para que, arraigando-se os abusos, não seja depois difícil e talvez perigoso removê-los. Brevemente aparecerão conflitos prejudiciais à causa pública: cumpre acautelá-los.

Os ministros e secretários de Estado, no relatório de suas respectivas repartições, vos farão conhecer em detalhe as necessidades públicas, e os meios que a experiência lhes têm feito lembrar para removê-los. À vossa sabedoria pertence descobrir remédios eficazes, e a nação tem direito a esperar tudo do vosso patriotismo. Da minha parte, sustentando o posto que a mesma nação me há confiado, serei fiel ao juramento que hei prestado em vossa presença.

Está aberta a sessão.

[Assinatura.]

# 41.
# FALA DO TRONO (1837)

[Extraído de Eugênio Egas, *Diogo Antônio Feijó*.
São Paulo: Typographia Levi, 1912, 2 vols.]

Augustos e digníssimos senhores representantes da nação. A época da reunião da Assembléia Geral é sempre esperançosa para a nação: ela tem direito a ver diminuídos os males que a afligem.

É em extremo agradável o ter de anunciar-vos que as nossas relações com as potências estrangeiras continuam a ser cultivadas como antes.

O estado interno do país ainda não oferece um aspecto satisfatório. O Pará reconhece hoje o governo legal, e a agricultura e o comércio principiam já a desenvolver-se ali, mas acredito que será ainda necessária por algum tempo naquela província a presença de grandes forças, que exigem consideráveis despesas, e que muito convirá que o governo provincial não deixe de ter, na forma da Constituição, atribuições suficientes para poder restabelecer completamente, e consolidar a tranqüilidade e a segurança pública.

O Rio Grande do Sul ainda não está pacificado: o governo continua a empregar na sua pacificação os meios de que pode dispor.

A província de Sergipe sofreu, no ano próximo passado, uma violenta comoção; os seus efeitos ainda fazem sentir-se.

Nas outras províncias experimenta-se geralmente a falta de segurança individual, e não pode afiançar-se a continuação da tranqüilidade pública, enquanto esta não se firmar nas bases de uma legislação apropriada.

As rendas públicas têm crescido; contudo o meio circulante pode, tal como existe, comprometer todas as fortunas. Este objeto é um daqueles que reclamam a vossa séria e providente atenção.

Augustos e digníssimos senhores representantes da nação, remédios fracos e tardios pouco ou nada aproveitam na presença de males graves e inveterados.

Os ministros e secretários de Estado far-vos-ão ver nos seus relatórios as mais urgentes necessidades do país, e terão ocasião de propor-vos as medidas que lhes parecerem mais adequadas à felicidade da nação, e à estabilidade das nossas instituições, e do trono do sr. d. Pedro II.

Está aberta a sessão.

[Assinatura.]

# 42.
## RENÚNCIA AO CARGO DE REGENTE

[Extraído de Eugênio Egas, *Diogo Antônio Feijó*.
São Paulo: Typographia Levi, 1912, 2 vols.]

Ilmo. e exmo. sr.:

Estando convencido de que a minha continuação na regência não pode remover os males públicos, que cada dia se agravam pela falta de leis apropriadas, e não querendo de maneira alguma servir de estorvo a que algum cidadão mais feliz seja encarregado pela nação de reger seus destinos, pelo presente me declaro demitido do lugar de regente do Império, para que v. exc., encarregando-se interinamente do mesmo lugar, como determina a Constituição política, faça proceder à eleição de novo regente na forma por ela estabelecida. Rogo a v. exc. [que] queira dar publicidade a este ofício, e ao manifesto incluso.

Deus guarde a v. exc. muitos anos, 19 de setembro de 1837.

Ilmo. e exmo. sr. Pedro de Araújo Lima.

[Assinatura.]

P. S.:
Acresce achar-me atualmente gravemente enfermo.

# 43.
## Manifesto à Nação

[Extraído de Eugênio Egas, *Diogo Antônio Feijó*.
São Paulo: Typographia Levi, 1912, 2 vols.]

Brasileiros!

Por vós subi à primeira magistratura do Império, por vós desço hoje desse eminente posto.

Há muito conheço os homens e as coisas. Eu estava convencido da impossibilidade de obterem-se medidas legislativas adequadas às nossas circunstâncias, mas forçoso era pagar tributo à gratidão, e fazer-vos conhecer, pela experiência, que não estava em meu poder acudir às necessidades públicas, nem remediar os males que tanto vos afligem.

Não devo por mais tempo conservar-me na Regência; cumpre que lanceis mão de outro cidadão, que mais hábil ou mais feliz, mereça as simpatias dos outros poderes políticos.

Eu poderia narrar-vos as invencíveis dificuldades que previ e experimentei, mas para quê? Tenho justificado o ato da minha espontânea demissão, declarando ingenuamente que eu não posso satisfazer ao que de mim desejais.

Entregando-vos o poder, que generosamente me confiastes; não querendo por mais tempo conservar-vos na expectação de bens, de que tendes necessidade, mas que não posso fazer-vos; confessando o meu reconhecimento e gratidão à confiança que vos mereci, tenho feito tudo quanto está de minha parte.

Qualquer, porém, que for a sorte que a Providência me depare, eu sou cidadão brasileiro, prestarei o que devo à pátria.

Rio, 19 de setembro de 1837.

[Assinatura.]

# 44.
## COMENTÁRIOS SOBRE A
## FALA DO TRONO DE 1839 (1)

[Extraído de *Anais do Senado*, 1912, t. I, pp. 120-1]

O Sr. Feijó [disse]: Mas infelizmente, quando se nos enviou um encarregado de negócios [do Uruguai], morreu o ministério dos instintos, e não se pôde verificar a aliança; sucedeu-lhe o governo das transações, que não cuidou desta aliança que seria de muita vantagem, pois nós tínhamos necessidade, não só de cavalos, como, mesmo, de gente de cavalaria. O governo das capacidades[71] rejeitou este meio honesto, e o público diz que se preferiu aliança com o chefe dos rebeldes da Cisplatina do que com o seu governo legal; não sei se isto é verdade, mas eu não tenho visto desmentida essa imputação feita ao governo das transações; e o resultado foi que nós consentimos que a Província Cisplatina fosse dominada por uma rebelião igual à que nos incomoda[72].

Tem-se dito que o governo transato não deu as providências precisas como tantas vezes prometeu; e diz-nos agora um dos seus membros que não se podia fazer mais do que se fez. Com efeito, se, depois de três anos que dura aquela revolução, encontrou dificuldades o governo das capacidades, com tantos meios à sua disposição para extingui-la, calcule-se que dificuldade não haveria em abafá-la no princípio, quando todos os ânimos se achavam exacerbados, e quando o governo de então não tinha meios para satisfazer as necessidades públicas nem tempo para dispô-los?!

Se se dissesse que o governo das capacidades encontrou dificuldades que

---

[71] Por "governo dos instintos", Feijó se refere aos gabinetes formados durante a sua regência. Por "governo das transações" e "governo das capacidades", ele se refere ao primeiro gabinete da regência de seu sucessor, Pedro de Araújo Lima (marquês de Olinda), de 19 de setembro de 1837 a 16 de abril de 1839.

[72] A antiga Província Cisplatina já tinha sido, desde 1828, transformada na República do Uruguai. A rebelião de que fala Feijó é a revolução Farroupilha, no Rio Grande do Sul, que durou de setembro de 1835 a fevereiro de 1845.

ignorava até então, eu concordaria; mas confesso que lhe foi impossível acabar com a revolução, apesar de obter tudo quanto pedia, posto que eu estou persuadido que, com os recursos que tinha, podia fazer grandes serviços à integridade do Império; mas, enfim, não o fez.

Senhores, eu talvez pudesse dizer do governo das capacidades o mesmo que disse a oposição da Câmara dos Deputados do governo do instinto, que foi conivente com os rebeldes; porém, não digo isto; seria atacar sua moralidade, e eu só ataco a sua inteligência. O Brasil hoje reconhece que o governo das capacidades não era o mais apto para bem desempenhar os seus deveres e satisfazer suas necessidades.

Senhores, o único recurso dos rebeldes era a venda de gados, cavalos e bestas; estas, eles não as vendem senão por São Paulo. Eu não sei o número que ordinariamente vem do Sul, mas creio que anda de 17 a 20 mil; mas agora tem vindo mais. Eis o primeiro recurso que o governo devia tirar aos rebeldes; eles aproveitam as bestas dos legalistas, além do imposto que percebem em um registro ao pé do nosso, e de que tiram grandes vantagens; eis aqui um recurso que eles têm e que o governo transato não se lembrou de embaraçar.

Vamos a outro gênero de comércio que eles têm: qual é ele? São os gados que vendem aos charqueadores, tanto seus, como das estâncias dos legalistas. E que providência o governo deu para que eles não tirassem recursos desse comércio? Nenhuma. Note-se que, em todos os barcos entrados do Rio Grande, vêm sempre tantas e tantas mil arrobas de carne seca. Ora, se acaso o campo é dos rebeldes; talvez eles pudessem ir vendê-los na Cisplatina; mas isto seria pouca coisa, além de que tirávamos nós a vantagem de um imposto de 15%, por ser carne importada por estrangeiros.

Eu tenho aqui em minhas mãos até um decreto do chefe dessa república[73], em que se determina que o gado que passar no Passo de São Gonçalo pagaria 960 réis por cabeça. Logo, é claro que por aí se faz esse negócio. Como, pois, não se acautelou este meio, o único, sem dúvida, de se tirar semelhante recurso aos rebeldes? Talvez se diga: e por que se não fez isto no tempo do governo do instinto? Todo mundo sabe que nesse tempo o chefe dos legalistas não tinha se passado para os rebeldes; que até então o campo estava em nosso poder, e o negócio nos era favorável; e nem se alegue que o embaraço do comércio das bestas nos era prejudicial; podemos dispensá-las por

---

[73] Referência à República de Piratini, proclamada em 1838 na cidade de Piratini pelos rebeldes gaúchos e presidida por Bento Gonçalves.

um ou dois anos, e os rebeldes, privados deste recurso, em menos de um ano estavam perdidos.

Eu, sr. presidente, entendo que este parágrafo em discussão deve ser aprovado, tanto mais que nele se acha esta expressão — para o que muito concorrerá o espírito de ordem que, no entender do gabinete imperial, se manifesta nas outras províncias. Ora, quando o trono nos diz que se alegra muito com esse espírito de ordem das outras províncias, sabendo nós o contrário, isto é, que não há tal espírito de ordem, que mais diríamos nós em resposta ao trono sem escandalizá-lo? Era preciso referirmo-nos a esse espírito de ordem que o mesmo governo descobre, e não de que nós sabemos. O que eu suponho, senhores, é que os ministros ocultavam ao regente o que se passava no Brasil, e por isso eles se sustentaram por algum tempo, quando se sabe que nas províncias não há mais moralidade, não há ordem, não há obediência às autoridades legais; e, principiando nós pela província do Rio Grande, há ali um clamor muito geral a respeito da desordem, da imoralidade e corrupção que existe em toda ela, e dos males que fazem os legalistas uns aos outros. Eu tenho em meu poder uma carta de uma pobre mulher que dali escreve a seu marido nesta Corte, na qual diz que, entrando em triunfo as forças da legalidade, estas roubaram tantas cabeças de gado, mataram muita gente, espancaram a uns e carregaram em um esquife outros pelas ruas por escárnio, do que resultou muitos se passarem para a fronteira, onde há paz e segurança.

Ora, se este é o procedimento da legalidade naquela província, onde mais se necessitava de manter-se um espírito de obediência e ordem, que se poderá julgar das outras?

Nós sabemos, senhores, que nunca o Brasil esteve em mais desordem do que está atualmente. Em todas as províncias são atropeladas as eleições, sabemos que esse elemento de liberdade está acabado; e quem deu o exemplo foi o governo passado, que se serviu da arma de corrupções, promessas e ameaças, para conseguir os seus fins. Eu creio, mesmo, que não há hoje uma eleição para juiz de paz que seja eleição do povo; três ou quatro indivíduos atropelam tudo, e fazem o que querem. Ora, se, pois, neste estado se acha o Brasil, como não se há de falar ao trono pela maneira que indica o parágrafo em discussão? Se o Senado representa o Brasil, deve dizer ao trono que esse espírito de ordem que nos inculca só se dá no sentir do gabinete, porque ele deve ser informado de que o Brasil está perdido, e que o espírito de desordem progride em toda parte.

# 45.
## COMENTÁRIOS SOBRE A
## FALA DO TRONO DE 1839 (2)

[Extraído de *Anais do Senado*, 1912, t. I, pp. 219-25]

O sr. Feijó [disse]: Na verdade, este parágrafo está quase moído de tanta discussão que tem havido sobre ele; mas eu ainda me julgo obrigado a falar, porque têm aparecido princípios que já em outras épocas apareceram, com os quais não posso concordar.

Duas objeções principais tem sofrido o parágrafo em discussão: a primeira é a acre censura (cuja acrimônia não vejo) que se faz à administração passada, falando-se em uma política mais bem combinada que o Senado deseja, para que, auxiliada pela Divina Providência, possa produzir os frutos desejados; e a segunda é o Senado dar a entender que não está muito convencido de que haja espírito de ordem no Brasil. Sr. presidente: penso que em nada justificam a administração passada os erros das outras administrações anteriores a ela; e como o nobre ex-ministro quis fazer o contraste entre a de setembro e a anterior, eu o acompanharei nesses argumentos.

Três erros ao menos atribuiu o nobre senador à administração anterior à sua, a respeito do Rio Grande: a anistia, a versatilidade na nomeação dos presidentes, e não tirar fruto das vitórias. Quanto à explicação que deu sobre a anistia, isto é, que ela só deve ser dada quando os rebeldes são vencidos, não posso concordar com isso, e mesmo parece que o nobre senador não está muito concorde consigo mesmo, por não ter praticado o que diz. Persuado-me que a medida da anistia deve ter aplicação quando o Estado e a humanidade o exigem; ora, o bem do Estado exige que, quando se pode poupar vidas e dinheiro, ela tenha lugar.

Para justificar a administração anterior à sua, eu direi que a anistia dada no Rio Grande produziu o resultado que se esperava; fez com que metade da província se reunisse ao governo legal; isto é um fato inegável, sabido por todos. [Apoiados.]

Vem a propósito contestar ao ilustre senador o princípio por ele avançado em outra sessão, de que os resultados não justificam as medidas. Sr.

presidente: nas ciências práticas só os resultados depõem acerca do acerto das medidas. Pode um médico em conferência dizer coisas ótimas, dissertar com profundidade, mas se à cabeceira do enfermo quase sempre o mata: é péssimo médico. O general pode numa academia apresentar grande soma de saber militar, pode mesmo formar grandes planos de campanha; mas poderá perder todas as ações, e será sem dúvida mau general. Bom médico é o que bem cura; bom general é o que sabe vencer: é aqui que tem lugar o dito vulgar "contra a experiência não há argumento".

Mas, se acaso se seguisse a opinião do nobre senador sobre anistias, a Bahia estava muito no caso de gozar dela, porque os rebeldes tinham sido vencidos; e, entretanto, não foi concedida pelo governo de setembro, e deixou-se ao júri daquela província arrogar-se esse poder, como consta estar praticando[74].

O segundo erro que o nobre senador apontou da administração anterior à sua é a versatilidade na nomeação dos presidentes da província do Rio Grande do Sul. Já se deu a razão por que o general Eliziário foi nomeado presidente em lugar do sr. José de Araújo Ribeiro. Clamava-se no Rio Grande que ali se precisava de um presidente general, porque era uma província militar, onde os casacas[75] (como se explicavam) não podiam fazer senão males. Isto repetia-se na Corte; mas o governo anterior, que não tinha a obstinação que se lhe imputava, acedeu a esse reclamo e escolheu o general Eliziário; e não porque entendesse que os negócios iam tão mal, mas para satisfazer a esse clamor. Esse general tem probidade e ciência militar, qualidades que lhe devem atrair a veneração de todo o homem de bem, mas não tem uma qualidade essencial no general, isto é, o dom de *magnetizar;* eu me explico, senhores. Depois que li a descoberta do magnetismo animal e os seus efeitos, é que eu posso explicar estes fenômenos que até então eram para mim ininteligíveis! Por exemplo, quando um general se apresenta diante do exército, sua presença, sua fisionomia só inspiram coragem, ânimo e valor; quando com duas palavras o arrasta para onde quer, de que nasce isso? Do magnetismo. Quando eu vejo na história de Napoleão que o penacho de Murat, flutuando, inspirava ânimo e valor aos soldados de sua cavalaria, não posso explicar este fenômeno senão pelo efeito do magnetismo animal. Duas palavras de tais ho-

---

[74] Feijó se refere à revolução de caráter federalista e republicano eclodida na Bahia (1837-38), conhecida como Sabinada.

[75] Termo jocoso usado na época para designar os bacharéis em direito, que ocupavam grande parte dos cargos públicos.

mens valem mais que grandes discursos feitos por quem não possui esse dom; e essa qualidade magnetizadora não tem o general Eliziário. Logo que ele apareceu no Sul, houve um choque em São Gonçalo ou Pelotas, mas não deu esse entusiasmo às tropas da legalidade. Desde então conheci que não era possível marcharem bem os negócios do Sul com tal chefe, conquanto o julgasse muito probo; com efeito foi removido esse presidente, até porque quinhentos e tantos cidadãos daquela província o pediram. É verdade que o governo de então lembrou-se dele para ser general. Eis aqui a primeira versatilidade que apontou o nobre senador. Passou-se a nomear presidente o homem que a província desejava, tornou outra vez José de Araújo Ribeiro; e que resultou? Continuaram as vitórias, ganhou a legalidade grande terreno e os rebeldes evacuaram os postos que ocupavam; logo, onde está aqui a versatilidade, erro ou crime? Ora, aconteceu, como eu já disse, que, por causa da oposição desmedida que se fazia ao governo de então, oposição que repercutiu naquela província, por causa do abuso de liberdade de imprensa que derramava suspeitas da sua probidade e até da sua fidelidade, esse presidente declarou ao governo geral que não podia mais com tanta ingratidão e insolência de partidos mesmo intitulados legalistas, e que se queria retirar; o governo fez-lhe saber que ele devia continuar a persistir no posto até a conclusão da guerra que ele mesmo afirmava estar a concluir-se; mas ele não quis atender às razões do governo; foi forçoso nomear-se outro presidente, e lançou-se mão de um, que eu já dei a razão por quê. Foi ele preso na campanha, e um oficial general que se achava em Porto Alegre tomou conta do governo da província; a necessidade obrigou a dar-lhe uma nomeação interina para revesti-lo de uma missão legítima, até que para lá fosse outro enviado: eis aqui as versatilidades do governo anterior ao de 19 de setembro.

Mas, perguntou o nobre senador, que se alcançou com essas vitórias? Qual foi o fruto delas? Nós sabemos que uma catástrofe inesperada foi que fez com que as forças da legalidade não colhessem completo triunfo contra os rebeldes; mas também perguntarei: Que obteve o governo de setembro com a sua nova política no Rio Grande? Vejo que, em lugar de vitórias sem fruto, como teve a administração anterior à sua, teve só revezes, além de haver no Rio Pardo dado aos inimigos armamento, munições, dinheiro etc., o que não tinha ainda acontecido ao governo anterior.

Sr. presidente. Eu desejava que em nossas argüições sempre se fizesse justiça. Perguntou-se que tinha feito a administração de outubro[76]. O Sena-

---

[76] Primeiro gabinete formado por Feijó como regente uno, em 14 de outubro de 1835.

do sabe que, quando entrou esta administração para o poder, encontrou a província do Pará inteiramente rebelada; e, sem recurso algum, não só pudemos fazer chegar àquela província 2 ou 3 mil homens, com todo o gênero de armas e munições, mas também tomar a capital do poder dos rebeldes, disputando o terreno palmo a palmo, pois um só não havia em que pudessem as nossas forças pisar sem resistência. Cumpre notar-se mais a necessidade em que esteve o governo de sustentar a tropa e povo naquela província, enviando desta Corte quase mensalmente víveres[77].

Ora, tendo-se esgotado os únicos recursos de que o governo podia dispor, que podia fazer para o Rio Grande? Fez que a anistia produzisse o efeito declarado. Entretanto, vejamos o que fez essa administração de setembro, que tanto blasonou da vitória da Bahia. Sr. presidente: devemos dar graças a Deus por ter sido Sabino o chefe dessa rebelião: se acaso um homem medíocre, levado somente pelo senso comum, saísse da capital e tentasse acender o facho da discórdia nas diferentes povoações da província, proclamando os princípios de rebelião que grassavam dentro da cidade, seguramente ainda até hoje essa conflagração, que ameaça o Brasil ainda agora, e que não se quer temer, duraria; mas ela acabou imediatamente, porque uma só freguesia da Bahia não tomou parte na sedição, que encerrou-se dentro dos muros da cidade. Foi bastante o patriotismo dos baianos e províncias vizinhas. E nesse estado era difícil subjugar os revoltosos, e restabelecer a ordem, quando os sediciosos não tinham recursos do interior, e talvez à fome em breve acabariam? Entretanto, foi sufocada essa rebelião, e não se pôs em prática a anistia.

Disse o nobre senador que o governo de setembro apresentou 8 mil e tantos homens no Rio Grande, quando a administração anterior só tinha ali talvez 2 mil e tantos homens de tropa regular; mas é porque o nobre senador não conta com outros tantos ou mais que se passaram para os rebeldes, com o chefe de nossas forças. Demais, que são esses 8 mil e tantos homens, que não têm feito coisa alguma que mereça louvor? Nem ao menos nos deixou o governo em melhores circunstâncias. Entretanto que tem tido um recrutamento aberto, minha província[78], onde nunca tinham rebentado sedições, deixou-lhes uma vila entregue aos sediciosos.

Disse mais o nobre senador que a tranqüilidade nesta capital nunca foi maior do que quando a administração de setembro esteve no poder. Senho-

---

[77] Feijó faz referência à revolta conhecida como Cabanagem (1835-40), de caráter separatista.

[78] Província de São Paulo.

res, as minhas enfermidades me proibiram por alguns meses de ler periódicos; contudo, há pouco tempo, lendo o *Jornal do Commercio*, vi alguns fatos que contradizem o que disse o nobre senador; ele disse que durante o tempo de sua administração só houve um assassínio, que foi o cometido no ermo dos Dois Irmãos; entretanto li que um homem, depois de matar uma mulher, também se suicidara; li que um filho dera um tiro em seu pai; li que apareceu um cadáver mutilado, que não se conhecia de quem era; li esse horrendo atentado da Caqueirada, onde os assassinos encheram o crânio de um morto de sementes de melancia; e tenho lido outras muitas notícias semelhantes; entretanto, diz o nobre senador que não houve senão um assassínio!

Sobre roubos, o relatório do ministro diz que, depois que foram presos uns salteadores, a cidade se tranqüilizou mais a este respeito; ainda hoje ouvi um nobre senador dizer que, sendo a sua casa privilegiada por muitos anos, tem sido há pouco tempo assaltada por vezes; além disto, eu vejo que o chefe de polícia é o mesmo, que a Guarda Municipal é a mesma que então existia; logo, de que meios lançou mão o governo de 19 de setembro para dar tranqüilidade à capital do Império? Creio que dos mesmos empregados em outro tempo; aliás, aponte-os o nobre ex-ministro.

Ora, vejamos o que fez o governo que há pouco acabou, com a sua política, para embaraçar que o senado diga ao trono que, mediante uma política mais bem combinada, com o auxílio da Providência, espera que a ordem se restabeleça na província do Rio Grande! Ora, o que eu vejo é uma obstinação em conservar o general Eliziário. Senhores! A nomeação já foi gravemente censurada, e com razão, porque um homem indisposto com grande parte dos habitantes daquela província não podia ali ser nomeado, sem comprometer a causa pública; em segundo lugar, a censura e murmuração continuaram, e o governo acintosamente o conservou ali, e só depois de muito tempo é que, para poder desenganar-se, fez marchar um dos seus membros para aquela província, a fim de conhecer-se era verdade o que dizia o público contra esse general. Desgraçado é o Brasil se os ministros são os únicos capazes de reconhecerem a verdade, não bastando informações e clamores públicos; mas reconheceu-se, enfim, a incapacidade desse general, e acha-se removido, posto que tarde. O mesmo aconteceu com a nomeação de outros empregados.

Outra medida que censurei à administração que acabou foi não embaraçar o comércio dos rebeldes; ora, isto que todos sabem que é uma necessidade, privar os inimigos de todos e quaisquer recursos que possam ter, parece que foi ignorado pelo ministério passado. Mas disse-se que para isso eram precisas medidas legislativas; eu não entendo assim, entendo que era uma necessidade da guerra, uma lei constante dela, de que todas as nações fazem uso independente de ato legislativo.

Mas uma das coisas com que se ocupou muito o nobre senador ex-ministro foi dizer que ensinou ao povo a ter fé nas instituições. Senhores! Se isto não é mangação que se faz ao público, não sei que seja; não posso entender que fé nas instituições só por si possa salvar o Brasil; eu até digo, por honra do nobre senador, que se abstenha de semelhante expressão; ela põe em perigo a sua religiosidade, de que há certo tempo faz alarde; lembre-se que Calvino é quem assim ensina, mas que o catolicismo crê que a fé sem obras é insuficiente, é fé morta. Este princípio de heresia política está muito de acordo com a heresia cristã.

Disse-se que não se podiam tomar medidas para embaraçar o comércio com os rebeldes, sem que o corpo legislativo fizesse uma lei para isso; permita-me o Senado que eu leia uma parte do *Jornal do Commercio*, transcrita do *Bemfazejo*, de Santa Catarina, para provar que essas providências se têm tomado ali, sem ter sido necessárias medidas legislativas, e têm produzido salutar efeito. Depois de contar algumas coisas dessa província, diz o *Jornal do Commercio*: "As providências tomadas e os registros e guardas já lhes têm feito sentir (aos rebeldes da vila de Lages) faltas, e não tarda que se vejam obrigados a vir pedir misericórdia".

Não posso atribuir a escrúpulos desta administração o não ter tomado medidas para obstar o comércio dos rebeldes no Rio Grande, por ser preciso um ato legislativo, quando me lembro que ela criou empregos que a lei não autorizava; quando me lembro que aumentou o número dos desembargadores sem necessidade alguma, aumentando assim as despesas do Estado; quando me lembro de um juiz de direito, que foi removido de Porto Alegre para Alagoas, entretanto que essa administração proveu o lugar de Porto Alegre e o de Alagoas, onde já este mesmo juiz tinha posse, ficando sem lugar. Depois de tais fatos não lhe posso acreditar nos escrúpulos.

Como se tocou na sessão passada em um empregado de São Paulo, que era inspetor da Tesouraria, sobre o procedimento que teve o governo com ele, toca-me dizer ainda mais alguma coisa. Tendo sido suspenso aquele empregado, foi pelo júri julgado sem criminalidade; e mandando-lhe o inspetor interino pagar metade do ordenado, devendo ser todo, e dando parte ao governo, que fez este? Mandou que o inspetor restituísse essa mesma metade do ordenado. Mas disse-se que esse procedimento era porque o inspetor não pertencia ao credo do governo: ignoro a causa, e só atesto o fato.

Também se sabe que um cidadão comprou nesta Corte, nos leilões, alguns escravos e os levou para Santos, com os despachos necessários. Que aconteceu? O juiz obrigou esse homem a que entregasse os escravos e determinou ao juiz de paz que fizesse o interrogatório e processo; o juiz de direito obstou, e não quis que lhe entregassem os escravos; deu parte ao presidente da província, este consultou ao exmo. ex-ministro da Justiça; foi daqui uma portaria, ou ofício do ministro, dizendo que se devia aprovar muito o procedimento do juiz de direito, e que não se entregassem a esse homem os escravos senão quando ele provasse que eram seus por uma sentença ao juízo civil. Eis o que se pratica; toma-se a um cidadão a sua propriedade; e diz-se-lhe: ela não vos será entregue senão quando provardes que é vossa!

Lembro-me mais de outro exemplo para provar que o governo de setembro não pode alardear de escrúpulos: foi uma portaria do ministro da Justiça criando penas horrorosíssimas de duzentos a mil açoites para os escravos rebeldes. Senhores! Se o governo pode criar penas arbitrárias e mandar dar açoites em escravos dos outros, então estamos à discrição do governo.

Falou-se aqui em desperdícios, e pareceu que o nobre senador se incomodava muito em se atribuir desperdícios à administração passada. Eu não examinarei isto, mas o público diz que os empréstimos que se contraíram foram muito prejudiciais ao Tesouro.

Disse também o nobre senador que agora com 8 mil e tantos homens no Rio Grande se faz quase a mesma despesa que se fazia quando havia 2 mil e tantos homens. Senhores! Eu já disse que não eram só 2 mil e tantos homens que ali havia; eram mais, e a maior parte passou-se com o chefe para as forças dos rebeldes. Demais, perguntarei eu: não são desperdícios o pagar dívidas ilegais a homens que nunca serviram, ou abandonaram os empregos? Além destes desperdícios, quanto não despenderia a nação nessa viagem de um ministro de estado ao Rio Grande, só para conhecer se o general Eliziário era bom ou mau? Fala-se muito na grande despesa desse barco a vapor, ajuda de custos etc. etc.

O nobre senador fez também a apologia da administração de setembro, dizendo que ela teve por fim não fazer inovações. Contra isto já se tem alegado fatos; já se observou que talvez não houve um presidente que não fosse mudado; não falarei do atual de São Paulo, a respeito do qual se disse que não houve queixa contra ele. Senhores! Desse presidente muitas cousas se têm dito, e eu não venho aqui acusar ninguém; mas, quando se fala de nomeação, e se atribuem erros à administração, é necessário dizer a qualidade deles; direi só que o fato da França prova por si a capacidade desse presidente; direi mais, para prova de sua negligência, que tendo feito um requerimento em favor de um empregado que por lei devia ter aposentadoria, três meses levou o presidente para lhe dar o despacho, e isso com muito custo, depois de lhe terem pedido os seus amigos, a instâncias minhas; e por quê? Porque esse empregado não era homem do seu credo. E qual seria a causa por que se mudou imediatamente o presidente de Minas, o do Maranhão e o do Ceará? Vemos que esses presidentes que ali se achavam tinham em seu favor a maioria das Assembléias Provinciais, não havia queixas contra eles; entretanto, logo que entrou, o governo de setembro os demitiu, e por quê? Porque queria ter nas províncias pessoas que trabalhassem nas eleições, e no sentido dessa administração.

Também se disse que um presidente do Rio Grande, depois de ter mandado soltar os anistiados, se viu obrigado a mandar recolhê-los outra vez à prisão. Ora, quem obrigou esse presidente a fazer isso? Não foram os rebeldes, e sim os chamados ultralegais, por insinuações que tiveram, pelo desrespeito e desobediência aprendidos no procedimento da oposição de então; entretanto, eu vejo que esse presidente, com os fracos meios que tinha, fez sortidas excelentes, e lançou os rebeldes para fora das trincheiras, e recolheu gados e cavalhadas.

Agora direi que os princípios mais perigosos que se têm propalado nesta discussão, e mais vezes, são dois: um é não haver princípios absolutos em moral e política; o outro é o governo das maiorias; isto, infelizmente, não abona muito os altos talentos que se supõem ao nobre ex-ministro; pois pode ele negar que as ciências tenham princípios absolutos? Talvez confundisse isso com o que chamam os filósofos princípios *a posteriori*, que não são mais do que resultados de fatos ou seus representantes.

Mas há princípios *a priori*, anteriores aos fatos que os regem, e são estes os que constituem a ciência; darei um exemplo: ninguém deve ser ingrato ou traidor. Não há tempo, lugar, ou ocasião em que sejam lícitas a ingratidão e a traição. Eis aqui por que o ilustre senador recorre à bula das circunstâncias, sem dúvida porque desconhece princípios fixos e imutáveis. Lembro-lhe que o mesmo exemplo que citou prova a existência de um princípio que o rege.

Disse o nobre ex-ministro que, para salvar um artigo da Constituição, não deixaria perecer o Estado. É verdade; porque a suprema lei, princípio universal e imutável, é a salvação do Estado, que subordina quaisquer outros princípios secundários.

Ora, vamos aos governos das maiorias; eu julgo que isto é até contrário à Constituição. Eu tenho ouvido dizer que o nosso governo é o das maiorias, e que, quando a maioria quer uma coisa, deve ser feita, isto seria o governo da força, e é verdade que a maior sujeita a menor.

Ela não reconhece os princípios de maiorias das Câmaras, como pretende o ilustre ex-ministro; a Constituição, pelo contrário, dá ao poder Moderador o direito de negar sanção às leis que passam pela maioria das duas Câmaras, e isto é, porque ela entende que as maiorias não devem governar.

A Constituição, dá também ao poder Moderador o direito de dissolver a Câmara dos Deputados, ou de adiá-la, e por quê? Porque não quer que as maiorias governem; porém eu direi, assim mesmo, que essas maiorias devem ter consideração, quando são a verdadeira expressão da maioria dos sentimentos nacionais, quando não são efêmeras, criadas por sedução, ou por cabalas e falsas sugestões, pois, sendo assim, facilmente elas se dissipam e tornam-se minorias. Disse-se aqui também (e foi de certo modo desenvolvido este pensamento) que eu não achava remédio aos nossos males; eu entendo ainda o mesmo, e trago um exemplo: o comércio dos africanos livres acha-se no Brasil em estado tal que já não há autoridade alguma que possa obstar-lhe; o mesmo acontece em outras coisas: a nossa imoralidade é geral, o abuso da liberdade de imprensa é imenso, e tem bastante cooperado, além de outras causas, para semelhante estado de coisas; e que se há de fazer neste caso? Eu não descubro meio algum; estimaria que os que concebem esperanças apresentassem o remédio.

Está, pois, reconhecido que o tópico da resposta à Fala do Trono que diz que o Senado espera na Divina Providência que, mediante uma política mais bem combinada, a ordem se restabeleça, deve ser aprovado; porque com isto fazemos uma censura, não acre, como se disse, mas muito doce, à administração que acabou; e eu entendo que se não dissermos isto, se se aprovar uma política que tem sido tão reprovada (penso que por toda a nação, porque a detesta), é que o Senado se prostituirá, de certo, se não aprovar a opinião do nobre senador.

Por esta ocasião também direi ao nobre senador que entendeu mal, quando disse que eu havia dito que o Senado se cobriria de vergonha se não fosse aprovado o tópico em discussão; eu sustento o princípio de que qualquer um pode dizer que o Senado será tachado disto ou daquilo, de não aprovar esta ou aquela opinião. Quando eu sustento uma coisa que julgo justa, devo supor que será tachado de injusto o contrário da minha opinião, e isto não é um crime. Mas eu não disse que o Senado se cobriria de vergonha, se o Senado não aprovasse o tópico em discussão.

Falarei também sobre o espírito de ordem. Senhores! Quem tem lido o relatório apresentado pelo ministro da Justiça, não pode deixar de conhecer que, com efeito, o espírito de ordem é muito geral na Brasil; quem não vê o que tem acontecido com o júri? Quem não terá fatos a apresentar contra esta instituição, ou contra os enormes abusos dela? Pelo modo que está a liberdade da imprensa, que vantagens temos tido dela? A administração da justiça civil é péssima; eu ouço clamar em toda parte contra ela; e quando, diariamente, ouvimos um tribunal supremo denunciar que outros tribunais superiores têm praticado, não simples injustiças, mas injustiças notórias, podemos dizer que há espírito de ordem? Nós temos visto o que tem acontecido no Brasil pela impunidade dos crimes, pela má administração da justiça, e por causa dessa política infernal que tem havido, de subornos, ameaças e promessas. Senhores! Quem quer ser homem de bem é desprezado do governo, se é que não é coberto de algumas maldições pela imprensa; esta arma formidável é entregue aos maldizentes e caluniadores.

Mas, disse um outro nobre senador, que não havia necessidade de darmos a entender ao mundo o estado do nosso país. Senhores! Eu desejo saber se, porque o Senado diz ao trono, na resposta, que o Brasil está muito tranqüilo, e que tem muito boa ordem, as nações estrangeiras não saberão os fatos e as desordens que há no Brasil. E os brasileiros estão proibidos de ler os periódicos? Os estrangeiros não vivem entre nós? Eu acho que seria mais conveniente declarar com franqueza o nosso estado; daqui não nos vem descrédito algum; pelo contrário, se conhece que nós somos homens sinceros, interessados no melhoramento do nosso país; que advertimos a coroa para melhor providenciar; que falamos a verdade, até para que o novo ministério[79] saiba escolher melhores agentes, e dar mais acertadas providências para restabelecer a ordem.

Um dos meios que se disse ter servido a administração passada para criar prosélitos tem sido a distribuição de africanos; não será assim, mas eu tenho ouvido falar muito de que esta tem sido uma arma de que se tem servido a administração passada, para obter votos e adquirir amigos etc. Ora, se isto é assim, lançou-se mão de uma arma péssima; até por honra desse governo devia ser patenteado o modo por que se faziam tais distribuições; mas, então, seria atendida a fábrica de ferro de Ipanema, que não foi contemplada, tendo aliás urgente necessidade de braços, e sendo estabelecimento nacional; e, bem assim, outros muitos que têm igual necessidade, como se depreende do relatório do ministro do Império; o Jardim Botânico, por exemplo. Os particulares têm podido obter esses africanos, porque isso interessava à administração passada, e o serviço público não! Estando assim tudo corrompido, quem quererá mais trilhar o caminho da honra? Quem, para adquirir empregos, recorrerá a serviços relevantes quando mais fácil é recorrer ao patronato e às baixezas que o governo exigir? Julgo, portanto, de necessidade que passe o parágrafo como está.

---

[79] Ministério de 16 de abril de 1839.

# 46.

## DEFESA DE SUA GESTÃO

[Extraído de *Anais do Senado*, 1912, t. I, pp. 333-7]

~

O sr. Feijó [disse]: Sr. presidente, coisas há que, parecendo pequenas, têm resultado de importância. Um pequeno erro de gramática lança às vezes uma nódoa na reputação literária do escritor. Assim a emenda que ofereci ao parágrafo segundo parece insignificante e de nenhuma utilidade pública; mas este parágrafo podia acarretar pouca consideração ao Senado.

A expressão com que se atribui a felicitação pela saúde de s. m. i. ao regente com o tratamento de v. m. é, sem dúvida, imprópria ou sem significação. Lembre-se o Senado que o regente somente representa a autoridade do imperador e nunca seus atos físicos ou pessoais. O mesmo regente tanto o reconhece que, tratando da saúde do imperador, não diz que ele tem saúde em nome de s. m. i., e seria sem dúvida risível que ele comesse, dormisse, tivesse saúde etc., em nome do imperador. O regente fala em nome de terceiro; emitimos a fala, e não usamos de uma expressão que não pode adaptar-se ao que queremos.

Eu já disse, noutra sessão, que, se na fala não viesse este objeto alheio dela, se o governo se limitasse a informar-nos sobre negócios que estão a seu cargo, não nos acharíamos no presente embaraço; portanto, melhor seria que se suprimisse este parágrafo e o seguinte que trata do casamento das princesas: este negócio é todo doméstico, pertence ao tutor, que anualmente nos comunica o que convém a este respeito. Eu não proponho a supressão, para que não se diga que o faço por ser republicano. Sr. presidente, não sei por que gratuitamente se me acha com cara de republicano; não quero dar lugar a suspeitas; mas se algum senador reconhecido monarquista puro oferecer a emenda, eu votarei por ela.

Sr. presidente, na menoridade do imperador, a nação nomeia um cidadão para que dirija o Império em seu nome, e a Assembléia nomeia um tutor para que o governe, dirija sua vontade, promova sua educação e administre seus bens. A lei que criou a tutoria declara expressamente que o tutor não tenha ingerência política: o governo deve também entender que não deve também ingerir-se na administração ou economia da Casa Imperial. Cada um cumpra os seus deveres.

Devo nesta ocasião fazer justiça ao tutor. A Providência nos dirigiu na escolha deste cidadão; sua honra, probidade e zelo são conhecidos a todos; é inegável o seu amor paternal para com seus augustos pupilos, o interesse que toma pelo decoro e esplendor da casa e boa administração dos bens da mesma. Não consintamos, portanto, que seja perturbado no exercício de sua profissão[80]. [Apoiados.]

Uma das razões apresentadas contra a emenda foi o dizer-se que não tínhamos muitas majestades. Sr. presidente, propriamente, o tratamento só compete ao regente enquanto exercita o supremo poder, posto que não de propriedade, mas em nome do imperador: a este, portanto, compete igual tratamento por honra, por ser a pessoa destinada para em tempo competente exercitar esse supremo poder; pela mesma razão se dá igual tratamento à imperatriz, e dar-se-ia a seus augustos pais, se aqui residissem. Portanto, essa razão nenhum peso tem.

Alegou-se o precedente da casa, senhores. Os precedentes com razão obstam a incerteza, quando servem de regra nos casos duvidosos; mas, quando são reconhecidos pouco razoáveis, seria absurdo continuar neles, só porque assim se praticou a primeira vez. Se isto fosse assim, nada se faria de novo, e o mundo conservar-se-ia estacionário. Espero, portanto, que o Senado, atendendo a estas razões, aceitará a emenda proposta.

Tratarei desse infeliz negócio do bispo eleito do Rio de Janeiro. O ilustre senador ex-ministro aproveitou-se do que há pouco disse na outra Câmara sobre ser ele irregular por causa do nascimento; porém saiba o senador que esse sacerdote, para o ser, devia ser dispensado dela, e o foi sem dúvida não só para ordens, como para obter qualquer dignidade ainda de cardeal, pois para tanto estava autorizado por breve especial da Santa Sé o bispo que o ordenou; e por aqui vê-se que isto não foi obstáculo para se lhe negar a confirmação, e o governo de outubro nunca insistiu para que tal dispensa se obtivesse, porque dela não necessitava: as causas foram outras, e já por mim declaradas nesta casa.

Sr. presidente, o direito de confirmar consiste em examinar se o eleito está livre de impedimentos canônicos, para dar-lhe as bulas de confirmação. Se há direito e se este é que regula em tais matérias, não pode o papa negar

---

[80] Desde 1833, era tutor de d. Pedro II Manuel Inácio de Andrade Souto Maior, marquês de Itanhaém.

as bulas, não encontrando impedimento canônico: o contrário anularia de uma vez o direito de nomear. Ninguém nega ao papa o direito de pedir explicações ao eleito sobre proposições duvidosas que tenha proferido ou sustentado; mas estas nunca foram pedidas. O que se exigiu foi a assinatura de um formulário que de Roma se enviou, e que importava verdadeira retratação, e retratação de princípios que, pelo menos, muitos católicos sustentem; mas não obstante, explicações se deram aqui ao delegado da Santa Sé sobre os objetos da questão.

Com muita dignidade procedeu o ministro, quando insinuou ao bispo eleito que não assinasse a retratação; ele iria embaraçar a negociação em que o governo estava interessado, e que não importava menos do que reconhecer Roma os direitos da coroa e a obrigação de confirmar os bispos, quando canonicamente eleitos. Tanto foi indecorosa a aceitação dessa renúncia, que tantas razões fazem crer que foi solicitada; porquanto o governo aceitando-a, deixou em pé a questão e em estado de, para o futuro, trazer-nos grandes inquietações, muito mais quando os bispos nomeados laboram em verdadeiros impedimentos, que darão lugar, e com justiça, a novas recusas. Senhores, neste miserável desfecho ficou a nação ultrajada e vilipendiada a coroa. Os avisos do ex-ministro dos Estrangeiros, que neste negócio não foi senão o órgão do [Ministério] da Justiça, mostram, com toda evidência, que nenhum caso se fez deste objeto; que a promessa do governo, na abertura da sessão passada, foi uma perfeita mangação que se fez ao Senado ou à nação, pois que nenhum passo se deu para obter a confirmação; antes pelo último aviso se depreende manifestamente que o governo mandou declarar ao papa que nestas e outras nomeações não faria jamais violência a seus escrúpulos; e como poderia ser de outra sorte, se ainda hoje sustenta o ex-ministro da Justiça, nesta casa, que o papa tem direito de recusar a confirmação em casos semelhantes? Só se o governo, quando prometeu que empregaria meios que não deixariam de fazer aquiescer as consciências, nem arriscar os direitos da coroa, queria dizer com isto que solicitaria a renúncia do bispo eleito, com a qual tudo ficaria perfeitamente arranjado; mas, se tal foi o sentido da promessa, nem o Senado nem a nação assim entendeu nem pensou.

Vejamos, entretanto, em que estado achou a administração passada este negócio. O governo anterior ao de setembro, não podendo conseguir a confirmação, recorreu a uma espécie de represália, dificultando os recursos ao papa, a fim de que os bispos pudessem ser investidos dos direitos inerentes ao episcopado, para bem governar as suas igrejas, não recusando recorrer a Roma nos únicos casos em que a religião torna tais recursos indispensáveis; e o que mais podia fazer um governo católico? Mas o governo de setembro desprezou este meio. O governo de outubro encetou uma concordata, que tinha por fim tornar valiosa a nomeação do governo, fazendo bispo ao eleito, embora não fosse do Rio de Janeiro; mas, em compensação dessa pequena cessão, eram todos os casos, independentemente de Roma; esta reconhecia os direitos da coroa em nomear e o seu dever de confirmar, não havendo impedimento canônico: marcavam-se regras para providenciar os remédios no caso de injusta recusa etc. etc., mas o governo de setembro tudo desprezou, tudo abandonou, para cobrir-nos de vergonha e vilipendiar-se a si próprio.

O nobre ex-ministro da Justiça[81] referiu dois fatos, que não são inteiramente como ele os declarou; mas eu aceito-os, e direi que o rei dos franceses era obrigado a retirar a nomeação, por não ser canônica; e o papa esteve no seu direito, quando recusou a confirmação. Um tinha comunicado *in sacres* com pessoa que o papa pretendia estar excomungado e inabilitado de ser eleito para dignidade alguma eclesiástica. Outro tinha alterado a Bíblia com passagens heréticas; era, portanto, herege e irregular. Mas que semelhança há nisto com o bispo eleito, que nenhum impedimento canônico possuía? Segue-se, portanto, que o ministro é responsável à nação pelo descrédito que lhe causou, e pela injúria que deixou sofrer a coroa no vergonhoso desfecho deste negócio, aliás de tanta importância, até para o futuro.

Falarei alguma coisa sobre o espírito de ordem que o ilustre ex-ministro, inimigo da metafísica, assegura haver, posto que confesse que não há ordem. Os relatórios dos ministros e o estado inteiro do Brasil, que todos conhecemos, depõem altamente que não há espírito de ordem, exceto se se entender por espírito de ordem o não achar-se dissolvido o estado social, e haver ainda quem se oponha à desordem; mas ninguém entende-o assim; fatos freqüentes contra o ordem é que sempre provocam a falta de espírito de ordem.

Direi poucas palavras sobre o desleixo que tem havido em não exigir-se a evacuação do nosso território, havendo tanta amizade e tão boas disposições para consegui-lo. E por esta ocasião direi que as expressões injuriosas que foram proferidas pelo ilustre ex-ministro da Justiça com o ministro da França, nem eu, nem o Senado, jamais aprovaremos. Quaisquer que sejam os meus ressentimentos para com a França, em conseqüência desta injusta ocupação, respeitarei sempre a esse encarregado, que não conheço, só em atenção à origem de sua nomeação. O rei dos franceses me merece muita consideração; nem me persuado que o chefe de uma nação forte e poderosa tenha necessidade, para fazer valer seus direitos, de empregar para esse fim

---

[81] Bernardo Pereira de Vasconcelos, ministro da Justiça no ministério de 19 de setembro de 1837.

a intriga e a calúnia. Se eu vir razões muitas que a provem, ou sem a publicidade de fatos desta convenção, eu pensarei sempre o contrário.

O ilustre ex-ministro da Justiça exorta o Senado para que não perca tempo em censurar o governo, prevenindo assim o seu juízo. Senhores, a Constituição nos obriga a valer na guarda dela; e de que modo o faremos? A Câmara dos Deputados tem o meio das acusações, e o Senado, se abandonar a censura, torna-se inútil. Pois há de o Senado ver o ministério violar a Constituição, pisar as leis, hostilizar os cidadãos, promover a quebra da dignidade nacional, e conservar-se em silêncio? Seria anular a responsabilidade do governo, única garantia que sobressai no sistema representativo; pois, no governo absoluto, todos os empregados respondem ao monarca por seus fatos. Os ministros, criando-se uma maioria na outra Câmara, estão livres de ser acusados, e desta sorte, nem ao menos seremos órgãos dos sentimentos nacionais, gritando e declarando seus erros e prevaricações. Senhores, cumpramos nosso dever, demos sinal de vida; saiba a nação que o Senado é um muro entre o povo e o trono, para que nem este hostilize àquele, nem aquele invada a este.

Eu espero que a oposição da Câmara dos Deputados, que tanta glória tem merecido, a quem tanta gratidão se deve, que soube antecipadamente anunciar à nação os males que devia esperar do ministério que acabou, não deixará de justificar-se, apresentando regulares acusações, para desafrontar os cidadãos de tantos atos praticados pelo ministério contra seus direitos e seus interesses.

Responderei, pela quarta vez, ao ilustre ex-ministro da Justiça, que os atos do governo de outubro nunca poderão justificar os seus; até admira que, sendo esse governo tão profligado pelo ilustre senador, seja hoje chamado para justificar o passado por seus atos, em outros tempos desprezíveis no conceito do ilustre ex-ministro da Justiça.

Diz ele que o governo de outubro fez transações, mas que transações? A concordata com a Santa Sé, transação de que todos os governo católicos têm lançado mão, transação que nos trazia tantas vantagens reais, e que talvez por essa causa fosse rejeitada pelo ilustre senador. Seria a transação com o governo da Cisplatina? Ainda insisto na utilidade dela, embora o ilustre senador dissesse que aquele governo estava vacilante, não oferecia garantias; mas, para dar-lhe estabilidade e segurá-lo, é que tal transação era conveniente. Por interesse nosso devíamos escorar o governo legítimo contra a rebeldia; ele depois, nos prestaria serviços. [Apoiados.]

Disse o nobre senador que o governo de outubro também usou do sistema do medo, perseguindo a imprensa. Senhor presidente, não me lembro de que esse governo perseguisse a imprensa, senão quando pelo abuso se tinha ela tornado criminosa, e então era dever procurar que fosse punida. Seria melhor que o governo passado usasse desse meio, e não consentisse a ser tão ultrajado impunemente: era o caso, que já disse, em que desculparia qualquer excesso do poder, para punir escritores que o cobriam de baldões e injúrias. Eu antes prefiro estar na Turquia, que debaixo de um governo desacatado, sem respeito, e que se deixe cobrir de lama pelos moleques; é uma indignidade para qualquer nação possuir um governo tão vilipendiado.

Tornarei ao regime das maiorias, por estar convencido que o tal princípio do governo das maiorias é anticonstitucional e subversivo de toda a ordem. Sei que o nosso governo é monárquico-representativo; mas a Constituição me ensina que o elemento monárquico predomina no sistema, e está superior às maiorias das Câmaras. O imperante tem o veto sobre os atos propostos pela maioria de ambas as Câmaras; tem o direito de dissolver uma, e muitas vezes a Câmara dos Deputados, quando lhe parecer que a sua maioria é hostil à nação que representa: logo, é anticonstitucional defender o principio de que o monarca deve sujeitar-se à direção das maiorias. Não basta que o imperante não possa governar por si, ainda quer-se obrigá-lo a tirar os seus ministros das maiorias, anulando-se assim a prerrogativa de nomeá-los livremente. E o que é mais, quer-se que o monarca escolha ministros da confiança dos legisladores! Senhores, a nação nos enviou para observarmos a Constituição e exercermos as atribuições que ela nos concede, e não para aprovar ministros ou prestarmo-lhes nossa confiança: nosso dever é cooperar com o governo em tudo o que for necessário para o público; tudo o mais é confusão e desordem. Eu sempre estive no lado da oposição; mas apelo para alguns senhores senadores, que foram meus companheiros na outra Câmara, onde me viram votar pró e contra os ministros, segundo julguei conveniente, que nunca tive a pretensão de que os ministros fossem tirados do meu círculo. A obrigação dos representantes da nação é vigiarem na conduta do governo, e acusá-lo quando se desviar da lei; nisto está a principal modificação da monarquia absoluta, e não queiramos nem governar com ele; e que perigos resultariam do contrário? O ministério encontra ou forma uma maioria na Câmara dos Deputados, o que não é tão difícil, como a experiência mostra; eis aqui o governo apoiado por essa sua maioria, atacando a Constituição e as leis, na certeza da impunidade protegida por essa maioria, que, defendendo-o, defende seus próprios atos; isto falseia o sistema, e seria melhor governar mais absolutamente, mas às claras.

Lembrou o nobre ex-ministro que a experiência era fresca dos maus resultados de querer-se governar sem maiorias. Sr. presidente, eu posso certificar ao nobre senador das causas que motivaram essa renúncia ou demissão do regente passado. Esse fato é contraproducente, pois ninguém julgará proveitoso que a maioria que quer governar promova a queda do chefe do Estado; mas eu direi ao nobre senador que, se acaso se vangloria de haver capitaneado essa maioria, não tem razão. Esse cidadão tinha a escolher, ou um golpe de Estado, ou ir governando com os meios que tinha, fosse qual fosse o resultado, que a nação saberia a quem deveria atribuir ou retirar-se. Não querendo arriscar as conseqüências do primeiro expediente, não tendo ambição para o prender ao emprego, apesar dos males resultantes da falta dos meios que se lhe negavam, escolheu o último para que a nação cuidasse de si: mas lembre-se o nobre senador de que, se as maiorias têm ocasionado abdicações, também a França, Espanha, Portugal e mesmo o Brasil oferecem modernos exemplos de golpes de Estado, e alguns bem felizes, que têm custado caro aos capitaneadores deles. Enfim, os resultados dessas pretensões, dessas maiorias, têm sido sempre mais ou menos funestos às nações; e por isso lhe recomendo que não continue a capitaneá-los.

Darei agora uma explicação que na sessão passada me pediu o nobre senador.

Dizendo eu que tinha lido que um dos benefícios da passada administração fora mostrar que era possível a monarquia no Brasil, que lhe deu consideração etc., e que não sabia por que modo se tinha isso feito, porque nada via de novo, exceto certa prática que o espírito elevado dos brasileiros rechaçava, isto é, eu o declaro, a genuflexão ao monarca. Primeiramente, é uma injúria feita a todas as administrações desde 7 de Abril. [Apoiados.] Nenhuma deixou de respeitar e dar toda a consideração ao monarca. É verdade que nenhuma fazia a genuflexão. Sr. presidente, o Brasil compõe-se de senhores e escravos, e estes não são obrigados a ajoelharem perante os senhores; como é pois possível que o senhor de bom grado queira praticar em presença do imperador o que se não exige da mais vil condição na sociedade?! Senhores, que utilidade há em querer aviltar-se o cidadão brasileiro?! O homem vil não presta para nada. Renda-se ao monarca toda a demonstração de respeito e veneração, mas não seja idolatrado; nós estamos acostumados a dobrar os joelhos a Deus e aos objetos religiosos: não confundamos o homem com Deus: não há disso necessidade.

Persuado-me, à vista do que tenho dito, que as emendas devem passar, afim de que nos expressemos bem e com franqueza e verdade.

# 47.
## DEFESA DO PODER PROVINCIAL

[Extraído de *Anais do Senado*, 1913, t. II, pp. 135-7]

O sr. Feijó [disse]: Sr. presidente, emitirei a minha opinião sobre este projeto[82]. Eu acho que ele não só é inútil, como anticonstitucional e até anárquico; e farei toda a diligência para provar isto. É inútil porque o que se pretende com este projeto é fazer com que as Assembléias Provinciais acertem melhor na inteligência do Ato Constitucional, e não usurpem atribuições que lhes não competem; mas este projeto, quanto a mim, não sana esses males, não os remedeia, porque o Senado não quis que o projeto fosse a uma comissão, para que, à vista dos erros cometidos pelas Assembléias Provinciais, se soubesse de que maneira devíamos fazer a interpretação, e quais os artigos que dela precisavam.

A interpretação trata de artigos que se não referem a atos praticados pelas Assembléias Provinciais com excesso; e, por isso, referirei alguns fatos que me parecem não estarem na letra do Ato Adicional, para mostrar que esta interpretação não pode embaraçar que continuem a ser praticados. Referirei pois alguns atos da Assembléia da minha província, da qual tenho maior conhecimento. A Assembléia da província de São Paulo condecorou uma vila com o título de cidade; neste seu ato não fez mais que imitar o procedimento de muitas Assembléias Provinciais; mas, perguntarei, qual é o artigo em que elas se fundam para concederem títulos, condecorações etc. Eu vejo que a Constituição declara que essa atribuição só é permitida ao poder Executivo; e o artigo primeiro do projeto que está em discussão contém alguma disposição da qual as Assembléias Provinciais possam entender que não podem conceder tais títulos. Não, certamente.

---

[82] Estava em discussão no Senado o projeto da lei de interpretação do Ato Adicional, que acabou por ser sancionada em 12 de maio de 1840, dando início ao processo de centralização política e administrativa do Império.

O que eu observo é que elas poderão argumentar com o procedimento da Assembléia Geral, porque, se as Assembléias Provinciais têm usurpado poderes, têm aprendido isso com a Assembléia Geral, a qual já tem concedido títulos, e até mesmo condecorações, quando, pela Constituição, essa atribuição é dada ao poder Executivo somente. Se, pois, as Assembléias Provinciais têm exorbitado, que grande crime é esse quando a Assembléia Geral se tem arrogado igual direito? O seu procedimento foi por imitação e não por má inteligência.

Há pouco tempo, a Assembléia de minha província concedeu uma pensão, porque em um ato seu determinou que um professor fulano de tal tivesse mais tanto de gratificação; ora, eu considero que isto não é outra coisa mais que uma pensão, e assim o considero todas as vezes que se dá a um indivíduo qualquer dinheiro, e não ao lugar, ao emprego que exerce; mas nisto ainda a Assembléia Provincial aprendeu com a Assembléia Geral, porque ela tem por si mesmo iniciado pensões, quando a iniciativa deveria vir do poder Executivo; nisto, portanto, também obrou por imitação, e não porque entendesse ou interpretasse mal o Ato Adicional. Outros atos há da Assembléia da minha província que não tenho presentes.

Tenho lido atos de outras Assembléias Provinciais em que têm havido resoluções que mandam que o presidente da província nomeie a fulano de tal para tenente da Guarda Municipal; e qual é a interpretação que está neste projeto, que embarace ato semelhante? Nenhuma; mas nesse procedimento da Assembléia Provincial não houve senão espírito de imitação do procedimento da Assembléia Geral, que se tem intrometido em dar patentes, até mesmo nesta casa se tem declarado que fulano de tal é capitão, major etc. O que houve, portanto, foi espírito de imitação, e não má inteligência do Ato Adicional; e assim mesmo como se têm praticado estes atos, se têm praticado outros muitos por espírito de imitação do procedimento da Assembléia Geral, e não por má inteligência que se tenha dado aos artigos do Ato Adicional.

Se eu tivesse em minha mão um relatório, que aqui nos apresentou um nobre senador, dos atos arbitrários praticados pelas Assembléias Provinciais, poderia mostrar que eles não foram praticados por falta de interpretação do Ato Adicional, mas por imitação do procedimento que tem tido a Assembléia Geral ou por exorbitância do mesmo ato.

O que cumpre pois é que a Assembléia Geral cuide ou trate de revogar esses atos provinciais que estão fora das raias que a Constituição marcou às Assembléias Provinciais, e não se ocupar da interpretação de artigos sobre os quais não tem havido dúvida alguma, e que, a meu ver, por este projeto ficam mais mal explicados do que se acham no próprio Ato Adicional; portanto, creio ter demonstrado que o projeto é absolutamente inútil, e todos quantos atos excessivos das Assembléias Provinciais têm aparecido não são o resultado da má interpretação que se tem dado ao Ato Adicional, mas sim o resultado da imitação do procedimento da Assembléia Geral, ou por sua própria vontade, ou talvez também pela má inteligência que se tenha dado a alguns artigos, mas não destes de que se ocupa o projeto; e por isso tal interpretação só tem por fim coarctar as atribuições das Assembléias Provinciais, emendando-se por este modo a Constituição. Mostrarei agora como o projeto é anticonstitucional.

Senhores, eu estou persuadido que, se fôssemos examinar todo o Ato Adicional, muitos artigos acharíamos que seriam talvez julgados nulos a principio, por não estarem concordes com a lei que autorizou a reforma da Constituição[83]; mas já não é ocasião disso; essa ocasião foi quando a Câmara dos Deputados enviou ao Senado a lei da reforma; então ele devia dizer: não estou conforme em tais e tais artigos, porque eles excedem os poderes que vos foram conferidos. Mas não se fez isso, talvez por prudência; julgou-se que a Câmara dos Deputados representava a vontade nacional, e não se quis ir contra a sua opinião; ninguém argumentou contra isso, e o assentimento geral da nação ao Ato Adicional tem legitimado essas disposições.

Mas agora está-se talvez arrependido do que então se fez, e para esse fim se apresenta um meio com que eu me não posso conformar, e reputo anticonstitucional; quer-se que alguns que não estão bem-feitos, ou que não convêm do modo por que estão concebidos, tenham uma nova forma, e desta sorte, com o nome de interpretação, reformá-los; o que é contra a Constituição, e é supor que as Assembléias Provinciais são compostas em sua maioria de pessoas estúpidas.

O artigo segundo deste projeto, que se refere ao artigo primeiro do Ato Adicional diz que a faculdade de criar e suprimir empregos municipais e provinciais, concedida às Assembléias Provinciais, pelo § 7 do artigo 10º do Ato Adicional, somente diz respeito ao número dos mesmos empregados etc. Isto é uma doutrina toda nova. Eu não estou muito longe do tempo em que se fez esta reforma; quando dela se tratou, houve opiniões de que se devia extremar o que era lei geral e lei provincial, e quais os empregados que deviam ter a seu cargo executar as leis provinciais e gerais; porém nada disto passou, mas foi muito expresso o Ato Adicional, quando declarou quais eram os empregados gerais e provinciais; declara-os nominalmente pela qualida-

---

[83] Lei de 12 de outubro de 1832.

de e não pela natureza deles, e, logo que certos empregados não estão na exceção, como se podem agora induzir nela, e ir-se dar uma inteligência oposta à letra da lei? Isto é oposto ao que manda a Constituição, porque é reformá-la com o título de interpretação. Não haverá uma só Assembléia Provincial, e até nem um só particular que não reconheça que isto é um atentado contra a Constituição.

O mesmo vejo que acontece a respeito da suspensão e demissão dos empregados. E quem autorizou a Assembléia Geral para prescrever os regimentos das Assembléias Provinciais, quando no Ato Adicional se diz que a elas pertence formarem os seus regimentos? Este é um dos artigos reformados em que eu não descubro utilidade alguma. Há no Ato Adicional uma parte em que diz: "dando lugar à defesa". Conviria que se explicasse como era dado lugar à defesa, por exemplo, que o empregado fosse ouvido e convencido; mas não se fez isso, e julgou-se necessário estabelecer a marcha que se devia seguir na Assembléia Provincial em tais julgamentos; mas essa disposição é contrária à Constituição, porque tal interpretação importa uma verdadeira emenda, para o que nós não estamos autorizados; em vista pois destas razões, é incontestável que o projeto é anticonstitucional, porque, com a capa de interpretar, realmente emenda o ato adicional.

Mostrarei, finalmente, que o projeto é anárquico. É anárquico, e por quê? Porque vai produzir a anarquia, ensinando os povos a resistirem a todos os atos que lhes parecerem anticonstitucionais. Diz o projeto: "O artigo 16 do Ato Adicional compreende implicitamente o caso em que o presidente da província negue a sanção a um projeto, por entender que ofende a Constituição do Império". Já se acham marcados na Constituição os dois casos em que o presidente deve recusar a sanção, e não pode a Assembléia Geral arbitrariamente acrescentar outros.

Sr. presidente, eu declaro francamente ao Senado que, se eu fora membro da Assembléia Provincial, obrigado por um artigo do Ato Adicional a vigiar na guarda da Constituição, me oporia a esta interpretação por atentar contra a mesma instituição. Eu próprio na Assembléia Provincial que, quando o governo central nomeasse um juiz de direito em contradição com a lei provincial que desse esta faculdade ao presidente da província, eliminasse do orçamento o ordenado desse juiz intruso; e quando ainda assim continuasse no emprego que se suprimisse a comarca, anexando-a à vizinha; e quando nem assim o presidente executasse a lei provincial, que se lhe negasse dinheiro e forças para governar a província: era o meio constitucional de que me valeria para obrigar o presidente a obedecer às leis provinciais. Ora, o resultado que teria este procedimento era, pelo menos, um cisma na província, obedecendo uns ao presidente e outros à Assembléia Provincial; e será conveniente este estado? Não bastam tantos elementos da discórdia espalhados por todo o Império? Não basta este principio de resistência consagrado no nosso Código? Queremos levar este facho para incendiar as províncias? O deputado provincial que resistir a esta interpretação fará o seu dever, e o resultado deverá ser atribuído a quem o provocou, atacando claramente a Constituição, que ele está encarregado de guardar a defender.

Senhores, lembremo-nos que esta interpretação está muito mais escura que a lei. Esta divisão de negócios gerais e provinciais, sem definição, vai gerar a confusão e trazer ainda maiores abusos, pois eu mesmo confesso que não a posso bem entender; e em pouco tempo nos veremos forçados a fazer interpretações sobre interpretações: o que nos cumpre é revogar os atos das Assembléias Provinciais que estiverem claramente contra a Constituição, e quando sejam úteis, como me parece são muitos, os adotaremos em resoluções nossas. Tudo o mais é intempestivo e muito perigoso.

Se, pois, o projeto é inútil, anticonstitucional, anárquico, e até confuso e só capaz de produzir males, voto para que seja desprezado.

# 48.
## DEFESA DOS PODERES MUNICIPAIS

[Extraído de *Anais do Senado*, 1913, t. II, pp. 191-3]

O sr. Feijó [disse]: Sr. presidente, desnecessário parece toda a discussão sobre este projeto. O Senado como que recusa todo o esclarecimento e, desejando ardentemente aprová-lo, parece temer dar lugar a argumentos que o obriguem a mudar de opinião. Por duas vezes recusou enviar o projeto à comissão, procedimento sempre praticado em negócios ainda os mais insignificantes; marcha prudente, sempre seguida nesta casa. Ainda ontem, apenas o Senado conveio, talvez em obséquio a quem requereu, que se pedisse a cópia da representação da Assembléia Provincial de Pernambuco contra este projeto, mas como? Com a condição de não ser adiada a discussão, como se o Senado dissesse: "Sejam quais forem as razões que alegue a Assembléia Provincial, a sorte do projeto está decretada".

Senhores, eu estou certo que nós votamos umas vezes segundo entendemos e outras vezes como queremos, e só Deus sabe em que nos fundamos então para isso. Um ilustre senador já tinha proferido na sessão passada uma verdade: "Que o senador que não soubesse lógica jurídica não compreenderia o parecer da comissão, e não mudaria de opinião". Sr. presidente, tive pena nessa ocasião de que o autor da Constituição não exigisse como habilitação para senador o ter aprendido essa lógica jurídica, porque então eu não teria assento nesta casa; mas como já sou senador, quis ter algumas idéias sobre essa lógica, e quis mandar procurar por essas livrarias: certificaram-me, porém, que não encontraria semelhante ciência, e assim me pareceu; porque, sendo rapaz, aprendi a lógica, e sendo ela a arte de pensar, e não ocupando-se senão das operações do entendimento, e não tendo outro objeto senão o raciocínio e suas diferentes formas, impossível era que tivesse nome de lógica a faculdade que tratasse de objeto diverso.

Outro ilustre senador ofereceu-nos outra regra de interpretação para o caso presente, e era confrontar o Ato Adicional com a lei que autorizou as reformas. Eu renuncio a essa regra; pois, se tal confrontação tiver lugar, seremos obrigados a reconhecer que a maior parte dos artigos da reforma são nulos, por estarem fora da autorização concedida por aquela lei. Senhores, eu já disse noutra sessão: não devemos tratar da validade ou nulidade da reforma. Ela é tão nula em sua origem, como foi a Constituição. Esta foi oferecida por um homem; mas, como foi aceita pela nação sem relutância alguma, está legitimada. O mesmo acontece às reformas: se foram nulas em sua origem, pelo assentimento da nação estão legitimadas, e é hoje tanto Constituição como a Constituição primitiva.

Eu, contudo, persuado-me que os autores da reforma, fundados no artigo 71, que reconhece o direito de intervir o cidadão nos negócios da sua província, desenvolveu este artigo, exemplificado nos artigos da reforma; e, fundado neste princípio, tratarei da matéria do artigo em discussão.

Que a polícia e economia referem-se ao municipal, direi com franqueza; parece-me o sentido óbvio e natural; mas, podendo ser este artigo interpretado amplamente, sem absurdos, e segundo não só as regras da gramática, mas o gênio da língua, porque lhe queremos dar uma interpretação restrita?

Por que não se pode entender que a lei autorizou as Assembléias Provinciais a legislarem sobre a polícia provincial, e sobre a economia municipal somente quando houvesse propostas das câmaras? Pois podem as câmaras fazer posturas policiais, e nega-se igual direito às Assembléias Provinciais sobre as respectivas províncias?

Não disse um nobre senador que nada há tão importante como a polícia, e quer-se recusar às Assembléias Provinciais o que tanto lhes importa? Sim, a polícia é importante por sua necessidade e utilidade, e não pela dificuldade de legislar sobre ela. De mais, para que serve esta restrição? Se as Assembléias Provinciais podem legislar sobre a polícia municipal, compondo-se a província de municípios, e podendo as assembléias insinuar às câmaras as posturas que quiserem generalizar, não conseguia o que se lhes quer negar? Sem dúvida. Cresce somente o trabalho.

Vamos ao resto do artigo. Diz ele que a polícia sobre que podem as Assembléias Provinciais legislar é somente a da administração, e não a polícia judiciária. Não entendo esta interpretação, e parece que eu estou em melhor estado de entendê-la do que os deputados das Assembléias Provinciais. Eis aqui por que eu disse, na primeira discussão, que esses artigos trariam mais confusão e obscuridade, do que a própria lei da reforma. O que é polícia? É uma palavra que encerra uma idéia abstrata, que dificilmente pode ser bem definida. No sentido mais genérico, pode entender-se por ordem, quer no material, quer no pessoal. O que é polícia judiciária? Ignoro; não encontro a sua definição nem no dicionário, nem na Constituição, nem na legislação. Noto que a Constituição diz que às Câmaras legislativas compete regular a sua polícia: entendo, pela ordem que devem prescrever às suas casas, as suas discussões, ao respeito que devem os membros tributar-se reciprocamente; e o nosso regimento até regula como devem tratar-se os que fazem motim ou cometem crime na casa, mandando-os prender. A lei das Câmaras Municipais diz que elas podem fazer suas posturas sobre a tranqüilidade, segurança, saúde e comodidade geral dos habitantes, o que compreende muito. O Código Criminal, na parte respectiva à polícia, marca vários objetos que tendem à prevenção dos crimes, entretanto que as injúrias são ali compreendidas, sendo um verdadeiro crime, por ser ataque à reputação e honra a que o cidadão tem direito.

Um nobre senador há pouco entendeu por polícia judiciária o que diz respeito à prisão; e assim cada um entende-a como quer. Nós vemos chamar-se polícia a força destinada a fazê-la executar.

Senhores, para que serve esta interpretação? Eu trago o *Despertador*, onde estão os desvarios ou despropósitos das Assembléias Provinciais, denunciados por um ilustre senador, e neles não encontro legislação sobre polícia contrária a esta interpretação. Confrontei quanto pude. Verdade é que este trabalho era só próprio de uma comissão, que o Senado rejeitou. Peço, portanto, aos senhores senadores que dispensaram este trabalho, que me esclareçam e me informem quais são esses erros ou desvarios das Assembléias Provinciais, que se pretende evitar com a interpretação deste artigo. Exceto se se quer proibir às Assembléias Provinciais o criarem autoridades municipais. Eu, com efeito, encontro na lei dos prefeitos de Pernambuco o exercício deste direito. Mas a Constituição velha não diz que compete às câmaras municipais o governo econômico das cidades e vilas; por aqui não se declara que as Câmaras Municipais devem ter um governador, que faça executar suas posturas; se é, queremos que elas tenham um governo análogo ao nosso sistema, e não se metam a legislar e executar conjuntamente. Ora, se assim é, a Assembléia Provincial de Pernambuco nada mais fez do que criar esses governadores com o nome de prefeitos.

Enfim, sr. presidente, melhor será que as Assembléias Provinciais legislem sobre a polícia, sujeitando essas leis à sanção dos presidentes, do que legislem somente em matéria policial, sobre propostas das câmaras municipais, em cujo caso a reforma dispensa da sanção. Desta disposição se queixou um ilustre senador, mas queixe-se de si. Sr. presidente, não sei como houve tanto esquecimento dos princípios políticos nos autores da reforma, para criarem esses corpos legislativos com uma só câmara, e sem voto dos presidentes. Sem dúvida, muita desordem deve aparecer nas legislações provinciais; mas, se isto é mau, reforme-se a lei, e não é a interpretação que vai ser remédio a estes males.

Quero ouvir o que se me responde, e então, talvez melhor me possa explicar.

# 49.
## DEFESA DOS PODERES LOCAIS (1)

[Extraído de *Anais do Senado*, 1913, t. II, pp. 231-5]

O sr. Feijó [disse]: Não se me remeta para outro artigo, porque tenha relação com os que cito. O sistema da lei de 12 de outubro, que autoriza as reformas, é de citar todos os artigos que dizem respeito ao objeto que se pretendia reformar. Note-se o último artigo que trata da reforma do Conselho de Estado; nele se mencionam todos os artigos da Constituição, que dizem respeito ao dito Conselho de Estado. Portanto, não se fazendo menção especial dos artigos todos respectivos, não podiam ser estes reformados.

Continuarei. Combine-se o § 6 da reforma e o artigo 15, § 4 da Constituição, e diga-se como podia ser este reformado. Confronte-se o § 7 do Ato Adicional com o § 16 do artigo 15 da Constituição, e responda-se como foi ele alterado! A resposta é fácil: porque assim se quis. Compare-se o § 11 do mesmo artigo da reforma com o artigo 102, §§ 1, 2, 3 e 4 da Constituição, e se conhecerá que foram reformados somente porque se quis. Confronte-se o § 2 do artigo 11 do Ato Adicional com o artigo 36, § 2, da Constituição, e é saliente o arbitrário. Compare-se o § 4 deste artigo 11, com o artigo 15 da Constituição, e diga-se por que foi ele reformado. Confronte-se o § 6 com o artigo 164, § 2, e artigo 28, e com que direito foram eles alterados? Note-se o escândalo do § 7 comparado com os artigos 101, § 7, 154 e 155. Tudo se reformou somente porque se quis. Veja-se o § 8 confrontado com o artigo 179, § 35, que para condenação foi referido neste mesmo parágrafo; e que desculpa para ser ele reformado? O § 9, comparado com o artigo 15, § 9 da Constituição, convence da arbitrariedade nesta reforma. O artigo 13, confrontado com o artigo 101, § 4, o artigo 13 prova a nulidade da reforma. O artigo 21, comparado com o 26 da Constituição, mostra que foi este reformado porque se quis, unicamente. O artigo 26, comparado com o 123, da Constituição, mostra que foi este reformado sem autorização; o mesmo acontece com o artigo 30, confrontado com o 124 da Constituição. Enfim, comparem-se quase todos, e não aparecerá dúvida que o Ato Adicional foi todo ou quase todo arbitrário, fundado só no querer da Câmara dos Deputados.

Senhores, está demonstrado que a lei que autorizou a reforma não pode servir de base para a interpretação do Ato Adicional, porque este não é filho daquela, lá não está. Recorrerei portanto a outra fonte, aos artigos 71 e 81 da Constituição. Sem dúvida, os reformadores, dando desenvolvimento a eles, explicaram quais os negócios de particular interesse dos províncias, subordinando a estes artigos todos quantos pudessem estar em oposição aos mesmos; e nestes, e só nestes, irei procurar o pensamento dos legisladores; servir-me-ei também dos sentimentos que reinavam naquela época, que era dar às províncias tudo quanto lhes era necessário para satisfazer suas necessidades.

Senhores, não quero com esta demonstração dizer que o Ato Adicional é nulo, posto que o fosse em sua origem. Este defeito teve a Constituição, e talvez tenham todas as constituições do mundo; mas o tempo, o geral assentimento da nação o tem legitimado, e hoje é obrigação de todos obedecê-lo e respeitá-lo; quero mesmo esquecer-me de tratar se ele podia ser feito por uma só comissão, quando a lei mais insignificante tem necessidade do concurso dos três ramos do poder Legislativo. Por uma e outra parte, boas razões se podem produzir; mas isto já passou: obedeçamos.

Antes de falar sobre a interpretação do artigo primeiro do projeto[84], cumpre desenvolver a natureza, a índole do nosso sistema político. Parece que alguns ilustres senadores falam sempre com medo de federação, e até duvidam que ela se ache fundada na nossa Constituição. Observemos. Senhores, só num estado tirânico deixará de haver federação. A primeira relação que se nota é de cidadão a cidadão. Cada um em sua casa é soberano independente de outro cidadão; pode em sua casa regular o material e pessoal dela, pode usar de módicos artigos correcionais, para conservá-lo em ordem; compete-lhe a polícia doméstica. A autoridade pública só intervém para regular a sucessão a forma dos testamentos, e cuidar da família quando abandonada, porque tais providências interessam à associação de que ele faz parte. Reunidos os cidadãos, formam um município, e as leis de monarquia absoluta, e a nossa Constituição reconhece o poder municipal, quando diz que lhe compete o governo econômico e municipal da cidade ou vila; a lei regulamentar desenvolve em que consiste este governo na administração dos bens do mu-

---

[84] O artigo primeiro do projeto de interpretação do Ato Adicional acabou sendo aprovado intacto, com a seguinte redação: "A palavra municipal do art. 10 § 4 do Ato Adicional [sobre as atribuições legislativas das Assembléias Provinciais] compreende ambas as anteriores polícia e economia, e a ambas estas se refere a cláusula final do mesmo artigo precedendo propostas das câmaras. A palavra *polícia* compreende a polícia administrativa somente, não a polícia judiciária".

nicípio, na fatura dessas posturas, que tenha por fim manter a segurança, tranqüilidade, saúde e comodidade geral desses habitantes, conceder-lhes a ingerência no negócio em que eles têm um particular interesse.

Note-se que a Constituição não fala em polícia, e só em economia, entretanto que diz que lhes pertence a fatura de posturas policiais, sem dúvida, porque na palavra *economia* se encerra a mesma polícia; nem sei o que seja neste caso economia, senão o regulamento interno relativo à sua existência e conservação. Sr. presidente, quando abandonamos o sentido óbvio e natural das palavras, para defini-las em todos os sentidos em que são elas aplicadas, tudo se confunde. Ora, a nossa Constituição, reconhecendo nestas pequenas povoações o direito de cuidarem de seus negócios peculiares, com mais razão reconheceu igual direito nas províncias. Podemos, pois, afirmar que a Constituição criou a federação entre os municípios ligados pela província, como seu centro, e a ligação desta com a Corte, como entre comum. A legislatura está, pois, dividida entre os municípios com subordinação à Assembléia Geral. Podemos encarar a esta como o último anel da cadeia que forma a união entre elas. No poder Executivo não há federação. O imperador governa todo o Império por si e seus delegados. A Assembléia Geral, o imperador e o Tribunal Supremo de Justiça são os grandes inspetores de toda a associação, vigias e guardas da Constituição do Estado e das leis, para embaraçar qualquer violação ou exorbitância nos poderes que ao menos em parte lhes são subordinados para este fim.

Entendamos agora a Constituição e o Ato Adicional por estes princípios e em conformidade com a índole de nossas instituições.

Se alguns ilustres senadores convêm que nada é mais interessante do que a polícia; se a Constituição e as leis concedem às Câmaras Municipais legislar sobre ela, como pode negar-se este direito às Assembléias Provinciais? Muito mais à vista dos §§ 71 e 81 da Constituição. Que dificuldade há em formalizar a legislação policial, quando a Constituição julga as Câmaras Municipais habilitadas para isso? Se a reforma teve por fim municipalizar as províncias, permitir que dentro delas achassem remédio às suas necessidades, como negar-lhe aquilo de que mais elas necessitam?

Torno a declarar que este artigo da reforma, no sentido óbvio e natural, indica que o municipal refere-se também à polícia; mas o gênio sem erros da gramática, sem violentar a língua, pode tal termo deixar de concordar com polícia, e isto sem inconveniente algum, porque não explicaremos o artigo neste sentido? É ocasião de declarar a minha opinião sobre interpretação ampliativa, restritiva e declarativa. Concordo com a opinião do ilustre senador, que só reconhece por legítima a interpretação declarativa, pois qualquer alteração feita no sentido do artigo, para mais ou para menos, é sem dúvida alteração, e não explicação: descubro, porém, razão nos que sustentam que um termo honrado que compreenda muitas idéias, deve ser ele entendido com mais ou menos restrição, segundo a circunstância que melhor designe o sentido do autor. Farei depois aplicação.

Que a palavra *municipal* mais propriamente se refere só à economia, se depreende pela confrontação do artigo 167 da Constituição, onde se atribui às câmaras o governo econômico e municipal, porque nesta palavra *economia* já se inclui a polícia interna. Logo, seria uma verdadeira superfluidade semelhante palavra no artigo do Ato Adicional. A adição — sob propostas das câmaras — provém, primeiro, de querer-se conservar a iniciativa das posturas às Câmaras Municipais, a quem, pela Constituição, compete o governo e economia dos municípios; segundo, porque casos há em que elas só podem propor, como se colige do artigo 82, da Constituição e da lei regulamentar das câmaras. E qual o inconveniente das Assembléias Provinciais legislarem sobre polícia? Não vejo, nem nos casos relatados por um ilustre senador; pelo contrário, noto a vantagem de serem sujeitos à sanção quaisquer atos a esse respeito, o que não acontecerá se forem eles em conseqüência de propostas das câmaras, em cujo caso o Ato Adicional dispensa de sanção, faltando este meio tão necessário de prevenir medidas temerárias ou nocivas que possam provir de semelhantes leis discutidas em uma só câmara. Demais, já noutra sessão observei que, uma vez que as Assembléias Provinciais podiam legislar sobre polícia, por intermédio das câmaras, fácil lhes era insinuar essa medida, e fazê-la passar sem a sanção do presidente da província.

Voltemos à antiga questão, tão necessária para esta interpretação. Eu, por mais que tenha atormentado a minha cabeça, não descubro definição que satisfaça, compreendendo todas as idéias que se costuma unir a esta palavra; tomando-a por ordem, talvez se possa explicar a maior parte dos casos em que é ela aplicada. Muitas são as distinções e divisões que se podem fazer, mas a que faz o projeto ainda não pude perceber. Polícia judiciária, na minha primeira definição, poderia dizer-se que era o processo, a ordem que o regulariza para que o juiz possa por ele vir no conhecimento da verdade; mas disse um nobre senador que a polícia judiciária era a que dizia respeito à prisão do delinqüente e apreensão dos objetos que possam provar o crime; parece-me gratuita e até oposta ao que o Senado entendeu sempre. A Constituição diz que às câmaras compete regular a sua polícia interna. O que fez o Senado? Regulou as disposições, o arranjo material da casa, criou sua secretaria e até nomeou os seus empregados. Verdade é que a princípio consentiu que o governo os nomeasse, deu-lhes ordenados etc., e, o que é mais, regulou essa polícia judiciária, mandando prender os que cometessem crimes dentro da casa, e que se fizesse averiguação do fato para se soltar o delinqüente, ou fazê-lo entregar ao juiz. Eu leio o artigo do nosso regimento. Não sei se na outra câmara há a mesma disposição. Logo, o que concluo é que cada um define polícia judiciária como quer, e que semelhante interpretação vai produzir maior obscuridade e confusão no artigo, a não serem na lei definidas as palavras *polícia judiciária*, pois que nenhum de nós concorda no seu verdadeiro sentido. Por esta ocasião notarei que encontrei, no artigo 89 da Constituição, falando do regimento dos Conselhos Gerais, *polícia interna e externa*, quando em objetos semelhantes só fala em polícia interna. E qual será essa polícia externa? Não posso atinar com ele neste caso.

Segue-se, do que tenho dito, que a declaração ou interpretação não é necessária, porque nenhum mal evita, nem consta que mal algum houvesse ainda, nem mesmo dúvida; pelo contrário, leva [à] confusão e só pode produzir suspeitas e descontentamento. Apelo para os senhores versados em filosofia que digam se provei ou não isto.

Agora, responderei a outros argumentos que tenho ouvido. Disse um ilustre senador que na Câmara dos Deputados aprovaram este projeto 43 bacharéis. Ora, ele não disse que eram ignorantes, mas que lhe eram suspeitos, e com razão; pois, sendo a maior parte deles pretendentes e não pertencendo às províncias onde querem talvez ter empregos, e sendo a Corte o foco do patronato, e sendo até mais fácil tudo conseguir-se por tão diferentes meios, nada mais natural do que quererem depositar na mão do governo todas as mercês para dele as receberem; e nisso, em quanto a mim, teve legítimas razões de suspeição.

Outro senador, querendo provar que a interpretação tinha o voto nacional, lembrou que a nação enviou para ambas as Câmaras membros que a aprovam. Senhores, já vivo cansado de ouvir teorias falsas e estéreis. Com efeito, lendo-se, acha-se graça quando se diz que as Assembléias fiscalizam a arrecadação e aplicação das rendas publicas que são parcas nas imposições, porque estas lhes saem das algibeiras; mas é isto que se observa? Tudo é pelo contrário. Assim, sobre eleições, diz-se que os povos enviam seus representantes, que simpatizam com suas opiniões e que vêm defender seus interesses. Ora, o nobre senador dirá isto com sinceridade? Não sabe ele como se fazem as eleições? Não são elas feitas em cada província por dois ou três cabalistas os mais hábeis? Que parte têm nelas os pobres eleitores? O assenso às recomendações, às instâncias etc. Se as Assembléias Provinciais fossem as que elegessem, talvez se pudesse dizer que deputados e senadores representavam as suas opiniões. Falemos com franqueza. Nas primeiras legislaturas, em que a arte das cabalas não estava tão aperfeiçoada, vieram alguns pelo voto espontâneo dos eleitores; mas nós, que há pouco tempo tomamos assento, não poderemos dizer outro tanto. Portanto, essa razão é fraquíssima.

Outro nobre senador avançou que o poder judiciário era soberano. Tal idéia contradiz o que geralmente aqui se entende por soberano, isto é, o último, que não tem pessoa acima de si: como é, pois, soberano quem está sujeito à responsabilidade, quem tem de quem receba ordens? Só o imperador e a Assembléia são soberanos, porque não têm superior nem respondem por seus atos; há poderes independentes em seus atos, mas não soberanos.

Talvez possuídos destes princípios, os tribunais superiores não fazem caso dos cidadãos. Senhores, eu já o disse nesta casa, e agora o repetirei: nada tanto me escandaliza do que o procedimento do Tribunal Supremo. Diariamente está ele denunciando ao mundo inteiro que tal e tal tribunal acaba de cometer uma manifesta injustiça, violando tal lei expressa etc.; e qual o resultado? É ficar o cidadão sofrendo essa injustiça. O Tribunal Supremo, em lugar de proceder imediatamente contra esses tribunais, cala-se e ainda espera que outros cometam igual crime. Em verdade, é zelar pouco da justiça, deixando de cumprir a lei, que lhe incumbe fazer responsabilizar esses prevaricadores; é até olhar com indiferença para a própria dignidade (perdoe-se-me, porque não posso conter a indignação, quando me lembra isto) o tolerar que o tribunal revisor lhe diga: sois um caluniador, pois que os meus colegas nenhuma injustiça praticaram. Vós sois os que por malícia e ignorância lhes imputais semelhante crime. Tanto vale a confirmação da sentença declarada pelo Tribunal Supremo conter manifesta injustiça.

Senhores, eis aqui por que o povo não toma interesse por nossas instituições nem percebe suas vantagens. Nunca no governo absoluto se pratica semelhante escândalo: ao menos tinha o cidadão o recurso de queixar-se ao monarca, que podia tudo providenciar; mas hoje o tribunal encarregado de responsabilizar os tribunais prevaricadores denuncia à nação seus crimes, e volta ao silêncio.

Sr. presidente, será bom olho dos americanos em deixar a interpretação das leis, não sei a que qualidade dos seus magistrados. Dizem que os ingleses, donde eles descendem, são ótimos; entre nós é o que o Tribunal Supremo tantas vezes denuncia ao público.

Voto ainda contra o artigo, pelas razões que emiti.

# 50.
## DEFESA DOS PODERES LOCAIS (2)

[Extraído de *Anais do Senado*, 1913, t. II, pp. 256-9]

O sr. Feijó [disse]: Principiou ontem um nobre senador, procurando diminuir a força da minha demonstração sobre a nulidade do Ato Adicional, afirmando que não podia presumir que a Câmara dos Deputados, que declara fundar-se na lei que autorizou a reforma, a excedesse. Senhores, seria o mesmo que se um juiz dissesse a quem lhe oferecesse provas evidentes de que Pedro era ladrão: não posso presumir que Pedro seja capaz desse crime, não obstante as provas irrefragáveis do fato, porque o tenho em muito bom conceito. Senhores, não duvido que alguns artigos semelhantes fossem julgados reformáveis; mas artigos há onde nunca se descobrirá semelhança, e nem se poderá provar que não fossem reformados arbitrariamente.

Também disseram alguns nobres senadores que eu e os do meu lado rejeitamos a interpretação; nós a queremos, mas uma interpretação leal, franca e verdadeira, e que tenha utilidade, esclarecendo as Assembléias Provinciais, para que entendam como devem o Ato Adicional. Mas que utilidade se espera da interpretação deste artigo? Acaso foi por causa dele que se criaram prefeitos, agentes de polícia etc.? Desejo que se me apronte a legislação policial de alguma Assembléia Provincial. Nesse catálogo denunciado por um nobre senador não encontro uma só; apenas me lembro de uma lei do Ceará, que mandava aos agricultores plantar cada ano certo número de covas de mandioca: e que males produziu, ou pode produzir semelhante lei? Será em conseqüência deste artigo que algumas Assembléias dispensaram na lei da amortização, e da que proíbe loterias?

Um argumento, que não se cessa de reproduzir, é a necessidade de unidade da legislação e da justiça; mas, tantas vezes não se tem destruído esse argumento, mostrando que sempre houve e há de haver diversidade de legislação em cada província e até em cada município? As justiças não estão divididas pela mesma Constituição, que determina que haja nas províncias relações para julgar em segunda e última instância?

O mesmo poder Legislativo não está dividido em três corporações, a saber: Assembléia Geral, Assembléias Provinciais e Câmaras Municipais? E que mal resulta de tudo isto à união, ao interesse geral do Império? Nenhum. Para centro da unidade é bastante que o imperador governe o Estado por seus ministros e presidentes, seus delegados nas províncias, os quais, em seu nome, nomeiem os empregados delas, a saber, não todos, excetuados os principais; que a Assembléia Geral inspecione e fiscalize os atos das Assembléias Provinciais, para revogá-los, quando contrários à Constituição e tratados, e o Tribunal Supremo, para desfazer as injustiças praticadas pelos tribunais superiores. Esta é a centralização decretada pela Constituição, este é o laço que prende as províncias ao centro, onde reside o soberano que governa a nação. Tanta união não existe nos Estados Unidos, e contudo se não desunem, apesar dos prognósticos dos políticos da época em que tal união teve lugar, de que lhes resulta tanta glória e prosperidade.

Oportuna ocasião de me justificar do que ontem disse sobre o Tribunal Supremo de Justiça. Eu rogo ao Senado [que] queira prestar atenção, porque nada tão necessário do que defender os brasileiros contra o procedimento deste tribunal. Senhores, eis aqui a lei que determina que o Tribunal Supremo de Justiça proceda contra as autoridades que tiverem cometido crime de responsabilidade. Haverá coisa mais clara, mais terminante? Verdade é que, quando se quer, principalmente nesta classe, não há lei clara. Já ouvi dizer que o tribunal se defende, dizendo que, como a sua decisão depende do juízo do tribunal que tem de reformar a sentença, não pode, por isso, proceder contra o primeiro que cometeu a injustiça. Pois, o Tribunal Supremo, quando julga, é pela opinião da relação, ou por seu próprio juízo? Que importa ao juiz que o réu diga que não cometeu crime, quando este acha-se provado? Proceda o tribunal contra ambos os tribunais que cometem a injustiça, embora subsista a sentença, que a lei não manda o Tribunal Supremo reformar. Senhores, eis a causa por que às vezes tenho saudades do governo absoluto: nesse tempo, o cidadão oprimido tinha recurso ao monarca, e este providenciava; mas hoje ele nada pode, e o tribunal encarregado de castigar os prevaricadores deixa-os impunes. Parece que na mesma Turquia seria impossível que o sultão dissesse, ao vassalo oprimido: "É verdade, se vos fez uma injustiça, mas sofrei-a calado". Senhores, não é por este modo que há de a nação amar as instituições. Quando adotamos esta forma de governo, se nos prometeu que ninguém, [qualquer que] fosse a sua graduação, ficaria impune se nos oprimisse: mas o que observamos nós? O que acabo de dizer. Verdade é que o defeito é dos executores, e não da Constituição.

Voltemos à interpretação. Interpretação é a declaração do verdadeiro sentido do autor, tudo quanto se dirigir a ampliar ou restringir este sentido é alterá-lo: é verdade que, para acertar com o sentido verdadeiro, é necessário tomar a palavra ou expressão na significação ampla ou restrita, conforme as circunstâncias que a arte tem previsto. Portanto, no caso presente, a declaração gramatical é que o termo *municipal* pode concordar, ou só com economia ou com esta inteligência, será verdadeira? Digo que não, primeiramente, porque não há absurdo em entender polícia separada do municipal, v. g., *o legislador deve ter sempre em vista a eqüidade e a justiça distributiva*. São muitos os exemplos que poderia apontar, pelos quais se conhecesse que nem sempre o adjetivo concorda com os dois substantivos; mil razões obstam a que abandonemos a interpretação óbvia para buscar outra mais desusada, para assim melhor exprimir a mente, a vontade do autor. Leiam-se os artigos 145, 171 e 176 da Constituição, e ver-se-á que a Assembléia tem deixado o sentido óbvio para buscar outro mais análogo à natureza do sistema representativo. Nada parece mais claro à primeira vista, mas a Câmara dos Deputados, notando que, não tendo em suas mãos a votação ânua de força e dos tributos, tornava-se o governo apto para adiá-la e dissolvê-la, quando e como quisesse, por não depender da Assembléia; e torcendo aqueles artigos, tem declarado que o governo, depois do ano da lei do orçamento e fixação, não pode cobrar impostos nem conservar o Exército. Eis aqui estes e outros muitos exemplos, em que me fundo para abandonar o sentido óbvio, e ir procurar outro que, não contendo o absurdo, exprime melhor a mente e vontade do legislador.

Ora, se na época em que se fez a reforma era o pensamento dominante o declarar o artigo 81 da Constituição, para que as Assembléias Provinciais pudessem legislar, sem recurso ao imperador e Assembléia Geral, em todos os casos que os interesses provinciais o exigissem, como era possível que por este artigo se limitasse a atribuição de legislar sobre polícia somente a municipal? Veja-se a lei regulamentar das Câmaras Municipais, e ali se encontrará que as posturas deviam ir receber a aprovação dos Conselhos Gerais; portanto, se o artigo em discussão só isto concedeu, não só porque já os Conselhos Gerais por lei possuíam esta atribuição, como porque não era necessária reforma constitucional para gozarem daquilo que por lei se lhes podia conceder.

Parece-me, pois, evidente que o fim do poder reformante foi conceder coisa nova às Assembléias Provinciais, e coisa que muito importa a seus interesses, e que sem dúvida se acha incluída no artigo 81 da Constituição, origem de toda a sua autoridade, e que sem dúvida se pretendeu desenvolver pelo Ato Adicional. Logo, só entendo polícia destacada da palavra *municipal* é que se pode interpretar fielmente a mente e vontade do legislador.

De mais, sr. presidente, eu já mostrei noutra sessão que o artigo 167 reconhece nas Câmaras Municipais o governo econômico e municipal; e não fala nele em polícia, porque supõe incluída na palavra *economia*. Confronte-se, pois, este artigo da Constituição com o da lei da reforma, e se conhecerá que a polícia é outra coisa além da economia municipal.

Tudo quanto tinha dito é relativo à primeira parte do artigo do projeto em discussão. Vamos à segunda. Convém primeiro saber o que seja polícia; ainda não estamos de acordo sobre a definição, e muito menos sobre o que seja essa polícia judiciária. Já mostrei noutra sessão que o Senado, há doze anos, entendeu pelo seu regimento que podia legislar sobre essa polícia judiciária, segundo definiu um ilustre senador. O Código Criminal a entende de um modo, a lei das Câmaras Municipais, de outro; e cada um de nós de outro. Como, pois, queremos interpretar o artigo por meio de um termo tão equívoco e duvidoso? Vamos sem dúvida aumentar a confusão.

Senhores, há certas providências tão necessárias e tão importantes, mas difíceis de prever, que só circunstâncias peculiares as podem indicar. Eis a causa por que a nenhum governo lembrou legislar sobre a economia ou polícia doméstica; foi ela deixada ao chefe da família, porque só ele poderia a propósito regular seu governo doméstico. Pela mesma razão se deixou aos municípios arranjarem seus governos, enquanto à economia particular deles. Com maior razão a nossa Constituição reconheceu a necessidade de deixar as províncias determinarem sua polícia. Lembrarei algumas circunstâncias particulares, que o legislador não podia prever, mas que se devia acautelar o mal.

Na minha província, as bexigas fazem sempre estrago na população; convinha uma lei policial, a fim de que a vacina progredisse em toda ela. Os ciganos costumavam entrar ali por arribação: furto, contratos ilícitos etc. tinham lugar; convinha que houvesse uma polícia provincial para acautelar os males que resultassem destes homens estacionarem-se indistintamente. Em algumas províncias, principalmente do Norte, costumam denominar os portugueses de marotos, marinheiros etc. Em geral, tais nomes não são injuriosos, eles produzem desordens que convém evitar por uma lei policial, e uma província já fez essa lei. Muitos outros casos vemos que ao legislador não lembra, mas que as circunstâncias peculiares das províncias fazem aparecer, e que cumpre remediar: e quer se privar as províncias de o poder fazer? Pode o homem na sua casa, podem as Câmaras Municipais; e nega-se este direito às províncias, sendo aliás tão importante a sua tranqüilidade e segurança?

Senhores, eu estou confrontando as observações das Assembléias Provinciais com o Ato Adicional, para propor na terceira discussão um projeto de interpretação muito mais amplo, e capaz de remover esses males ou erros das Assembléias Provinciais: então conhecer-se-á se o empenho de que passe este projeto em discussão nasce do desejo de prestar cego respeito e vassalagem à Câmara dos Deputados, e talvez mais a alguém; ou se é com efeito para com ele acautelar males que não existem. O que peço presentemente é que ao menos definam as palavras os senhores que votam pelo artigo, a fim de evitar maior confusão. Enquanto a mim, parece-me que, pondo-se esta semelhante emenda, tudo se evitava. *Contanto que essas leis policiais não se oponham ou contrariem as leis da Assembléia Geral a este respeito.*

Parece-me que Assembléia Geral poderá legislar sobre aquela polícia que em todos os casos e circunstâncias pode ter lugar, mas que as Assembléias Provinciais possam fazer o mesmo nos casos ainda não legislados: e o mesmo poderão praticar as Câmaras Municipais. Lembrarei um exemplo. O Código fulmina penas contra injúrias e ofensas à moral pública; mas as Assembléias Provinciais, notando que na província há certa expressão injuriosa, a proíbe também debaixo de certas penas; e quando nos municípios aparecer também este dito ou ação injuriosa, mas não lembrado na lei da Assembléia Provincial, fará igualmente sua postura. Desta forma todos poderão legislar sobre polícia, só com diferença de uma legislação abranger mais ou menos casos, conforme as particulares circunstâncias do lugar. Voto portanto contra o artigo, por inútil e mal interpretado.

# 51.
## Correspondência entre
## o senador Diogo Antônio Feijó
## e o general barão de Caxias

[Extraído de *Jornal do Commercio*, n° 181, de 10 de julho de 1842]

Diogo Antônio Feijó ao barão de Caxias

Sorocaba, 14 de junho de 1842. [2ª via.]

Ilmo. e exmo. Sr. barão de Caxias:
Quem diria que em qualquer tempo o sr. Luiz Alves de Lima seria obrigado a combater o padre Feijó? Tais são as coisas deste mundo...[85]

Em verdade o vilipêndio que tem o governo feito aos paulistas e às leis anticonstitucionais da nossa Assembléia me obrigaram a parecer sedicioso. Eu estaria em campo com a minha espingarda se não estivesse moribundo; mas faço o que posso. Porém, alguns choques têm já produzido o espírito da vingança, e eu temo que o desespero traga terríveis conseqüências; e como persuado-me que s. m. i. há de procurar obstar as causas que deram motivo a tudo isso, lembra-me procurar a v. exc. por este meio, e rogar-lhe a seguinte acomodação que é honrosa a s. m. i., e à província; e vem a ser: 1°) cessem as hostilidades; 2°) retire-se da província o barão de Monte Alegre e seu vice-presidente até que s. m. nomeie quem lhe parecer; e a província pede a v. exc. que interceda perante o mesmo senhor para que não nomeie sócio, amigo ou aliado de Vasconcelos; 3°) que a lei das reformas fique suspensa até que a Assembléia receba a apresentação que a Assembléia Provincial dirigiu à mesma sobre este objeto; 4°) que haja anistia geral sobre todos os acontecimentos que tiveram lugar, e sem exceção; embora seja eu só o excetuado, e se descarregue sobre mim todo o castigo.

---

[85] Em 1842, o Feijó participou da revolta liberal eclodida em São Paulo (e também em Minas Gerais), contra as leis centralizadoras aprovadas pelo Parlamento.

Exmo. sr., v. exc. é humano, justo e generoso; espero não duvidará cooperar para o desta minha pátria. Eu lhe assevero que exigirei a execução deste tratado por parte do governo atual da província, e como comandante de nossas forças pode concluir definitivamente esta capitulação.

Deus felicite a v. exc. como deseja quem é de v. exc. amigo, obrigado e venerador.

[Assinatura.]

P. S.:

O portador lhe entregará alguns exemplares de um periódico que eu redijo.

## Barão de Caxias a Diogo Antônio Feijó

Ilmo. e exmo. sr. Diogo Antônio Feijó:

Respondo a v. exc. pelas mesmas palavras da sua carta hoje recebida. Direi: quando pensaria eu em algum tempo que teria de usar da força para chamar à ordem o sr. Diogo Antônio Feijó? Tais as coisas deste mundo! As ordens que recebi de s. m. o imperador são em tudo semelhantes às que me deu o ministro da Justiça em nome da Regência, nos dias 3 e 17 de abril de 1832, isto é, que levasse a ferro e fogo todos os grupos armados que encontrasse; e da mesma maneira que então as cumpri, as cumprirei agora. Não é com as armas na mão, exmo. sr., que se dirigem súplicas ao monarca, e nem com elas empunhadas admitirei a menor das condições que v. exc. me propõe na referida carta. Disponho de forças quádruplas daquelas que hoje apoiam o partido desordeiro desta província, e sobre a posição em que v. exc. se acha, marcham elas em todas as direções; e dentro em pouco tempo a cidade de Sorocaba será cercada e obrigada pelos meus canhões e baionetas a render-se.

Nenhuma resposta recebo que não seja a pronta dispersão e submissão dos rebeldes.

O portador entregará a v. exc. uma porção de exemplares da proclamação que dirijo aos verdadeiros e leais paulistas; e bem assim da que no mesmo sentido fez publicar s. exc. o sr. barão de Monte Alegre, legítimo presidente desta província.

Sou de v. exc. atento venerador e criado obrigado.

[Assinatura.]

## Diogo Antônio Feijó ao barão de Caxias

Exmo. sr. barão de Caxias:

Da sua resposta colijo que não dá esperanças de acomodação alguma, e que reduz os paulistas a entregarem-se à discrição, ou tentarem a sorte do desespero. Confesso a v. exc. que nunca contei com semelhante resolução sua. Talvez de viva voz eu pudesse convencer-lhe da justiça da causa que defendemos, mas o meu estado de enfermidade embaraça-me tão grande jornada; contudo, se v. exc. quiser, aproximando-se mais, em hora e lugar certo eu me esforçarei por comparecer. Entretanto, se v. exc. quer poupar sangue, e lhe lembra algum meio decente, proponha que eu trabalharei por obter a aprovação; aliás, lavo as mãos, aconteça o que acontecer.

Deus guarde a v. exc. muitos anos.

Sorocaba, 18 de junho de 1842.

De v. exc. amigo, venerador e obrigado servo.

[Assinatura.] [Governista.]

# 52.
## DEFESA DO SENADOR DIOGO ANTÔNIO FEIJÓ

[Extraído de *Suplemento do Jornal do Commercio*, n° 133, de 18 de maio de 1843. Processo dos senadores, Resposta do senador Diogo Antônio Feijó, Sessão do Senado de 15 de maio de 1843, presidida pelo barão de Monte Alegre]

Augustos e digníssimos senhores:

Obedecendo à ordem do Senado, que me manda responder sobre a pronúncia lavrada pelo chefe de polícia de São Paulo, em que sou qualificado cabeça de rebelião[86], vou só dar uma prova do meu respeito e consideração a este respeitável corpo, pois que, não havendo lei, nem ao menos artigo regimental que isso determine, nenhum outro motivo me poderia mover.

Não estranhe o Senado a demora que tenho dito, atendendo ao estado de minha saúde: ela tem sido, e ainda é tal, que tem impossibilitado até agora, e agora mesmo apenas me permite fazer breves considerações a esse respeito, entregando-me resignado ao juízo do Senado, qualquer que ele seja.

Não me ocuparei de mostrar a monstruosidade desse processo, e por conseguinte sua insanável nulidade. Ele será lido por todos, e quem for imparcial e justo verá os motivos e fins que teve, e julgará de sua moralidade. Embora seja ele feito por quem não tinha jurisdição, pois que já estavam iniciados ou findos os processos nesses lugares em que foi ele instaurado; embora tenha ele mais de quarenta testemunhas, contra a letra e o espírito da lei, como se conhece dos dois extratos para cá remetidos; embora não fosse remetido o processo todo, como ordena a Constituição e a lei, e só um extrato incompleto e parcial, e sem as formalidades do estilo, eu não me ocuparei disso: sirva ele de prova do miserável estado do país, dê-lhe o Senado o valor que quiser; só digo que mesmo dele é evidente que não houve rebelião em São Paulo, que eu portanto não podia ser cabeça e que finalmente não posso eu ser criminoso pela parte que nesse movimento tive.

Para haver uma rebelião é preciso que se pratique algum dos crimes designados no artigo 110 do nosso Código Criminal; mas onde se acha pro-

---

[86] Ver nota 85.

vado que se tivesse cometido algum dos crimes nesse artigo designado? Tanto é isto verdade, que o chefe de polícia procurou, por meio de induções, torcendo o sentido natural da lei, achar o crime na violação dos artigos 86 e 87 do Código. Mas, quando se tentou diretamente, e por fatos em São Paulo, "destruir a Constituição ou algum de seus artigos, destronar o imperador ou privá-lo, no todo ou em parte, de sua autoridade constitucional"?

Qual o documento ou a testemunha que demonstra a existência de tal fato?

Como não o aponta o chefe de polícia no seu primeiro despacho a fl. [e passim], ou na pronúncia? O que se vê dos autos, e que é de pública notoriedade, é que houve um movimento revolucionário em alguns municípios de São Paulo, nomeando-se um presidente interino, e obrigando-se ele e todos, com juramento, a sustentar a Constituição e o imperador, suspendendo-se entretanto a execução de uma lei que se reputava inconstitucional, e exercendo esse presidente atos desse emprego. Destruiu-se acaso algum artigo da Constituição? Ficou acaso destronizado o imperador, ou privado, no todo ou em parte, de sua autoridade constitucional?

Pelo contrário, para que ele a exercesse livremente, pois que era considerado coato, é que apareceu o movimento; para conseguir esse fim é que foi escolhido um presidente interino, isto é, até que outro fosse pelo imperador nomeado; nunca se desconheceu o império da Constituição e a autoridade do imperador; era para seu triunfo que se tentou o movimento; como pois pode-se pensar, e até afirmar, que se tentou, diretamente e por fatos, destruir a Constituição ou algum de seus artigos, e destronizar o imperador, ou privá-lo no todo, ou em parte, de sua autoridade? Não continuou sempre a Constituição a ser regra única dos revolucionários? Não foi sempre o imperador o objeto de seus respeitos, de seu amor? Não continuava ele com toda a sua autoridade, podendo nomear presidentes e quaisquer outros empregados? O nosso Código quis classificar os diversos crimes políticos; deu-lhes diversos caracteres; à vista dele, só um espírito violentamente apaixonado poderá pensar e afirmar que foi *rebelião* o movimento havido em São Paulo; para esses, tudo o quanto mais eu dissesse, seria supérfluo, e para um espírito desprevenido, já tenho dito de sobra. Se pois não houve rebelião em São Paulo, como me parece demonstrado, e sobre esta base é que está formado este processo, claro fica que, faltando ela, todo ele caduca. Mas vejamos se ainda dada tal hipótese (que nego), posso eu ser qualificado cabeça. Nossa legislação não tem definido o que é cabeça; mas tendo definido o que é *autor*, e fazendo diferença entre *cabeça* e *autor*, segue-se que devem estes dois vocábulos ter diversa acepção e sentido. Mas qual a acepção?

A que se deduz no *senatus consultos,* que traz Tito Lívio, liv. 28, cap. 26, *unde osta culpa esse*; sim, para ser-se cabeça é mister alguma qualidade mais do que aquelas que constituem o autor; de outro modo, no crime de rebelião tudo seria cabeça, o simples soldado que empunhou as armas e praticou atos revoltosos, assim como o chefe capital dela; e assim absurda e inútil seria a distinção entre cabeças, que a lei só pune, e cúmplices a quem ela não se estende. Cabeça é pois só quem, além de ser autor, é demais aquele de onde proveio a idéia e plano, aquele que foi causa do movimento, e sem cuja ação ou não existiria o crime ou mudaria de natureza.

Pode-se pois afoitamente afirmar que pelo menos *cabeça* é o *principal autor.* E seria eu o *principal autor* do movimento de São Paulo? Respondam quantos lerem o processo, e sua resposta será não; desse montão de documentos, que avolumam este processo, apenas me dizem respeito bem pouco, e nem sei atinar com o motivo por que aqui se acham, faltando outras peças importantes. Dessas atas de Câmaras Municipais e desses outros ofícios nada se colhe contra mim. Do jornal que redigi, e que é citado pelo chefe de polícia como prova de rebelião, apenas se prova que eu aprovei o movimento e aderi a ele; mas neguei eu isso alguma vez? As minhas cartas ao general barão de Caxias, os meus ofícios ao presidente barão de Monte Alegre o confessam assaz; escusada é pois a prova que se quer deduzir de cartas do sr. Rafael Tobias[87] para um fato provado: sim, eu aprovei e aderi a esse movimento; mas ter aprovado e aderido é acaso ser *cabeça*? Haverá quem o diga? Se para ser autor é preciso *cometer, constranger ou mandar cometer o crime,* como poderá ser *cabeça* ou o *principal autor* quem apenas aprovou ou aderiu a ele depois de seu rompimento? Com todos esses documentos que de mim falam, nada aparece por onde se pode concluir que eu *cometi, constrangi ou mandei cometer o fato do movimento* e muito menos que eu fosse o principal causador dele; como pois poderei ser qualificado *autor* e, mormente, *cabeça*?

Vê-se sim (o que eu confirmo) que aprovei-o e a ele aderi, mas se é a lei que deve impor e ser obedecida, ela não me considera nem ao menos autor, quanto mais *cabeça*: é isto tão evidente que me dispensa de insistir mais. Aparece entretanto entre os documentos um borrão de proclamação de minha letra, pelo qual me considerou o chefe de polícia vice-presidente do movimento, por conseguinte *cabeça* ou pelo menos *autor* dele. Mas esse papel, embora escrito por letra minha, não foi por mim nem por consentimento meu

---

[87] Rafael Tobias de Aguiar foi proclamado presidente da província de São Paulo pelos revolucionários paulistas, no lugar do presidente nomeado pelo imperador, o marquês de Monte Alegre.

publicado; um simples jogo de espírito ficou guardado entre outros sem nunca ter visto a luz do dia. Como pode pois resultar-me dele criminalidade? Querer-se-á reviver no Brasil a jurisprudência de Jeferyes contra Algernon Sydney na conspiração de Rye-House? Será letra morta o § 5 do artigo 7 do Código Criminal? Se pois pelos documentos não posso ser qualificado *cabeça*, e nem ao menos *autor* do movimento, resta observar se o posso ser à vista das provas das testemunhas: é o que passo a considerar. Falam a meu respeito as testemunhas Antônio José da Piedade, João José Nogueira, Manuel José Bartolomeu, Bento Manuel de Almeida, Inácio Dias de Arruda, Serafim Antônio dos Santos, José Vaz de Almeida, José Luís Coelho, Lucidoro Peixoto, padre José Galvão, Francisco Mariano da Costa, Joaquim José de Melo, Antônio José de Camargo, Francisco Pinto Adorno, Joaquim de Almeida Leme e Antônio Manuel de Oliveira, além de outros que, especialmente interrogados a meu respeito, nada disseram: e destas dezesseis testemunhas (não contando as que nada disseram), qual é a que afirma fatos que me possam qualificar *cabeça*, ou mesmo somente *autor*? Apesar de violada a lei, inquirindo-se testemunhas em muito maior número do que ela permite, apenas se acha provado *que eu dava conselhos; que aprovava o movimento; que estive em Sorocaba, e morava com o presidente do movimento* (o que tudo sempre confessei e confirmo).

Mas nenhum desses fatos pode-me constituir *cabeça*, nem mesmo *autor*. Dizem algumas testemunhas *que eu dera o plano da revolução*; mas que razão dão elas disso que dizem? A *voz pública* unicamente e nada mais; e bastará acaso essa *voz pública*, essa *opinião vaga*, para constituir prova a respeito de um objeto tão importante de um crime tal? Como nenhuma ao menos disse de quem ouviu que eu dera o plano? Como nenhuma disse ter visto esse plano? Como se não descobriu ele, tendo-se dado tantas buscas, tendo-se aberto quantas cartas se encontravam, tendo-se servido de todos os meios possíveis, quaisquer que eles fossem, para achar provas contra *certos*, tendo dominado a este respeito o terror e a violência? E como se podia ver ou descobrir o que nunca houve? Que o movimento de São Paulo não teve concerto, não teve plano, e que só foi efeito de entusiasmo irrefletido e de patriotismo ardente, porém sem guia e regra anterior, o seu nascimento e fim de sobejo o demonstram. Para haver essa *voz pública*, essa *opinião vaga*, bastava o que comigo praticou o governo e o seu delegado na província, proclamando-me criminoso logo, e impondo-me logo as penas de prisão, deportação e degredo; bastava ser eu membro da oposição e ter alguma importância política, pois que o mesmo se disse de quem nem ao menos aprovou o movimento; bastava ter eu estado em Sorocaba depois do movimento e ter lá ido antes tratar de minha saúde com um médico dinamarquês e me demorado alguns dias. Mas note-se que a testemunha padre José Galvão afirma que eu só fui a Sorocaba depois de ter já rompido o movimento (o que é verdade e se comprova pelo documento n° 79 a fl.); entretanto que a testemunha Antônio José de Camargo afirma que só depois de minha ida a Sorocaba foi que rompeu o movimento e que a testemunha Serafim Antônio dos Santos afirma que andei por São Paulo e outros lugares tratando da revolução, quando eu para lá não tinha ido nesses tempos! Tal é o valor de tais testemunhas! Uma testemunha (Bento Manuel de Almeida Paes) diz a fl. que eu era o que devia receber os avisos do Rio; mas dá ela razão do seu dito? Outra (Francisco Mariano da Costa) diz a fl. que eu tratara só diversos respeitos a revolução; mas dá também ela razão do seu dito? Outra finalmente (Joaquim José de Melo) diz a fl. que eu era *cabeça* de tudo, e quem promovera o movimento; mas como sabe ele isto? Pela *voz pública*, diz ele; e podem ter valor tais depoimentos, mormente em crimes da natureza do que se me imputa? Apelo a todos que conhecem os verdadeiros princípios da jurisprudência criminal. De mais, quando testemunhas afirmam qualificações em vez de fatos, nenhum valor merecem; à testemunha cumpre depor sobre fatos especificadamente, e só ao juiz pertence deduzir deles a classificação do criminoso.

Vê-se pois, pelos depoimentos das testemunhas, somente o que eu sempre tenho confessado, somente aquilo que já se via dos documentos, isto é, que eu aprovei e aderi ao movimento; que eu escrevi no sentido; que eu desejava que ele fosse feliz, e nada mais: e esses fatos podem-me qualificar *cabeça* ou mesmo *autor*? Provam eles que eu fosse o principal agente do movimento, e que sem mim não teria ele havido? Provam eles que eu concertasse o plano [da] revolução, e o pusesse em prática, quando pelo contrário é evidente dos autos que eu só aderi a ela depois do rompimento? Se, para ser qualificado *cabeça*, basta ter aprovado a revolução, ter aderido a ela, ter desejado que ela fosse feliz, ter dado alguns passos para que ela não fosse ensangüentada, então serei cabeça, como serão milhares de indivíduos mais que outro tanto fizeram; mas, nesse caso, quais serão os caracteres do *cabeça*? Nesse caso seria ocioso o Código Criminal, quando fez distinção entre *cabeça* e *autor*, e entre este e *cúmplice*; ficariam embaralhadas todas as idéias do nosso direito, e os cidadãos brasileiros em estado ainda mais deplorável do que no tempo das *Ordenações* no livro 5°; seria uma ilusão o sistema de governo que nos rege... Se entretanto se julga que cabe na alçada do governo ou dos tribunais anular as definições e distinções da lei, e classificar os delitos e delinqüentes por puro arbítrio e à sua vontade, que me resta então dizer senão que em tal caso estaremos debaixo do império da força? Mas a força não constitui o direito, e este tarde ou cedo obterá a vitória. É da natureza dos governos violentos o perseguirem; as perseguições são conseqüência do governo que quer impor obediência absoluta; mas a violência, como emprega força demais, cedo a esgota e não lhe resta mais que opor à ação gradual e lenta, porém contínua, da justiça.

Tenho demonstrado que nem à vista dos documentos, nem à vista dos depoimentos, posso ser eu classificado *cabeça*, e que nem mesmo posso ser classificado *autor*, pois nada aparece que prove que eu fosse *quem fez o movimento ou constrangesse e mandasse fazê-lo*, estando pelo contrário provado que depois de seu rompimento é que eu aderi a ele. Em rigor do direito talvez nem cúmplice mesmo possa eu ser considerado; mas, ainda que pudesse, no crime que se me imputa não são puníveis os cúmplices. Que me resta pois mais a dizer? Resta expor todo o meu pensamento a respeito, apresentar-me com toda franqueza a meus colegas, a todos os meus concidadãos tal qual sou: quero que eles penetrem no santuário de minha consciência e então me julguem.

Eu declaro ao Senado e à nação que em verdade eu não fui *cabeça*, nem ao menos *autor* do movimento revolucionário de São Paulo; mas que aprovei-o; que aderi a ele; que desejava que ele fosse feliz; e que para esse fim escrevi e dei alguns passos depois do seu rompimento. Eu estava e ainda estou profundamente convencido que a isso era eu obrigado pelos juramentos que prestei; que se o que eu fiz todos fizessem, se todos fossem fiéis aos juramentos prestados à Constituição do Estado, nunca haveria movimentos revolucionários, porque os que ousassem lançar sobre ela mãos sacrílegas se achariam sós e cairiam cobertos de maldições e desprezo, quando não sofressem as penas da lei. Eu penso que, se uma nação é tal que vê submissa a violação de suas instituições, é ela indigna de ser nação livre; é já escrava, e se já não tem senhor, terá o primeiro que o queira ser. Entendo portanto que não é só direito, mas sim dever de todos que prezam os foros e dignidade de cidadãos livres opor-se às infrações da Constituição de seu país, não só por todos os meios que lhe facultam a Constituição e as leis, como também, faltando estes, por todos os outros que lhes restem; que, se isso tivessem feito em outro tempo a Inglaterra e a França, se não se tivessem deixado intimidar pelos anarquistas de então, não se teria horrorizado o mundo vendo catástrofes de Carlos I e Luís XVI, sacrificados com infração das Constituições desses países ao ódio dos infratores delas; que, para conseguir e consolidar as instituições em um país, é indispensável nele esse sentimento geral e instintivo de resistência à tirania, a qual existe toda vez que se viola a Constituição; que, enquanto esse sentimento não estiver infiltrado nos ânimos, radicado nos espíritos, a liberdade será apenas nominal; que é só depois que tal foi a religião política da Inglaterra que ela tem tido estabilidade, e apresentado ao mundo admirado o espetáculo de sua grandeza e de sua glória; que é por isso que se acha consignado em nossas leis o direito de resistência às ordens ilegais, sem o que seria fantástica e quimérica nossa forma de governo.

Sendo pois estas minhas convicções, tendo aplicado sempre meus esforços, desde que entrei na vida pública, para conseguir e consolidar na minha pátria a liberdade por meio da monarquia representativa, a despeito de todos os sacrifícios, como poderia eu ficar insensível vendo a Constituição mutilada, violada e escarnecida e, por conseguinte, os perigos da monarquia representativa? Pelas leis da reforma judiciária e Conselho de Estado, acabou a liberdade do cidadão e coarctou-se a do monarca: o ministério concentrou em si todos os poderes públicos, anulada a base de todo o governo livre, que é a divisão dos poderes. Ainda mais: dissolveu previamente, e portanto contra a Constituição, a Câmara dos Deputados, e para mais até promulgou uma nova forma de eleições, pela qual fica ilusório o direito de eleger, e também concentrado nele de fato o poder legislativo, sendo apenas seus comissários os que deviam ser representantes da nação. Neste estado, apresentando-se o ministério em rebelião manifesta contra a Constituição do país, em hostilidade aberta contra o monarca e a nação, poderia eu ser criminoso dando alguns passos para que fosse vingada e restaurada a Constituição, e livre o monarca da coação em que foi posto? Foram criminosos os que na Inglaterra vingaram a Constituição violada por Cromwell e seus aderentes, depois pelos Stuarts, e a consolidaram finalmente em 1688? Os que na França reagiram contra os ministros que violaram a Constituição em 1830 e a consolidaram então? Os que fizeram a independência e proclamaram a Constituição do Brasil? Os que se opuseram a d. Miguel e restauraram a Constituição por ele violada? Se acaso eu sou criminoso, não sou como foi o senhor d. Pedro I, o imortal fundador do Império e restaurador da liberdade portuguesa, e tantos outros grandes homens: sou, por obrar em conformidade com nossa legislação, que sanciona a resistência às ilegalidades. Será talvez prudência tolerar uma nação as infrações de sua Constituição, e a alteração de sua forma de governo, receando maiores males da resistência; mas não é por certo isso um dever, é antes um sintoma de que ela ainda não é digna da liberdade e dos altos destinos a que aspira; para quem, porém, preza acima de tudo o dever, o desempenho dele é o único alvo, a única recompensa, sendo-lhe indiferente os resultados, quaisquer que sejam; eis o que me acontece.

Tendo pois provado que não houve rebelião em São Paulo; que (concedido que houvesse) eu não fui dela *cabeça*; que, finalmente, não é um crime, antes um dever, a oposição aos que se rebelam contra a Constituição do Estado, devo concluir a minha resposta.

Assim como não me ocupei com as inúmeras nulidades desse monstruoso processo, não me ocuparei também com o proceder do Senado, mandando-me responder sem lei ou artigo regimental, e pretendendo julgar-me sem lei, ou ao menos sem lei anterior ao fato, contra a expressa determinação do § 11 do artigo 179 da Constituição. Eu resigno-me a tudo, deixo tudo ao juízo do Senado, certo de que, em tempos como este e em crimes tais, raras vezes se ouve a voz da justiça e da razão, e tarde é que aparece o remorso. Não serei eu a primeira vítima imolada pela defesa das liberdades públicas. Talvez mesmo são indispensáveis tais sacrifícios para firmar-se uma Constituição, porque todas as nações os têm dito. Oxalá seja eu a única vítima, e assim se consolide em meu país a monarquia representativa! Oxalá que o triunfo definitivo dela, embora infalível, não seja à custa ainda de muitas mais vítimas!

Já eu, embora sem culpa formada, embora senador, fui preso, deportado e degradado contra a letra expressa da Constituição; enfermo, como sou e todos reconhecem, fui lançado nas praias da Vitória, sem que nem ao menos se me prestassem os alimentos na viagem, e sem que lá se me proporcionassem meios de conservar a vida; fui assim conservado no degredo muito depois de finda a suspensão de garantias, pretexto das violências praticadas; regressando a esta, depois de tantos incômodos, e quase moribundo como vedes, nem ao menos se quis conhecer desses atentados contra mim praticados, que o são igualmente contra a Constituição e contra o Senado, antes se honrou com a presidência dele a esse mesmo que tinha praticado a maior parte dessas violências. Que pois mais poderei sofrer? Já quase de sessenta anos e, além disso, já à borda do túmulo, poderei acaso apreciar tanto esses poucos dias que me possam restar de vida, muito mais quando, pelo meu estado de saúde, não os posso mais empregar a bem do país?

Tendo tido tal ou qual parte nos negócios do Brasil desde 1821, em que despontou a aurora de sua felicidade, já em Lisboa, já na Câmara dos Deputados e no Senado, já nos Conselhos Geral e do Governo, e na Assembléia Provincial de São Paulo, já como ministro e regente; tendo a consciência de que só procurei sempre o bem do país, trabalhando unicamente para o consórcio da liberdade com a autoridade, por meio da monarquia representativa, este último pensamento dirigiu-me, e nunca a ambição e o egoísmo, como o provaram os meus atos. Foi pois esse mesmo pensamento que me dirigiu nos meus últimos atos em São Paulo; qualquer que tivesse conhecido minha vida anterior não deveria esperar de mim outra conduta; fiz então o que fiz sempre; trabalhei, como sempre, pelo triunfo da monarquia representativa.

À vista do exposto, parece-me evidente que eu não sou culpado; mas se diverso é o juízo do Senado, se ele me é desfavorável, consolo-me com a consciência de ter desempenhado um dever, e de que eu seria indigno da estima de meus concidadãos, se outra tivesse sido a minha conduta; resigno-me satisfeito a todas as conseqüências, quaisquer que sejam, descansando na ação da Providência e dela esperando com confiança, tarde ou cedo, o remédio aos males do meu país.

Tenho concluído.

Rio de Janeiro, 13 de maio de 1843.

[Assinatura.]

II.

# O ADMINISTRADOR

# 1.
## Projeto de civilização dos índios

[Extraído de *Atas do Conselho Geral da Presidência*, sessão ordinária de 4 de novembro de 1829. Arquivo do Estado de São Paulo]

A civilização dos selvagens que vagam nos sertões do nosso país é ao mesmo tempo recomendada pela religião, pela humanidade e pela política; e o mais profícuo meio de civilizar é criar neles necessidades, que não poderão satisfazer, senão no seio da sociedade. Promover comércio com eles, cujo objeto sejam coisas de fácil e reconhecida vantagem e cômodo para a vida, é criar essas necessidades, e ao mesmo tempo acostumá-los a olhar para nós como para amigos e benfeitores, outro meio assaz forte para os chamar ao grêmio da religião e da sociedade. O Conselho Geral desta província, movido por estas considerações propôs e aprovou a seguinte resolução, que espera que seja por v. m. imperial e constitucional sancionada, e aprovada pela Assembléia Geral, vista a importância transcendente de sua matéria, e o pequeníssimo dispêndio exigido[88].

Conselho Geral da província de São Paulo resolve:
Artigo único.
O governo fica autorizado a despender 100 mil-réis anuais em cada uma das vilas de Itapetininga, Faxina, Castro e Guarapuava, a fim de estabelecer algum gênero de comércio com os índios.

Paço do Conselho Geral de São Paulo.
São Paulo, 30 de dezembro de 1829.

[Assinam Manuel Joaquim Ornelas e Diogo Antônio Feijó.]

---

[88] Os Conselhos Gerais das províncias eram espécies de Legislativos provinciais, mas com função apenas propositiva. Suas resoluções eram encaminhadas para apreciação pela Assembléia Geral.

# 2.
# Escravização de Índios

[Extraído de *Atas do Conselho Geral da Presidência*, livro de deliberações, 8 de fevereiro de 1830. Arquivo do Estado de São Paulo]

Senhores:

O Conselho Geral da província de São Paulo, fiel ao dever que lhe impõe a Constituição, de representar sobre a execução de leis que estiverem de encontro às luzes do século, não pode ver sem dor que por mais tempos os índios, denominados bugres, que vagam a oeste da estrada pública desde a vila de Faxina até a de Lages, continuem a ser tratados como escravos, à sombra da carta régia de 5 de novembro de 1808.

Esta carta régia, julgando inútil os meios brandos, pelos quais se havia tentado a civilização e aldeamento dos índios, não só estendeu a eles a guerra declarada contra os botocudos, suspendendo as sábias providências da carta de lei do 1º de abril de 1680, e do alvará de 8 de maio de 1758; mas permitiu que os milicianos, ou moradores que os apanhassem, os considerassem como prisioneiros de guerra por quinze anos, destinado-os aos serviços que mais lhes conviessem.

Assim foi permitido fazer-se correrias contra estes infelizes, que tinham, talvez, outro, crime, senão repelir a força com a força. Assim foram reduzidos de novo à escravidão, chegando a barbaridade a ponto de serem vendidos em leilão, pretendendo-se que vendiam-se os serviços; não de quinze anos, mas talvez perpétuos, e o que é pior dos filhos destes índios, e dos filhos destes filhos; porque aqueles que os possuem lançam mão de todos os ardis para os conservarem neste miserável estado, sendo facílimo iludir a vigilância do governo logo que mande-se de uma província para outra. Assim levantou-se uma barreira entre o melhoramento e a civilização destes bárbaros; porque animando-se de uma parte a injustiça, não podia da outra deixar de crescer o temor, o ódio e a vingança.

Se as vozes da justiça e da humanidade não clamassem contra medidas tão agressivas, o próprio interesse nacional deveria levantar a voz; porque sem justiça, sem humanidade não é possível trazer ao estado de civilização hordas errantes e bárbaras.

Nestas circunstâncias, o Conselho Geral espera que v. m. i., de mãos dadas com a Assembléia Geral Legislativa, não só haja de revogar a referida carta régia, ficando permitida unicamente a defesa natural, mas que também se digne proteger os índios, que forem apanhados ou se entregarem voluntariamente, considerando-os como órfãos.

Deus guarde v. m. i.

Paço do Conselho Geral da Província de São Paulo.

Aos 8 de fevereiro de 1830.

[Assinam Manuel Joaquim Ornelas, presidente, e Diogo Antônio Feijó, secretário.]

# 3.
## ÍNDIOS SELVAGENS

[Extraído de *Atas do Conselho Geral da Presidência*, sessão ordinária de
4 de novembro de 1830. Arquivo do Estado de São Paulo]

O sr. Feijó indicou que, convindo entrar-se no conhecimento do atual estudo e circunstâncias dos índios selvagens que têm sido tirados das matas pelos particulares, se expedisse para este fim ordem circular a todos os capitães-mores para que enviem uma relação dos ditos índios que se existirem nos seus distritos, com a declaração de seus nomes, em poder de quem existem, o meio por que os houveram, a maneira por que são tratados, o que foi unanimemente aprovado.

[Presentes Manuel Bispo, Diogo Antônio Feijó, Bernardo José Pinto Gavião Peixoto, Antônio Bernardo Bueno da Veiga, Manuel Joaquim do Amaral Gurgel, Antônio Mariano de Azevedo Marques e José Manuel da França.]

# 4.
## AFRICANOS LIVRES

[Extraído de *Regimentos e Avisos da Secretaria de Estado e Negócios da Justiça*, aviso de 23 de dezembro de 1831. Ministério da Justiça]

PARA LÚCIO SOARES TEIXEIRA DE GOUVEIA

A Regência, em nome do imperador, ordena a vossa mercê informe se é verdade o que se tem divulgado de haverem sido entregues alguns pretos vindos ultimamente da costa d'África, aos mestres de embarcações que os conduziram; a maneira por que isto se tem feito, e em que princípio é fundada semelhante entrega. Deus guarde vossa mercê.
Paço, 23 de dezembro de 1831.

[Assinatura.]

# 5.
## Justiça para os pobres

[Extraído de *Regimentos e Avisos da Secretaria de Estado e Negócios da Justiça*, aviso de 2 de janeiro de 1832. Ministério da Justiça]

Para José Paulo Figueiroa Nabuco de Araújo

A Regência, a quem foi presente o procedimento de alguns juízes que, deixando em inteiro abandono os processos daqueles miseráveis, que por anos jazem nas cadeias contra todos os deveres da humanidade e da justiça, quando prontamente se dá andamento a outros muito mais modernos, não pode deixar de estranhar essa desigualdade de proceder, que tanto exaspera a sorte daqueles que por sua pobreza ou falta de relações são esquecidos, tendo aliás as leis providenciado e muito recomendado a causa das pessoas miseráveis. Manda portanto, em nome do imperador, que vossa senhoria faça que os juízes, promovendo com zelo as atividades que as leis lhes incumbem, nos processos dos presos miseráveis não dêem jamais preferência no julgamento senão àqueles, para que desta sorte, salvando-se o crédito do magistrado, evite-se ao mesmo tempo a queixa desta tão injusta desigualdade. Deus guarde vossa excelência.

Paço, 2 de janeiro de 1832.

[Assinatura.]

# 6.
## ALFORRIA DE ESCRAVOS

[Extraído de *Regimentos e Avisos da Secretaria de Estado e Negócios da Justiça*, aviso de 12 de janeiro de 1832. Ministério da Justiça]

PARA VOSSA SENHORIA O ABADE DO MOSTEIRO DE SÃO BENTO

Passo à mão de v. p. r. o requerimento incluso de Vitorino Ferreira, escravo desse mosteiro, que pretende a sua alforria, a de sua mulher e a de dois filhos, afim de que v. p. r. providencie a brevidade deste negócio quanto for compatível com as regras da casa, esperando o governo da caridade de v. p. r. o desempenho desta recomendação. Deus guarde vossa excelência.

Paço, 12 de janeiro de 1832.

[Assinatura.]

# 7.

## DESPESAS COM PRESOS ESCRAVOS

[Extraído de *Regimentos e Avisos da Secretaria de Estado e Negócios da Justiça*, aviso de 3 de fevereiro de 1832. Ministério da Justiça]

~

PARA O INTENDENTE GERAL DE POLÍCIA

Tendo-se determinado nesta data ao juiz de paz da vila de Maricá que as despesas com os escravos fugidos e apreendidos em quilombos e outros lugares fosse feita à custa dos senhores, e quando estes não aparecessem dentro do prazo da lei fossem então remetidos a esta intendência por onde seriam pagas à vista do ofício, que os deve acompanhar, manda a Regência em nome do imperador assim comunicar a vossa mercê para sua inteligência, a fim de que se faça adiantar já ao dito juiz de paz as quantias por ele despendidas com semelhante objeto. Deus guarde vossa excelência.

Paço, 3 de fevereiro de 1832.

[Assinatura.]

# 8.

## TRÁFICO NEGREIRO

[Extraído de *Regimentos e Avisos da Secretaria de Estado e Negócios da Justiça*, aviso de 6 de fevereiro de 1832. Ministério da Justiça]

~

### PARA O INTENDENTE GERAL DE POLÍCIA

Constando da parte inclusa da Fortaleza do Registro que o navio nacional *Sete de Março*, vindo de Moçambique, trouxera 105 pessoas de equipagem, e sendo esta demasiadamente excessiva para o serviço ordinário desta embarcação, induzindo a crer que serão, como se diz, pretos conduzidos daquele posto debaixo deste pretexto, ordena a Regência em nome do imperador que vossa mercê faça examinar-se com efeito se entre as pessoas da equipagem do referido navio existem pretos boçais, encarregando igualmente a pessoa capaz de fazer pesquisa se na praia de Copacabana desembarcaram alguns pretos, como também se diz, deste mesmo navio, dando de todo o resultado parte por esta secretaria de Estado. Deus guarde v. exc.

Paço, 6 de fevereiro de 1832.

[Assinatura.]

# 9.
## ROUPAS PARA OS PRESOS POBRES

[Extraído de *Regimentos e Avisos da Secretaria de Estado e Negócios da Justiça*, aviso de 7 de fevereiro de 1832. Ministério da Justiça]

PARA JOSÉ PAULO FIGUEIROA NABUCO DE ARAÚJO

À vista do ofício de vossa mercê de 2 do corrente solicitando algum vestuário para os presos pobres, cumpre-me responder que mande fazer o orçamento da despesa indispensável para este fim, bem como a relação das pessoas mais necessitadas, a fim de mandar-se à Câmara Municipal, a quem se [destinou] esta quantia para este objeto. Deus guarde v. exc.
Paço, 7 de fevereiro de 1832.

[Assinatura.]

# 10.
## ESCRAVOS NO CALABOUÇO

[Extraído de *Regimentos e Avisos da Secretaria de Estado e Negócios da Justiça*, aviso de 10 de fevereiro de 1832. Ministério da Justiça]

∼

PARA O DESEMBARGADOR INTENDENTE GERAL DE POLÍCIA

Constando ao governo que muitos senhores costumam enviar para o calabouço seus escravos já por correção, já para nele se conservarem até que sejam vendidos, acumulando-se assim número imenso de indivíduos, cujo sofrimento não se compadece com a humanidade, e com a justiça, quando excede os limites da lei, ordena que de agora em diante nenhum escravo seja conservado no calabouço à ordem de seus senhores por mais de um mês, e que todos os que ora existem sejam dali expulsos dentro de quinze dias, depois que pelos periódicos da Corte se houverem anunciado, pagando os respectivos senhores as despesas feitas em conformidade com as disposições relativas a semelhante objeto. Deus guarde v. exc.

Paço, 10 de fevereiro de 1832.

[Assinatura.]

# 11.

## PERTURBAÇÃO DA ORDEM

[Extraído de *Ofício de Feijó ao Presidente da Província de São Paulo*, de 9 de março de 1832]

Ilmo. e exmo. sr.:

Quando a capital tranqüila oferecia a seus habitantes a segurança necessária para que o cidadão pudesse livremente entregar-se a suas ocupações, e gozar dos benefícios da sociedade, é quando de um lado o Partido Exaltado, que, desejando pôr em prática tudo quanto lhe sugere sua imaginação esquentada, e no mesmo momento em que tais delírios lhe são lembrados, tem excitado justas desconfianças de geral conspiração, estando de acordo os acontecimentos de São Félix na província da Bahia, posto que ineficazes, e já inteiramente destruídos, com as doutrinas de seus escritores; e do outro lado o partido dos comprometidos por suas arbitrariedades e servil obediência ao antigo governo, e que conscencioso de sua conduta reprovada pelo Brasil inteiro não ousava aparecer; de repente, animado pelos desacatos de Joaquim Pinto Madeira no Ceará, que esta hora estará completamente derrotado pela energia do presidente daquela província e cooperação de seus habitantes e das circunvizinhas, ou por notícias da Europa, ou por pérfidas sugestões dos antigos amigos do ex-imperador, atreve-se nesta capital a pretender restaurar o antigo e detestado governo do seu senhor, sem lembrar-se que se o Brasil encerra em seus seio filhos degenerados, e ingratos estrangeiros, possui ainda uma massa enorme de cidadãos probos, amigos de seus país, que oporão decidida e obstinada resistência a qualquer facção que ousada se persuada a ditar a lei ao Império, ou pôr-lhe condições. Manda portanto a Regência, em nome do imperador, que v. exc., com a possível diligência, faça com que as autoridades judiciais pesquisem os autores e cúmplices de semelhantes conspirações, para que sejam punidos com todo o rigor das leis, e de uma vez se desenganem que nem o governo protege partidos, nem o Brasil consentirá jamais que alguém, seja qual for o pretexto, dirija os seus destinos, a não ser aqueles que chamarem as leis, que são a expressão de sua vontade. E se algum magistrado, por desleixado ou conveniente, tolerar que

248

a sociedade seja infestada de semelhantes abutres, tem v. exc. nas leis o recurso contra tais prevaricações.

Outrossim determina a mesma Regência que v. exc. não só pelos paquetes, mas todas as vezes que for possível, dê parte por esta secretaria do Estado de tranqüilidade da província, e de tudo quanto possa afetar a sua segurança, visto que por ela se devem dirigir as ordens e providências tendentes a mantê-la.

Deus guarde a v. exc.

Palácio do Rio de Janeiro, em 9 de março de 1832.

[Assinatura.]

# 12.
## TRÁFICO DE ESCRAVOS (1)

[Extraído de *Regimentos e Avisos da Secretaria de Estado e Negócios da Justiça*, aviso de 13 de março de 1832. Ministério da Justiça]

PARA O INTENDENTE GERAL DE POLÍCIA

Tendo ordenado ao juiz da alfândega desta Corte que fizesse lavrar um auto de achada de oito pretos, que foram encontrados a bordo do patacho brasileiro *Argentino*, e os remetesse com ele a vossa mercê para os pôr em depósito na intendência geral da polícia até que se decida o seu destino, o comunico a vossa mercê para a sua inteligência e para logo que seja dos mesmos entregue dê parte para esta secretaria de Estado. Deus guarde v. exc.

Paço, 13 de março de 1832.

[Assinatura.]

# 13.

## TRÁFICO DE ESCRAVOS (2)

[Extraído de *Regimentos e Avisos da Secretaria de Estado e Negócios da Justiça*, aviso de 16 de março de 1832. Ministério da Justiça]

∿

PARA O JUIZ DE PAZ DA FREGUESIA DA CANDELÁRIA

Representando Lázaro, preto mina, pelo incluso requerimento, que tendo sido liberto pela comissão mista, e os seus serviços arrematados por Francisco Xavier Dantas Moreira, como procurador de [Francisco Xavier] José da Silva Guimarães, fora conduzido por outro indivíduo à vila de Lorena e ali novamente batizado com o nome de Pedro, e que tendo sido ultimamente traspassado a Joaquim José da Silva Caldas, lavrador, morador no termo daquela vila, podendo evadir-se do cativeiro injusto em que se achava, fora ultimamente preso nesta cidade à ordem de vossa mercê à requisição de Manoel Cornélio dos Santos. Ordena a Regência, em nome do imperador, que vossa mercê haja de remeter o suplicante ao ouvidor da comarca, porque sendo o juiz conservador, pelo alvará de 26 de janeiro de 1810, dos pretos libertos, perante a lei deve o mesmo suplicante provar o que tem alegado. Deus guarde v. exc.

Paço, 16 de março de 1832.

[Assinatura.]

# 14.
## TRÁFICO DE ESCRAVOS (3)

[Extraído de *Regimentos e Avisos da Secretaria de Estado e Negócios da Justiça*, aviso de 21 de março de 1832. Ministério da Justiça]

PARA JOAQUIM JOSÉ RODRIGUES TORRES[89]

Ilmo. e exmo. sr.:

Passo às mãos de v. exc. o incluso requerimento de Florêncio Calabar, e mais dois escravos de nação, presos a bordo da Presiganga, e a informação que sobre os mesmos dá o respectivo comandante, para que v. exc., à vista da ilegalidade do castigo que sofrem, os mande entregar a quem por direito competir. Deus guarde v. exc.

Paço, 21 de março de 1832.

[Assinatura.]

---

[89] Então ministro da Marinha.

# 15.
## TRÁFICO DE ESCRAVOS (4)

[Extraído de *Regimentos e Avisos da Secretaria de Estado e Negócios da Justiça*, aviso de 27 de março de 1832. Ministério da Justiça]

∼

PARA LÚCIO TEIXEIRA GOUVEIA

Em conseqüência do que vossa mercê informou no seu ofício datado de ontem relativamente aos africanos encontrados a bordo do bergantim brasileiro *Argentino*, vindo de Angola, resolveu a Regência em nome do imperador que vossa mercê remetesse os sete pretos que se pretendia introduzir de novo no país ao Juízo dos Contrabandos, afim de serem ali postos em depósito até o final da decisão, para que o mestre do sobredito bergantim poderá, perante aquele juízo deduzir o seu direito, e que acerca dos incluídos na matrícula e do liberto vossa mercê fizesse o mesmo mestre satisfazer as declarações que menciona no citado seu ofício, para poderem desembarcar aqueles, e este último ser reexportado à custa dele. O que comunico a vossa mercê para a sua inteligência e execução. Deus guarde v. exc.

Paço, 27 de março de 1832.

[Assinatura.]

# 16.

## VADIOS ESTRANGEIROS

[Extraído de *Regimentos e Avisos da Secretaria de Estado e Negócios da Justiça*, aviso de 12 de abril de 1832. Ministério da Justiça]

∾

PARA FRANCISCO CARNEIRO DE CAMPOS

Ilustríssimo e excelentíssimo senhor. Sendo tão freqüentes os roubos e assassínios cometidos por alguns estrangeiros, principalmente nas cidades e vilas marítimas, onde encontra-se um grande número de vadios, mendigos, e bêbados, de que resulta não só o incômodo e perturbação que causam à sociedade, mas até sobrecarregam o Tesouro com as despesas necessárias para os sustentar, vestir e curar nas cadeias e hospitais, cumpre pôr termo a estes males, ordenando v. exc. aos nossos cônsules que não consintam que venham para o Brasil pessoas sem ofício ou ocupação, e que pela desaprovação de seus costumes possam aumentar o número já não pequeno dos que perturbam a nossa sociedade; e fazendo declarar aos encarregados de negócios das Cortes estrangeiras que do dia 1º de janeiro de 1833 não desembarcará em nossos portos estrangeiro que não apresentar dos nossos cônsules um certificado de ser o mesmo de honestos costumes, do gênero do comércio ou indústria para o que tenha capacidade, e a que pretende destinar-se, recomendando igualmente aos referidos cônsules a maior vigilância a este respeito, e debaixo da maior responsabilidade. Deus guarde v. exc.

Paço, 12 de abril de 1832.

[Assinatura.]

# 17.

## TRÁFICO DE ESCRAVOS (5)

[Extraído de *Regimentos e Avisos da Secretaria de Estado e Negócios da Justiça*, aviso de 2 de maio de 1832. Ministério da Justiça]

∼

PARA O DESEMBARGADOR INTENDENTE GERAL DA POLÍCIA

Achando-se em perigo a existência do escravo que denunciou o desembarque dos escravos novos pertencentes ao negociante Joaquim Ferreira dos Santos, e que foram apreendidos, a Regência, em nome do imperador, há por bem que vossa mercê, providenciando segundos as cartas régias, avisos, e mais ordens existentes a favor da liberdade dos escravos, atenda a sorte daquele miserável, para que não caia em poder do referido senhor, e seja vítima do ressentimento e vingança deste. Deus guarde vossa mercê.

Paço, 2 de maio de 1832.

[Assinatura.]

## 18.
## DESPESAS COM PRESOS (1)

[Extraído de *Regimentos e Avisos da Secretaria de Estado e Negócios da Justiça*, aviso de 8 de maio de 1832. Ministério da Justiça]

PARA O AJUDANTE DO INTENDENTE GERAL DE POLÍCIA

Em resposta do seu ofício do 7 do corrente manda a Regência em nome do imperador que vossa mercê inste com o juiz de cativos pela brevidade da indenização das despesas feitas com eles, durante o tempo de suas prisões, e quando ainda se demore, vossa mercê o participe por esta secretaria de Estado; recomendando igualmente a vossa mercê que quando remeter doentes escravos para a enfermaria da cadeia mande abonar 500 réis diários a cada um, e pagar à pessoa encarregada dessa cobrança. Deus guarde vossa mercê.
Paço, 8 de maio de 1832.

[Assinatura.]

# 19.
## Despesas com presos (2)

[Extraído de *Regimentos e Avisos da Secretaria de Estado e Negócios da Justiça*, aviso de 8 de maio de 1832. Ministério da Justiça]

≈

Para José Paulo Figueiroa Nabuco de Araújo

Inteirado de tudo quanto vossa mercê referiu no seu ofício de 6 do corrente, se me oferece dizer-lhe que aprovo tudo quanto pretende fazer relativo à enfermaria e receita dos presos, esperando do seu zelo que providenciará de maneira que os almoços destes sejam sempre mais econômicos possível, dando-se só o indispensável; e que a fiscalização seja também exata; e porque a humanidade reclama a coadjuvação de vossa mercê por mais algum tempo, eu conto com a continuação dos bons ofícios que desveladamente tem prestado neste objeto, ao menos enquanto ele se não põe em regular andamento. Deus guarde vossa mercê.

Paço, 8 de maio de 1832.

[Assinatura.]

## 20.
## TRÁFICO DE ESCRAVOS (6)

[Extraído de *Regimentos e Avisos da Secretaria de Estado e Negócios da Justiça*, aviso de 23 de maio de 1832. Ministério da Justiça]

PARA O JUIZ DO CRIME DO BAIRRO DE SANTA ANA

Recebi o ofício que vossa mercê me dirigiu na data de ontem, acompanhando duas relações dos africanos que foram apreendidos pelo juiz de paz da freguesia do Sacramento na rua dos Ourives, e um dos delegados da freguesia da Lagoa Rodrigo de Freitas naquele distrito; e em resposta determino a vossa mercê que, depois de depositadas as multas e a quantia que for necessária para a exportação dos mesmos, me participe circunstanciadamente para providenciar sobre seu desembarque. Deus guarde vossa mercê.
Paço, 23 de maio de 1832.

[Assinatura.]

# 21.
## Depósito de escravos

[Extraído de *Regimentos e Avisos da Secretaria de Estado e Negócios da Justiça*,
aviso de 1º de junho de 1832. Ministério da Justiça]

≈

PARA JOSÉ ANTÔNIO DA SILVA MAIA

Representando o ajudante do intendente geral da polícia que o Depósito Geral da cidade, onde se acham recolhidas grandes somas, poderá sofrer alguma tentativa de ladrões, acrescentando existir ali para mais de quinhentos escravos, o que nas atuais circunstâncias exige a maior vigilância e cautela, ordena a Regência em nome do imperador que vossa mercê dê o seu parecer sobre o meio de fazer-se arrematar, e recolher ao Tesouro Nacional tantos bens acumulados no sobredito Depósito Geral com grave risco público e interesse particular. Deus guarde vossa mercê.

Paço, 1º de junho de 1832.

[Assinatura.]

## 22.
## CAPOEIRA

[Extraído de *Atas do Conselho Geral da Presidência*, sessão extraordinária de 15 de setembro de 1832. Arquivo do Estado de São Paulo]

O sr. conselheiro Feijó indicou que principiando a introduzir-se entre os escravos o jogo vulgarmente chamado capoeira quando vão às fontes e a outros lugares em que costumam ajuntar-se, e sendo a origem de muitas desordens entre gente tão bárbara e imorigerada, cumpria recomendar à Câmara que proibisse tal jogo por meio de posturas; e entrando em discussão assim se resolveu.

[Presentes Rafael Tobias de Aguiar, Diogo Antônio Feijó, José Manoel de França, José Manoel da Silva, José Pedro Galvão de Moura e Lacerda e Manoel Inocêncio de Vasconcelos.]

# 23.

## NEGÓCIOS GERAIS
## [CONFUSÕES COM A MOEDA (1)]

[Extraído de *O Justiceiro*, n° 6, de 11 de dezembro de 1834]

O *Correio Oficial* tem descuidos bem notáveis. A nomeação do ministro da Fazenda em 7 de outubro vem declarada no *Correio Oficial* de 16 de novembro, e entre os artigos não oficiais. Ignoramos a causa de tanta demora na publicação de um fato cujo conhecimento não podia deixar de interessar ao Brasil, e muito mais ignoramos por que semelhante publicação não tem caráter oficial. Nomearam-se presidentes de províncias, magistrados, comandantes militares etc., e o público ansioso por pronunciar o seu voto sobre o acerto da escolha, vive suspenso, tendo aliás de ler em outros jornais censuradas essas nomeações, cuja realidade ignora. Quanto a nós, tais atos ministeriais têm grande importância para a boa, ou má administração, e os brasileiros têm todo o direito de ser deles informados, muito mais quando há uma folha destinada para isso.

Os nossos ministros acham-se atualmente envolvidos em mui sérias dificuldades. O exmo. ministro da Guerra lamenta-se ao seu colega da Fazenda[90], que os presidentes das províncias, a pretexto de *salus populi*, dispõem dos dinheiros públicos, sem importar-se com a lei do orçamento, nem com as ordens que lhes são dirigidas a respeito; e apela para a sua autoridade a tal fim de obstar a entrega de quantias pedidas contra a lei. Qual será a razão por que s. exc. não emprega um meio mais decente, mais pronto e decisivo? Parece-nos pouco digno da suprema autoridade do Império, qual a Regência, em nome do imperador, tentar por meios indiretos embaraçar o abuso dos seus delegados. Se s. exc. está convencido que os presidentes são desobedientes, e que os pretextos alegados os não justificam de prevaricação, lance mão da responsabilidade, meta-os em processo, que o Tribunal Supre-

---

[90] Respectivamente, Antero José Ferreira de Brito, barão de Tramandaí, e Manuel do Nascimento Castro e Silva.

mo de Justiça não tem motivos de ser-lhes muito afeiçoado; e a lei sendo executada pode pôr termos a essas facilidades de dispor dos fundos públicos, não decretados para tais despesas. À nação interessa a execução das leis e ordens superiores. Do alto deve vir o exemplo de não tolerar-se a impunidade; aliás verdadeiramente deixa de haver governo, se a nação fica abandonada ao capricho e à arbitrariedade do funcionário mais resoluto. Boa-fé e boas intenções não bastam para se governar bem; cumpre ser severo, principalmente quando é moda ser desobediente. O exmo. ministro da Fazenda maiores embaraços encontra atualmente na sua repartição. A província do Maranhão, agitada pela anarquia das moedas de cobre, resolveu, em um conselho, de a fazer correr pela quarta parte do seu valor nominal; depois de havê-la resgatado pelo valor emitido, criou cédulas provinciais para completar o troco. No Pará medidas extralegais se tomaram sobre o mesmo objeto e em Pernambuco, à requisição do corpo do comércio, fez-se alteração na disposição sobre os conhecimentos não circuláveis. O que fará o ministério neste caso? Reprovar tantos atos ilegais, fazer responsabilizar os que se arrogaram o poder de legislar? A lei assim lhe ordena. Tantas cédulas emitidas na circulação, o cobre tão elevado e já espalhado por toda a província deverão ser recolhidos? E o que dar aos portadores em troco? Como aceitará a província o procedimento do ministro anulando atos ditados pela necessidade e reclamados pelo interesse comum? Com que olhos encarará o comprometimento de tantos cidadãos que talvez forçados pelo impulso da opinião provincial se arrojarão a tanto? O ministro não deverá prever as conseqüências de qualquer medida ordenada pela lei[91]? A prudência assim o aconselha.

Eis o que acontece com leis malfeitas e já fora de tempo; e com tardia e péssima execução. A Assembléia Geral não quis atender a alguns de seus membros, que muito se esforçaram para mostrar que a lei era ineficaz para embaraçar a introdução de moeda falsa de cobre, uma vez que deixava livre às partes de contratarem os pagamentos em cobre e este conservava o mesmo valor nominal. Deixou o mal generalizar-se em todo o Brasil para dar esse fraco remédio; quando se atendesse ao clamor dos brasileiros, que há tantos anos sofrem essa desgraça, poderia por meio de diversas tentativas vir a acertar a tempo. O exmo. ministro da Fazenda, demorando quase um ano a execução da lei, a mais urgente, fazendo estampar cédulas tão imperfeitas e em tão diminuto número, concorreu para a calamidade geral, que ora se sente em

---

[91] Referência à lei de 3 de outubro de 1833, mandando substituir a moeda de cobre em circulação e estabelecendo o modo de proceder a esse respeito.

todo o Brasil e que, em nossa imaginação, é o presságio de outras maiores e eminentes. Nós de propósito não as denunciamos, temendo acelerar o seu aparecimento.

Cumpre que os brasileiros continuando a ser pacientes, como até agora, não dêem passos arriscados. A Assembléia à vista dos males que sofremos será forçada a prestar mais atenção a eles. Se as províncias principiam a sacudir o jugo da lei: se impacientes arbitrariamente lançam mão de remédios, que lhes parecem heróicos em menoscabo da Constituição e do governo, com que garantias poderá contar? Efêmera será sua alegria, e em poucos dias a mais feroz anarquia devorará seus filhos. Será para nós doloroso que o Brasil, tendo se conservado há quatro anos entre partidos que o queiram dilacerar, agora por causa de dinheiro, dê o miserável espetáculo da desordem e anarquia.

Em Cuiabá desordeiros puderam seduzir alguns homens simples em maio; assassinaram a sangue-frio alguns adotivos\*, que não puderam escapar, roubaram seus bens e ficaram tranqüilos. O que fez o governo? Ignoramos, nem mesmo sabemos o que poderia fazer. Felizmente por uma portaria do exmo. ministro da Justiça[92] depreendemos que os facinorosos avezados ao crime a que foram incitados pretenderam continuar além do que os sedutores queriam, e em conseqüência foram perseguidos, alguns presos e postos em processos. Se o presidente da província tiver as qualidades necessárias para merecer a confiança, o amor e respeito dela, poderá, com energia e atividade, pôr termo a tantos males, que só servem para derrotar de uma vez essa pobre província.

No Pará, na vila de Tapajós reuniram-se trezentas pessoas, apoderaram-se do depósito de armamento e requereram a expulsão de todos os adotivos\*\*. Formou-se um conselho chamado Municipal, e às instâncias deste conseguiu-se que só fossem expulsos os solteiros. O presidente participando este fato ao ministro afirma estar a vila em tranqüilidade, enviando o ofício do juiz municipal que assim o declara. Notamos o nenhum incômodo que o mostra o presidente com atentado desta natureza; parece-nos que a tranqüilidade anunciada é tão pouco acreditada por ele mesmo, que remete ao ministro o documento em que se funda como se o ministro conhecesse o juiz municipal,

---

\* Chamamos assim, porque supomos que indistintamente confundem os Portugueses com aqueles. (N. de Feijó)

\*\* Vide a nota antecedente. (N. de Feijó)

[92] Era então ministro da Justiça Aureliano de Sousa e Oliveira Coutinho, visconde de Sepetiba.

263

e estivesse ao alcance de avaliar as circunstâncias dessa vila para formar juízo seguro sobre sua tranqüilidade. Não diz uma palavra pela qual se colija que reprova o crime, e muito menos que fará perseguir os delinqüentes. Uma semelhante frouxidão desanima a quem ama a justiça, e não pode deixar de criar uma idéia assaz desfavorável ao caráter do presidente.

Felizmente aconteceu o mesmo que no Cuiabá. Os desordeiros quiseram tentar novo desacato: os cidadãos pacíficos indignaram-se, lançaram-se sobre eles; alguns foram presos, e os mais fugiram. Resta que os cabeças e as autoridades coniventes sejam punidos com todo o rigor das leis, para que não se reproduzam mais cenas tão tristes, e que só tendem a despovoar uma província que oferece tantos atrativos aos capitais e à indústria. Estamos certos que s. exc. empregará os esforços necessários para isto.

# 24.
## Negócios gerais
## [Confusões com a moeda (2)]

[Extraído de *O Justiceiro*, nº 12, de 29 de janeiro de 1835]

Se as cédulas por sua novidade seriam pouco apreciadas pelo comum do povo que está habituado a fazer suas pequenas transações comerciais em moeda de cobre, se as cédulas não terão jamais introdução nos mercados de nossas pequenas povoações pela dificuldade de serem trocadas ainda as de menor valor, e por essa causa, pôr em apertos e aflições os seus portadores, maior inconveniente ainda veio produzir o resgate tão demorado e incompleto, retirando-se do mercado grande quantidade de valores, que foram apenas substituídos por conhecimentos não circuláveis, os quais, posto que o fossem, não desempenhavam o ofício do troco, que fazem as moedas de cobre ou as cédulas de pequeno valor. Esta falta vai-se fazendo sensível por toda parte; entretanto as cédulas parecem encantadas, não há poder humano que as possa fazer estampar em número suficiente! No Brasil, tudo vai assim. Desgraça porém maior esperamos se, por fatalidade nossa, começarem a aparecer cédulas falsas; os que já não as aceitam de bom grado, as recusarão absolutamente e teremos falta de numerário, clamor público, desgosto etc. Lembra-nos ter ouvido que se pretendia mandar vir dos Estados Unidos ou Inglaterra notas mui bem-feitas para substituir estas miseráveis cédulas, porém como cada ministro da Fazenda tem sua opinião, ignoramos se o atual simpatizou com esta lembrança, porque a ter assim acontecido, persuadimo-nos que o zelo pela causa pública e atividade, que caracterizam ao sr. Manoel do Nascimento Castro e Silva, terão feito apressar a sua fatura e remessa e em quantidade suficiente. E quanto a nós, isso mesmo é remédio paliativo, mas como outro não está nas mãos do governo, o público grato lhe seria por esse mesmo módico benefício.

Cada vez que lemos no *Correio Oficial* os feitos do Tribunal Supremo de Justiça nos tomamos de indignação. Nós já principiávamos a suspeitar que de pouco ou nada valem as censuras de escritores, quando o mesmo clamor público não é capaz de dar nova direção à marcha tortuosa, ilegal, ou injusta de certos empregados, que como acintosamente desdenham toda a sorte de avisos ou advertências. Repetimos porém, e repetiremos, enquanto não largarmos a pena, que o Tribunal Supremo de Justiça proclamando que a Relação tem cometido manifesta injustiça em tal julgamento ou que tem violado a lei do processo, introduzindo nele nulidades notórias, de que resultam à parte prejuízos e atropelamento de seus direitos, é responsável por não processá-la imediatamente. Nós transcrevemos o § 29 da Constituição, artigo 179, e o artigo 157 do Código do Processo, e o público julgue: "os empregados públicos são restritamente responsáveis pelos abusos e omissões praticadas no exercício de suas funções e por não fazerem efetivamente responsáveis aos seus subalternos"; "o Supremo Tribunal de Justiça, as Relações e demais autoridades judiciárias, quando lhes forem presentes alguns autos ou papéis, se neles se encontrar crime de responsabilidade, formarão culpa a quem tiver, sendo de sua competência etc.". Nada mais claro e terminante; entretanto, ouvimos dizer que o Tribunal Supremo de Justiça, duvidando da sua própria evidência, quando declara haver injustiça notória, espera pela decisão da Relação revisora para revalidar o seu primeiro juízo. É quanto a nós até vergonhosa, além de ilegal e ridícula, semelhante prática do tribunal, se com efeito ela existe.

O Tribunal Supremo de Justiça, pronunciando o seu juízo sobre a sentença da Relação, declarando manifestamente injusta, não se deve importar com o procedimento da Relação revisora, o tribunal é independente, o seu ato está definitivamente terminado, resta-lhe somente em observância da Constituição e da lei proceder contra os magistrados que notoriamente infringirão a mesma lei. Se a Relação revisora, em lugar de emendar o julgamento, imita a outra, violando a lei, se este fato chegar ao conhecimento do Tribunal Superior por vias legais, proceda igualmente contra os prevaricadores, e eis tudo em ordem. Suas decisões respeitadas, e os magistrados punidos para deixarem de ser ou negligentes ou prevaricadores. Nós duvidamos portanto que seja este o pretexto de que se vale o tribunal para abandonar os cidadãos à discrição da magistratura; até porque sabemos de muitas sentenças reformadas nas Relações revisoras e não consta que os magistrados que deram a primeira sentença iníqua fossem ainda castigados, nem mesmo metidos em processo.

O governo não ignora este procedimento ou esta omissão criminosa do Tribunal Superior de Justiça. Se a Constituição com razão enumera entre as garantias a responsabilidade dos funcionários públicos, se esta não passa de ser uma promessa enganadora e quimérica a respeito do poder judicial, a quem está entregue a fortuna e tantos direitos do cidadão brasileiro, então o que ganhamos com a Constituição? Desarmar o monarca, que pela eminência do seu emprego, pela mesma majestade do trono e tantos elementos de independência de que é revestido, está menos sujeito a ser arrastado pela peita, suborno ou por qualquer outro incentivo do crime, para nos entregarmos sem reserva e sem a menor garantia à discrição da magistratura cujos julgados são tão freqüentemente proclamados manifestamente injustos pelo Tribunal Superior de Justiça, que a seu modo goza do mesmo privilégio da impunidade!

Se o exmo. ministro da Justiça[93] não partilha a mesma opinião do tribunal, opinião centralmente oposta à letra e espírito da lei; opinião aviltante do mesmo tribunal e contraditória com a independência e sublimidade de sua hierarquia, opinião ruinosa à sociedade, como favorecedora da prevaricação dos magistrados, que podem mui bem ser tentados a confirmar sentenças injustas de seus colegas para obterem igual favor em circunstâncias semelhantes; então atribuímos o seu silêncio a não ter meios de fazer responsabilizar o Tribunal Superior de Justiça; mas em tal caso por que não está s. exc. com o tribunal para que proceda contra os prevaricadores? Se ele vier com tergiversações, com absurdas interpretações, que lhe são vedadas pela Constituição, se entender a lei de uma maneira exótica, suspenda esse tribunal, que tanta despesa faz à nação e que só serve para publicar descaradas prevaricações de seus ilustres colegas, mas deixando-as impunes. Exmo. sr., só assim a Assembléia Geral se abalançará a reforma do Tribunal Superior de Justiça e a criar um tribunal popular em que responda por seus feitos ilegais. Eis o caso em que eu quereria energia, obstinação e firmeza ao mesmo tempo, que requereria prudência, respeito à opinião pública e razoável da província de Minas, e alguma condescendência para com súditos que tanto têm bem merecido do governo pela coragem e patriotismo com que atacaram e venceram os sediciosos, em desafronta do mesmo governo, desobedecido e insultado.

Está a nossa bela povoação de Guarapuava destinada para degredo de criminosos. Não achamos fora de propósito a escolha, contanto que para ela fossem somente aqueles criminosos que merecendo alguma compaixão por suas tristes circunstâncias, não fossem contudo daqueles que por sua perversidade ou atrocidade de seus delitos merecem um verdadeiro castigo.

O degredo para lugares ermos, pestíferos, sujeitos a graves privações, rodeados de uma quase impossibilidade de ser abandonados pelo degredado, não passa de uma simples mudança de residência, o que todos os dias praticam muitos cidadãos por comodismo e vantagem própria; portanto o

---

[93] Ver nota 92.

degredo para Guarapuava, país ameno, fértil e já povoado, só pode servir de pena para o homem relacionado com parentes, amigos ou propriedades em outra parte, cuja privação é um verdadeiro castigo. Ademais, havendo bastante facilidade em evadir-se daquele lugar qualquer [um] que nisso tenha interesse, claro está que ele não pode servir de degredo senão a quem tem nele que residir por poucos anos, e que por suas circunstâncias não possa tomar interesse na fuga; para outra qualquer classe de criminosos, melhor é soltá-los na rua do que ostensivamente, com detrimento do público e da justiça colocá-los em um lugar onde infalivelmente hão de retirar-se apenas se lhes tirem os ferros em que forem conduzidos.

Nós fazemos estas reflexões por isso mesmo que não estando ainda arranjada essa colônia de degradados; que segundo nos consta, pretende o exmo. presidente desta província colocá-la além da povoação de Guarapuava, onde algum tanto mais se dificulte a fuga pela passagem de matas e rios caudalosos; sabe-se contudo pelo *Correio Oficial*, que o sr. ministro da Justiça já tem feito muitas comutações e o que mais nos admirou foi ver nesses números criminosos condenados a prisões e trabalhos perpétuos, entre os quais um soldado da Marinha, que há poucos anos com horror de toda a Corte deflorou ou antes assassinou uma criança de cinco anos de idade! Se esta qualidade de criminosos não é a que deve cumprir a sentença e empregar-se nos trabalhos públicos a que foi condenado, então seguramente estão eles reservados para nós. Se isto continua assim, diríamos que fechem-se as prisões e os juízes de paz deixem de formar culpa a ninguém; e cada um faça-se justiça, como puder. O nosso atual estado quase que já toca este extremo.

Um correspondente nos pede a fazer lembrar a necessidade de o exmo. presidente mandar abrir o troco da moeda de cobre legal para serrilhada, visto que muitos, por falta de lhes chegar ao conhecimento a providência, deixaram de concorrer com as que tinham na persuasão, mui verdadeira, de que toda a moeda legal correria no mercado; e não sucedendo assim, estão hoje sofrendo grave prejuízo, dando a moeda não serrilhada até por menos da metade do seu valor nominal. O correspondente esqueceu-se de declarar o lugar onde isto aconteceria, mas nós estamos persuadidos que em muita parte da província sofrer-se-á igual prejuízo.

Se a medida requerida pelo correspondente é justíssima e necessária, de mais a mais é conveniente. As cédulas pequenas são em muito pequeno número. O cobre para as pequenas transações vai já faltando; cumpre prevenir ou ao menos protelar o mal, fazendo aparecer o cobre legal, que a opinião, e não a lei, tem feito fugir do mercado, substituindo-o com brevidade pelo serrilhado, que foi o escolhido para girar na província.

## III.

# O Padre

# 1.

## Oração fúnebre ao
## padre Jesuíno do Monte Carmelo

[Extraído da *Revista do Instituto Histórico e Geográfico de São Paulo*, 1927, vol. 25, pp. 80-9. Recitada pelo padre Diogo Antônio Feijó, no segundo aniversário da morte do padre Jesuíno do Monte Carmelo, por ocasião da trasladação dos seus ossos, da igreja do Carmo para a do Patrocínio, a 2 de junho de 1821[94]]

~

*Non recedet memoria ejus* (Eclés.)
*Seu nome não cairá jamais no esquecimento.*

O malvado que, aproveitando-se das circunstâncias favoráveis a seus desígnios, tem espalhado a fama de suas ações e de seu nome, parece disputar ao justo o privilégio da imortalidade. O herói que o mundo aplaude, que era bem credor de sua execração, que de ordinário eleva o edifício de sua glória sobre as ruínas de seus semelhantes, atrai contudo quase sempre os elogios e a admiração do século: a posteridade parece empenhada em guardar a memória de seus feitos e seu nome. Mas que diferença entre a memória do justo e do que não o é! O primeiro é lembrado com dor e saudade; o segundo, com horror e indignação. Um é sempre lembrado para ser objeto de respeito e imitação; o outro é apontado algumas vezes somente para vergonha e confusão do ímpio e do insensato.

Meus senhores, eu venho neste lugar santo consagrar louvores a um herói em que a religião tem reconhecido o cunho de santidade. A cadeira da verdade veda ao orador cristão arriscar este tributo de justiça ao homem que não tem ao seu favor os votos do universo, mas a virtude tem seus graus, e a religião não proíbe fazer soar em seus templos a voz do amor, da gratidão e da saudade.

O padre Jesuíno há dois anos caiu ao seio da morte; seus dias foram cortados de repente, ele desapareceu dentre nós; esta fatalidade ainda é para nós um sonho; não podemos crer que tal homem nos fosse roubado, mas é ver-

---

[94] Padre Jesuíno do Monte Carmelo era pintor sacro e fundador de uma congregação religiosa. Sobre o padre Jesuíno e sua influência sobre Feijó, ver a apresentação deste volume.

dade que o foi, porém sua memória não será, seu nome não cairá jamais em esquecimento; o amor, a saudade e a gratidão todos os dias no-lo fará reviver.

Senhores! Aproveitemos esta lembrança, façamo-la frutífera, tornemos proveitosos nossos sentimentos; e tomando por modelos suas virtudes, aprendamos igualmente a conhecer a triste sorte das coisas do mundo. Este é o meu destino, e o objeto de vossas atenções.

Meus senhores! O reconhecimento não é um resultado de cultura do espírito, é um sentimento inato ao homem, seja qual for o seu estado; todos os povos em todas as idades têm apresentado brilhantes exemplos desta verdade. Quanto mais seus heróis se têm assinalado pelas virtudes sociais, mais têm sido credores de suas lágrimas e de seus elogios. Monumentos de glória se têm erigido à sua memória: ritos diferentes se têm inventado para simbolizar a gratidão, e transmitir à posteridade este tributo do mérito e da justiça. É verdade que o tempo estragador de tudo tem muitas vezes querido confundir as cinzas do justo com as do ímpio: tem-se queimado incenso tanto sobre o túmulo do virtuoso, como do malvado. A vil adulação tem em diferentes épocas levantado o seu trono a par da verdade, mas aquela não tem podido sustentar estes direitos usurpados, quando estas, surgindo por entre o erro, têm recebido os respeitos e adoração de todos os séculos.

Nossos louvores tão puros hoje, como nossos sentimentos, não são extorquidos; são livres, ainda que arrancados pela força do amor e da gratidão. Quem haverá, dentre nós, que não tenha retraçado vivamente em sua memória os primeiros passos daquele herói raro? Aquele engenho vivo, penetrante, atilado, talhado para melhores tempos; e que nascido em outra época mais feliz para a cultura das artes seria capaz de propor modelos originais ao gosto e ao belo?

Senhores! A quem se deve o brilhantismo de vossa pátria? Quem espalhou entre vós tantos monumentos dessa arte encantadora, que imortaliza os heróis, que salva do esquecimento tantos personagens ilustres, dando-lhes uma espécie de vida, fazendo-os, ainda mesmo em sombra, objeto de adoração e respeito?

Na província inteira, ainda muito além, chegam com a fama de seu nome as obras de seu gênio. Ele tem sido o crédito de sua pátria, a honra da província, a glória e as delícias dos ituanos. Há muitos anos vosso nome é pronunciado com respeito e inveja; éreis, e ainda sois apontados como a primeira vila onde a majestade do culto, a pompa das festividades, o esplendor dos templos dão a conhecer vosso caráter de religião e de grandeza.

A quem deveis esta glória senão àquele cuja memória saudosa desperta hoje as nossas lágrimas? Nascido para ornamento da Igreja, seus cuidados, seus desvelos, todo o seu gosto foi ornar os templos, fazê-los respeitáveis, inculcar a majestade do lugar santo pelos objetos tocantes, que seu zelo e sua piedade fazia nele depositar. Aquela arte divina, de que ele possuía os segredos, e que manejava com tanta destreza, tem assinalado os diferentes períodos de sua piedade para com Deus, e de seu amor para convosco. Mil vezes retumbavam em vossos templos sonoros ecos de suaves canções, que nos representavam ao longe esse prazer de que o Senhor tem de inebriar seus escolhidos; que elevam o espírito, e num santo entusiasmo, faziam gozar de antemão das doçuras da pátria dos anjos. Mil vezes sua voz acompanhou a produção de sua pena; e combinada a devoção com a melodia, o olhastes como a jóia mais preciosa que então possuíeis, o considerastes como o mais firme apoio de vossa pátria.

Por toda parte se espalharam monumentos dos seus talentos! Quantos imitadores deixou ele?! A uns foi motivo de emulação; a outros, objeto de imitação!

Senhores! O padre Jesuíno com o bom gosto introduziu estas maneiras doces e atrativas, que humanizam os homens, e os tornam mais sociais. Este caráter duro e austero, filho da probidade, mas que ao longe vos tornará suspeitosos, modificou-se.

A invenção, essa piedade, daquele sacerdote chamou mil vezes ao vosso país os povos circunvizinhos. Vistes com prazer anualmente vossas casas cheias de homens desconhecidos, mas tornados vossos irmãos e amigos, presos pelos laços da gratidão. Aumentaram-se vossas relações; o comércio prosperou; a civilização adquiriu um auge considerável. Todos quantos aqui nos achamos desconhecíamos vossa pátria: a alegria transbordava em nossos corações, invejávamos a vossa sorte; e sendo tudo devido ao padre Jesuíno, o padre Jesuíno só por si era a festa, era a mola real do prazer, a pedra preciosa que refletia a nossos olhos, e que trazia as delícias dos que o conheciam.

Na verdade, senhores, um não sei quê tinha aquele semblante de amável e lisonjeiro, que atraía, cativava e docemente arrebatava os que o ouviam. Eu mesmo à primeira vista senti os efeitos deste encanto; eu não me fartava de vê-lo, de ouvi-lo, de estar em sua companhia; eu contava por uma felicidade ter parte em seu coração; este fenômeno raro não foi encontro de amor ou inclinação, foi uma necessidade de admirar, de amar a inocência e a virtude. Todos que o têm visto, que o têm tratado têm sentido iguais efeitos.

Vós que tivestes a dita de o conhecer, não estais como ainda vendo aquele rosto amável e sereno, onde se achava retratada a inocência e alegria, companheira inseparável da virtude? Aquele ar modesto e carinhoso, aquela gravidade de semblante, aquelas maneiras respeitosas que firmavam seu caráter, ainda no meio das graças inocentes com que ele fazia interessante e ao mesmo tempo gostosa companhia.

Ah! E que humanidade tão rara em nossos dias! No seu conceito ele era o mais criminoso dos homens: nem uma ação fazia que para ele não fosse uma grave falta, um pensamento ligeiro parecia-lhe já um delito. Tal era a delicadeza de sua consciência, tal era o temor com que servia o Onipotente.

Cristãos! Vós bem sabeis que ele nada empreendeu que não fosse para agradar ao soberano Benfeitor, que todas as suas ações se dirigiram a cumprir a lei do Criador; e para isso como vivia ele desapegado do mundo! Como nada era capaz de prendê-lo a estes bens falsos e caducos, que cegam tanto os mortais! Uma pobreza voluntária, e verdadeiramente evangélica, foi a máxima constante apreendida na escola do Salvador, que dentro do mundo o conservou separado do mesmo mundo, vós bem o sabeis.

Ah! E o que direi eu de sua caridade, senhores, ainda que ao padre Jesuíno faltassem estes conhecimentos que fazem hoje a glória do século, ele possuía os segredos da verdadeira sabedoria. Ele não sabia falar esta linguagem de erudição e ordinariamente de vaidade, mas ele sabia obrar como filósofo.

Ele não poderia entrar nas questões espinhosas da ciência sagrada, mas ele conhecia perfeitamente a religião e a praticava. A caridade, portanto, era sua máxima: este princípio de uma extensão infinita o ligava com todas as séries e entes do universo. Ele se considerava feito para todos.

Eis aqui, meus senhores, o momento em que eu exijo vosso reconhecimento: a gratidão demanda a confissão de tantos benefícios. O padre Jesuíno aparece neste período de sua vida, não já como um simples homem, gozando as vantagens da sociedade, apenas ocupado no pequeno recinto de sua casa, empenhado nos interesses de sua família. Verdadeiro filantropo, as máximas sagradas do cristianismo dão uma firmeza inabalável às propensões sociais; ele apresenta-se qual apóstolo, esquecido só de si e de seus cômodos, tendo somente diante de seus olhos a causa de Deus, e a da vossa salvação.

Na cadeira da verdade, quantas vezes tomado de um santo entusiasmo levantou ele a voz para deprimir o vício, para atropelar as paixões radicais, que são a origem funesta de tantos males. Mil vezes apresentou-vos o Evangelho desenvolvido pelos oráculos da religião. A doutrina de Jesus Cristo vos foi pregada com força e com clareza. Mil vezes vos abriu o quadro terrível da ira do Onipotente para pordes termo a vossos errados projetos.

Quantas vezes não o vistes sentado no sagrado tribunal da penitência julgando as consciências? Com que prontidão e ao mesmo tempo com que zelo, com que temor se não empregou ele sempre neste importante, custoso e arriscado ministério? Quantos pecados não se diminuíram, e quantas conversões se não devem à sua caridade! A quem se deve este grande número de cristãos, que freqüentam nossos templos, que fiéis a seus deveres apresentam em particular e em público o verdadeiro caráter de discípulos de Jesus Cristo, que dão glória à Igreja, e exemplos aos relaxados, que diariamente aterram e confundem os libertinos, sendo sua conduta uma calada repreensão de seus escândalos, e da vergonhosa deserção da bandeira do crucificado? O padre Jesuíno pode bem chamar-se o patriarca destas criaturas convertidas, destas almas fervorosas, que em tempos mais felizes serão com melhor justiça avaliadas.

Quantos que jazem hoje no seio da morte não experimentaram sua caridade nos últimos momentos sempre acompanhados de enjôo, e do desprezo ainda dos mesmos domésticos? Quantos não foram socorridos por sua diligência, quando lutando com a pobreza, miseráveis, apenas faziam chegar a seus ouvidos o surdo e fastidioso eco da necessidade!

Senhores! Por quantas maneiras difíceis não procurou ele desenvolver sua caridade, que dissenções não terminou, que ódios não aplacou! Que lágrimas não enxugou ele! Quantos infelizes não encontravam nele o remédio, ou a consolação no meio de suas desgraças?

Este homem incansável, ativo, laborioso, procurou em toda a sua vida reunir a virtude à magnificência: sua prudência engenhosa vos conduziu, sem o atenderdes, por caminhos sempre suaves a fim de alto interesse. Este templo é um dos monumentos de sua piedade e devoção. Todo ele, pode bem dizer-se, é obra de suas mãos. Ah! A que fim ele se propôs! Ser louvada a majestade do Onipotente, de um modo mais digno da divindade, e atrair-vos pela pompa das solenidades, que ele empreendia apresentar neste lugar santo, a entrardes nos mais verdadeiros sentimentos da religião que professais. A glória de Deus e a vossa utilidade foram sempre a mira de todas as suas ações e projetos.

Mas, senhores, este homem raro, este sacerdote zeloso, este pai da pátria, vossa riqueza, vossa consolação, vossa glória, terminou seus dias. Quando todos nós descuidados não nos lembrávamos que ele estava sujeito ao império da morte; quando alegres contávamos com sua vida salva dos perigos, que nos tinham, sete meses antes, querido roubá-la; quando todos descansávamos seguros a sombra do bem que gozávamos. Oh! Providência adorável! A morte, disfarçada em um sonho benigno iludindo nossos desvelos, repentinamente alçou a fatal foice e roubou-nos para sempre tão preciosa vida!!!

Cada um de vós perdeu um amigo, cada família perdeu um pai, esta povoação perdeu um protetor. O rico sentirá sempre a falta de um ecônomo, que o obrigue a fazer justa distribuição de seus bens. O pobre lamentará sempre a ausência de um benfeitor; sua miséria mesma fará cada dia mais saudosa sua memória.

Morreu, senhores, mas não sentiu as agonias do criminoso; não experimentou o remorso que dilacera o culpado, não sofreu o choque terrível, partilha do pecador. Pagou o indispensável tributo imposto à espécie humana, mas Deus, a quem ele soube servir, isentou dos horrores inevitáveis a tão doída separação. Nossas lágrimas derramaram-se: em todas as casas os gemidos formavam a triste canção que anunciava sua orfandade; todos entre suspiros quiseram ver com seus olhos, quiseram por si mesmos certificar-se de tão funesta fatalidade.

Todos demos público testemunho de nossa dor, fizemos justa confissão de nossa perda. Eis aqui, cristãos, a sorte das coisas deste mundo. O ímpio, o malvado que serve de flagelo à sua pátria, o cidadão ímprobo que perturba a sociedade, este homem vive, mas o padre Jesuíno morre! O homem que por parecer bem, mas que invejoso da glória, que não merece, disfarça debaixo de misteriosas aparências um caráter detestável, que exaspera a indignação dos que sabem dar o seu justo valor à probidade e à virtude; este homem vive, mas o padre Jesuíno morre! O misantropo que não se comunica com outros homens, senão debaixo das vistas do próprio interesse, incapaz do menor sacrifício a bem da humanidade, este homem vive, mas o padre Jesuíno morre!!

Providência de meu Deus, eu vos adoro!!

Cristãos, o justo não morre; separa-se de nós por um castigo devido aos nossos crimes, porque não sabemos agradecer ao Céu tão caro benefício. Ele caminha para sua pátria, vai receber a coroa da imortalidade; sua memória é eterna, seu nome é sempre lembrado com amor e com saudade. O ímpio, pelo contrário, se conserva para flagelo de sua pátria, para pôr em confusão e desordem a sociedade, para gerar mil descontentes, para fazer-nos porém aborrecedores deste chão sempre confuso, deste teatro de paixões e de misérias. Sua vida termina-se com a glória dos que o detestam: sua memória sepulta-se no mais ignominioso esquecimento; e se é lembrado pelo estrondo de suas infâmias, é só para execração.

Ali o exemplo. Aqueles ossos são os restos do padre Jesuíno: são pó, são nada; mas para nós são uma preciosidade, nós os respeitamos. Ali vemos os últimos despojos de um irmão que nos ajudava, de um pai que eternamente nos amava, de um amigo que fazia a nossa consolação, de um sacerdote que nos conduzia pela estrada da virtude com a voz e com o exemplo. Sua memória nos será sempre saudosa.

E vós, colunas deste templo, paredes do santuário, que sois testemunhas dos nossos louvores, e ainda de nossas lágrimas, guardai para transmitir à posteridade as ilustres ações deste sacerdote. Contai a cada homem que aqui entrar pela série não interrompida dos séculos, que nós somos gratos a seus benefícios, que fazemos justiça a seus merecimentos, e que temos dado o exemplo da mais nobre gratidão.

E vós, sepultura feliz, conservai com cuidado essa jóia preciosa que nós vos confiamos; aqui viremos nós e os nossos vindouros, vos pediremos contas do caro penhor que aí depositamos. Sereis de hoje em diante o memorial perene desse homem raro, cujo nome e virtudes eternamente estarão gravadas em nossa memória.

E vós, senhores, a quem o amor, a gratidão e a saudade ajuntou neste lugar a prestar os últimos ofícios da religião e humanidade ao padre Jesuíno, despedi-vos dele talvez para sempre, mas enquanto viverdes orai por ele; aprendei neste exemplo fatal quanto são falsas nossas esperanças; que só na pátria dos justos deveremos pôr nossos cuidados e nossa confiança. Trabalhai por serdes imitadores de suas virtudes; só assim escapareis a uma morte ignominiosa, e vosso nome sobreviverá à vossa ruína.

Eu não afirmo que ele é um santo reconhecido por uma autoridade legítima, mas foi um homem de bem, um cidadão honrado, engenhoso, hábil, ativo e laborioso; um cristão que apresenta em sua vida muitos rasgos de virtudes dignas de serem imitados; humilde, caritativo e piedoso; será sempre amado enquanto no coração do homem não apagar-se o instinto do reconhecimento e da gratidão; obterá sempre o respeito da posteridade enquanto se souber avaliar o merecimento e a virtude.

Ministros do Senhor, continuai vossos sufrágios, nós vos acompanharemos; queremos ser convosco testemunhas do derradeiro ato que, em nome da Igreja, ides praticar a bem desta alma. Nós, à borda da sepultura, atentos pela última vez, saudaremos com nossas lágrimas os ossos desse sacerdote que tanto amamos, e que merece tanto nossa saudade e nosso respeito.

# 2.

## PADRES ESTRANGEIROS

[Extraído de *Regimentos e Avisos da Secretaria de Estado e Negócios da Justiça*, aviso de 29 de dezembro de 1831. Ministério da Justiça]

~

PARA O BISPO CAPELÃO-MOR

Exmo. e rvmo. sr.:

A Regência, em nome do imperador, à vista da resposta de v. exc. em data de 15 de novembro do corrente em que declara ter empregado em cura de almas a quatro sacerdotes estrangeiros, por não haverem brasileiros que quisessem encarregar-se das igrejas que aqueles atualmente paroquiam, restando ainda dez ou doze onde não há sequer uma missa aos domingos, não pode deixar de estranhar a v. exc. a facilidade com que, não obstante a Constituição do Império, conserva estrangeiros em emprego que, além de eclesiástico, tem muito de civil, como seja do registro de atos públicos, certidões destes mesmos atos, a ingerência das mesas eleitorais, a assistência e colaboração do contrato de matrimônio, percepção de certos emolumentos. V. exc. rvma., não podendo ser desculpável tão manifesta violação da lei pelo pretexto da falta de sacerdotes brasileiros, os quais podem ser obrigados, por meio de censuras, a cumprir este dever do seu ministério; acrescendo haver muitos religiosos dentro e fora dos conventos, que com mais proveito da religião e do Estado podem ser aplicados no serviço destas igrejas e das abandonadas, que devem merecer muito maior atenção e cuidado do que as colegiadas, e benefícios simples, de que muito pouca vantagem resulta à religião; manda portanto a mesma Regência que v. exc., pondo em fiel observância as leis do Império, promova por todos os meios que o patriotismo e solicitude pastoral lhe sugerir, para que tais igrejas sejam legalmente providas. Deus guarde v. exc.

Paço, 29 de dezembro de 1831.

[Assinatura.]

# 3.
# DEMONSTRAÇÃO DA NECESSIDADE DE ABOLIÇÃO DO CELIBATO CLERICAL (1828)[95]

[Extraído de Eugênio Egas, *Diogo Antônio Feijó*.
São Paulo: Typographia Levi, 1912, 2 vols.]

AUGUSTOS E DIGNÍSSIMOS SRS. REPRESENTANTES DA NAÇÃO:

A quem mais, senão a vós, amigos da pátria, protetores das liberdades públicas, zelosos defensores dos direitos dos cidadãos brasileiros, deveria eu dedicar esta limitada oferta, filha do meu respeito à justiça, de minha veneração à religião, e de meu amor à humanidade? Encarregados de defender-nos da opressão, cumpre libertar-nos das cadeias, que séculos pouco esclarecidos nos lançaram. Elevados acima dos prejuízos encarnecidos à sombra de uma religião, que tem por base a doçura, e a caridade, vós tendes a coragem necessária para arrostar esses poucos e miseráveis gênios apoucados e presumidos, que folgam, e se comprazem de ouvir os gemidos de vítimas imprudentes, ou seduzidas, que correndo após uma perfeição efêmera, se precipitaram no abismo do crime, e da desgraça. Armados do poder que a Constituição vos outorga, tendes a força necessária para debelar esses espíritos turbulentos, inimigos de toda a reforma; e que incapazes de propor uma só medida de melhoramento, são contudo eternos censores dos que nem sabem mendigar

---

[95] Este e o próximo texto de Feijó são publicados de acordo com a única edição existente. Os critérios de citações e notas não são os atuais, e não foi possível realizar a atualização. Parte do problema para isto se deve à própria biblioteca de Feijó, constituída principalmente por compilações e textos de segunda mão. Sem ela, tornou-se praticamente impossível a localização dos textos originais citados, tanto para o cotejamento quanto para trazer as notas aos padrões atuais. Apesar disto, optou-se pela publicação destes textos de inegável importância histórica. Além desta relevância, outros motivos indicaram a opção. A própria questão do estabelecimento de fontes originais é um problema: se houve erros ou mudanças nos livros de propriedade de Feijó, o fato é que ele os leu e citou como se fossem nesta forma e sentido — o que, em si, tem importância.

As notas deste primeiro texto, exceto quando indicado, são de autoria do próprio Diogo Antônio Feijó.

seus conselhos impotentes, nem se aterram com os devotos sarcasmos de sua religião aparente.

Augustos e digníssimos senhores representantes da nação, a prudência é o único farol que deve marchar diante do legislador; quando, porém, a condescendência não a tem por base, é uma fraqueza, é um crime. O Brasil inteiro conhece a necessidade da abolição de uma lei, que não foi, não é, nem será jamais observada. O Brasil inteiro é testemunha dos males, que a imoralidade dos seus transgressores acarreta à sociedade. Sem probidade não há execução de lei, sem execução de lei não há justiça, sem justiça não há liberdade legal, e sem esta não se dá felicidade pública.

Legisladores, aceitai benignos os esforços de um de vossos membros; meditai sobre as importantes verdades que ele oferece à vossa contemplação; e não queirais carregar o colosso de responsabilidade, que pesará sobre vossos ombros, se retardais a abolição de uma lei, que faz o fundo da imoralidade pública.

Rio de Janeiro, 9 de julho de 1828.

O deputado Diogo Antônio Feijó.


Introdução

Uma discussão na Câmara dos Deputados ofereceu um incidente, excitou o zelo de um de seus membros bem conhecido por suas luzes e sua probidade, a indicar "que o clero do Brasil fosse desonerado da lei do celibato"*. Há muito tempo que, meditando eu sobre os meios da reforma do clero, e folheando os anais do cristianismo, estava convencido que a origem mais fecunda de todos os males, que pesam sobre esta classe interessante de cidadãos, era o celibato forçado. Consultei autores católicos e não-católicos, filósofos e canonistas; e a solidez das razões dos que censuram a lei, e a insuficiência dos argumentos dos que a pretendiam sustentar, acabaram de firmar a minha opinião.

Julguei então do meu dever como homem, como cristão e como deputado, oferecer à Câmara o meu parecer a este respeito, no qual procurei pro-

---

* A iniciativa desta proposta foi do médico Antônio Ferreira França, deputado pela Bahia. Feijó apoiou enfaticamente a indicação, apresentando em 10 de outubro de 1827 um voto em separado favorável à abolição do celibato. (N. do org.)

var quanto permitia a brevidade do mesmo: "Que não sendo o celibato prescrito aos padres por lei divina, nem mesmo por instituição apostólica, e sendo aliás origem da imoralidade dos mesmos, era da competência da Assembléia Geral revogar semelhante lei. Que se fizesse saber ao papa esta resolução da Assembléia, para que ele, pondo as leis da Igreja em harmonia com as do Império, revogasse as que impõem penas ao clérigo que casa; e que não o fazendo em tempo prefixo, se suspendesse o beneplácito a semelhantes leis, que fomentando a discórdia entre membros de uma só família, podiam perturbar a tranqüilidade pública".

Eu previ o choque necessário que estas proposições deviam fazer no espírito daqueles que, adormecidos nas opiniões herdadas de seus maiores, recusam ulterior indagação, e todos sabem a cega obstinação dos que em certa idade não consentem mais ser advertidos de seus erros, mas apareceram ainda assim defensores do celibato em muito menos número do que eu calculava. E as piedosas detrações de que se serviram na falta de razões, a confusão e desordem de seus longos arrazoados, a tática pouco caridosa que empregaram na ostentação do seu zelo, na defesa da religião, que julgavam ofendida, quando antes era vingada das falsas acusações dos incrédulos, fazendo-se verdadeira separação do que lhe é acessório; e na da honra do estado eclesiástico, que apregoavam deprimida por quem procurava, pelo contrário, levantá-la do abatimento em que jaz; tudo tem cooperado pelo triunfo da verdade. Poucos restam que, ignorantes, seduzidos ou prejudicados, lutam ainda com a própria consciência. Os sentimentos inatos de justiça estão e eternamente estarão em contradição com sua razão. Não é rebelião da carne contra o espírito: é a voz da natureza que se deixa ouvir contra os prejuízos da educação; é o grito da consciência contra a razão depravada; é a guerra da verdade contra o erro.

A satisfação e o interesse que, à simples leitura daquele parecer, tomaram a Câmara dos Deputados; o acolhimento que o público imparcial lhe tem dado; a convicção, em que estou, da necessidade da abolição do celibato clerical, me obrigam a dar um maior desenvolvimento àquele meu primeiro voto separado.

Eu seguirei o mesmo método, por me parecer o mais conveniente, porquanto, a poder-se mostrar que semelhante objeto não é da competência do poder temporal, cessa no momento a pretensão e então nada mais resta que sofrer em silêncio o gravame da lei, até que Jesus Cristo se lembre da sua Igreja, porque o chefe visível dela um só passo não recua; e a Cúria romana, não hesitando um só instante em conceder dispensas nas leis eclesiásticas, não tolera contudo que estas sejam de uma vez revogadas. Não lhe convém.

Eu não duvidarei repetir os mesmos argumentos e citar as mesmas autoridades; aqueles são sólidos, estas são convincentes.

Ajuntarei novos documentos. Não me quero arrogar a glória de original. Tanto se tem escrito sobre esta matéria, e tão profundamente, que bastante é haver curiosidade na escolha e clareza do método. O que, porém, não cedo a ninguém é a glória de desejar muito sinceramente a felicidade da minha pátria, o restabelecimento da honra, e a dignidade clerical e a salvação de tantas almas, que inevitavelmente se perdem pela existência de uma lei da qual nenhum bem resulta, como provarei.

Eu me vejo obrigado a condescender com os que professam este falso princípio: "Que os filósofos são libertinos e que os hereges não falam verdade". Eu me restringirei, portanto, a citações de autores conhecidos e aprovados pelos adversários, ou ao menos respeitados pelos ortodoxos. Eu me firmarei em fatos provados, e nos exemplos, que estão debaixo dos olhos de todos.

Eu não escrevo para os verdadeiros sábios nem para os homens bem intencionados, que possuídos de caridade suspiram pela felicidade do próximo, e se condoem de sua desgraça: estas duas classes engrossam o meu partido. Eu escrevo para o comum dos homens, que de ordinário se deixam cegamente conduzir por aqueles em que supõem certo direito de os guiar. Eu me farei inteligível, para que não sejam seduzidos com aparatosos argumentos, cuja futilidade se acha acobertada com o sagrado manto da religião. Eu quero ser entendido, e pouco me importa ser combatido.

PROPOSIÇÃO I: *É da privativa competência do poder temporal estabelecer impedimentos dirimentes do matrimônio, dispensar neles e revogá-los.*

A natureza do matrimônio, o exemplo de soberanos católicos, a doutrina da Igreja nos séculos mais esclarecidos do cristianismo e a autoridade de escritores respeitáveis nos ofereceram argumentos, cuja força irresistível produzirá a necessária convicção da verdade da nossa proposição.

Prova-se, primeiro: *Pela natureza do matrimônio.*

O matrimônio é na sua origem, na opinião de todos os governos, e na doutrina da Igreja, ensinada em seus rituais e catecismo, *um contrato legítimo entre o homem e a mulher, que Deus tem estabelecido para a multiplicação do gênero humano*[96].

---

[96] Catecismo de Montpellier de Mó, por Bossuet; de Soissons, em 1756; de Blois, em 1628; de Colônia etc. etc. Dito de *Concílio Trid. Inst.*, 1º tit., 2.

Desta tão simples como natural definição se conclui, primeiro, que o matrimônio traz a sua origem do mesmo Autor da natureza, que no Paraíso determinou aos primeiros pais do gênero humano *que crescessem, multiplicassem e enchessem a terra*; que no estado social, o qual tem por fim garantir o direito de cada um, e subordinar os do indivíduo à totalidade, pertence ao soberano regular este contrato, de maneira que por ele se preencham os fins de sua instituição; que, sendo este contrato de tal importância que dele depende a perpetuidade da espécie, a educação da prole, a paz das famílias e por isso mesmo a tranqüilidade, segurança e prosperidade dos Estados, não pode o soberano prescindir do direito de o regular sem perder a sua essência, a qual consiste na reunião de todas as faculdades necessárias para levar a sociedade a seu fim. Deve, portanto, considerar-se o direito de estabelecer impedimentos dirimentes do matrimônio, na classe dos inalienáveis, e imprescritíveis à soberania de uma nação.

São evidentes os absurdos que se seguiriam de negar-se ao soberano um tal direito (o que ainda é pior), se fosse este concedido a uma autoridade estranha e independente do poder civil. A sociedade muitas vezes se acharia em contradição consigo mesma, e uma anarquia de princípios a levaria ao precipício. E podemos afirmar que, se o mal não tem chegado ao seu cúmulo, deve-se este fenômeno à humilhação dos governos, que toleram que seus súditos vão mendigar dispensas a um poder estranho, e à indulgência com que de ordinário tais graças têm sido por este concedida.

A natureza, pois, do matrimônio convence que ele é um contrato, como outro qualquer, que tem sua base no direito natural; que está subordinado aos interesses da sociedade, e por isso mesmo sujeito à direção do poder temporal. Alguns, porém, pretextando que o matrimônio entre os cristãos, sendo um sacramento, e como tal privativamente subordinado à Igreja, afirmam que toda a disposição da autoridade secular não pode jamais influir no valor do mesmo matrimônio. A falsidade desta asserção se patenteará, provando-se: 1°) que no matrimônio o contrato e o sacramento são coisas distintas em sua essência, e separadas por sua natureza; 2°) que ainda sendo uma só coisa o contrato e o sacramento, nada perdeu por isso o poder temporal do seu direito sobre ele.

Seria necessário admitir-se o absurdo de que Jesus Cristo, instituindo a sua Igreja e o seu reino todo espiritual[97], fizesse contudo dependente dela

---

[97] Parece supérfluo citar autoridades para provar uma verdade hoje tão conhecida; porém, para evitar a censura dos nossos devotos, eu referirei o que diz Fleury, no

a validade de um contrato temporal, cujo fim principal é o mútuo socorro, a propagação da espécie e a educação da prole, e que desta sorte, introduzindo a confusão e a desordem na sociedade pela privação de um direito essencial ao soberano, transtornasse os fins da mesma sociedade, que Deus criou, dirige, protege, como a mesma Igreja. Transtornos que mais de uma vez têm arruinado Estados e desacreditado as autoridades eclesiásticas, que os têm promovido com suas criminosas invasões no domínio do poder temporal[98].

Felizmente, a Igreja reconheceu nos primeiros séculos, que se oferecem a verdadeira norma de sua disciplina, que ela não tinha outro direito além do de inspecionar sobre os contratos, bem como sobre todas as ações humanas, para declará-las iníquas no foro da consciência, quando contrárias às leis divinas. Ela reconheceu, como um dever seu, o fiscalizar a execução das leis dos soberanos sobre os matrimônios, e muitas vezes teve recurso a estes para os declararem inválidos, quando os julgou opostos à moral do Evangelho[99].

O infiel casado, que professou o cristianismo, jamais foi obrigado a revalidar seu matrimônio perante a Igreja. Os catecúmenos, que por muitos anos se preparavam para o batismo, nunca foram proibidos de o contrair, porque era então doutrina corrente, "que o matrimônio resultava do mútuo consenso das partes emitido segundo as formas legais"; o que ainda Nicolau I repete ao clero de Bulgária; Eugênio IV, no Concílio de Florença; e se vê depois consagrado no catecismo do Concílio de Trento, o qual na sessão 24 ensina "que os matrimônios na lei evangélica excedem aos antigos na graça, que aperfeiçoa o amor natural, confirma a indissolúvel unidade e santifica os cônjuges".

---

discurso 7 à *Hist. eccles*. [História eclesiástica?]: "É evidente pelo Novo Testamento e pela tradição dos dez primeiros séculos que o reino de Jesus Cristo é puramente espiritual: que ele não veio estabelecer sobre a terra, senão o culto do verdadeiro Deus e os bons costumes, sem nada mudar no governo político dos diferentes povos, nem as leis e costumes que só dizem respeito aos interesses da vida presente".

[98] Bem conhecidas são as sanguinárias contestações entre os papas e soberanos sobre objetos da competência destes; e sem sair da matéria que me ocupa, poderia citar inumeráveis exemplos de perturbações por causa dos eclesiásticos se intrometerem a anular matrimônios. O imperador Leão foi perturbado pelo patriarca de Constantinopla por causa do seu casamento com Zoé, e a legitimidade de seus filhos. Sabem todos a perseguição que fez Adriano II a Lotário, rei de Lorena, e a que excesso chegou Gregório V contra Roberto, o Piedoso, por se haver casado com Berta, sua parenta. Nada disto aconteceria se a Igreja não exorbitasse de suas atribuições.

[99] Cânone 112 do *Código africano*, t. 2. Concil. Santo Ambrósio suplica a Teodósio; Gregório II a Luistprando etc.

284

Tal é, com efeito, a doutrina, e prática da Igreja, ainda para com os mesmos cristãos, entre os quais consente muitos matrimônios somente na qualidade de contratos.

Os penitentes públicos, afastados da Igreja, não eram admitidos à recepção do sacramento durante os primeiros graus da sua penitência; contudo, era permitido aos moços casarem, ou toleravam-se os seus matrimônios por indulgência, como diz São Leão[100]. E tais matrimônios não podiam deixar de ser somente contratos, porque sendo o matrimônio um sacramento de vivos, como se exprimem os teólogos, não podia ser administrado aos penitentes antes da sua reconciliação.

As virgens, e os monges que casavam, apesar dos seus votos, enquanto estes não foram julgados impedimento dirimente, foram reputados verdadeiramente casados; e é certo que tais matrimônios não eram feitos em face da Igreja, nem por seus ministros, que o detestavam, e por isso eram somente contratos[101].

Os matrimônios contraídos por cristão com infiel, enquanto não foram declarados nulos, ou quando têm sido feito por dispensas, não são senão contratos; pois, todos sabem que o infiel é incapaz de receber sacramentos, e que por isso neste caso a nenhum dos contraentes se administra[102].

Os matrimônios entre os hereges, que lançados fora da Igreja nem crêem no sacramento do matrimônio, nem seus ministros gozam de jurisdição alguma, como poderiam ser considerados sacramentos? Entretanto, Benedito XIV os declarou válidos, independentes de serem retificados em presença do pároco, ainda quando convertidos[103].

Os católicos, contraindo com impedimento o culto dirimente, e dispensados ocultamente, estão verdadeiramente casados, não obstante a falta da presença do pároco, como resolveu o mesmo Benedito XIV à instância da penitenciária, fundando-se na declaração de Pio V[104].

Os cristãos que casam por procuração foram sempre reputados verdadeiramente casados, não obstante nunca revalidarem os seus matrimônios em presença do pároco; entretanto, é insustentável que ausentes possam rece-

---

[100] Narb., *Epistola ad rustic.*

[101] Santo Agostinho, t. 6., col. 375. Veja-se Pocier, no seu tratado do matrimônio, e Dupeim, *Biblioteca dos autores eclesiásticos*, seção 5, parte 1.

[102] Tertuliano, *Ad uxorem*, liv. 2; Santo Agostinho, *De conjug. adult.*, liv. 1, cap. 25; Synod. Elib., cânone 15.

[103] *Bul.*, t. 1, p. 87, breve de 13 de maio de 1741.

[104] Consulte-se a Lubi., *Sistema de teologia*, tratado de matrimônio.

ber sacramento por procuração, não podendo realizar-se a união da matéria e forma aplicada pelo ministro aos sujeitos que o recebem, circunstância essencial, no parecer de todos os teólogos, ao valor do sacramento. E para poupar-me ao trabalho de refutar as razões frívolas com que alguns querem sustentar a existência do sacramento em tais casamentos, eu me servirei da autoridade do grande Cano, que não só afirma que a Igreja nunca ensinou que todos os matrimônios aos fiéis fossem sacramento, mas também julga não merecer resposta a estultícia e loucura dos que sustentam o contrário[105].

Os bígamos são privados da bênção nupcial, em que toda a Antigüidade, e ainda hoje a Igreja grega, faz consistir o sacramento; e as terceiras e quartas núpcias foram tão condenadas que severas penitências se impunham aos que as celebravam; entretanto, tais casamentos foram reputados válidos, não obstante a aversão que a Igreja lhes tinha, e ainda o são entre nós apesar da falta da bênção nupcial[106].

Os matrimônios clandestinos, antes do Concílio de Trento, foram reputados válidos, não obstante a falta de ministros que os celebrassem[107].

O célebre Carranza, no seu catecismo, aprovado por uma congregação do Concílio de Trento, refere que em algumas províncias era costume casar perante o magistrado antes de ir à igreja receber o sacramento; e que neste caso se podia usar do matrimônio sem pecado. Prática sem dúvida fundada na doutrina de Santo Ambrósio e outros padres, bem como no direito canônico[108].

Todos estes fatos e procedimentos da Igreja provam concludentemente a separação do contrato e do sacramento no matrimônio, e que entre os mesmos católicos têm existido, e ainda existem, muitos casados somente por contrato, sem inconveniente algum nem sombra de pecado.

---

[105] Cano, liv. 8, cap. 5. Leia-se Palavicino, in *Hist.*, liv. 23, cap. 9.

[106] As *Const. apost.*, liv., 3, cap. 2, chamam ilícitas as segundas núpcias; intemperança, as terceiras; e, as seguintes, fornicação e até petulância. São Gregório Nauzi [Nazianzeno?], *Orat.*, 31; São Brazil [Basílio?], e. 4 etc. O Concílio de Salamanca, em 1335, até se persuadiu, no cânone 11, que não se devia dar a bênção nas segundas núpcias, para não reiterar o sacramento.

[107] Concílio Tridentino, sessão 24. Já em 400, um concílio de toda Espanha, congregado em Toledo, no cânone 19, havia determinado que não fossem excomungados os que tivessem uma só concubina em lugar de mulher. Tanto se não julgava necessário o sacramento para a validade do contrato, uma vez que as leis não o anulassem.

[108] Santo Ambrósio, ainda que na *Epístola a Vig.*, 19, diz que convém santificar o matrimônio pela bênção: "Conjugium sacerdotali benedictione sanctificari opoertet"; confessa, contudo, no seu *Lib. de inst. virg.*, cap. 6, que a convenção é quem faz o matrimônio: "Facit conjugiúm pactio conjugalis".

Para responder a estes argumentos se tem recorrido ao expediente de afirmar que os matrimônios entre os cristãos de contrato se elevam a sacramento, sendo deles ministros os mesmos contraentes; e que por isso o sacerdote não é mais que uma testemunha qualificada exigida pelos cânones; e que a bênção não passa de uma cerimônia da Igreja sem efeito algum sacramental[109]. O absurdo desta opinião se evidencia pelo que passamos a observar.

Como poder-se-á compreender que, no batismo e penitência, sacramentos necessários à salvação, não possa o mesmo sujeito, ainda que sacerdote seja, administrá-los a si mesmo no caso o mais urgente; e que no matrimônio, sacramento de nenhuma sorte necessário à salvação, o fossem fazer os mesmos contraentes, arvorando-se em ministros, entrando na hierarquia eclesiástica, excluindo assim este sacramento do ministério sacerdotal, cuja essência consiste no poder de repartir aos fiéis as graças do Salvador, comunicadas por meio dos sacramentos? Esta exceção é reprovada pela prática da Igreja, é contrária à natureza do sacramento e contestada por gravíssimos autores.

Os hereges, que não crêem no sacramento do matrimônio, não podem ser ministros deles. Entretanto, validamente contraem matrimônios, e, como já notamos, Benedito XIV não permite revalidá-los, quando se convertem.

O católico pode casar-se validamente com o herege, e ainda mesmo com o infiel, sendo para isso dispensado, e eu não sei como devendo ambos ser ministros deste sacramento, possa neste caso somente o católico administrá-lo; porque o herege, e [também] o infiel, não crê, nem quer fazer, nem receber tal sacramento; e nem que o herege quisesse, podia fazer, ou receber, por estar excomungado, e por isso privado dos direitos que lhe competem como cristão.

Demais, sem intenção de administrar sacramento[110], o ministro não faz sacramento. E não tendo entre nós nenhum contraente intenção de o fazer, porque o ignoram tal ministério ou jurisdição da sua parte, antes estando persuadidos que o vão receber do sacerdote, como pode dar-se sacramento do matrimônio nos atuais sacramentos dos católicos?

Suponhamos, porém, que o contrato civil se transforme em sacramento, e que entre os cristãos o primeiro seja inseparável do segundo. Como a base em que repousa o sacramento, não digo bem; como o contrato legítimo é o único objeto elevado a sacramento, sendo a existência daquele anterior à

---

[109] Liv. 4., decret., tit. 19 e 8, se diz claramente que o sacramento (em sentido lato) do matrimônio existe tanto entre os fiéis como entre os infiéis: "Sacramentum conjugis apud fideles, et infideles existit".

[110] Concílio Tridentino, sessão 7, cânone 11.

deste, é indubitável que o poder temporal nada perde de sua autoridade sobre o contrato civil, que em tudo continua a ser-lhe subordinado, ainda mesmo depois de elevado a sacramento. E assim como o cidadão por se fazer cristão não deixa, em tudo quanto respeita à ordem civil, de estar subordinado ao poder temporal, posto que seu caráter individual, ou sua dignidade pessoal, se acha elevado pela força do batismo à uma mais alta categoria, e debaixo desta nova relação subordinado ao poder espiritual, assim o contrato do matrimônio é em tudo sujeito às leis da sociedade, posto que elevado a sacramento, debaixo de cuja relação está igualmente subordinado às leis da Igreja. Donde se conclui que se dois indivíduos contraírem matrimônio segundo as leis civis, e não segundo as leis eclesiásticas, estarão validamente casados, posto que talvez não tenham recebido sacramento.

Os dois poderes são independentes. Cada um pode legislar nos objetos de sua competência, mas o poder espiritual por isso mesmo que tem por fim imediato a salvação das almas, e não a tranqüilidade pública, como a tem a autoridade civil, não pode determinar coisa alguma não necessária àquele fim, que esteja em oposição às leis do poder temporal, ou por qualquer maneira lhe pertençam, a não admitir-se a máxima absurda e anti-social da influência de um poder sobre outro, com recíproca invasão de atribuições, de cujo conflito têm sempre aparecido funestíssimos resultados.

Está, pois, demonstrado pela natureza do matrimônio que ele é inteira e privativamente sujeito ao poder temporal, ou se considere o contrato distinto do sacramento ou reunidos pela nova categoria, que a graça lhe confere no mesmo momento em que se realiza a convenção. Continuaremos a provar a nossa proposição pelo uso, que deste direito fizeram os soberanos católicos não só sem relutância da Igreja, como ainda com sua decidida aprovação.

Prova-se, segundo: *Pelo uso, que deste direito tem feito o poder temporal.*

Convertem-se os imperadores romanos. As sólidas virtudes dos pastores da Igreja, suas luzes, sua caridade e os prodígios que então obravam lhes atraem toda a sorte de veneração. Isenções, privilégios e donativos os exaltam e engrandecem; e os mesmos objetos temporais são levados ao seu tribunal como mais justo, imparcial e cheio de eqüidade. Tudo isto acontece, mas nem os imperadores cedem à Igreja o direito de regular o matrimônio, nem ela reclama por um tal direito. As leis anteriores são inteiramente observadas, e a Igreja somente vigia e zela na sua execução.

Justiniano, este imperador que tanto legislou sobre negócios eclesiásticos, em nenhuma de suas leis faz menção do rito sagrado, quando trata do matrimônio. Ele anula os casamentos das pessoas constituídas em dignidade, quando não forem precedidos de uma estipulação de dote. Quanto aos matrimônios das pessoas de um estado menos elevado, o imperador lhes concede a alternativa da estipulação de dote, ou irem a uma igreja, que quisessem, e nela declarar em presença do defensor, e de três ou quatro clérigos da mesma, que se tomavam mutuamente por esposos etc. Quanto às pessoas de baixa condição, lhes permite casarem sem as referidas formalidades[111].

Um século antes, tinha Teodósio, o Valente, declarado válidos os matrimônios entre pessoas de igual condição, sendo firmados pelo consentimento dos mesmos, e provados pelo testemunho de seus amigos.

No Oriente, é Leão, o Filósofo, que em princípio do século X faz da bênção nupcial uma condição necessária do valor do matrimônio[112], dispensados dela os escravos, a que os sujeitou Aleixo Comeno.

No Ocidente, é de Carlos Magno em diante, que em muitos casos se faz uma necessidade da bênção nupcial[113].

Tabaró diz: "Se consultais os diferentes títulos da Lei Sálica, da dos godos, dos visigodos etc., por toda a parte o soberano estatui sobre o contrato, regula as formas e as condições, concede ou nega dispensas, aparecendo sempre o contrato separado do sacramento"[114].

Dagueró diz que, nos nove primeiros séculos, a Igreja se conformava às leis do Estado, e jamais se atreveu a honrar com o sacramento uma união condenada pelas leis dos príncipes[115].

Chatizel, depois de sustentar este mesmo parecer, acrescenta que até o século XIV a história oferece traços deste uso[116].

Em 1635, ainda na França eram nulos os casamentos dos príncipes de sangue real, sem o consentimento do rei; e Luís XII não duvidou por esta causa

---

[111] *Cod. de nupt.*, lei 23, part. 7.

[112] Leon., *Const. Emp.*, 89.

[113] Liv. 6, cap. 408; liv. 7, cap. 179.

[114] Tabaró, *Do contrato e do sacramento do matrimônio*.

[115] T. 3, edit. em 4, p. 69.

[116] Teodósio, estabelecendo o impedimento de consangüinidade em segundo grau, se reserva expressamente o direito de o dispensar. Heráclio dispensou a si mesmo para casar com sua sobrinha Martinha. Teodorico dispensava nos impedimentos antes e depois de contraídos os matrimônios. Veja-se em Flodoard, *Historia Eccles*. [Historiae ecclesiae Remensis]. O fato do Bodueim, cujo casamento foi declarado nulo por uma assembléia, em Soissons, por falta do consentimento de Carlos, o Calvo. É notável a cassação do casamento de João, filho do rei da Boêmia, pelo imperador Luís IV, e a dispensa dada pelo mesmo a Margarida, para tornar a casar com seu parente.

declarar inválido o matrimônio de seu irmão Gastão, e sendo levado este negócio a um concílio nacional, e consultados os teólogos, foi por todos reputado nulo[117].

Ainda hoje são nulos os matrimônios dos filhos famílias na França e na Áustria; e neste Império é uma condição necessária ao valor do contrato os proclamas; e por lei novíssima o simples adultério provado em juízo[118] é um impedimento dirimente. Resta somente observar a doutrina da Igreja a este respeito.

Prova-se, terceiro: *Pela doutrina dos primeiros séculos da Igreja.*

Atenágoras, na sua apologia dirigida a Marco Aurélio e Cômodo, assevera "que os cristãos não reconheciam por mulher senão a que tinham recebido conforme as suas leis"[119].

Celestino I, consultado sobre o segundo matrimônio de um que abandonou o primeiro por não ter sido celebrado em face da Igreja, resolve a favor do primeiro, "a fim de que se não vilipendiasse a fé do juramento, e se guardasse a promessa recíproca"[120].

São Basílio faz consistir a validade dos matrimônios dos escravos e filhos famílias no consentimento dos pais e senhores[121].

Santo Ambrósio reconhecia a essência do matrimônio na convenção, bem como São João Crisóstomo, o qual apesar de confessar que os soberanos podem errar nas suas leis, contudo declara "que se lhes deve obedecer, quer seja quando se casam, ou quando fazem testamento; porque aliás é o ato inválido e inútil"[122].

Santo Agostinho ensina "que os casamentos dos consobrinhos eram lícitos, porque a lei divina os não proibiu, e nem as leis humanas os havia ainda proibido"[123].

---

[117] *Memórias do clero da França.*

[118] Lubi., *Sistema de teologia*, no tr. do matr.

[119] Segundo a correção de d. Prud. Marant., *Ad calcem oper. S. Justin.*

[120] Decret. Grat., causa 35, quest. 6, can. 2.

[121] *II Epístola ad Amphilech.*

[122] Santo Ambrósio, na *Epístola a Syirec*, 23, dizia que Deus não podia aprovar os casamentos dos fiéis com os infiéis, porque a lei os proibia. Veja-se a sua *Epístola a Paterno*, Jo Cr. *Homil. ad pop. Antioch.*, 15

[123] *De civitate Dei*, liv. 15, cap. 16.

O Concílio de Orléans em 541 "declara nulos os matrimônios dos escravos e filhos famílias, enquanto os senhores e pais lhes não derem o seu consentimento"[124].

Teodoro de Cantuária diz, na sua *Coleção de cânones*, "que entre os latinos os casamentos eram só permitidos fora do quinto grau, segundo constava das questões romanas"[125].

São Teodoro, o Estudita, consultado sobre o valor das segundas núpcias, visto que eram privadas da bênção, em que os gregos faziam consistir o sacramento, responde afoito "que eram verdadeiros matrimônios uma vez que fossem contraídos segundo as leis"[126].

Nicolau I responde aos bispos de Bulgária "que as leis romanas proibiam o casamento entre os filhos naturais e adotivos; e que segundo as leis era bastante o consenso das partes, e que se podia deixar de receber a bênção nupcial sem pecado"[127].

Adriano II, consultado sobre um matrimônio revestido de todas as formalidades prescritas pela lei civil, mas sem intervenção do ministério sacerdotal, resolve "que tal matrimônio não oferecendo nada de contrário às leis canônicas, não devia ser impedido"[128].

Ivo de Chartres, o mais hábil canonista do século XII, estabelece em todas as cartas "que o matrimônio não é válido ou inválido senão em virtude das leis civis".[129]

Alexandre III, consultado sobre a validade de um matrimônio contraído somente com as solenidades da lei, "resolveu que era tão valioso que se tornasse a casar o sujeito com outra, ainda depois da cópula carnal devia ser obrigado a voltar ao primeiro matrimônio"[130].

Benedito X, consultado pelo patriarca Gaudêncio se havia impedimento entre uma moça e um moço, que tinham contraído esposas com a defunta

---

[124] T. 5, col. 385.

[125] T. 1, Spicileg.

[126] *Epistola ad Naucra*, 50

[127] Concil., t. 8, art. 2, col. 517; art. 3, col. 518.

[128] Beluz, *Miscell.*, t. 1.

[129] *Epístola* 167. Note-se que o I Concílio Geral de Latrão funda a proibição dos casamentos dos parentes nas leis divinas e seculares.

[130] Concil., t. 10, col. 1574.

irmã desta, resolve "que ele não podia condenar um matrimônio que nem a Escritura nem as leis civis condenavam"[131].

Pio VI, nos breves dirigidos ao bispo de Luçon e ao arcebispo de Torentesa, declara válidos e legítimos os matrimônios contraídos durante a Revolução, "contanto que se tenham conformado às leis civis".

Benedito XIV já tinha resolvido no mesmo sentido a respeito dos holandeses. (Not. 8.) Monsenhor bispo de Langres, na sua instrução pastoral de 15 de março de 1791, declara "que a bênção nupcial continuará a ser administrada aos que pedirem, sem que se julgue necessária para a validade do contrato civil"[132].

Inumeráveis são os documentos que nos oferece a história da Igreja, pelos quais se conhece que o fundamento da proibição, ou dos impedimentos dirimentes do matrimônio, era a lei divina, ou a do poder temporal. Verdade é que se encontram em alguns padres e concílios, principalmente do século IX em diante, determinações relativas ao valor do matrimônio; mas, deve isso atribuir-se parte à posse em que estava a Igreja de examinar o valor do contrato para santificá-lo com o sacramento, o que insensivelmente conduzia os seus ministros a julgarem-se autorizados para legislar sobre o mesmo contrato; parte ao consentimento e aprovação dos soberanos, que tendo recorrido à bênção nupcial como um meio mais eficaz de segurar a sorte dos casados e a honestidade dos matrimônios, muitas vezes remetiam aos ministros da Igreja a decisão sobre o valor dos mesmos contratos, bem como desde Constantino já o tinham feito a respeito de outras questões meramente temporais; e parte enfim à ignorância dos mesmos soberanos, que nos séculos de trevas se entregaram todos à direção dos eclesiásticos, que então se arrogaram o direito de legislar não só sobre matrimônios, como também sobre testamentos, sobre as pessoas e bens dos eclesiásticos, sobre as igrejas, e até sobre os direitos dos cidadãos, e sobre a sorte dos impérios[133].

---

[131] Concil., t. 10, col. 1581.

[132] Consulte-se a célebre conferência de M. Ab. de Cambis com o cardeal Antonelli, que se acha na coleção dos breves, onde o cardeal sustenta que o essencial nos matrimônios é o mútuo consenso, e que por isso, apesar da falta das formalidades exigidas pelo Concílio Tridentino nos casamentos dos franceses, deviam estes ser considerados válidos a não constar de sua invalidade por outro princípio etc.

[133] Fleury, *História eclesiástica*, disc. 4 e 7. Além deste consulte-se aos diferentes concílios ainda gerais: v. g., o quarto de Latrão, onde se encontrará uma perfeita legislação penal e civil em matérias puramente temporais.

Como, porém, nada mais fácil do que argumentar com citações vagas, vemos pretender-se reputar a todas estas razões com o cânone 4 da 24ª sessão do Concílio Tridentino. Nós vamos, pois, desfazer essa objeção, que parece invencível aos que não querem ou não podem raciocinar.

*O cânone 4 da 24ª sessão do Concílio Tridentino não prejudica a questão presente.*
Sendo certo este princípio de hermenêutica sagrada: que os concílios devem ser entendidos e interpretados segundo o fim que tiveram na formação deste ou daquele cânone. E sendo indubitável que os padres congregados em Trento não se propuseram outro fim que combater e anatematizar os erros de Lutero e seus sectários, segue-se evidentemente que o quarto cânone de que se fez menção não condena outra alguma opinião mais do que negava à Igreja o poder de estatuir impedimentos além dos declarados no Levítico, sem que pretendesse decidir se o contrato do matrimônio, ainda mesmo entre os cristãos, é separado do sacramento; e se o direito de estatuir impedimentos dirimentes, de que a Igreja estava de posse, lhe era delegado pelo poder temporal. O concílio decidiu uma verdade, e é que a Igreja tinha o direito de pôr impedimentos, os quais são verdadeiros e valiosos, ou dimanem de uma autoridade precária, e delegada, ou de uma autoridade própria, e ordinária[134].

Nem era possível que o concílio decidisse em outras vistas, este concílio que se tinha proposto nada decidir dogmaticamente sem que baseasse as suas decisões na Escritura e tradição (como era dever seu), e sem obter pela discussão a universalidade de votos. E nesta matéria não só não encontrava na Escritura passagem alguma que o favorecesse, como pelo contrário a tradição formalmente o condenava. Demais, gravíssimos teólogos eram e continuaram a ser da nossa opinião, ainda depois do concílio, o que prova a todas as luzes que naquele cânone se não teve por fim mais do que firmar os católicos contra os hereges na doutrina de que se deviam sujeitar aos impedimentos estabelecidos pela Igreja; bem entendido, enquanto esta os não revogasse, ou quem lhe havia concedido ou permitido o exercício de um tal direito.

Melquior Cano, este bispo tão célebre no Concílio de Trento, e que por seus escritos até hoje merece o respeito e a veneração dos ortodoxos, sustenta "que entre os mesmos católicos há muitos matrimônios sem caráter de sacramento"; e é evidente que sendo então somente contratos civis, não podem estar sujeitos à jurisdição da Igreja, exceto por permissão do poder temporal[135].

---

[134] Palavicino, *História do Concílio Tridentino*.

[135] Cano, liv. 8, cap. 5. Leia-se Palavicino, in *Hist.*, liv. 23, cap. 9.

Gilles Foscarari, bispo de Modena, sustenta que o poder temporal nada perdeu do seu direito sobre o matrimônio por se haver este elevado a sacramento[136].

Catarino, bispo de Conza, que tanto brilhou no mesmo concílio, assevera "que Jesus Cristo fazendo do matrimônio um sacramento nada mudará de seu estado natural e político; e por isso este ato ficará sempre o mesmo, e sujeito da mesma maneira à autoridade que preside a ordem civil"[137].

O célebre Pedro Soto, teólogo de Pio IV, no mesmo concílio declara "que por vontade e piedade dos príncipes a Igreja alcançará o direito de impor impedimentos"[138].

Jacob Naclanto[139] e Domingos Soto[140] são do mesmo parecer, apesar de assistirem ao concílio, e do quarto cânone da 24ª sessão do mesmo.

Além destes, inumeráveis são os que continuaram a defender a nossa opinião, e hoje é doutrina corrente na maior parte das universidades da Europa.

De tudo isto se conclui que o concílio decidiu somente que os cristãos deviam sujeitar-se aos impedimentos estabelecidos pela Igreja; ou que, se quis outra coisa, não foi nem seguido, nem adotado nessa parte não só por muitos escritores ortodoxos, como por Estados inteiros que não consentiram na sua publicação, e que continuaram a estatuir impedimentos e dispensar neles, apesar de o concílio haver determinado o contrário. E sendo máxima de São Bernardo, fundada na doutrina da Igreja, "que onde duvidam os ortodoxos não há dogma", segue-se pelo menos que a nossa opinião nada tem de herética[141].

Consulte-se sobre esta matéria a Lonvá, na sua famosa obra *Regia in matrimonium potestas*; a Antônio Genuense, nos seus *Elementos dogm. hist. crit. da theol. chiest.* Leia-se a 14ª carta de M. Leplant, em 1782, ao papa Pio VI; a Pereira, Rieger, Eibel; o artigo "Mariage e empechemente", da Jurisp. Eccles., inserto no *Diccionario de theog.* de Bergier, e sobre todos, e mais que tudo leia-se a obra de Tabaró, *Princípios sobre distinção do contrato, e do sacramento do matrimônio*, edição de Paris, 1825, onde esta matéria se acha desenvolvida com

---

[136] Palavicino, *História do Concílio Tridentino*, liv. 22.

[137] Trat. 16, "Irrit. cland. conj.".

[138] *Tratado dos matrimônios clandestinos*, em 1552.

[139] *Inst. christ., de sacr. matr., de inst. sacr.*, liv. 3

[140] In *Dist.* 40, 4 cent.

[141] "Tides ambiguum non habet, quod si habet, fides non est."

sabedoria profunda, e vastíssima erudição; e se apontam célebres escritores, que podem ser consultados com proveito[142].

## Resultado geral

Das reflexões feitas nascem necessariamente as seguintes proposições:

1ª Que o matrimônio como contrato é inteira e privativamente subordinado ao poder temporal.

2ª Que o poder espiritual pode exigir condições, sem as quais não tenha lugar o sacramento.

3ª Que assim como seria um atentado pretender o soberano regular o sacramento, e prescrever-lhe formas com o pretexto de que tal sacramento tem de recair sobre um contrato sujeito à sua jurisdição, igual atentado seria a Igreja regular o contrato do matrimônio, e prescrever-lhe formas com pretexto de que sobre ele tem de recair o sacramento.

4ª Prescrever as regras, pelas quais se deve contrair matrimônio validamente com o fim de preencher os destinos da natureza: eis a que se reduz a alçada do soberano.

5ª Examinar se o contrato é legitimamente contraído, segundo as leis divinas e humanas, para tornar-se digno de ser santificado pelo sacramento; e prescrever a forma da administração deste: eis a que se reduz a autoridade da Igreja.

6ª Que apesar da posse em que tem estado a Igreja de pôr impedimentos, dispensar neles e revogá-los por consentimento, ignorância ou permissão do poder temporal, como esta jurisdição é precária, pode ser cassada a toda hora, e voltar a quem a possui por um direito próprio, essencial, e por isso mesmo inauferível.

7ª Que o Concílio Tridentino não pretendeu, nem podia pretender, condenar esta opinião, por ser a única verdadeira conforme a natureza do ma-

---

[142] Apesar de Antônio Genuense falar sempre com tanta reserva nas máximas ultramontanas, que sem dúvida detestava; contudo não pode deixar de explicar-se desta sorte sobre a presente questão: "Não é pequena a controvérsia sobre a competência do direito de estatuir impedimentos dirimentes ao matrimônio. Porém, como o matrimônio é primeiro um contrato civil, sem dúvida ao imperante compete o regular por suas leis. Como sacramento, porém, nem os sumos imperantes, nem a Igreja".

N. B.: "Pode coisa alguma na sua substância. E conclui que os impedimentos que parecem determinados pela Igreja não são outros que os de direito natural ou divino, e que por isso ela não estatui, mas declara-os".

trimônio, a prática da Igreja nos séculos mais felizes da religião e ao exemplo de monarcas católicos, que estabeleceram impedimentos, dispensaram neles e revogaram quando e como julgaram conveniente.

PROPOSIÇÃO II: *Da necessidade da abolição do impedimento da ordem.*

Certos da jurisdição eminente do poder temporal nesta matéria, nada mais resta do que mostrar a necessidade ou conveniência da abolição do impedimento da ordem, para que o padre possa legitimamente casar. A necessidade desta abolição se patenteia por três razões muito claras: 1ª, porque é injusto; 2ª, porque em lugar de produzir bens, ocasiona grandes males; 3ª, porque ainda quando não produzisse males, é inútil.

*O impedimento da ordem é injusto.*
Nenhuma lei humana tem o caráter de justa sem estar baseada no direito natural. A sociedade, seja qual for a sua natureza, não tem nem pode ter outro fim que dirigir os associados a um bem comum. Todas as vezes, pois, que uma lei qualquer priva o homem de um direito concedido pelo Autor da natureza, sem ser nos casos em que a privação desse direito seja necessária e indispensável ao bem geral, se reveste de uma injustiça manifesta.

O direito que tem o homem de contrair matrimônio é um direito essencial à sua espécie, é um direito tão sagrado que em muitos casos se torna um dever importantíssimo à sociedade e ao mesmo indivíduo. Como pode, pois, uma autoridade humana decretar que o padre não possa contrair matrimônio? Determinar que não possa contrair senão em tal idade, quando a natureza indica o período em que deve ter lugar este contrato; determinar que só o possa fazer além de certos graus de parentesco; determinar que não o faça sem preceder o consentimento dos que dirigem as suas ações; sem certas formalidades que possam segurar a existência do contrato; sem certas disposições que façam lícita, honesta e proveitosa a recepção do sacramento, isto é que se conhece prudente, prático e dentro da alçada do poder humano.

Todos os impedimentos emanados do poder humano não se encaminham a privar o homem do direito de contrair matrimônio, mas somente a embaraçá-lo de contrair mal: só o impedimento da ordem tende a anular este direito. Nos outros impedimentos, se se não pode contrair deste modo, se lhe concede fazê-lo daquele outro; se se não pode num tempo, se lhe concede noutro. No da ordem, não há tempo, lugar ou circunstância em que lhe permita o uso daquele direito. Esta única razão prova com evidência a injustiça de tal impedimento.

A isto se objeta que, não sendo em geral este ou aquele homem obrigado a casar, pode muito bem ceder deste direito, razão plausível com que se pretende encobrir a injustiça da lei, mas cuja insubsistência eu passo a mostrar.

Nenhum homem pode ceder dos direitos concedidos pelo Autor da natureza a seu bel-prazer.

Seria obrar irrefletivamente; e por isso mesmo ir de encontro à ordem geral estabelecida pela Providência, que tem tudo coordenado a certos e determinados fins, aos quais todo o homem é obrigado a conformar-se. Demais, sendo a propensão ao casamento inata, essencial à espécie, por isso mesmo sujeita a elevar-se à paixão, e em tal caso dificultosíssima e talvez impossível de vencer-se, como pode o homem sem imprudência, sem uma espécie de culpável orgulho ceder para sempre dum direito, que muitas vezes importa o mesmo que um dever, e cujo sacrifício pode trazer de volta a violação de outros muitos deveres? Isto é tanto mais notável quanto se observa que deste sacrifício tão raro como penível, pouco ou nenhum bem resulta.

Portanto, ceder temporariamente deste direito por espírito de penitência, ou exercício, como se explicam os antigos padres, ou em vista de melhor servir o seu emprego; ainda mesmo cedê-lo para sempre com a cláusula "enquanto esta cessão for compatível com sua felicidade, com o desempenho de outros deveres", eis o que é prudente e aprovado pela religião. Mas a isto se pretende responder que, como a continência é possível a todos, todos que se sujeitaram a ela são eternamente obrigados a permanecer no celibato. Eu não quero apelar para a constituição da natureza humana, nem para a história de seus inúteis esforços pela maior parte neste gênero de sacrifícios; quero somente consultar o voto da Antigüidade cristã.

Santo Inácio, no século I, dizia: "Se algum pode permanecer na castidade, faça-o com humildade"[143].

São Clemente de Alexandria, no século II, chamava "felizes aqueles a quem Deus concedia o dom da castidade"[144].

São Cipriano, no século III, queria "que as mesmas virgens consagradas a Deus, que não queriam ou não podiam preservar na castidade, se casassem"[145].

---

[143] "Siquis potest in castitate manere, in humilitate maneat", *Epistola ad Polyc.*, 5.

[144] "Nos quidem castitatem, eos, quibus hoc a Deo datum est, beatus dicimus etc.", *Stromata*, 3.

[145] "Qui capere continentiam possunt etc." (*De hab. virg.*) "Si autem perseverare volunt, vel non possunt, mellus est, ut nubant etc." (*Epistola ad Pompeius*)

Santo Epifânio, no mesmo século, convém "que muitos não podem dispensar-se de casar mais de uma vez"[146].

Santo Agostinho e São Jerônimo, no século IV, afirmam "que a virgindade é um dom de Deus, e que não é concedido a todos"[147].

São Gregório Magno, no século VI, convém que os clérigos, que não podem guardar continência, se casem[148].

Inumeráveis são os documentos que provam que a continência não é um dom comum; e que por isso não convém indistintamente a todos. São Paulo já havia ensinado aos coríntios "que os que não se continham, se casassem"[149], e Jesus Cristo bem havia declarado "que a continência era uma dádiva gratuita do Céu, e que nem todos eram capazes de tomar a resolução de a praticar"[150].

É sem dúvida por estas razões que a Igreja até hoje não considera os votos de castidade ainda perpétuos, como um impedimento que obste ao valor do matrimônio. Entretanto, se algum fato podia tornar o homem inábil para este contrato, é sem dúvida o voto de castidade, "porque é uma promessa deliberada por quem é senhor do que promete, feita a Deus, que aceita por ser um melhor bem", como se exprimem os teólogos. No votante não há constrangimento, há somente desejo de perfeição. Ele tem cedido de um direito de que podia gozar ou deixar de gozar, em vistas de se tornar melhor. Parece, pois, que este empenho sagrado lhe devia tirar toda a liberdade de voltar jamais ao direito cedido. Mas por que razão até hoje reconhece a Igreja válidos os matrimônios contraídos por tais pessoas[151]? Eu não descubro outra

---

[146] Santo Epifânio, *Hoeres*, 59, mostrando o seu desejo pela monogamia, conclui contudo dizendo "eo vero, qui minus potest, nulla vi cogimus, nec a salutet prorsus excludimus".

[147] São Jerônimo, *Adversus jovinianum*.

[148] Resposta à segunda pergunta de Santo Agostinho: "Ap. siqui vero sunt clerici extra sacros ordines constituti, qui se continere non possunt sortiri uxores debent". Pouco importa que ele só permita o casamento aos clérigos inferiores; o que me serve é que ele concorda em que alguns clérigos não podem se conter.

[149] *Primeira epístola aos coríntios*, cap. 7, v. 7: "porém cada um tem de Deus seu próprio dom", v. 9: "mas se não têm dom de continência, casem-se; porque é melhor casar-se do que abrasar-se" (Pereira).

[150] *Mateus*, cap. 19, v. 2. Assim o entendem Tertuliano, Santo Ambrósio e outros. Vejam-se os comentários.

[151] Quando falo de voto de castidade, não faço distinção de voto simples e solene. Sabem todos que essencialmente são o mesmo, e que tanto um quanto o outro produzem

além da que dava São Cipriano, "para que se não condenem"[152], porque Deus não se quer aproveitar da imprudência do homem; porque semelhantes votos devem ser considerados uma promessa condicional com o fim da perfeição, na qual se supõem sempre salva a circunstância de ser ela tão difícil que comprometa a sua felicidade, porque enfim a Igreja está certa de que esta é a vontade do soberano Benfeitor.

Ora, se tal é a doutrina da Igreja a respeito dos que voluntariamente votam castidade, como poderemos crer que a promessa feita aos homens de conservar-se no celibato seja tão valiosa, que em nenhum caso possa ser quebrada pelo matrimônio? Digamos a verdade. Quando o homem falta [à] sua promessa a Deus, podendo, ainda que com dificuldade, cumpri-la, obra iniquamente, mas seu matrimônio é válido, porque lhe não é livre ceder totalmente, e de uma maneira absoluta, deste direito: sua promessa é em tal caso um verdadeiro propósito somente. Quando falta à promessa feita aos homens, obra também com iniqüidade, quando sem inconveniente ele pode observá-la, mas seu matrimônio ainda é mais válido, porque a violação da sua promessa é muito menos iníqua[153].

---

igual obrigação diante de Deus; e que semelhante distinção foi inventada por Graciano para conciliar a doutrina de Santo Agostinho e outros padres da Antigüidade com o segundo Concílio Lateranense, que fez do voto solene, ou anexo à profissão religiosa, um impedimento dirimente do matrimônio, cuja doutrina somente se perpetuou na Igreja não só pelo que respeita à profissão religiosa, como às ordens sacras, depois da decisão de Bonifácio VIII, cap. uni. de vol. et vot. redemt., in 6.

[152] "Milius est, ut nubant, quam in ignem delictis suis cadant", *Epistola ad Pompeius*.

[153] O Concílio Tridentino, sessão 24, cânone 9, anatematizando os que disserem que podem contrair matrimônio, os que não sentem ter o dom da castidade ainda que a tenham votado etc., e os que estão proibidos em razão da ordem sacra etc. não embaraça, de nenhuma sorte, que pensemos desta maneira; porquanto esse cânone jamais pode ter por fim proibir a decente censura, que a todo súdito compete, relativamente a uma lei, ou disposição, quando esta pareça gravosa e injusta. O concílio não podia, portanto, ter outro fim do que condenar a doutrina anti-social dos que afirmam que o súdito pode impunemente violar a lei só porque lhe parece injusta ou impraticável. O bem da ordem pede certamente que a lei seja respeitada, enquanto legitimamente não é revogada, ou ao menos enquanto não se torne geral a opinião de sua injustiça, inutilidade ou impraticabilidade. É assim que muitas leis têm caído em desuso, e deixaram de obrigar; tais são, entre outros muitos, os cânones penitenciais, única comida no jejum, a abstinência do sangue e carnes sufocadas, não obstante ser decretado num concílio apostólico. Mais adiante teremos ocasião de justificar a nossa conduta em censurar a disciplina da Igreja tocante ao celibato.

A Igreja está tão persuadida desta verdade que, quando o cristão ligado por um voto se lhe apresenta, mostrando os inconvenientes de sua promessa, intérprete da vontade de Deus facilmente lhe dispensa do impedimento que contraem [contrai]; e entre mil reservas que os papas têm feito, jamais compreenderam esse impedimento; ao menos é certo que os bispos o dispensaram sem ter recurso a eles.

Como se poderá, pois, combinar este procedimento com a prática introduzida depois do século XII de julgar nulos os matrimônios dos padres somente porque se sujeitaram às leis da Igreja, que lhos proíbe? Poderá alguém persuadir-se que a obrigação contraída com a Igreja seja mais forte do que a contraída com Deus? Para os que não professam as máximas do despotismo; que estão convencidos que não há belo prazer justificado sobre a terra; e que nos mesmos decretos de Deus se descobrem fins santos e louváveis, pelos quais se mostram dignos dele, nenhuma dúvida se oferece em adotar esta verdade: *Que ninguém pode privar o homem absolutamente, e a seu arbítrio, de contrair matrimônio.*

Se diz, porém, que tendo a Igreja direito de exigir certas qualidades nos seus ministros, pode exigir o celibato como uma condição necessária. Sem meter-me ainda a decidir, se ela prudentemente exige deles a continência perfeita, direi que, não podendo privá-los do direito que o Céu lhes concede como homens, só lhe compete, quando não queiram sujeitar-se à continência, despedi-los do ministério de que os encarregou, como prática a Igreja do Oriente, e o fez a mesma latina até o século XII.

Voltemos à questão. Já não disputarei com a Igreja sobre o impedimento da ordem; porque ela nada pode sobre o contrato, de direito próprio. O poder temporal não pode privar, nem consentir, que o cidadão seja privado do direito de casar; pode somente regular este direito. Decretar, portanto, que o padre jamais possa contrair matrimônio, é um absurdo, um despotismo, uma injustiça. Porque tal direito está em oposição às necessidades da natureza humana; porque tende a obrigar uma classe inteira a sacrifícios extraordinários, sacrifícios que Deus não exige, mas somente aconselha aos que são capazes de uma tal resolução; por isso semelhante decreto tem sido constantemente infringido, e de sua infração têm resultado maiores males de que bens da sua execução. Eis o que passamos a mostrar.

*O impedimento da ordem é origem da imortalidade no clero.*

É máxima constante, entre os que tratam da ciência da legislação, "que jamais se deve estabelecer uma lei, quando é provável a sua constante transgressão". Os legisladores imprudentes, que têm desprezado essa máxima, têm igualmente passado pelo desgosto de verem inutilizados todos os seus esforços e a acabarem os seus súditos por menoscabar as leis ainda as mais justas. E desde que semelhante hábito se contrai, a imoralidade sobe ao seu auge, não há mais ordem, nem justiça, considerando-se cada um senhor de regular suas ações segundo seus caprichos e paixões. Verdade é que os súditos não violam nem desprezam constantemente uma lei, senão quando ela está em contradição com a natureza das coisas; ou com a opinião pública filha de seus hábitos e educação; quando ela é inexeqüível, por ser somente apropriada a alguns indivíduos e não à totalidade a que se impõe, ou quando enfim é insignificante por nada influir na felicidade pública. Aplicando estas verdades à lei do impedimento da ordem, fácil é descobrir a causa por que, desde que foi imposta, deixou de ser observada.

No princípio do cristianismo, quando o fervor e o entusiasmo, que inspira a novidade, se apoderaram dos cristãos; quando o exemplo dos homens apostólicos e os prodígios, que acompanharam o estabelecimento da religião, conduziam uma grande parte à perfeição, não é de admirar que a continência fosse cultivada, e achasse amadores em todos os sexos, idades e condições. Mas pouco a pouco afrouxando o fervor, principiaram os eclesiásticos a ressentir-se da comum relaxação. Do princípio do século IV em diante, alguns concílios particulares pretendem firmar por lei o que então era seguido por costume, e a arbítrio de cada um, isto é, exigem a continência perfeita como uma condição necessária para as ordens sacras, demitindo-se do estado eclesiástico o padre que contraía matrimônio. Observaremos o resultado desta proibição.

Natal Alexandre observa que, apesar das repetidas determinações dos papas e concílios, raríssimos se sujeitavam ao celibato, e que quanto mais se insistia na observação da lei, maiores males apareciam[154]. Na verdade, por pouca atenção que se dê à história da Igreja, não se pode deixar de notar esta verdade.

O papa Sirício, nos fins do século IV, já se queixava amargamente do abuso de lei, e que até houvesse padres que ignorassem a proibição. Tanto estava ela em desuso[155].

São Jerônimo declara haver bispos que já não queriam ordenar homens solteiros pelo temor quase certo de sua incompetência[156].

---

[154] *História eclesiástica*, dis. 4ª seção.

[155] *Epístola ad Him.*

[156] *Adversus Vigilianum.*

Santo Epifânio, no mesmo século, certifica que em muitos lugares se tolerava a incontinência do clero, em atenção à fraqueza humana e à falta de pessoas continentes[157].

Santo Ambrósio confessa que em muitos lugares os padres não deixavam o uso do matrimônio; e que pretendiam justificar-se com o costume antigo[158].

Inocêncio I, no princípio do século V, tolera que os presbíteros e diáconos incontinentes, que ignoravam a decretal de Sirício, fossem conservados em suas ordens. Quanto estava ela esquecida, apesar de não ter mais de vinte anos de data[159]!

Inumeráveis são os concílios que procuram renovar a lei sempre caída em esquecimento. Eles não poupam penas eclesiásticas; e muitas vezes exorbitam, decretando penas temporais, e algumas revestidas de tais injustiças, que não se podem desculpar.

Com efeito, vêem-se concílios decretando pena de deposição ao padre que casa, prisão perpétua, jejum a pão e água por toda a vida, e açoites até correr sangue[160].

Outros, proibindo dar mulheres em casamento aos padres, condenando a açoites as mulheres suspeitas; mandando-lhes cortar os cabelos por ignomínia, decretando a expatriação delas, e até permitindo vendê-las, e dar o seu valor aos pobres[161].

Outros, excluindo os filhos dos padres da ordenação, e benefícios eclesiásticos; declarando-os ilegítimos; incapazes de possuir; confiscando os seus bens para as igrejas onde seus pais serviam; condenando-os a cativeiro e até excomungando os juízes que os quisessem libertar[162]. A que maiores excessos se pode chegar em legislação criminal?

---

[157] *Hoeres*, 59: "... propter hominum ignaviam ob nimiam populi multidinem; cum scilicet qui ad eas se functiones applicent non facile reperiuntur".

[158] "... quod eo non fraeterur, quia in pleresque ab ditiori buslocis, cum Ministerium gerent, vel etiam Sacerdotium, filios susceperunte; et id tanquam usu vetero defendunte etc."

[159] *Epistola ad Euxup.*

[160] Concílio de Toledo, em 597, cap. 1; dito em 653, cânones 4, 5 e 6. Germânico, em 742, cânone 6. Vormes, em 868, cânone 9 etc.

[161] Concílio de Toledo, em 633, cânone 43. Augsburgo, em 952, cânone 4. Londres, 1127, cânone 7 etc.

[162] Concílio de Toledo, em 653, cânone 10. Pávia, em 1012, cânones 3 e 4. Burgos, em 1031, cânone 8. Pictaviense, em 1078, cânone 8. Clermont, em 1095, cânone 2 etc.

O que acontece, porém? O mal continua, o escândalo se aumenta e todos os remédios são ineficazes.

Desde que são admitidos os celibatos ao estado eclesiástico por devoção, ainda antes da lei, são freqüentes os abusos, que em vão os concílios procuram remediar. O Concílio Geral de Nicéia, em 325, é o primeiro em proibir aos padres a companhia de mulheres suspeitas; e a tanto chegou o mal, que as mesmas irmãs foram proibidas de habitar com eles, e até as mães, por causa das mulheres que as acompanhavam[163].

Cansados enfim os concílios de prevenir a incontinência dos padres inutilmente, vendo frustradas as penas decretadas já contra os mesmos padres, já contra as concubinas, já enfim contra os seus inocentes filhos, passaram a proibir os fiéis a lhes ouvir as missas, como se já não tivessem força para os suspender, os demitir. Os escritores nos fazem uma triste pintura da vida licenciosa dos padres, e tantas e tão diferentes leis para puni-la provam concludentemente não só a constante transgressão da lei como a insuficiência de todos os meios aplicados a puni-la[164].

O último concílio geral, não descobrindo mais remédio ao mal, contentou-se em privar o clérigo beneficiado da terça parte dos rendimentos do benefício pela primeira vez que fosse julgado concubinado; pela segunda, de todos; e só pela terceira o manda suspender, mas não demitir. Com efeito, se penas rigorosas e até bárbaras e injustas não puderam vedar o concubinato, como seria possível fazê-lo cessar por tais meios? Enfim, o que dantes se praticou é o mesmo que hoje se pratica; e o eclesiástico não é mais castigado, senão quando um inimigo vai ressuscitar contra ele no foro uma lei, que tantos séculos tem de desuso, quantos são os da instituição.

Os castigos prontos e severos podem tornar o padre mais acautelado; e a opinião pública pode oferecer uma barreira ao escândalo, mas qual o resultado? Os escândalos são menos freqüentes, mas a continência não é por isso muito mais guardada, e à sombra do ministério, maiores são os crimes que a indústria oferece à necessidade[165].

---

[163] Concílio de Tours, em 566, cânones 10 e 11. Maiença, em 888, cânone 10. Consulte-se a Richard sobre este concílio, na sua *Análise dos concílios*. Leia-se a São João Crisóstomo, no seu tratado contra a habit. com. do clero.

[164] Consulte-se a Nicolau de Clemangis no seu opúsculo *Do estado da corrupção da Igreja etc.*; *O pranto da Igreja*, por Álvaro Pelágio; a São Pedro Damião, no *Escrito contra os clérigos impudicos* etc.

[165] Trata-se da abolição do celibato clerical; muitos padres se supõem, talvez por suposta decência ou desconfiados de a conseguir; mas quando se vem a realizar, são imen-

Deve notar-se que a incontinência não é um vício privativo dos eclesiásticos; mas inerente a toda sorte de celibatários (dadas contudo algumas exceções).

Nos séculos III e IV, esses séculos de furor para a continência, vemos a triste pintura que nos fazem das mesmas virgens São Jerônimo e São Cipriano; e este padre respeitável, verdadeira tocha da Igreja, avançou-se até praticar o que hoje a qualquer idiota, e ainda mesmo imoral, pareceria indecentíssimo; é porém desculpável, porque cedeu ao espírito do seu século: sim, ele confiando pouco nas exterioridades das virgens, no caso de suspeita, as sujeitava a um exame vergonhoso[166].

Santos criados no rigor da vida monástica, ou tinham adotado os princípios ascéticos, pretendiam povoar o mundo inteiro de celibatários. Sabe-se como em Milão os pais proibiam as filhas de ouvir a Santo Ambrósio; e quanto este se regozijava de fazer crescer o número das virgens.

Cegos do esplendor das virtudes de alguns monges e virgens, pareceram pouco atentos às freqüentes desgraças que a fraqueza humana apresentava no combate entre a lei e a natureza.

Quão diferente a conduta de São Paulo, que então se desenhava imitar! Este apóstolo, cujo coração era dirigido pelo dedo de Deus, descrevendo a Timóteo o procedimento ordinário das viúvas moças[167], conclui dizendo: "Quero pois que as que são moças se casem, criem filhos, governem a casa, que não dêem ocasião ao adversário de dizer mal; porque já algumas se perverteram por irem após de Satanás". Prudente em seu zelo, não insistiu em que as viúvas trabalhassem por ser continentes; aplicou ao mal o seu verdadeiro remédio.

À vista do exposto comparem-se os bens nascidos da execução da lei com os males da sua transgressão; e fácil é decidir-se o que mais convém; se imi-

---

sos os que se aproveitam da licença; eis o que aconteceu na França e na Inglaterra, quando em 1548 o Parlamento revogou as leis que proibiam o casamento dos padres. De 16 mil, 12 [mil] se casaram dentro de seis anos, que tanto durou o reinado de Eduardo V. Fleury e *História da Revolução Francesa*.

[166] "Inspiciantur interim Virgines, ab obstetricibus diligentes", *Epistola ad Pompeius. De habit. virg*. O que ainda é mais notável, é que já no segundo século existiam tais abusos, como se pode ver em Tertuliano, *De vel. virg. ad fin*, onde entre outras causas se lêem estas: "Facilline concipiunt et facillime pariunt hujusmodi Virgines hoec admittit coacta, est invita Virginitas". Vide São Jerônimo, *Epistola ad Eustochium*, cap. 5, v. 2, 12 e 13.

[167] "Além disto, vivendo também na ociosidade, elas se acostumam a andar de casa em casa; não somente feitas ociosas, mas também paroleiras e curiosas, falando o que não convém" (Pereira).

tar São Paulo, ou aos padres e concílios que tão imprudentemente insistiram em aconselhar, promover e decretar a incontinência perfeita[168].

Provado está que desde o momento da instituição do celibato foi a lei violada, e foi violada porque os legisladores quiseram mais do que o divino Fundador da religião exigiu. Ele se contentou em aconselhar a continência; e o seu apóstolo advertiu muito claramente que exaltado o mérito dela "não queria com isso armar laço a ninguém"[169].

Pafnucio, este bispo octogenário que havia já perdido um olho pela fé de Jesus Cristo e cuja vida era sem mancha, se opõe no primeiro concílio geral à projetada lei da continência, mostrando "que este excesso de rigor faria grande mal à Igreja, e que nem todos podiam com uma continência tão perfeita"[170]. Bergier louva a sabedoria deste prelado e a conduta do concílio em ouvi-lo; porque decretar a continência seria então aprovar a seita dos encratistas e outros hereges que condenavam o matrimônio[171]. Mais imparcial porém e incomparavelmente mais judicioso é Fleury, que "admira a prudência e sabedoria do concílio em não estabelecer uma lei, que facilmente havia de ser violada"[172].

E Natal Alexandre sustenta "que o conselho do bispo da Tebaida, bem longe de favorecer à relaxação, pelo contrário, dando remédio à incontinência, promovia a honra e o bem da Igreja"[173]. Escusado é citar mais autoridades para provar o que a experiência de quinze séculos tem suficientemente demonstrado.

Eis aqui como uma lei imprudente acostuma os súditos à desobediência e ao desprezo, e introduz a imoralidade. Mas, se a lei do celibato tem este inconveniente comum com as outras leis imprudentes, ela tem além disto um caráter privativo de desmoralização da mais alta transcendência, como passo a mostrar.

Ao padre, principalmente cura de almas, desde o infeliz momento em que cede à inclinação ao sexo, a não ser por um acaso, onde cessada a paixão tem lugar o arrependimento, necessariamente se antolham dois abismos, dos

---

[168] São Clemente, na terceira *Estroma*, recomenda que nem se deprima o matrimônio nem se exalte imprudentemente a castidade.

[169] *Primeira epístola aos coríntios*, cap. 7, vers. 35.

[170] Sócrates a Sozomeno, nas suas *Historias da eccles. igr.*

[171] Artigo "Celibato", de seu *Diccionario de Theolog.*

[172] *História ecclesiástica*, ao IV século.

[173] Dissertas ao século IV da história.

quais um é inevitável; e vem a ser, apostasia, ou cúmulo da perversidade. Porquanto, ou o padre continua a dar crédito à religião, e então os princípios da moral cristã o fazem réu, e réu de nefandos sacrilégios todas as vezes que exercita o seu ministério manchado de um tal crime. A vergonha, ou o interesse, no princípio, vence os remorsos; pouco a pouco o hábito se contrai; e em breve a transgressão de tantas sagradas leis o habilita para tragar toda a sorte de crimes; e é quando tem lugar o adágio "a um perdido tudo faz conta". Ou o padre não pode resistir aos remorsos, e então lança mão do deísmo, onde o seu arbítrio organiza uma religião a seu gosto; ou, para maior desgraça sua, e da sociedade, adota o tenebroso e mirrado sistema do materialismo, ou ateísmo, e com a máscara da hipocrisia continua a perceber os cômodos, e vantagens, que lhe oferece o sagrado ministério. Apelo para a experiência. Deponham os observadores imparciais.

O clérigo caçador, negociante ou jogador; o clérigo negligente, ambicioso ou avarento; o clérigo murmurador, soberbo ou usurário encontra mil pretextos que diminuam a culpa aos olhos da sua consciência; ele se pode iludir; e na suposta boa-fé exercer ainda com proveito dos fiéis o seu ministério. Outro tanto não acontece ao clérigo incontinente. A moral cristã lhe ensina que neste generoso pecado não há parvidade: tudo é grande, tudo é mortal. A fraqueza e a paixão podem dobrar sua vontade; mas não podem deduzir sua razão, enquanto não renunciar aos princípios religiosos, que professa. Por isso a incontinência estende e propaga o vício a todas as ações do padre, as quais ficam necessariamente envenenadas, como nascidas de um agente criminoso, pois tal é a doutrina cristã. Eis a causa por que será raríssimo encontrar um padre incontinente que não seja perverso. Eis a causa por que o clero grego, e o protestante, é tão gabado pela maior parte dos historiadores imparciais, quando comparam a sua moralidade com a dos padres católicos, em geral[174].

*A imoralidade do padre influi de uma maneira particular na imoralidade pública.*
Certos de que o celibato é a origem e causa principal da imoralidade do clero, convém ainda observar, como esta imoralidade influi de uma maneira particular na imoralidade pública.

---

[174] São Pedro Damião, descrevendo a vida licensiosa dos padres, passando pelo bispado de Turim refere que achou os eclesiásticos daquele lugar muito honestos, e bem instruídos, "satis honesti, e decentur instructi", mas sabendo que eram casados, por permissão de Coniberto, seu bispo, diz o mesmo santo, que imediatamente a luz se lhe tornou em trevas, e a alegria em tristeza. Tanta força tem o prejuízo; mas a verdade aparece a quem quer ver. *Disert.* 2, opus 18.

A religião consta de duas partes: especulativa e prática; a primeira é relativa ao dogma, objeto de crença; a segunda diz respeito à doutrina, objeto da moral. Ora, sendo a moral pública ligada com a religião, ou parte essencial dela; sendo os padres os seus mestres, encarregados pelo sagrado do seu ministério da reforma dos costumes, e para isso recebendo quase todos ordenado, ou emolumentos públicos; por que razão não aparecem os resultados, que eram de esperar? E por que sua conduta está em contradição com suas opiniões, seus exemplos não se conformam com seus conselhos, e suas palavras são destituídas de função e de vida; é porque o seu ministério é preenchido de uma maneira fútil, e aparente, porque suas vistas e suas intenções não estão de acordo com os fins da instituição. O pároco batiza, prega e confessa; mas como desempenha ele tão importantes ofícios? Uma exterioridade vã, muitas vezes até despida de decência, é o que se oferece pela maior parte aos olhos do sério observador. E por que isto acontece? Porque sua consciência condena todos os seus atos, e os condena porque um vício radical os envenena, a incontinência. Eis como o ministério sagrado não só se torna inútil, como de mais a mais o padre desacreditando, com a sua conduta, ou pelo menos fazendo suspeitosa a moral que ensina, multiplica o número dos perversos.

Uma objeção, fraca, sim, mas mil vezes repetida, se costuma opor a todos estes argumentos; e vem a ser: 1°) que não é a incontinência que torna o clérigo vicioso; 2°) que se bastante razão fosse a transgressão de uma lei para ser ela revogada, nenhuma lei ainda a mais justa devia ser conservada, porque não deixa de ser transgredida. Objeções miseráveis: 1°) porque não obstante que muitos sejam os vícios a que estão sujeitos os eclesiásticos, temos contudo mostrado que a continência é dentre eles o mais próprio, e de uma tendência necessária à desmoralizar o clero e o povo; 2°) porque é uma verdade incontestável que toda a lei humana, que longe de conduzir o homem ao fim pretendido, pelo contrário, mais o afasta dele, e é por isso mesmo injusta e indigna de continuar em vigor, o que dando-se na lei do celibato, e outras semelhantes, não acontece com aquelas leis necessárias, que não têm outro fim que a execução da lei natural. Independentemente de legislação alguma, será sempre proibido o roubo, o assassinato, a calúnia, a traição etc., e por isso o legislador jamais deve cessar de impor pena a tais delitos. São sempre um mal; não há caso em que possam ser concedidos. Não sucede outro tanto com a incontinência; ela é somente má, porque a lei a proíbe, e desde que essa lei, bem longe de conduzir os padres à perfeição, pelo contrário os leva pela maior parte à perdição, é de prudência, é de justiça que o legislador a revogue.

Concordamos em que o padre pode ser um perverso: pode pisar as leis as mais sagradas, pois é homem; que ainda casado pode ser um adúltero, um debochado; mas nesse caso seja corrigido com toda a severidade das leis; ou, incorrigível, seja demitido de tão elevado ministério. Mas se o seu mal, a origem da sua desgraça é a incontinência, então o único remédio é o casamento: não é infalível, mas o único[175].

### A lei do celibato é inútil.

Não sendo em geral pessoa alguma obrigada a casar-se, sendo aliás o celibato um estado menos pensionado a todos os respeitos, vemos em toda a parte e em todos os tempos grande número de celibatários; e nos diversos sexos, principalmente entre os católicos, muitos vivendo castamente independente da lei, que a isso os obrigue. O cálculo das vantagens na ordem temporal para uns, e na ordem espiritual para outros, é a bússola, que a todos guia, no abraçar este estado; e por isso mesmo que não são proibidos de contrair matrimônio, nele se conservam, até que novos cálculos de felicidade temporal ou espiritual lhes aconselhem o contrário; e todos sabem a dificuldade de contentar-se o homem com um estado, que lhe parece contrário à sua natureza, desde que passa a ser forçado.

Ora, se isto é assim, qual a vantagem da lei do celibato? Nenhuma. São continentes pela lei os que o seriam sem ela; ou para dizer melhor, o número dos continentes seria maior na ausência da lei. E se acaso é crível que há algum continente em virtude da lei, que o não seria sem ela, pode também afirmar-se que esse homem, que tem que lutar freqüentemente com sua natureza, que tem de lançar mão de todos os recursos necessários para domar suas inclinações (porque na hipótese ele se inclina ao casamento), perde sem dúvida os melhores momentos da sua vida em um combate, cuja vitória é nenhuma; momentos que deviam aliás ser empregados no desempenho de deveres importantes, que a natureza e a religião lhe prescrevem; pois que o mérito da continência não está só na privação dos prazeres, mas na disposição apropriada, que por ela se adquire para fins de mais alta importância, como nos ensina São Paulo[176].

Não devendo o legislador prender nem coatar inultmente a liberdade dos súditos, é evidente que a lei do celibato deve ser abolida, por isso mesmo que dela nenhum bem resulta.

---

[175] *Primeira epístola aos coríntios*, 7:2 diz: "Mas para evitar a fornicação cada um tinha sua mulher, e cada um tinha o seu marido" (Pereira).

[176] *Primeira epístola aos coríntios*, 7:32: "Quero pois que vivais sem inquietação. O que está sem mulher está cuidadoso das coisas que são do Senhor, de agradar a Deus" (Pereira).

*A abolição do celibato é o voto dos homens prudentes.*

A necessidade da abolição da lei do celibato forçado tem sido prevista por muitos espíritos ilustrados, ardentemente desejada pelos homens de bem, que não olham com indiferença para as desgraças dos seus semelhantes; e pedida com instância por monarcas, que, ignorantes dos seus direitos, ou escravos da superstição do seu século, tiveram recurso à autoridade que estava então na posse de pôr e tirar impedimentos do matrimônio a seu arbítrio.

O imperador Sigismundo suplica no Concílio Geral de Constança a abolição do celibato. Nos Concílios de Pisa e de Basiléia fizeram-se iguais instâncias; mas razões políticas as inutilizaram[177].

No Concílio de Trento foi quase unânime o acordo dos príncipes católicos em requerer a abolição do celibato. O duque de Baviera desprende nessa ocasião uma energia admirável na demonstração da sua necessidade, expondo as razões políticas e morais em que esta se fundava. Além de outras, ele diz "que entre cinqüenta padres apenas haveria um, que não fosse notoriamente concubinado; que não eram somente os padres que requeriam a abolição do celibato, mas também os leigos, e padroeiros das igrejas, que não queriam mais dar benefícios, senão a homens casados, que era melhor ab-rogar a lei do celibato que abrir a porta a um celibato impuro; e que era um absurdo recusar a entrada de homens casados na clericatura, e tolerar clérigos concubinados; que, enfim, se se queria absolutamente obrigar os padres à castidade, se ordenassem só os velhos"[178].

Tal foi mais ou menos a linguagem de outros príncipes católicos.

O cardeal Zaburela, no Concílio de Constança; o bispo de Salzburgo e outros, em seus sínodos; o cardeal de Lorena, no de Trento; bem como o arcebispo de Granada, cujo discurso se diz estar ainda conservado na livraria da Companhia de Jesus daquela cidade, fizeram grandes esforços pela abolição do celibato; e o arcebispo de Braga, e o bispo das Cinco Igrejas até se quiseram opor à votação; mas foram desatendidos[179].

---

[177] Lanfani, *História do Concílio de Basiléia.*

[178] Fleury, *História eclesiástica*, neste século.

[179] Fleury; Hernando de Ávila; Curayer; Vargas; e outros. Apesar de que os padres do concílio bem conheciam que o celibato era objeto de disciplina, e que a podiam dispensar, como dizia Pio IV na conferência com Amúlio, embaixador de Veneza. Contudo, julgaram mais prudente não tratar desta matéria no tempo em que os hereges renunciavam à continência por julgá-la indigna de Deus, e oposta à natureza, o que nós não avançamos, quando a consideramos voluntária. A experiência porém tem mostrado quanto mais prudente seria fechar a boca aos hereges, e libertinos, concedendo desde logo

Pio II, quando era Enéias Sílvio, olhava a proibição do casamento dos padres como origem fecunda da condenação de maior número que aliás se salvaria pelo uso de um legítimo matrimônio[180].

Polidoro Virgílio assegurava que não havia instituição que mais tivesse desacreditado a ordem eclesiástica, que tivesse causado mais males à religião, e mais dor aos homens de bem etc.[181].

Demonstrada a necessidade da abolição do celibato, ou do impedimento da ordem para que o padre possa legitimamente casar, resta ainda satisfazer as consciências timoratas das pessoas que, sem reflexionar, e somente apoiadas no prejuízo ou falsa doutrina dos que se aproveitam da sua credulidade para lhes incutir terror, e preveni-las assim contra a verdade, julgam que o celibato dos padres é uma ordem do Céu, que nenhum poder humano tem direito de revogar.

Eu demonstrarei, pois, pela história da Igreja, e pela autoridade de razões respeitáveis: que o celibato dos padres não é de instituição divina, e nem mesmo apostólica; que tem origem nos princípios do século IV; que esta disciplina não se fez geral na Igreja do Ocidente senão depois do século XII; e que a Igreja do Oriente de hoje conserva os seus padres casados, sem que jamais a Igreja latina se atravesse a censurar-lhe esta prática; antes pelo contrário a tem autorizado e até permitido aos que se tem incorporado a ela modernamente.

*O celibato dos padres não é de instituição divina.*

Lancemos os olhos para o Evangelho: não vemos uma só palavra da qual

---

aos padres o único remédio à incontinência, e providenciar a felicidade dos mesmos por uma maneira natural, sólida e decisiva. É provável, que um concílio geral no século XIX pensasse bem diferentemente, longe de rivalidade que inspiram as contestações, e tendo diante dos olhos o quadro permanente das fraquezas dos padres.

[180] *Annal* 10, liv. 2.

[181] *Detrer. invent.*, liv. 5, cap. 4. Sei que muitos são os defensores do celibato. Vemos, entre outros, um Goti, encarregado de exaltar a antigüidade e excelência do celibato, bem como o domínio universal dos papas; mas em última análise, eles nada mais provam do que a excelência da continência, e a antigüidade da lei do celibato, o que ninguém lhes disputa; mas eles se acautelam em não dizer palavra sobre os bens e os males que têm constantemente resultado de uma lei, que tem estado sempre em desuso por impraticável. Eis o nosso trabalho. Mostraremos a verdadeira origem do celibato e sua conseqüências, e nunca negaremos que aquele a quem é dado o bem da continência, seja mais feliz do que o homem casado. São Paulo o ensina, e a experiência o comprova; e tanto basta.

se colija, já não digo claramente, porém, ainda com o mais forçado torcimento, que Jesus Cristo exigisse e nem mesmo recomendasse aos padres o celibato. O único texto, de onde se quer a martelo extrair esta doutrina, é este: "Se alguém vem a mim, e não aborrece a seu pai, e mãe, e mulher, e filhos, e irmãos, e irmãs, e ainda a sua mesma vida não pode ser meu discípulo"[182]. Mas é tão absurda a pretensão de descobrir nesta máxima e outras semelhantes o preceito do celibato, quanto seria pretender que o Divino Mestre exige abandonar, ou aborrecer pai, mãe, filhos etc. para poder ser seu discípulo.

Não devo cansar o leitor em refutar semelhante despropósito.

Todo cristão sabe quanto é obrigado a respeitar e amar a seu pai e mãe, e que entretanto o mesmo Deus determina que pela mulher sejam eles deixados; e que Jesus Cristo com aquelas palavras nada mais quis ensinar do que a necessidade de estarmos resolvidos a deixar as coisas, ainda as mais caras, quando elas forem obstáculo à salvação. Nem é só o cristão que deve professar estes princípios; o bom cidadão não deve pôr em dúvida o abandono destas pessoas, e até da própria vida, quando a pátria exige um tal sacrifício. Isto é claríssimo: o contrário é um absurdo, e até uma impiedade, e é a maior prova da sem-razão o ter recuso a semelhantes textos.

Mil vezes fala o Evangelho em virgens; mas uma só não aconselha a virgindade, e quando diz "que muitos se castram por amor do reino dos Céus", é evidente que Jesus Cristo respondendo aos discípulos, que julgavam dura a condição do homem casado que se separa da mulher adúltera, mas sem poder contrair novo matrimônio, não teve por fim mais do que mostrar que muitas são as circunstâncias em que o homem se vê na necessidade de se castrar voluntariamente para poder alcançar o Céu. Mas deixemos este objeto. A Igreja tem decidido, fundamentando-se na doutrina de São Paulo, e na prática dos primeiros cristãos, que o celibato é um estado mais perfeito, e por isso preferível ao matrimônio, por ser mais próprio para nele o homem se aplicar aos negócios do Céu.

Mas porque o celibato é um estado mais perfeito, deve, por isso, ser necessário e indispensável ao padre? Não é a pobreza uma perfeição muito claramente designada no Evangelho, e acaso já se fez dela um preceito ao padre? Qual será pois a razão por que se deixa esta a seu arbítrio, e se faz da outra um preceito? O certo é que nem uma nem outra foi por Jesus Cristo determinada aos padres.

---

[182] *Lucas* 14:26 (Pereira).

*O celibato dos padres não é de instituição apostólica.*

São Paulo, único dos apóstolos que trata *ex professo* das qualidades que devem ter os diáconos, e presbíteros, ou bispos, diz: "Importa que o bispo seja irrepreensível; esposo de uma só mulher, sóbrio, prudente, concertado, modesto, amador da hospitalidade, capaz de ensinar"[183]. E quando recomenda a Timóteo "que a ninguém ponha ligeiramente as mãos, para não se fazer participante dos pecados de outro", conclui dizendo "Conserva-te a ti mesmo puro". Tal é a sua fiel tradução do nosso Pereira, que não pode ser suspeito, por isso mesmo que ele é um dos defensores do celibato. Nem outra podia ser a inteligência do *casto e continente*, que traz o texto latino: porquanto querendo São Paulo que os bispos e diáconos fossem maridos de uma só mulher[184], claro está que a continência e castidade exigida é aquela que se dá entre os casados, pois é indubitável que entre estes dão-se mil impurezas reprovadas pela razão, e muitos excessos justamente condenados.

São Paulo, na Primeira Epístola aos Coríntios, nos ensina haver incontinência no mesmo matrimônio; São Clemente de Alexandria declara o que nos casados se chama continência[185].

Pafnucio diz muito claramente que o ato conjugal é castidade[186].

Santo Agostinho, Santo Ambrósio, São João Crisóstomo e outros provam como dá-se castidade entre os mesmos casados; e tal é a linguagem da Igreja[187]. E tanto assim entendeu a Antigüidade cristã, que em inumeráveis cânones, em que se proíbe o matrimônio aos padres, fazendo-se menção de

---

[183] *Primeira epístola a Timóteo* 3:2 (Pereira).

[184] Sabe-se que entre os judeus era permitida a poligamia, e que entre os romanos se toleravam as concubinas, como mulheres de segunda ordem, e que entre uns e outros era permitido o repúdio, casando-se com outras, ainda em vida das repudiadas; e é neste sentido que São Paulo exige que o padre seja marido de uma só mulher. Assim o entendeu Theodoret, in. I *Epistola ad Tim.*; Franc. [Francisco] Roee., *Inst.*, liv. 3, tit. 16 etc. Os gregos persuadem-se, porém, que São Paulo exclui os bígamos em razão da incontinência, que manifestam por causa da repetição do casamento; e os latinos porque já não podem representar o símbolo de Jesus Cristo com a Igreja, sua única esposa.

[185] "Eum, qui uxorem ducit, pro liberorum procreatione, exercere oportet continentiam, ut ne suam quidem concupiscat uxorem, quam debet diligere, honestate, et moderata voluntate operam dans liberes etc." (*Stromata*, 3a).

[186] "Congressum viri cum uxore legitima castitatem esse asderens" etc. (Selvagio, *Tit. de Pafn.*, liv. I)

[187] Homil. 26 in *Math. sicut crudelis, et iniquus est, qui castam dimittit uxorem etc. Liv. de bom conj.* etc.

outras razões, nunca se fez do preceito de São Paulo; o que certamente não escaparia aos legisladores, que tanto interesse mostravam em inculcar o celibato aos padres, até como de tradição apostólica[188].

Demonstrado que nem Jesus Cristo nem os apóstolos determinaram o celibato aos padres, e que nem sequer lhes aconselharam privativamente[189], resta mostrar a origem e progresso do mesmo celibato.

### História do celibato

Escassos são os documentos a este respeito até os fins do século III, mas o que devemos contudo afirmar é, que não nos poupando trabalho algum para os descobrir, somente os encontramos a favor da liberdade, que então havia, dos padres casarem-se, ou viverem maritalmente com suas mulheres; e não descobrimos um só em contrário.

Santo Inácio, discípulo dos apóstolos, "repreende e até ameaça de condenação aquele que, por professar castidade, se julgar maior do que o bis-

---

[188] Em 1074, num Concílio de Roma por Gregório VII, no cânone 15 de 16, é a primeira vez, segundo a minha lembrança, que se pretendeu entender a São Paulo no sentido em que hoje os defensores do celibato o querem entender; e se excetuarmos a São Jerônimo, não sei que mais santos padres se servissem daquela epístola para provar o preceito do celibato. Mas o rigor deste padre que até quis aplicar à questão o dito de São Pedro: "Nós deixamos tudo por vós" etc., o que se refere claramente aos bens e não às mulheres, pois é do que tratava Jesus Cristo; e o século XI, em que teve lugar este concílio e presidido por Gregório VII nos dispensam de ulterior reflexão.

[189] Eis como se explicam os mesmos autores, defensores do celibato, quando entendem da matéria: "Perpetua lex continentiae nec a Christo, nec ab Apostolis, sacris Ministris imposita fuit" (Natal Alexandre, Prop. 3a, diss. ad 4 sec.). "Quamquam primes seculis Clericis continentiae lex indicta non fuerit concuetudine tamen moribusque jam obtinebat" etc. (Silv., *Antig. chr.*). "Nullo autem jure Divino, nec naturali, nec positivo eam Clericis praeceptam esse satis certum est" (Riger, t. 3, tit. 3). Pouco importa que algum santo padre, ou particular concílio — v. g., o segundo de Cartago —, dê a entender que o celibato vem de tradição apostólica. Sabem os que têm lição da história da Igreja ser este o costume ordinário dos antigos e muito mais dos modernos escritores, que julgam sagrado e divino tudo quanto acham estabelecidos antes deles. Assim chamavam preceito divino os impedimentos do matrimônio constantes do Levítico; assim o XII Concílio Geral de Latrão chamou o dízimo de preceito divino etc. Enfim, assim se chamam os cânones sagrados — apesar de coisas não só profanas, como bárbaras e injustas, que neles se contém: basta ver o que neles se determina contra os miseráveis judeus e hereges para horrorizar. Devemos portanto dar atenção às coisas, e não aos nomes que se lhes quer dar.

po"[190]. Desta passagem se infere naturalmente que uma tal presunção da parte do celibatário não podia ser fundada senão em que, professando um estado perfeito, o julgava por isso superior ainda ao bispo, que tinha uma vida ordinária, isto é, a de casado.

São Clemente de Alexandria, este padre que ainda alcançou os discípulos dos apóstolos, este homem célebre por sua erudição sagrada e profana, escolhido para presidir a mais respeitável escola da religião que então existia, é terminante nesta matéria; e tanto mais digno de ser acreditado quando *ex professo* dela trata. Ele teve de combater a dois adversários: uns que detestavam o matrimônio, outros, que adotavam como lícito todo o gênero de deboches.

Quando combate a estes últimos, que pretendiam autorizar-se de uma expressão mal entendida de São Nicolau, um dos sete diáconos do tempo dos apóstolos, ele assegura "que Nicolau nunca usara de outra mulher, exceto da própria, com quem casara". Eis a prova do uso do matrimônio, e por quem? Por São Nicolau.

Quando combate os inimigos do matrimônio, que alegavam em seu favor o exemplo de Jesus Cristo, que se não casara, ele responde: "que o Salvador não tinha necessidade de adjutório; e que nem o seu destino era ter filhos, pois que ele era esposo da Igreja". Ataca seus adversários com o exemplo de São Pedro e São Felipe, que tiveram filhos. Ora, não pode atribuir-se a São Clemente a inépcia e absurdo de querer convencer os hereges com o fato destes homens quando pagãos, ou simples judeus; logo é necessário supor que São Clemente sabia que estes apóstolos ainda depois de chamados ao apostolado tiveram filhos; o que nem é impossível, quando pelo mesmo Evangelho se sabe que muitas vezes deixaram os discípulos de estar na companhia do Divino Mestre, e que nesse tempo é natural estivessem na de suas famílias[191].

---

[190] "Siquis potest in castitate manere ad honorem carnis Dominicae, in humilitate maneat... Si gloriatur, perlit. Etsi se maiorem Episcopo censet. Interiet" (*Ad Poly* [Polidoro], 5).

[191] *Stromata*, 3: "Ego autem audio Nicolaum quidem nunquan aiiâ, quam eâ quae ei nupserat, uxore usum esse". Ibid.: "An etian reprobant Apostolos? Petrus enim, et Philipus filios precrearunt". E quando fala de São Paulo diz: "Et Paulus quidem certo non veretur in quadam Epistola suam appelare conjugem, quam (N. B.) non circumferebat, qud non magno ei esset ministerio" etc. Sei que alguns padres do século IV duvidam do casamento de São Paulo; mas não sei a quem se deve acreditar, se a São Clemente, discípulo dos discípulos dos apóstolos combatendo adversários que lhe podiam negar este fato, se aos que daí a duzentos anos quiseram pôr em dúvida um fato, só porque ele não favorecia as suas opiniões.

O mesmo santo pretende confundir os hereges com a doutrina de São Paulo, que admite até para o episcopado o casado, "contanto que use do matrimônio de um modo irrepreensível", ajuntando ainda mais "que ele se salvaria pela procriação dos filhos". Eu rogo ao leitor [que] se digne ler toda a terceira *Estroma* deste santo, que necessariamente ficará convencido, que até então não só não havia proibição de os padres casarem-se, como havia, pelo contrário, plena liberdade de o fazer, como muito claramente assevera o mesmo santo[192].

Note-se mais que este santo, no seu *Pedagogo e verdadeiro gnóstico*, propõe as máximas da virtude a mais apurada; e que até hoje é a fonte da moral a mais perfeita que se conhece reduzida a compêndio; e por isso não pode ser suspeita de relaxação.

Tertuliano, este homem excessivo que até chegou a condenar as primeiras núpcias, descobrindo nelas o material da fornicação; e que se atreveu a censurar São Paulo por permitir as segundas, ainda assim jamais se serviu do grande argumento da proibição de os padres casarem-se, o que era impossível lhe não lembrasse para prova do seu paradoxo, se tal prática pelo menos existisse; entretanto que quando ele exorta à "continência lembra que muitos exemplos haviam dela entre os eclesiásticos"[193].

Orígenes, este padre que levou a tal excesso o amor da continência que fisicamente se castrou, apenas fazendo o paralelo entre os sacrifícios da antiga e nova lei, opina "que se naquela os sacerdotes deviam abster-se do uso do matrimônio, quando tinham que sacrificar, que nesta igualmente só podia oferecer seguidamente sacrifícios o que se dedicasse perpetuamente à castidade". Digo que era isto uma opinião sua "videtur mihi", porquanto ele confessa "que não sabia explicar a razão por que, admitindo a igreja para bispo o casado com uma só mulher, apesar de talvez em toda a sua vida nunca se ter exercitado na castidade e continência, recusava fazê-lo ao bígamo; quando aliás este podia ser casto e continente". Eis o uso de seu tempo[194].

Desde o princípio do cristianismo se teve em grande estima a continência, e grande foi o número dos celibatários. Atenágoras, São Justino, Minúcio

---

[192] Ibid.: "Quin et unius uxores virum utique admitit (Apostolus) seu sit Presbyter, seu Diaconus, seu laicus, utens matrimônio citra reprehensionem. Servabitur autem per filiorem procreationem". Ibid.: "Sed unusquisque nostrum habet si velit, potestatem ducendi legitiman uxorem, in primis, inquam, nuptiis".

[193] *De exhortatione castitatis*, caps. 5 e 13: "Quanti et quantae in Ecclesiasticis. Ordinibus de continentia censentur, qui Deo nubere maluerunt" etc.

[194] *Rom*. 23 in Nun.: "Certum est, quia impeditur" etc.

Félix, e outros o dizem claramente. Os padres escolhidos dentre os pais de família, como recomendava São Paulo, anciões, como indica o nome de presbíteros, davam o edificante exemplo de toda a sorte de virtudes. Quando, porém, um celibatário por motivo de perfeição entrava para o ministério eclesiástico, nada mais natural do que olhar-se com uma espécie de surpresa o seu casamento, tal como ainda hoje acontece entre nós a respeito da donzela, que se retira de um recolhimento para casar-se, ou de um religioso sério, que se seculariza; entretanto nenhum destes comete um crime. Mas como descem de perfeição para o estado ordinário, não pode deixar de produzir novidade, e até para muitos estranheza. Eis o que é dado conjeturar que principiava acontecer nos fins do século III.

O primeiro fato que refere a história relativo à lei do celibato é o de Pinito, bispo de Gnosa, que em 171 se lembrou de a impor; porém, são Dionísio de Corinto, este prelado tão sábio como zeloso, que vigiava sobre as dioceses vizinhas, lhe escreve exortando "que não impusesse o jugo pesado da continência a seus irmãos, e que tivesse atenção à fraqueza do comum dos homens"[195].

É em 300, pela primeira vez, que aparece um concílio proibindo o uso do matrimônio aos padres casados[196].

Em 315, o Concílio de Neocesaréia, no cânone 1, determina a disposição do padre que casa; e, no cânone 8, manda suspender o que coabitar com a própria mulher, se esta for adúltera.

Em 319, o Concílio de Ancira, no cânone 9, "concede ainda aos diáconos o casarem-se depois de ordenados, se no ato da ordenação o protestarem assim querer".

Em 325 celebra-se o primeiro Concílio Geral em Nicéia: há nele quem se lembre de impor aos clérigos a lei da continência; mas as reflexões de Pafnucio são atendidas. Este santo prelado entre outras coisas diz "que bastava, que o Concílio se contentasse com o antigo costume de não casarem-se os padres que se haviam ordenado solteiros"[197].

O resultado foi o concílio deixar as coisas como estavam, isto é, ao arbítrio de cada um. Os escritores deste século, apesar de serem arrastados pelo espírito dele, confessam contudo, ou que ainda não havia lei da continência, ou que pelo menos ela não era geral na Igreja.

---

[195] Eusébio, *História eclesiástica*, liv. 4, cap. 23.

[196] Concílio de Elvira, cânone 33: "Placuit in totum" etc.

[197] Choasi, *História eclesiástica*, século IV.

Santo Atanásio, na sua carta a Dracôncio, refere "que havia muitos bispos solteiros e muitos monges que tinham filhos", de onde concluía "que em qualquer estado se podiam fazer as abstinências que se quisesse". Isto prova liberdade e não lei.

São Basílio, no fim do mesmo século (cânone 19), falando de continência professa, diz "que ainda não estava em uso, exceto entre os monges, que pareciam tacitamente havê-la abraçado".

Eusébio diz "que o Evangelho não proíbe o matrimônio; e que São Paulo o que desejava somente era que o bispo não tivesse sido casado mais de uma vez a exemplo de Noé" etc., e acrescenta que, todavia, "convém que os que são elevados ao sacerdócio se abstenham do comércio com suas mulheres"; mas isto é uma opinião sua — *decet* — ele não se refere a lei alguma[198].

Sócrates, contemporâneo de muitos padres que assistiram ao Concílio de Nicéia, refere que no seu tempo ainda não havia lei geral do celibato, posto que o uso mais freqüente era o da continência, porém por mero arbítrio, apontando muitos lugares em que os bispos ainda tinham filhos[199].

O mesmo São Jerônimo, que levado da austeridade monástica de seus costumes, e do rigor de suas idéias a este respeito ao ponto que se viu na necessidade de defender-se da imputação de haver condenado o matrimônio, contudo, e combatendo a vigilância que negava o mérito da continência, apenas aponta o exemplo ou o costume das igrejas de Antióquia, do Egito e de Roma, as quais escolhiam para clérigos os solteiros, ou casados que deixavam de ser maridos; o que prova, que as demais igrejas tinham uma disciplina diferente[200].

O Concílio de Cartago, em 348, bem longe de impor o preceito do celibato, "somente manda aos que não querem casar, e que escolhem a perfeição da continência, que deixem de habitar com mulheres estranhas", como já o havia determinado o Concílio Geral de Nicéia[201].

---

[198] *Demonstr.*, liv. 1, cap. 9.

[199] "Cum in Oriente cuncti, sua sponte, etiam Episcopi, ab uxoribus abstineant, nulla tamen lege aut necessitate adstricti id faciunt. Multi enim illorum Episcopatus etiam sui tempore liberos ex legitimo conjugio susceperunt... eadem consuetudo Thessalonicae et in Macedonia atque Achaia observatur" (*História eclesiástica*, liv. 5, cap. 22).

[200] "Quid facient Orientis Ecclesiae? (isto é, o patriarcado de Antióquia, segundo Fleury) quid Egipte, et Sedis Apostolicae, quae aut Virgenes Clericos accipiunt, aut continentes, aut si uxores habuerint, mariti esse dessitunt?" (*Ad Vig.*).

[201] Cânone 3: Qui nolunt nuberem et pudicitiae meliorem eligunt partem, hae evitare debent" etc.

Santo Ambrósio apenas diz que "quando os casados eram admitidos ao sagrado ministério, se tinha esperança de que se absteriam de suas mulheres", e tratando-se dos solteiros, ele confessa que "estes não eram obrigados a se ordenarem tais"[202].

São Cirilo já havia dito antes que "os que queriam cumprir dignamente", isto é, de um modo mais perfeito, "o seu ministério vivia no celibato"[203].

No que ainda hoje concordamos, sendo, porém, o celibato casto verdadeiro.

Parece que em alguns lugares se tinha contudo levado o excesso da continência ao ponto de abandonar as próprias mulheres, entendendo-se o Evangelho ao pé da letra, ou materialmente, como ao depois se fez, o que deu motivo ao cânone 6 dos apóstolos, pelo qual se "proíbe com excomunhão, e até deposição, abandonar a mulher por pretexto de religião"; e ao cânone 51, e na qual se "manda depor o clérigo que se abstiver do matrimônio, não por espírito de mortificação, mas por julgá-lo mal"[204].

Concordando os críticos que tanto os cânones apostólicos como as constituições apostólicas são o resumo da disciplina mais geral dos séculos IV e V, deve notar-se a maneira por que se acha concebido o cânone 27, e cap. 17 do liv. 6, pelos quais se conhecem que a proibição do casamento dos padres era uma nova lei, e não reiteração da anterior[205].

Nesta variedade de disciplina, numa parte casando-se os padres, noutra só permitindo-se o matrimônio aos diáconos; noutra só aos leitores e can-

---

[202] "Non quo exortem excludate conjugis, non hoc supra legem praecepti est sed ut conjugali castimonia ferret ablutiones suae gratiam."

[203] *Catech.*, 12.

[204] Mil torcimentos se procura dar a estes cânones para tirar-lhes a força; mas compare-se com as constituições apostólicas e o Concílio de Trullo, e se conhecerá que nós lhe damos o verdadeiro sentido. Cânone 6: "Episcopus, aut Presbiter uxorem propriam nequaquam sub obtentu religionis abjiciat" etc. Cânone 51: "Siquis Episc. Presb. aut D. aut omnino ex numero Clericorum a nuptiis et carne etc., non propter exercitationes abstinuerit; oblitus, quod omnia val de sunt bonam et quod masculum, et feminam Deus fecit hominem, sed blasfemans accusaverit creationem, vel corrigat se, vel deponatur".

[205] Cânone 27: "Inuptis autem, qui as clerum provecti sunt, praecipe mus, ut si voluenit, uxores accipiant, sed Lectores, Cantores que tantumodo". Const. Ap., liv. 6, cap. 17, in *Episc. presbit. et diac.* constitui "praecipimus viros unius matrimonii, sive vivant eorum luxores, sive ebierint: non licere autem illis post ordinationem, si uxores non habent, matrimonium contrahere; aut si uxores habeant, cum aliis copulari; sed contentos esse ea, quam habentes, ad ordinationem venerunt".

tores; numas proibindo-se aos já casados o uso do matrimônio; noutras, pelo contrário, punindo-se os que abandonavam as mulheres; por outra parte, crescendo o número das virgens, e monges, sendo maior parte dos bispos tirada da classe destes, ou pelo menos dos que professavam a vida ascética, era conseqüente que os povos se fossem acostumando a olhar com indiferença para os padres casados, por terem uma vida ordinária à vista dos leigos que professavam a perfeição da continência. E o contraste que ofereciam os padres solteiros com a exterioridade da perfeição, comparado com os que eram casados, ou se casavam necessariamente, lhes devia acarretar uma espécie de desprezo[206]. Eis com efeito, o que aconteceu em alguns lugares, onde muitos não queriam assistir à missa dos padres que se casavam, e até sustentavam que as mulheres dos padres não podiam salvar-se[207].

Os que professavam continência insultavam os que se casavam etc., o que deu ocasião ao célebre Concílio de Gangres, em 380, anatematizá-los "e declarar que com isso não reprovava a continência, mas a arrogância dos que por essa causa se elevavam contra aqueles que adotavam um gênero de vida simples e ordinária[208].

A Igreja latina é a que mais tem insistido no celibato dos clérigos, mas nós já tivemos ocasião de observar quanto foi desprezada esta lei, é até esquecida na sua mesma origem nos lugares em que ela foi decretada[209].

---

[206] Tal é a força do prejuízo que ainda entre nós grande parte do povo ignorante menos estranha ver um padre notoriamente concubinado celebrando a missa etc. do que estranharia vê-lo fazer um padre casado reconhecidamente virtuoso. Tanto a exterioridade da perfeição impõe aos olhos do néscio vulgo. Mas nós devemos querer a verdade, e não a impostura.

[207] Concílio de Gangres, cânone 4: "Siquis, de Presbytero, que uxorem duxit, contendant, nos oportere eo sacra celebrante, oblatione communicare, site anathema". Cânone 1, seg. Grat. Dist., 30, Cânone 12. No cânone "Siquis eorum, qui sunt virgines propter Dominum insultet in eos qui uxores duxerunt; anathema sit". São Gregório Nanc. [Nazianzeno] censura igualmente a delicadeza dos que não queriam ser batizados pelo padre casado, ou que não professam a continência: "Baptizer me presbiter" etc. (*Orat.*, 40). São João Crisóstomo, na *Epistola ad Tit.*, diz que "o matrimônio é tão honroso que se pode ligar às funções as mais augustas, e não impede mesmo subir ao trono do altar" etc.

[208] Cânone 21: "Haec autem scribimus non eos abscindentes, qui in Dei Ecclesia volunt secundum scriptures in continentia, et pietate exerceri; sed eos, qui pretextum exercitationis ad arrogantiam assumunt adversus eos, qui simplicius vivunt se efferentes, et praeter scripturas, Ecclesiasticos que Canones novitates inducunt".

[209] Veja-se *Desd.*, nota 58.

Em 390 ainda um Concílio de Cartago estabelece como de novo a lei da continência[210].

O Concílio de Toledo, em 400, congregado de toda a Espanha, ainda não se atreve a castigar os clérigos, que usarem do matrimônio antes da proibição do anterior concílio; e contenta-se em determinar que não sejam promovidos às ordens superiores.

A mesma determinação se encontra no Concílio de Turim, composto dos bispos das Gálias e da Itália.

Em 402, um Concílio em Roma, no cânone 3, obriga os sacerdotes e diáconos ao celibato, não dando outra razão mais do que serem estes obrigados a oferecer e batizar, fundando-se não em leis anteriores, mas no exemplo dos padres da antiga lei.

No de Telipta, em 418, cânone 4, se ordena como pela primeira vez o celibato dos bispos, sacerdotes e diáconos e até sem pena alguma.

No de Orange, em 441, cânone 22, revoga-se o Concílio de Ancira, obrigando-se os diáconos a votarem castidade na sua ordenação, e no cânone 4 se declara que os ordenados até aí seriam promovidos às ordens superiores, não obstante o comércio havido com suas mulheres.

No de Tours, em 461, cânone 1, são exortados os padres à continência, para que melhor se apliquem à oração etc., e modera-se o rigor dos cânones, consentindo no uso de suas ordens os padres que coabitarem com suas mulheres, e somente proibindo-lhes a promoção às ordens superiores.

No de Agda, em 506, cânones 1 e seguintes, se manda somente suspender, sem depor, os padres que fossem bígamos, ou casados com viúvas.

No de Gerona, em 517, cânones 6 e 7, "manda-se que o bispo, sacerdotes, diáconos e subdiáconos casados vivam separados de suas mulheres, ou tenham em sua companhia um confrade para testemunha de sua continência. Contra o determinado no cânone 6 dos apóstolos.

Justiniano, no princípio do século VI, na *Lei de Epis. et Cler.*, proíbe o casamento dos padres, mas em 580, com pouca diferença, ainda São Gregório Magno, por ocasião de Pelágio obrigar os súditos a separarem-se de suas mulheres, diz que julga duro sujeitá-los a uma lei que eles não prometeram guardar; e que só para o futuro sejam obrigados a prometer castidade quando se ordenarem.

---

[210] Cânone 2: "Ab universis Episcopis dictum est: Omnibus placet, ut Episcopi, Presbiteri, et Diaconi vel qui Sacramenta contractant, pudicitiae custodes, etiam ab uxoribus se abstineant".

Santo Agostinho, apóstolo de Inglaterra, tanto ignorava esta lei, ou achava impraticável, que consulta a São Gregório se os padres "que não podiam ser continentes tinham liberdade de casar e continuar no ministério sagrado"[211].

Tal era a confusão e variedade da disciplina a este respeito até o século VII. Cada diocese tem o seu uso; cada concílio determina o que lhe parece; mas o que se não deve perder de lembrança são as vexações e despotismos praticados para pôr-se em execução uma lei mais filha das idéias particulares dos que a decretavam, do que da utilidade que dela podia resultar, como já observamos[212], bem como da insuficiência de todos os meios empregados a esse fim.

Celebra-se o sexto Concílio Geral, mas nele não se fazem cânones disciplinares; entretanto a necessidade reclamava dar uniformidade à disciplina, e firmar vários pontos dele, tais como o celibato, ou a continência dos clérigos, que em muitos lugares estava em contradição. Onze anos depois, à instância da maior parte dos bispos, que assistiram naquele concílio, Justiniano convoca outro, que servia de suplemento ao antecedente. Reúnem-se, portanto, mais de duzentos bispos no palácio do imperador só com o desígnio de reformar e pôr em harmonia a disciplina em toda a Igreja. Vemos então pela primeira vez decretando um Concílio Geral a lei da continência. Mas como? Eis o objeto das seguintes observações[213].

Diz o Concílio: "Como nos cânones dos apóstolos se não acha permitido o casamento senão aos leitores e cantores, nós o defendemos daqui em diante aos súditos, diáconos e presbíteros debaixo da pena de deposição; e todo aquele que viver casado, faço antes de entrar nestas três ordens".

"Nós sabemos que na Igreja de Roma se proíbe aos padres casados o comércio com suas mulheres; mas nós, seguindo a perfeição do antigo cânone apostólico, queremos que os casamentos dos padres subsistam, sem privá-los da companhia de suas mulheres nos tempos convenientes. De sorte que se algum homem casado for julgado digno do sagrado ministério, não será dele

---

[211] Vide em São Gregório, nas respostas dadas a Santo Agostinho. Vide notas 187, 188, 189.

[212] Fleury, *História eclesiástica*, no século VII.

[213] Consulte-se a Fleury, no século VII da sua *História eclesiástica*, sobre este concílio, e nele se encontrará tudo quanto dizemos do mesmo, e deve advertir-se que Fleury não é suspeito nesta parte, por ser um dos defensores da disciplina da Igreja latina tocante ao celibato.

excluído por ser casado, nem na sua ordenação se fará prometer abster-se de sua mulher, para não desonrar o matrimônio, que Deus tem instituído, e abençoado com a sua presença."

"Todo aquele, pois, que com desprezo dos cânones apostólicos se atrever a privar o sacerdote, diácono, ou subdiácono do comércio legítimo com sua mulher, seja deposto."

"Aos que crêem dever elevar-se acima do cânone dos apóstolos, que defendem deixar sua mulher por pretexto de religião, e fazer mais do que lhes é ordenado, separando-se de suas mulheres de comum consenso, proibimos morar com elas, para nos mostrar que sua promessa é efetiva."[214]

Todos assentem ao concílio. O papa Sérgio, porém, recusa aceitá-lo, mas não admira, porque Roma tendo sempre pretensões a ser não só mãe e mestra, como senhora das demais Igrejas, não tolerou jamais que se censurassem os seus atos. Não obstante, o Concílio em Trullo foi adotado pela Igreja do Oriente debaixo do nome de "Quinissexto", como suplementar ao quinto e sexto; e até hoje lhe serve de regra na sua disciplina.

*Reflexões sobre o fato de Pafnucio; e sobre o valor, e legitimidade do Concílio Quinissexto.*

Os defensores do celibato encaram estes dois fatos, como o escolho onde naufragam todos os seus argumentos; e por isso procuram por todos os meios torcer, desfigurar e até duvidar deles. Mas apesar de toda a chicana com que se tem querido envolver fatos tão públicos, e incontestáveis, eles são reconhecidos como verdadeiros.

O fato de Pafnucio tem sido narrado por Sócrates, que ainda conversou com muitos padres que assistiram ao Concílio de Nicéia; por Sosameno, escritor quase coevo; por Gelásio de Cesico, escrevendo no século V as atas deste concílio; por Suidas e outros; e Dupin diz que os que duvidam deste fato o fazem antes pelo temor do golpe que ele dá à disciplina presente do que pela força das razões, que pretendem alegar. Na verdade, Fleury não o contesta; e mesmo Bergier não se atreve a negá-lo.

O Concílio em Trullo foi convocado pelo imperador Justiniano, e a rogo da maior parte dos bispos, que assistiram ao sexto Concílio Geral, formalidade que precedeu a todos os concílios anteriores; foi numeroso, constando de mais de duzentos bispos entre os quais se achavam os quatro grandes patriarcas por si, e o papa por seus legados. Houve plena liberdade na vota-

---

[214] *Const.*, 3. Imp. Leon.

ção; nele não se tratou de definir dogmas, mas somente de regular a disciplina geral naqueles pontos em que ela não tinha uniformidade, ou se apartava do verdadeiro espírito da Igreja; ora, para semelhante objeto, duzentos bispos, e das principais igrejas, eram mais que suficientes para referirem os diferentes usos e práticas de suas dioceses, para delas se escolher a disciplina mais geralmente recebida, e ademais conforma as necessidades da mesma Igreja. Todos subscrevem aos cânones deste concílio, e até os mesmos legados do papa (apesar de que ao depois se fez dizer a estes que o fizeram por surpresa); enfim o imperador os aceita ou confirma. O leitor julgue agora quem teve mais razão, sabedoria e prudência, se a Igreja do Oriente adotando e seguindo inteiramente a disciplina decretada neste concílio, tido como geral, sem repugnância de um só dos assistentes; ou se Roma, recusando sujeitar-se a ele, porque o papa Sérgio não o quis assinar, por conter em alguns dos seus cânones uma disciplina contrária à então usada na sua Igreja. À vista disso, como será tolerável a opinião dos que, por uma cega devoção aos papas, qualificam de conciliábulo este concílio respeitado pela antigüidade e até incorporado pelo sétimo Concílio Geral no sexto, como parte suplementar do mesmo? A verdade é que os romanos, ainda se não quiseram sujeitar a esta declaração do sétimo Concílio Geral, mas que importa para a generalidade de um concílio o reconhecimento da Igreja de Roma?

Santo Antônio, Caetano, Sandero, Clemagis e outros chamam conciliábulo o Concílio de Pisa, porque Roma não quer reconhecer a sua legitimidade, entretanto Roma ao princípio, e ainda hoje, muitas igrejas o numeram entre os gerais.

O Concílio de Constança foi tido por geral pelos papas Martinho V, Eugênio IV e Pio II; mas, desde que Roma não julgou conveniente às suas pretensões, deixou de o reconhecer como tal; entretanto, a maior parte das igrejas católicas o contam ainda entre os gerais.

O Concílio de Basiléia é geral para uns, particular para outros; e algumas de suas sessões são rejeitadas por alguns. Enfim, há cinco opiniões diferentes relativas à sua ecumenidade.

O quinto Concílio Geral de Latrão é tido como tal somente pelos ultramontanos; e o de Florença até hoje a França não conta entre os gerais.

À vista desses fatos, quando só a Igreja da França e a de Roma podem sem crime reconhecer ou deixar de reconhecer como geral um concílio, em matérias dogmáticas como se poderá disputar a Igreja do Oriente o direito de sustentar a generalidade do Concílio em Trullo e em matérias puramente disciplinares, e no tempo em que ela fazia a parte mais considerável da Igreja católica? Roma conheceu tanto esta verdade, que contentou-se em não mudar a sua disciplina, porém jamais condenou a do Oriente, fundada neste concílio. Concílios gerais ao depois se celebravam, reunindo ambas as Igrejas, e nunca neles se tratou de revogar a disciplina decretada no Concílio em Trullo.

*Continuação da história do celibato depois do século VII até nossos dias.*

A Igreja do Oriente firmou a sua disciplina a respeito do celibato. Ali, o padre que casado se ordena, casado vive até a morte; mas se, professando castidade, solteiro se ordena, não pode mais casar-se sem perder o emprego: é um castigo da falta de sua promessa. E como a continência é uma perfeição nos bispos, ela é requerida; mas como estes são poucos em número, de idade avançada, tirados dos mosteiros, onde hábitos inveterados lhes tornam fácil e constante esta virtude, eis por que no Oriente é a lei observada, e sem inconveniente.

Não obstante o decretado neste concílio, pouco a pouco se foi introduzindo o costume de os padres tomarem um como noviciado de seis anos, dentro do qual ainda se podiam casar sem ser demitidos. O imperador Leão, o Filósofo, aboliu esta prática como abusiva[215].

A Igreja do Oriente descansou de lutar contra a natureza, e de pôr inutilmente barreiras à inclinação ao sexo. Seu clero adquiriu a confiança pública pela consideração que lhe granjearam suas virtudes, e uma só lei prudente proporcionada à natureza humana e à dignidade eclesiástica pôs termos aos males que em vão a Igreja latina em mil concílios, bulas e decretos pretende ainda hoje evitar.

Com efeito, apesar da rivalidade entre as duas Igrejas, que devia produzir a melhor exação na observância da disciplina de cada uma, vemos contudo no século IX o Concílio Nacional de Worms decretando de novo a continência aos padres com pena de suspensão, tanto a lei antiga estava esquecida.

No século X, o Concílio de Augsburgo ainda defende o casamento dos bispos, presbíteros, diáconos e subdiáconos, segundo o determinado no Concílio de Cartago (diz ele). Em tanto desuso estavam as antigas leis, que este concílio só se lembra do Concílio de Cartago, e não das determinações dos papas, nem dos concílios anteriores a estes.

Ivo de Chartres, no século XI, consultado por Galon, bispo de Paris, sobre o matrimônio de um dos seus cônegos, lhe responde que se igual coisa acontecesse na sua diocese, ele deixaria subsistir o matrimônio, e se contentaria de fazer descer o casado a uma ordem inferior. Este fato prova o desu-

---

[215] Fleury, *História eclesiástica*, [refere o] no século XI.

so em que se achavam as antigas leis, que os bispos pareciam ignorar, e que os mais escrupulosos em casos semelhantes lançavam mão do arbitrário.

No Concílio de Pavia presidido por Benedito VIII, repete-se a pena da deposição contra os clérigos concubinados; e é horrorosa a pintura que faz este papa da vida licenciosa dos mesmos, o que decerto devia resultar da proibição do casamento que naturalmente seria pouco freqüente naqueles lugares, que estavam debaixo da imediata inspeção dos papas.

Neste século parece que já na maior parte da Igreja latina estava em perfeito desuso a lei do celibato; é o que refere São Pedro Damião ao papa, que diziam os bispos; é o que ele mesmo observou no bispado de Turim, onde os padres se casavam por consentimento do seu bispo Coniberto e cujo clero ele confessa ser o mais honesto e ilustrado que encontrou[216] é o que se colige da carta que Alexandre II dirigiu ao rei e bispos da Dulmácia [Dalmácia], onde diz o papa que se para o futuro o bispo, sacerdote ou diácono se casar, ou conservar a mulher que tinha, decairá do seu grau, nem assistirá no coro, nem perceberá os frutos da Igreja, dando por esta forma a entender que a pena não recaía sobre os atuais casados[217]; é o que se deixa ver no decreto de Nicolau II dirigido aos bispos da França, ordenando que, em conseqüência do resolvido nos cânones do Concílio de Roma, a que ele presidira, todo o padre que depois do decreto de Leão IX (isto é, oito anos antes) tivesse casado publicamente ou não abandonasse a mulher com quem casara, fosse privado das funções de suas ordens, e não assistisse aos ofícios divinos no presbitério[218].

E é nesta ocasião que São Uldarico, ou (como querem outros) Gontier, chanceler do imperador Henrique IV, bispo de Bamberg, escreve a Nicolau que o matrimônio não é proibido aos padres nem pelo Antigo nem pelo Novo Testamento etc., e conclui rogando ao papa que derrogue o seu decreto de modo a [não] expor a grandes crimes os clérigos, privando-os das mulheres que legitimamente esposaram[219].

Gregório VII, mais ativo, ou menos prudente, pretende restaurar essa disciplina, que em sete séculos não se pôde generalizar; emprega toda a casta de meios, e por sua ordem ou à sua imitação, muitos concílios renovam a proibição do casamento dos padres; mas qual o resultado?

---

[216] Mabillon, *Annales*, liv. 62, ou *Epístola* 25.

[217] Hugo Flavi, *Nov. Bibliot*. t. 1,

[218] *Escritores da meia idade*, t. 2.

[219] Mabillon, *Annales*, liv. 64, n. 133. Ibid. in Apêndice.

O clero de Cambrai escreve uma carta ao de Reims, implorando socorro contra os romanos, e contra Gérard, seu bispo, que lhes determinava largar suas mulheres, como ordenara o legado Hugues, fazendo reviver um decreto há tanto tempo caído em desuso[220]. O clero de Noyon escreve outra carta ao de Cambrai, em que professa os mesmos sentimentos[221].

O clero das Gálias se eleva contra o decreto de Gregório VII, e até não duvida apelidar a este papa "herege", por determinar a separação de suas mulheres contra a expressa proibição de São Paulo.

Sigebert de Gembloux, célebre escritor, grita contra o mesmo decreto.[222]

O arcebispo de Maiença [Mayence/Mainz/Mogúncia] e o bispo de Passó [Passau] declaravam, que bem a pesar seu, mandavam executar o decreto de Gregório VII, e unicamente por temor deste papa inflexível em suas opiniões. Com efeito, o papa, pouco satisfeito com o resultado da execução de suas ordens, determina ao arcebispo que se apresente em Roma acompanhado de seus sufragâneos[223].

Aton, bispo de Constança, reconhecendo os males que devia produzir a execução daquele decreto imprudente, não só não o faz executar, como continua a permitir o casamento do seu clero; mas o papa o chama a Roma e determina ao clero e ao povo que não o obedeça e enfim o excomunga[224].

No Concílio de Worms, em presença de Henrique IV, é Gregório VII deposto por todos os bispos presentes por causa das desordens ocasionadas por seus decretos imprudentes. No mesmo ano o papa em Roma depõe a Henrique IV, e dispensa seus vassalos do juramento de fidelidade.

Igualmente muitos bispos além de depostos são excomungados. Eis o resultado de medidas imprudentes, e talvez injustas. A tranqüilidade pública se perturba; em muitos lugares o clero se subleva. Estados inteiros entram em terríveis comoções: a superstição do século favorece aos desígnios do papa. O rigor do seu zelo indiscreto não se modera, e ele triunfa, apesar da perda de religião e do descrédito da mesma Igreja[225].

No mesmo século contudo ainda o Concílio de Vinquester [Winchester]

---

[220] *Musaeum italicum*, vol. 1.

[221] Cellier, *História dos autores eclesiásticos*. Richard, *Análise dos concílios*.

[222] Lambert. Schetnab.

[223] Vit. Greg. Act. Mabillon.

[224] Vide as *Histórias eclesiásticas* de Fleury, de Choass e de Gmeiner.

[225] Richard, *Análise dos concílios*, vol. 5, tomo suplementar.

resolve que os padres casados continuem a viver com suas mulheres; e que só para o futuro ninguém fosse ordenado sem prometer observar a continência.

Na Estrigônia, em 1114, o arcebispo Lourenço, no cânone 31 do Concílio celebrado nessa cidade, permite aos sacerdotes casados antes da sua ordenação o coabitarem com suas mulheres, para prevenir (diz o concílio) as conseqüências de sua fragilidade, ordenando igualmente que usem desta permissão com grande moderação[226].

Tal era o estado das coisas relativo à continência do clero quando, no Concílio Geral de Latrão, em 1139, se resolveu decretar que fossem nulos os casamentos dos padres, sujeitando-os além disso, à penitência e renovando-se a proibição de ouvir missa dos padres casados e concubinados. Desde então não puderam mais casar os padres; e o concubinato sucedeu inteiramente ao matrimônio.

Em 1237, num Concílio de Londres presidido pelo legado do papa, no cânone 15, se manda privar do benefício ao clérigo que se casar clandestinamente, declarando-se seus filhos incapazes de possuir e de se ordenar. O que

---

[226] Pela lição dos concílios se conhece que nem sempre as razões em que fundam as suas decisões são as melhores, por exemplo, o quarto Concílio Geral Lateraense determina que não valha a prescrição sem boa-fé; e a razão em que se funda é esta: "omne quod non est ex fide, peccatum est". Ora, nada mais mal aplicado. Outro concílio geral, proibindo os quatro graus de parentesco, funda-se nos quatro humores, que se compõe dos quatro elementos etc. Vasques, na questão 181, cap. 9, já tinha previsto estas inconseqüências. Portanto, dizer o Concílio Tridentino que Deus não manda impossíveis é uma verdade, mas a aplicação do texto não é a mais feliz, pois onde manda Deus a continência? Não é, pelo contrário, o próprio Jesus Cristo que declarou que nem todos eram capazes dessa resolução? Não é São Paulo quem manda que o que não tem o dom da continência se case? Os santos padres, de que já fizemos menção em outra parte, não reconhecem a impossibilidade da continência em muitos casos, e que ela é um dom particular, que Deus dá a quem quer? A mesma Igreja não dispensa os que a votaram, para poder contrair sem crime o matrimônio, quando este lhe é necessário? Quando pois São Jerônimo e Santo Agostinho dizem que os que votaram castidade já não são livres de voltar ao matrimônio, e que Deus ajuda aos que se esforçam, e pedem este dom dignamente, devem ser entendidos segundo a Escritura santa, e santos padres; isto é, que o que uma vez votou castidade não pode a seu arbítrio deixar de cumprir a sua promessa, deve trabalhar por obter esse dom de Deus; mas quando ainda assim conheça que não pode sem perigo conservar-se na continência, deve recorrer à Igreja, que como intérprete da vontade de Deus, não quer senão a salvação dos fiéis, e que por isso dispensará no seu voto. Eis o que é conforme com a religião, com a prudência e com a boa ordem. Note-se que os padres não votam castidade, mas são somente obrigados à continência por lei eclesiástica; e que por isso mesmo estão em muito melhores circunstâncias do que aqueles que a votaram.

prova o uso dos matrimônios clandestinos de que então lançavam mão os eclesiásticos por os não poder celebrar publicamente.

Em 1279, [no Concílio] de Pont-Audemer, cânone 20, ainda se fala de clérigos casados; o que prova que no arcebispado de Rouen ainda era permitido o casamento dos padres. Verdade é que Richard supõe que esta permissão só dizia respeito aos subdiáconos; mas esta suposição é gratuita, não havendo fundamento algum em que se estribe.

Muito digno é de observar-se que, apesar da repetição que em diferentes séculos se tem feito da proibição do casamento dos padres, e das penas decretadas ao concubinato, não se vêem as coisas em melhor estado; nem mesmo se vêem punidos os eclesiásticos segundo as leis, fenômeno este que só aconteceu quando as leis, com efeito, ou são injustas, ou desproporcionadas aos delitos. O sentimento inato de justiça opõe-se à execução de leis contraditórias, e então os executores delas tornam-se indiferentes, suprindo por esta forma a mesma natureza a falta e os defeitos do legislador imprudente.

Finalmente, o último concílio geral, no século XVI, parece que adoçou alguma coisa a sorte dos clérigos concubinados, como já notamos; entretanto firmou a lei do impedimento dirimente da ordem, anatematizando até os que somente dissessem "que os padres podiam casar, não obstante a lei eclesiástica, que a proibia", dando como razão que a continência não é impossível, e que Deus a concede aos que a pedem dignamente[227].

Este concílio, porém, na sua disciplina não foi aceito em muitos lugares, e até hoje nem a França e nem a Hungria consentiram na sua publicação; e muitos dos seus artigos têm sido anulados, alterados, e reformados já pelos papas, já pelos governos; e já enfim pelo costume em contrário e pelo desuso. Tal como se vê acontecer em todas as leis humanas, quer civis, como eclesiásticas.

Conseguiu-se certamente o que desejavam alguns padres: isto é, os padres não puderam mais casar. Os soberanos, ignorantes de seus direitos, aterrados pela superstição dos povos sujeitos ao domínio dos papas, toleravam,

---

[227] Na verdade, só uma ignorância crassa, unida à mais grosseira superstição, é que podia fazer que os soberanos tolerassem certas disposições dos concílios; v. g., perseguição dos judeus e hereges, escravidão daqueles, proibição de se lhes dar cargos públicos, arrancar-lhes os filhos etc. Chegando o quarto Concílio Geral de Latrão ao excesso de declarar que o papa exporia as terras dos príncipes, que não expulsarem de seus domínios os hereges, à conquista dos católicos. É igualmente curioso ver os Concílios de Toledo e Saragoça, nos fins do século VII, proibindo às viúvas dos reis casarem-se com pena de excomunhão, e obrigando-as a tomar hábito de religiosas em algum mosteiro por toda a sua vida etc. etc. etc.

ou para melhor dizer, cederam à torrente da opinião do seu século[228]. E se a França libertada do tribunal de fogo, que tostava as vítimas destinadas a aplacar a cólera do Onipotente quando se atreviam a duvidar somente das máximas que Roma publicava, não conservasse por uma particular providência alguns restos de liberdade, muito mais tardio seria o progresso e o desenvolvimento dos verdadeiros princípios do direito eclesiástico[229].

Uma verdade, porém, não deve escapar, e é que a ordem tem sido impedimento dirimente enquanto o poder temporal tem apoiado com a espada, o que o concílio quis plantar com o anátema. Desde que os soberanos deixaram este negócio a arbítrio dos eclesiásticos, eles prontamente mudaram o concubinato em legítimo matrimônio; eis o que se observou entre as seitas protestantes, na mesma Inglaterra, e na França modernamente.

### *Resumo da instituição do celibato.*

Está provado que o celibato dos padres nem é de instituição divina, nem apostólica; que até os fins do século III foi livre aos padres o casarem-se, e viverem maritalmente com suas mulheres, que tinham antes da sua ordenação, ainda que por costume fossem raros os seus casamentos, e que muitos se abstivessem do mesmo ato conjugal por mútuo consenso; que desde o princípio do século IV, em que teve origem a lei particular do celibato, foi também constante a inobservância dela, a ponto que em muitos lugares caiu em perfeito desuso, e até em total esquecimento; que apesar de em diferentes séculos renovar-se esta lei, e com penas acerbas e injustíssimas, contudo, jamais se conseguiu generalizá-la; que no século XI ficou a lei do celibato em inteiro esquecimento, casando-se na maior parte das dioceses os padres sem

---

[228] Merece ser observado que as liberdades da Igreja galicana devem a sua existência mais à proteção do governo do que aos esforços dos eclesiásticos, os quais por vezes têm suplicado a publicação do Concílio Tridentino, onde os direitos dos bispos são muito pouco atendidos, e onde se pretende indiretamente inculcar o domínio universal dos papas e sua supremacia aos concílios gerais etc.

[229] No século XI, Pedro, patriarca de Antióquia, a Miguel Cerulário, depois de desculpar os latinos de vários abusos na sua disciplina, atribuindo à barbaridade dos mesmos, aconselha que escreva ao papa sobre a reunião, não insistindo senão em que tirasse do símbolo a palavra *filioque* e que revogasse a lei do celibato. Tanto os escandalizava! Com efeito, quando se vêem alguns concílios determinando que as miseráveis esposas dos padres havidas antes da ordenação destes não possam contrair matrimônio ainda depois da morte dos seus maridos; concedendo aos padres prender e açoitar essas mulheres por eles abandonadas, quando adulterarem etc., é difícil encontrar desculpas para tais excessos. Vide os Concílios de Viena (I), Latrão (IV) e Florença.

que fossem punidos; e antes, pelo contrário, com tolerância, e até permissão dos bispos respectivos; que depois que o Concílio Geral de Latrão no século XII fez da ordem impedimento dirimente do matrimônio, ainda em algumas dioceses se conservou o clero no direito de casar-se.

Está provado que no Oriente, desde o princípio, os padres conservaram-se no matrimônio contraído antes da ordenação; e que os mesmos solteiros casaram-se, posto que raras vezes, e com estranheza em alguns lugares; sendo várias as disciplinas a este respeito, nos fins do século VII o Concílio Quinissexto afirmou para sempre, declarando não só que o matrimônio não era obstáculo algum para a ordenação, como também que era um crime obrigar ao padre abster-se de sua mulher; mas que o padre solteiro, que por espírito de perfeição se não houvesse casado antes da ordenação, fosse deposto, se o fizesse depois, sendo porém válido o seu matrimônio.

E esta prática da Igreja do Oriente foi condenada pela do Ocidente? Eis o objeto da seguinte observação.

*A Igreja do Ocidente nunca se opôs à disciplina da do Oriente, tocante ao celibato dos padres.*

O Concílio de Trullo censura à Igreja de Roma o proibir a seus padres casados o uso das legítimas mulheres, contra a expressa determinação das sagradas letras; e muito mais estranho, o obrigá-los à separação. Não aparece um só concílio da Igreja latina que procurasse defender-se desta imputação. As Igrejas latina e grega conservam-se unidas por muitos séculos ainda; celebram juntas alguns concílios gerais; mas guarda-se silêncio sobre esta matéria; cada Igreja segue a sua disciplina. Separam-se as duas Igrejas; e quando se trata de reunião, é a grega a que exige, entre outras coisas, da latina a abolição do celibato[230]. E quando em 1215, no Concílio Geral de Latrão sob Inocêncio III, pela presença dos patriarcas de Constantinopla e Jerusalém, e do imperador do Oriente, se fazem cânones relativos aos gregos, bem longe de os latinos censurarem a prática daqueles conservarem os seus padres casados; pelo contrário, formalmente reconhecem a legitimidade deste uso[231].

---

[230] O cânone 14 manda castigar com rigor dos cânones os clérigos concubinados; e acrescenta: "Qui autem secundum regionis sae morem non abdicarunt copulam conjugalem, si lapsi fuerint, gravius puniatur, cum legitime matrimonio possunt uti".

[231] "... Mandamus si aliud Cananicum non obsistat, ad confirmationem, et consecrationem sine dubitatione procedas". In "C. cum olim", *De Clericis conj.*

Inocêncio III, consultado se podia promover-se ao episcopado o filho de um sacerdote grego, responde que, como a Igreja Oriental não admitia o voto da continência, sem a menor dúvida devia proceder-se à ordenação[232].

Enfim, Benedito XIV, conhecendo que não devia alterar a disciplina do celibato para com os gregos reunidos à Igreja latina, pela bula 57, *De dogm. et rit, ab itologre. tenend.*, lhes permitiu a conservação dos seus usos a este respeito[233].

### RESUMO GERAL

Demonstrada está a legítima autoridade da Assembléia Geral para estabelecer, revogar e dispensar os impedimentos do matrimônio, como verdadeiro contrato civil, privativa e exclusivamente sujeito ao poder temporal.

Demonstrada está a necessidade da abolição do impedimento da ordem, por ser injusto, por ocasionar a imoralidade no clero e no povo, ou, quando menos, por ser inútil.

Demonstrado está que o celibato clerical não só não foi determinado por Jesus Cristo e seus apóstolos aos padres, como nem mesmo lhes foi exclusivamente aconselhado; que apesar de ser diferente a disciplina das Igrejas do Oriente e [do] Ocidente nesta parte desde os fins do III, ou princípios do IV século, nunca elas por semelhantes causas se desuniram, ou anatematizaram; que a Igreja grega, contudo, tem sempre censurado a latina o proibir o uso do matrimônio aos padres casados; e esta não só nunca estranhou o uso daquela Igreja, como, pelo contrário, solenemente o reconheceu por legítimo e o tem permitido aos clérigos gregos que se lhe tem reunido.

### *É lícito censurar a disciplina.*

Primeiramente devemos estar persuadidos que a Igreja somente define e declara o que é dogma, e que seus decretos não versam senão sobre a disciplina; que o dogma é de sua natureza invariável por fundar-se na revelação constante da Escritura ou da tradição universal e nunca interrompida da Igreja; que a disciplina, pelo contrário, é de sua natureza variável, já porque se funda em cálculos humanos, que podem ser falíveis, já porque demandam sa-

---

[232] Vide *De Clericis conj.*, cap. 6.

[233] Barxand, na sua *Coleção de cânones*; e Richard, refletindo sobre o mesmo artigo, *Empect. del Ord.*

bedoria e prudência, que nem sempre existem nos legisladores em grau conveniente; já, enfim, porque deve ser apropriada às circunstâncias do tempo, lugar, e pessoas, que nem sempre são as mesmas.

O celibato dos clérigos é objeto disciplinar; o que está provado pelo que dissemos, mostrando que é de instituição meramente eclesiástica, cuja natureza não muda ainda na opinião dos que o fazem de instituição apostólica; mas os escrupulosos podem consultar a Burchard, bispo de Worms; a Richard[234]; a Pio IV[235]; a Selvagio[236]; Natal e Alexandre[237]; e até mesmo a Bergier[238] e muitos outros, que não lhes são suspeitos.

Repetirei as palavras de Richard, por isso mesmo que ele é acérrimo defensor do celibato; eis aí: "A disciplina é essencialmente variável, porque ela não consiste em coisas necessárias à salvação ou ordenadas pelo Evangelho; mas em práticas ou indiferentes em si, ou não necessárias; e cuja utilidade é relativa aos tempos, às pessoas, às nações; e que por isso podem ser úteis num tempo a respeito de certos povos; inúteis e mesmo prejudiciais em outros tempos, e a respeito de outros povos. É por isso que as definições da Igrejas não são sempre as mesmas sobre ponto de disciplina (...) Daqui vêm as diferenças que se encontram entre as Igrejas latina e grega na administração dos sacramentos, no celibato dos padres etc. (...) Para que um ponto de disciplina fosse invariável, e que pertencesse à fé, seria necessário que fosse revelado e crido tal por uma tradição universal" (*Tratado dos concílios*, cap. 17, regr. 4).

Não só é lícito, como de mais a mais é um dever do homem social, e do bom cristão censurar toda a legislação que está em contradição com a natureza, e com os fins da associação a que pertence. A decência e a moderação devem presidir à análise da injustiça, imprudência ou inutilidade da lei, cuja abolição se pretende. A censura livremente exercida pelos súditos é o meio pacífico, e legal, pelo qual o legislador conhece a imperfeição da lei, e é suficientemente esclarecida para alterá-la, ou revogá-la, segundo a exigência das circunstâncias.

A quem, se não à censura se deve a extinção de tantos abusos na disciplina eclesiástica, de tantas usurpações de poder, de tantos excessos de ju-

---

[234] Vide nota precedente.

[235] Vide Fleury ou seu continuador, referindo a opinião deste papa a Múlio etc.

[236] Selvagio, *Inst. can.* e *Antig. eccles.*

[237] *História eclesiástica*, disert. ad 4º sec.

[238] Artigo "Celibato", do *Diccionario de theolog*.

risdição, e de tantas superstições sorrateiramente introduzidas no culto do verdadeiro Deus?

Se a censura pública não fosse proibida; se o tribunal de fogo não tapasse a boca dos sábios e dos queixosos; se os papas não se julgassem com direito de impôr silêncio por meio de seus terríveis anátemas a quem não só falasse, mas até pensasse, em contradição aos seus princípios; se uma espionagem vergonhosa não fosse um dever de todo o católico romano, obrigado a denunciar o próprio pai, ou mesmo [o] filho, a cara esposa para serem imolados no fogo sagrado, que a superstição impunemente criara no coração dos Estados; o que devia ter ateado pelo mesmo poder, que os devia apagar: sim, se não foram estes obstáculos, não se teria perpetuado na Igreja a lei do celibato, que tanto mal tem causado à sociedade, aos indivíduos, e à mesma Igreja.

Entretanto, deve-se aos esforços da natureza, vencendo os prejuízos da educação, o exercício da censura, que acabou com as célebres provas chamadas "juízos de Deus"; com a Eucaristia dada aos mortos; com a perseguição dos judeus; com as desastrosas cruzadas; com o abuso das indulgências; com o domínio universal dos papas; com a veneração às falsas decretais; com a extinção do Santo Ofício etc. etc. etc.

Deve, portanto, continuar a censura, a fim de que a disciplina eclesiástica se altere, se modifique e se aperfeiçoe; muito mais presentemente em que os papas, temendo a onipotência dos concílios gerais, há trezentos anos não os convocam mais, contra a expressa determinação dos mesmos concílios, a que eles estão subordinados e a quem devem filial obediência como nós todos católicos.

A Igreja não é infalível, senão quando define o dogma e a moral. Enquanto à disciplina ela pode deixar de ser prudente, pode mesmo tolerar coisas bem difíceis de justificar-se.

É o grande Cano que o afirma; e o sábio e judicioso Fleury, que analisando alguns usos de disciplina moderna, nos diz: "A tudo isto não vejo outra resposta, senão convir de boa-fé que nestas matérias, como em todas as outras, o uso não se acorda sempre com a reta razão; mas não se segue que por isso devamos abandonar nossos princípios, os quais vemos claramente fundados sobre a Escritura, e sobre a tradição da mais sã antigüidade"[239]. É o grande teólogo Diogo de Paiva, tão louvado pelos historiadores do Concílio de Trento, no qual nos declara "que os concílios gerais em matéria

---

[239] *História eclesiástica*, disc. 10.

de disciplina não só podem errar, como nem sempre determinam o mais saudável"[240].

Tal é a opinião do nosso Pereira[241], e outros muitos, fundado na experiência do que têm decretado os concílios ainda gerais[242]; e Santo Agostinho já tinha dito a mesma coisa no século IV[243].

Ninguém, portanto, nos extrai o uso de um direito, que para quem sabe apreciar, é igualmente um dever muito importante.

*A disciplina da Igreja latina acerca do celibato clerical não é prudente.*

Resta examinar se a Igreja tem razão de insistir no celibato dos padres, como condição necessária para serem conservados nos seus empregos, pois que só isto é da sua competência; porquanto provado está que decretar a nulidade dos seus matrimônios é só e privativamente só da competência do poder temporal.

Desejar que os padres sejam perfeitos, isto é, que tenham não só as virtudes ordinárias, mas ainda aquelas que os tornam angélicos, é um excelente desejo; é um conselho dado a todos os cristãos por Jesus Cristo, e com mais particularidade a seus chefes, ministros e condutores; mas determinar por lei que os padres sejam perfeitos é uma pretensão impraticável, fundada na falsa persuasão de que a perfeição é um estado natural, e que por isso pode ser comum a uma classe inteira; é elevar a exceção à regra; é uma imprudência, fazendo o jugo do Senhor pesado, a salvação difícil, e a vida humana em muitos casos insuportável; é um rigor que Jesus Cristo, senhor, mestre e fundador da religião, não exigiu, que os apóstolos não determinaram, e em que a mesma Igreja até o século IV não consentiu.

---

[240] "Circa leges ad Ecclesiam componendam, tantas possunt errare et non semper salubriora statuunt." *Def. trid. fid.*, liv. 1. [Definição da fé tridentina?]

[241] *Análise da profissão da fé* etc.

[242] Na verdade, se cegamente obedecemos aos concílios, o que seria de nós tendo diante dos olhos o anátema do Concílio Geral de Constança contra os que dissessem que eram falsas as decretais e todos os clérigos que as estudavam? Em que estado se acharia a civilização, se cegamente seguíssemos o decretado nos concílios, do século VII até o Tridentino? Digam os que têm lido, e sabem os males que têm causado. Os séculos de trevas em que foram eles celebrados, desculpamos seus erros; e ainda admira como a Divina Providência soube conservar a doutrina intacta no meio de tanta ignorância.

[243] "Quis nescit ipsa pleniora saepe a posterioribus emendari, id est, Conciliis" (*De bapt. cent.* Don., liv. 2, cap. 3).

Seria, contudo, tolerável a disciplina do celibato, se embora fosse determinada por lei, e que por costume, deixado tão sabiamente ao arbítrio de cada um, se praticou na Igreja até o fim do século III; poucos males poderia então produzir. Nem à Igreja faltariam ministros probos, nem os fracos encontrariam tão freqüentes ocasiões de queda. Permitindo-se tirar os ministros sagrados da classe dos homens casados, sem contudo proibir-lhes o uso do matrimônio, conseguir-se-ia: 1º) dilatar-se infinitivamente o número dos elegíveis, e por isso haver lugar para melhor escolha; 2º) poder a Igreja ser severa no exame dos celibatários voluntários, a fim de que pudessem dar o exemplo da perfeição a que se propunham; 3º) não lhe seria necessário surpreender os rapazes de vinte anos; esperaria que tivessem a idade perfeita, como diz São Paulo, isto é, pelo menos trinta anos, aquela idade em que Jesus Cristo deu princípio à sua missão divina; idade necessária, sem dúvida, e até requerida pelos antigos cânones para entrar-se no exército de funções tão augustas, e que demanda o respeito que inspira a idade, reunida à virtude; o que, entretanto, não pode hoje ter lugar, porque seriam raros os homens que esperassem solteiros até os trinta anos de sua idade para se atestarem no ministério eclesiástico, de que resultaria falta considerável no serviço da Igreja. Eis como um abismo chama outro abismo. 4º) Porque a Igreja não se veria na necessidade de fechar os olhos ao concubinato dos padres (como já o piedoso Gerson pensava conveniente); antes procedendo contra os mesmos com todo o rigor dos cânones, separaria o grão da palha, conservaria ilesa a honra, e a dignidade eclesiástica, e promoveria o bem, e a salvação do ministro indigno, apartando-o de um emprego de que não é capaz, sem contudo privá-los dos meios únicos de remediar a sua desgraça.

Amigos, porém, dos usos da nossa Igreja, e talvez prevenidos pela sua ancianidade, quisessem outros que voltassem à disciplina decretada, posto que raríssimas vezes praticada, desde o IV até o século XII, isto é, que se não admitissem ao estado eclesiástico homens casados, vivendo maritalmente com suas mulheres; e somente se desposassem os padres que se casassem, sem anular, contudo, os seus matrimônios. Em verdade, só uma cega presunção, ou um respeito fanático a costumes, cuja origem desconhecem, é que poderá descobrir motivos de preferência numa disciplina cujos resultados já observamos. Confesso, contudo, que seria um menor mal, porque enfim alguns padres prefeririram em muitos casos o casamento às honras e comodidades que lhes oferece o sacerdócio; porém, a maior parte praticaria o que dizem os historiadores, que praticaram os padres no tempo em que Gregório VII desprendendo todo rigor do seu zelo, os obrigou a abandonar as Igrejas ou as mulheres. Quase todos fingiram delas divorciarem-se; e ao princípio clandestinamente, e depois às claras, ofereceram o espetáculo frisante da infidelidade e do escândalo[244].

Esqueçamo-nos, porém, de tudo quanto temos observado. Suponhamos que é de necessidade, ou pelo menos de suma utilidade, que o padre seja solteiro para conservar-se (como diz São Paulo falando dos não-casados) livre dos cuidados do século, sem estar cuidadoso de agradar à mulher etc., mas por acaso o padre, por não ter mulher, não tem pai, mãe, irmãs e ainda mesmo filhos a seu cargo? Na disciplina atual, em que os padres se ordenam a título de patrimônio, não se acham quase todos ocupados em granjear os meios de subsistência? Não são eles artistas, mestres ou lavradores, entretendo grande número de domésticos a seu cuidado? Não é o mesmo judicioso Fleury quem pergunta "o que é o cuidado de uma família particular em comparação de um Estado! O que é o tratamento de uma mulher com cinco ou seis filhos e outros tantos domésticos em comparação do governo de 100 mil súditos?"[245]. Entretanto, além de muitos bispos que admitiram Estados, não é o mesmo nosso santíssimo padre que nos oferece o exemplo de um bispo monarca, regendo milhões de homens?

Pois nada disto usurpa os cuidados que devem ser empregados privativamente no ministério eclesiástico; não divide o coração do padre; não o inabilita para a oração? Só o matrimônio, sendo um sacramento cheio de graças, exigido pela natureza do homem, é o único estado incompatível com o sacerdócio? Saibam todos que não é; e não é porque no apostolado, com certeza, só entrou um João solteiro, e este não foi o que mereceu a honra do primado, mas um Pedro certamente casado.

Não o é porque a Igreja universal até o século IV admitiu ao sacerdócio homens casados vivendo com suas mulheres; a do Oriente até hoje assim os conserva, a do Ocidente tem aprovado sua conduta a este respeito, posto que desdenhe imitá-la.

Vamos a outra hipótese. Suponhamos que todas essas razões são fúteis, ou aparentes, haverá quem negue que a continência não é praticada pela maior

---

[244] O bispo Sineio [Sinésio], em princípios do século V, quando repugnou aceitar o bispado, dizia que era para não ver furtivamente sua mulher, e dar aparências de adultério a uma ação legítima, o que dá a entender que assim praticava a maior parte dos casados que se ordenavam, prometendo não coabitar com as mulheres; e isto mesmo provam as inumeráveis proibições de concílios, para que os casados não tivessem as mulheres em sua companhia ou ao menos tivessem um confrade para testemunha da sua conduta com ela etc.

[245] Fleury, *História eclesiástica*, disc. 4.

parte do clero? Concedamos de barato que só o centésimo dos padres é incontinente: a este centésimo não merecerá a compaixão da Igreja?

Jesus Cristo na parábola do Bom Pastor não mostrou que para salvar uma só ovelha perdida, muitas vezes se abandona 99 que estão fora de perigo? Deixe pois a Igreja 99 padres serem ou não incontinentes a seu arbítrio; e se um só se perder por causa da lei do celibato, revogue-a.

O povo hebreu foi dispensado na lei natural, para poder conservar muitas mulheres; e Jesus Cristo diz que Moisés lhe permitiu a poligamia em razão da dureza do seu coração. Quinze séculos de experiência provam a impossibilidade do celibato na maior parte do clero; conceda-lhe pois a Igreja o casamento, o qual ainda assim não é contra a lei natural.

São Clemente de Alexandria, e outros padres, julgando um crime a poligamia sucessiva, convém contudo que São Paulo a permitiu em consideração à fraqueza humana[246]. A Igreja permita aos padres o casamento, que não é um crime, em consideração à sua bem conhecida fraqueza; e para esta permissão não há necessidade de indulgência, basta prudência e justiça.

O apóstolo aconselhando aos casados a separação do leito por algum tempo, para melhor se aplicarem à oração, recomenda, contudo, que voltem ao antigo costume, por causa da incontinência; e isto diz São Paulo, que não ordena, mas permite por indulgência. Na verdade, os santos padres descobrem no uso do matrimônio, além do caso da propagação da espécie, uma imperfeição e até uma desviação da lei. A Igreja imite o apóstolo; e ao menos por indulgência, por causa da incontinência, permita o casamento aos padres.

Demais: não é o mesmo Santo Agostinho que ensina "que se deve moderar a severidade da lei, a fim de que a caridade aplique o remédio a maiores males"[247]?

Não é o papa São Simaso que proclamava esta máxima que "seria cruel insistir na observância de uma lei, quando ela se torna prejudicial à Igreja; porque as leis são feitas no desígnio que aproveitem e não que produzam males"[248]?

---

[246] "Si cui Apostolus propter intemperatiam, et ustionem, ex venia secundum concedit matrimonium, hic quoque non peccate" etc. (*Stromata*, 3). Santo Epifânio, *Hores*, 59. São Teodoro, na primeira *Epistola ad Tit.*, diz que São Paulo concede as segundas núpcias aos mesmos padres para evitar incontinência.

[247] "Detrahendum aliquid severitati, ut maioribus malis sanandis charitas sincera subveniat", *Epístola* 151, apud Graciano.

[248] "Saepe crudele esset insistere legi, cum observantia ejus ese prejudicabilis Ec-

Não é São Bernardo que nos diz que "nada mais justo do que a mudança, alteração, ou omissão daquelas coisas, que por princípios de caridade se estabeleceram, quando a mesma caridade assim aconselha"[249]?

Não tem sido esta a marcha da Igreja em tantas leis respeitáveis e algumas que foram ditadas pelos mesmos apóstolos[250]?

Ainda em nossos dias não foram os católicos dispensados da santificação, de abstinência da carne, e da cessação de serviços em tantos dias, nos quais há séculos, eram obrigados à santificação, à abstinência e à cessação de trabalhos[251]?

---

clesiae videtur; quoniam leges ea intentionae latae sunt, ut proficiant, non noceant", *Epistola ad Avit*.

[249] "Nonne justissimum esse liquet, ut quae pro caritate inventa sunt, pro caritate quoque, ubi expedire videbitur vel omittantur, vel intermitantur, vel in aliud convenientius demutentur", *Lib. de proc. e discip*.

[250] Muitos são os exemplos; basta lembrar que tendo São Paulo proibido a ordenação dos neófitos, nem como os concílios de Nicéia, de Sardica, de Laodicéia etc., contudo, os bispos de Capadócia a dispensaram para com Eusébio, bispo de Cesaréia; os da França, para com o bispo Palácio, da mesma cidade; os franceses, para com o bispo Germano etc. etc. Os bígamos, igualmente proibidos do sagrado ministério por São Paulo, cânones dos apóstolos etc.; contudo, segundo referem São Jerônimo e São Teodoreto, muitos foram os bígamos elevados ao episcopado etc.

[251] As leis eclesiásticas são infinitas as que têm sido revogadas ou caídas em desuso; v. g., os graus de parentesco foram sucessivamente deixando de ser impedimento do matrimônio desde o sétimo até o quarto e em que está hoje. O Concílio de Trento determina que no segundo grau não se dispensa, exceto por causa pública, e entre grandes príncipes; e alguns padres e antigos concílios julgaram que tais impedimentos eram de direito divino; entretanto hoje só não casa nestes graus o que não pede deles dispensa. Muitas outras leis, que não são indiferentes em seus objetos, mas fundadas na lei natural, têm igualmente sofrido a sorte das antecedentes: v. g. convocação dos concílios, a coabitação dos padres com mulheres, cuja proibição está hoje reduzida às únicas mulheres suspeitas, o que cada um interpreta a seu modo. O hábito talar, recomendado pelos antigos cânones com penas gravíssimas, está hoje em total desuso ainda à face do santíssimo padre, guarda e defensor dos cânones. A frugalidade nas mesas dos bispos, reduzidas por muitos concílios a dois pratos, está convertida em banquetes suntuosos: sedas, ouro e pedras tantas vezes proibidas se tornam o seu hábito e tratamento ordinário. Enfim, a simplicidade de suas casas e mobília, em que tanto se ocuparam os cânones, trocou-se em um fausto pouco acomodado ao espírito da religião, de que eles são principais ministros. Palácios mais ou menos soberbos, numeroso cortejo de escravos e fâmulos, ricas berlindas etc. etc., eis a que se reduz o exemplo de observância canônica que nos dá o chefe da Igreja, e os demais príncipes dela; mas a isto se responde que os tempos mudaram-se e que a disciplina nesta parte também deve sofrer mudança. Embora pois, só a disciplina do celibato será eterna? Pode o que jejua exceder a uma única comida; pode o penitente ser aliviado

Eu vou por último referir o fato de São Paulo; o qual, para quem ama a verdade e a justiça, é mais do que suficiente para provar tudo quanto temos dito a respeito da continência. Ei-lo aí, tal qual nos refere a Escritura sagrada.

Sendo conveniente que na Igreja houvesse algumas mulheres destinadas à catequese, instrução e socorro das outras mulheres, mas sendo incompatível este serviço com a sujeição devida ao marido, e a necessária residência na própria casa junto à família, São Paulo determinou que para diaconisas fossem escolhidas viúvas de um só marido, honestas, sóbrias etc., as quais seriam sustentadas à custa das igrejas a que servissem. Mas o que sucedeu? Em breve tempo o apóstolo reconheceu a necessidade de remediar o mal. Ele diz, na *Epístola a Timóteo*, cap. 5, vv. 9 até 16: "A viúva seja eleita, não tendo menos de sessenta anos, a qual não haja tido mais de um marido (...) mas não admitas viúvas moças; porque depois de terem vivido licenciosamente contra Cristo, querem casar-se, e tendo a sua condenação, porque fizeram vã a sua primeira fé (...) Quero, pois, que as que são moças se casem, criem filhos, governem a casa; que não dêem ocasião ao adversário de dizer mal; porque já algumas se perverteram por irem após de Satanás"[252].

---

do rigor dos cânones penitenciais; pode o tio casar com a sobrinha, porque nesses casos deve atender-se à fraqueza humana; pode deixar de santificar o dia de São Felipe, de São Lourenço etc., para dedicar-se ao trabalho, porque a experiência tem mostrado que tais dias são consumidos pela maior parte em jogos, passatempos, ociosidades e crimes. Não se manda em nenhum desses casos que "os fiéis peçam socorro do Céu à sua fraqueza; que se esforcem porque Deus não manda impossíveis, e concede suas graças aos que as pedem dignamente". Não pode o padre casar-se apesar da experiência de quinze séculos haver provado que o jugo do celibato é difícil, e que semelhante lei é causa do concubinato, do escândalo, da desmoralização e da desgraça de tantos? Todas as leis podem ser revogadas, a transgressão freqüente delas acorda a prudência do legislador, para as abolir, a fim de evitar maiores males, e só a lei do celibato apesar de ser tão pública, e constantemente violada, cerra os olhos dos legisladores? Meu Deus, acudi a vossa Igreja.

[252] Quão diferente é a prudência de hoje! São admitidos à profissão religiosa rapazes e raparigas de dezesseis anos, onde se vão obrigar não só a um celibato perpétuo, mas a uma obediência cega, a uma pobreza rigorosa e uma eterna clausura! Qual será a melhor disciplina? A instituída por São Paulo, ou a pelos modernos cânones? Respondam os resultados de uma e outra. Entretanto a São Paulo não foram necessários séculos de experiência para conhecer que a continência não podia ser decretada sem perigo; poucos anos bastaram para convencer da necessidade de mudar a disciplina a seu respeito. Ele não insistiu em que a continência era possível, e que Deus não negava aos que a pediam, como deviam. Ele não recomendou o jejum, o cilício, e fugida das companhias de diverso sexo, e as coisas semelhantes que hoje se nos inculca. Ele atendeu à fraqueza humana, à honra da Igreja, e se contentou como recomendando o casamento das viúvas moças. Imitemos o apóstolo.

Portanto, se a Igreja romana não quer fazer reviver os primeiros e felizes séculos do cristianismo, ordenando homens casados com a mesma qualidade que o mesmo apóstolo exige, ao menos imite a sabedoria, a prudência e a caridade deste homem inspirado, não admitindo ao estado eclesiástico senão solteiros, que tivessem sessenta anos de idade.

## RESULTADO FINAL

Demonstrando o direito do poder temporal para estatuir, dispensar e revogar impedimentos do matrimônio, e a necessidade de abolir-se o impedimento da ordem, seria injurioso duvidar por um momento que a Assembléia Geral do Brasil, por cálculos errados de prudência, ou por contemplação aos prejuízos de alguns indivíduos, que pouca ou nenhuma consideração gozam na sociedade, retarda-se o exercício de um dever tão importante, deixando ainda por mais tempo gemer uma classe honrada e tão preponderante na sociedade, pela privação de um direito tão sagrado, como essencial à espécie humana, e privação que tantos males acarreta à mesma sociedade. Resta porém mostrar ainda que à mesma Assembléia compete por um modo indireto proibir a disciplina do celibato clerical.

É doutrina hoje corrente entre os mesmos canonistas que "todas as vezes que uma lei eclesiástica pode ser nociva à sociedade, deixa de ser religiosa e que por isso mesmo ao poder temporal compete embaraçar a sua execução"[253]. Ora, sendo certo que a lei do celibato, por uma experiência não interrompida de quinze séculos, tem produzido a imoralidade numa classe de cidadãos e cidadãos encarregados do ensino da moral pública; e que por essa causa seu ofício além de inútil se torna prejudicial, quando os povos encontram na sua conduta o desmentido da sua doutrina, de que resulta a imoralidade na sociedade, segue-se que é um dever da Assembléia Geral remover destes empregados públicos toda a ocasião que ou os inutiliza ou os torna nocivos à sociedade.

Suponhamos também que a Assembléia Geral revoga o impedimento da ordem, mas que a Igreja, ainda reconhecendo a validade do matrimônio dos

---

[253] Eybel, *Intr. in jus. eccl.* [Justiça eclesiástica], cap. 6. Infinitos são os exemplos deste direito exercitados pelos soberanos católicos; já caseando bulas, já proibindo a sua execução, já enfim determinando coisas contrárias às leis eclesiásticas. Compare-se somente os decretos do Concílio de Trento, publicado e aceito entre nós, com as leis posteriores, que estão em oposição ao mesmo.

padres, continua a depô-los e até a excomungá-los; é evidente que esse choque entre a concepção do poder temporal e a punição do poder espiritual deve produzir a murmuração, fomentar partidos, e acabar pela perturbação do sossego público.

Logo, a Assembléia Geral, além de revogar o impedimento da ordem, não só pode como deve suspender o beneplácito às leis que dizem respeito ao celibato, para que não possam ter execução no Império do Brasil[254]!

Tenho desempenhado a minha palavra: satisfiz a minha consciência, estou desonerado de um dever, que a nação me impôs, de promover a sua felicidade; cumpri com a obrigação mais importante de ministro da religião, mostrando os inconvenientes de uma lei, que tanto a prejudica. Digam agora o que quiserem. Poderão mostrar que eu tenho errado, mas sem calúnia não poderão manchar minhas intenções. Terminarei pois a minha demonstração, professando a doutrina do Concílio de Gangres.

"Admiramos a virgindade unida com a humildade; admitimos a continência, que se exercita com piedade e gravidade; respeitamos a honrosa união do matrimônio, e para dizermos de uma vez, desejamos que se pratique na Igreja o que se contém nas sagradas Escrituras e tradições apostólicas"[255].

---

[254] À vista de todas estas razões, nenhum outro recurso resta aos defensores do celibato do que torcer os textos apontados, dar-lhes forçadas interpretações e, na falta de provas, lançar mãos das armas do fanatismo e da superstição, tratando de hereges, ímpios e libertinos os que se declararem a favor das minhas opiniões; mas rogo ao leitor que nem se fie nas minhas citações, nem nas dos adversários; procure as fontes apontadas: veja com seus próprios olhos o contexto dos autores, e então decida da sinceridade e da boa-fé com que nós nos combatemos.

[255] Cânone 21. Advirta-se que este concílio foi tão respeitado na antigüidade que seus cânones faziam parte de direito canônico universal da Igreja.

# 4.
# Resposta do deputado Feijó às parvoíces, impiedades e contradições do padre Luiz Gonçalves dos Santos

[Extraído de Eugênio Egas, *Diogo Antônio Feijó*.
São Paulo: Typographia Levi, 1912, 2 vols.]

Resposta às parvoíces, absurdos, impiedades e contradições do sr. pe. Luiz Gonçalves dos Santos na sua intitulada defesa do celibato clerical, contra o voto separado do pe. Diogo Antônio Feijó, membro da Comissão Eclesiástica da Câmara dos Deputados[256]

Rvmo. Sr.

Antes de responder às parvoíces, absurdos, impiedades e contradições, de que se acha recheada a sua carta; em que pretende defender o celibato clerical contra todos os princípios de conveniência, justiça e moralidade, quero satisfazer ao convite, que me faz de *apresentar o título, pelo qual me constitui procurador do clero do Brasil, para dar voto, e fazer proposta de parecer, que nenhum sacerdote me encomendou*. Requeira à Câmara dos Deputados por certidão; e nela verá o número dos assinados, que me enviaram a compor a Assembléia Geral do Brasil. E dando-se ao trabalho de ler a Constituição política do Império, nela reconhecerá os meus direitos, e obrigação de propor tudo quanto julgar conveniente à felicidade dos cidadãos, em cujo número entram os eclesiásticos; excetuados certamente os ultramontanos, e papistas, que obedecem ao bispo de Roma, como a seu senhor, e que o julgam autorizado para dar leis aos monarcas nos objetos da privativa competência destes. E se o sr. pe. fosse bom cidadão, e melhor cristão, isto é se fora mais instruído nas leis do Estado, e mais bem intencionado, saberia ainda assim, que eu não ofereci projeto algum; e que, apresentando o meu voto separado, nada mais fiz, que

---

[256] O padre Luiz Gonçalves dos Santos, conhecido como "Padre Perereca", foi adversário ferrenho de Feijó na questão do celibato clerical, mantendo com ele uma polêmica agressiva através de artigos de jornais e folhetos.

cumprir com o que me determinou a Câmara, em quem reconheço autoridade para mandar, e a quem devo mui séria obediência.

Razão teriam os padres do Brasil de perguntar ao sr. padre... quem o fez procurador, e lhe encomendou a defesa do celibato? Ignora acaso, que a Comissão Eclesiástica da Câmara dos Deputados ainda possui quatro membros, a saber: dois sacerdotes, um bispo, e um bacharel em cânones? E que não concordando estes com o meu voto, em tempo oportuno apresentariam o seu parecer? Ou chega a ponto o seu orgulho, ou zelo farisaico, que pretendesse preveni-los, e como ensiná-los? E quando não se contentasse com o parecer desses onze ex-membros, ou se impacientasse com a demora, não seria melhor encarregar a defesa do celibato a alguma pena mais hábil; há algum espírito menos intolerante, que com dignidade (ainda que sem razão) manejasse argumentos já tão safados, mas sem insultar pessoas, nem desacreditar a mesma religião, como faz v. rvma.

Penosa é a tarefa de responder à parvoíces, absurdos, impiedades e contradições; por isso mesmo que sendo palpáveis a quem apenas se der ao fastidioso incômodo de as ler, torna-se inútil, e muito ociosa. Mas como o sr. pe. teve a habilidade de lançar mão das armas, de que freqüentemente se serve a ignorância, o fanatismo, e o mal gênio, isto é, do odioso; prodigalizando a cada página do seu folheto os epítetos de *libertinos, debochados, ímpios, etc. etc. etc.* aos que tem a felicidade de ver, ouvir e saber mais alguma coisa, que o sr. pe necessário me é desmascará-lo, para que o incauto povo não se deixe persuadir, que a sua criminosa animosidade de atacar com insultos a minha opinião é filha ou de sua sincera convicção, ou da justiça da causa, que pretendeu defender.

Principiarei por examinar a sua proposição, e as provas dela.

PROPOSIÇÃO DO SR. PE.: *O celibato clerical é de instituição apostólica, como a Igreja sempre ensinou, como os concílios definiram, os pontífices declararam contra os novadores, gregos cismáticos, hereges e libertinos etc.*

Quando o espírito de disputa se encarrega de esquadrinhar palavras, torcer expressões, e interpretar a arbítrio autoridades que lhe são contrárias, todo o gênero de provas perde sua força; e de ordinário só a posteridade imparcial colhe os frutos de semelhantes discussões. A prova é o objeto que me ocupa. Depois que tanto se tem escrito, pró e contra, parecia chegado o momento da decisão, se espíritos turbulentos, mas acanhados, e sem ilustração não quisessem com a capa da religião dogmatizar o que nada tem com a religião; mas baldados serão os esforços do fanatismo, e da superstição. Mostrarei que é falsa a proposição do sr. pe. e que ainda sendo verdadeira, é falsa a consequência que dela tira contra o meu voto.

Pretende o sr. pe. provar que nem os apóstolos foram casados; e que ainda que o fossem não viviam, nem podiam viver maritalmente com suas mulheres; e para o conseguir usou de um raciocínio o mais exótico e inaudito. O "amigo da humanidade" (que não sou eu) citou a São Ambrósio para provar que, à exceção de Paulo e João, todos os demais apóstolos foram casados. Responde o sr. pe. que como o "amigo da humanidade" não citou a obra, o capítulo etc. etc. deve passar por mentiroso. Sr. pe., as crianças de escola sabem que quem nega é quem deve provar, mas para sua instrução veja o mesmo São Ambrósio em *Ep. ad gor.*, 2, 11-2, Euzeb., *Hist. ecle.*, liv. 3, cap. 31, Orig. em *Ep. ad. rom.*, Tert. *De monog.*, Bas de *Abd. serm.*, e talvez se convença, que até o mesmo São Paulo fora casado.

Aponta o sr. pe. dois lugares de São Paulo, nos quais bem longe de desejar o apóstolo que o bispo fosse solteiro, pelo contrário o supõe casado; e não como o sr. pe. torceu o texto, dizendo *que tivesse tido uma só mulher*[257]. — Pois a Igreja lê a *Epist ad Tim.* desta sorte — *Oportet Episcopum... esse... unius uxoris virum.* Inutilmente insista o sr. pe. que o apóstolo exige a continência ainda dos casados quando diz que o bispo deve ser pudico, e continente. Ora, sr. pe., v. rvma. dirá isto em boa-fé, ou por seguir às cegas o seu autor? Não sabe que a pudicícia é essa honestidade tão recomendada aos mesmos casados; e que a castidade se dá tanto no uso regular da cópula lícita, como na total abstinência da ilícita? Os srs. padres não usam freqüentemente desta linguagem para com os casados? A mesma Igreja na oração, que profere sobre os recém-casados não diz *fidelis, et casta nubat in Christo*? Mas a isto acode o sr. pe. dizendo, e o continente? E quando se lhe responde, que quer dizer sóbrio, moderado, nos diz gratuitamente: *São Paulo não entendeu assim.* Para quem tem alguma hermenêutica bastava comparar os textos, e a doutrina do apóstolo para se convencer que nem ele ordenou a continência aos padres casados, nem lhes proibiu o casamento, mas para os obstinados acrescentarei as seguintes provas.

Sr. pe., esse mesmo Pafnucio, de que v. rvma. faz menção, que se opôs à lei do celibato no Concílio de Nicéia, não é o que (segundo Gelazio) disse *que o uso do matrimônio é uma excelente continência?*

Não sabe que Teodoreto diz que o apóstolo o que recomenda é que não

---

[257] As atribuições de Feijó a autores terceiros são mantidas em itálico, neste texto, como na versão original.

se ordenem bispos, senão os que vivem com suas mulheres em honesto, e casto, matrimônio? As constituições apostólicas, olhadas pelos críticos ao menos como depósito da antiga disciplina não dizem que os padres devem contentar-se com as mulheres que tinham antes da sua ordenação?

O cânone 3 dos apóstolos não manda excomungar o padre que se separar de sua mulher por motivo de religião?

São Clemente tão vizinho dos apóstolos, célebre pela severidade da sua moral, e por sua vasta erudição, não ensina: que o apóstolo a ninguém proíbe o matrimônio... Seja sacerdote, diácono, ou leigo nada importa, contanto que use do matrimônio de um modo irrepreensível? Noutro lugar: O que responderão os hereges à lei do apóstolo, que permite ao bispo o matrimônio de uma só mulher? São Cipriano não nos conta que o Senhor a ninguém impôs preceito sobre a continência; e que se contentou em exortar a ela?

O Concílio de Gangres no século IV não condena os que *introduzem novos preceitos contra o que está declarado nas Divinas Escrituras Sagradas cânones a respeito da obrigação da continência?*

Não é v. rvma. que cita, e justifica a sabedoria do Concílio de Nicéia em não impor aos padres casados a lei da continência?

Responda-me pois, onde está esta instituição apostólica desmentida por autoridades tão respeitáveis; e só provada pelas conjunturas do sr. pe. e desses a quem cegamente copiou?

Logo é falsíssimo dizer-se que é de instituição apostólica serem obrigados os padres casados à continência.

Vejamos se também é de instituição apostólica a proibição de casarem-se os padres depois de ordenados.

No meu voto fiz menção de autoridades e exemplos, que provam o contrário, e sem meter-me na gincana da interpretação do dito de São Gregório Nanziazeno, a que v. rvma. parece dar tanta importância, eu lhe ofereço em lugar dessa, a seguinte autoridade que por ser também de um santo lhe deve fazer grande impressão.

São Uldarico, bispo de Ausburgo, escreve a Nicolau I que decretava o celibato clerical, dizendo-lhe *que seu decreto era contra a instituição Evangélica e contra o ditado pelo Espírito Santo.*

Ceillier, este erudito escritor, que só deixará de ser católico por referir o que vou a dizer, afirma que apesar do zelo do patriarca Cirilo, não pode contudo em seu tempo estabelecer o celibato no Egito.

Mas o sr. padre e cego a todas as luzes, trilhando a estrada, que apalpando lhe mostram os seus condutores, evade-se às dificuldades respondendo: *Não há lei alguma, que permita aos padres casarem-se depois de ordenados.* Este absurdo é intolerável na verdade. Pois, sr. pe., haverá alguma lei que permita vestir, passear, comer, casar etc. Não sabe v. rvma. que as coisas lícitas por sua natureza, só se fazem ilícitas pela justa e legal proibição? E que portanto as leis proibitivas do casamento dos padres são a prova incontestável da anterior liberdade dos mesmos? Para que pois crê tão ligeiramente e sem pensar no que lhe dizem.

Não se contradiz v. rvma. miseravelmente quando afirma por um lado que *celibato clerical é de instituição apostólica*, e por outro *que a Igreja trabalhou sempre por estabelecer esta lei, e que os fundadores do cristianismo não prescreveram o celibato por uma lei expressa e formal, porque esta lei não seria praticável então?*

Não é o mesmo sr. pe. que cita o Concílio de Ancira, *permitindo ainda no século IV o casamento dos diáconos, se assim o protestarem querer fazer, no ato da ordenação?*

Pois estes fatos não são contra producentes! Não provam claramente que até o século IV ainda não se achava o celibato estabelecido por lei?

O Concílio de Trullo, um dos mais numerosos e respeitáveis da cristandade, onde se acham presentes os quatro grandes patriarcas, e mais de duzentos bispos, depositários dos usos e tradições apostólicas conservadas em suas Igrejas, dizendo, que *dali em diante proibia o casamento dos padres* não prova o que eu disse no meu voto? Isto é, que até o século VIII ainda que aconselhado o celibato, e já ordenado por diferentes concílios particulares, ainda não se achava estabelecido por lei universal?

Como pois tem o sr. pe. a temeridade de afirmar *que o celibato do clero é de instituição apostólica e que assim o tem declarado papas, concílios, e a mesma Igreja?* — Se dissesse que a continência, ou a castidade, foi desde os apóstolos aconselhada aos cristãos, e com mais razão aos eclesiásticos, eu calar-me-ia; mas afirmar que o celibato foi desde o princípio determinado aos padres! É parvoíce, é um absurdo: é de certo modo uma impiedade quando imputa à J. C. e aos apóstolos uma doutrina contrária ao que eles tão claramente ensinaram.

Concedamos agora ao sr. pe. que o celibato clerical é de instituição apostólica, não obstante haver-se provado o contrário, até pela sua própria confissão. O que se segue disso? Segue-se, diz o sr. pe. que ninguém pode revogar essa lei.

É necessário ser não só *ignorante e pouco versado nos Sagrados Cânones*, como confessa o sr. pe., mas inteiramente hóspede na jurisprudência eclesiástica para tirar tão absurda conseqüência. O que se deve porém esperar de quem afirma que *o dogma, a moral e a disciplina são partes essenciais da religião; e que sem a manutenção da disciplina pura, tal qual recebeu a Igreja dos apóstolos, e até agora conserva inviolável, não se mantém a religião!* Ah! Sr. pe., se isso fora verdade, há muitos séculos que já não existe religião católica. O sr. pe. creio que se persuade que a Igreja foi sempre o que se lê na sua cartilha, pois engana-se. Quem sabe o que foi a Igreja nos três, ainda nos seis primeiros séculos em matéria de disciplina, não a conhece hoje.

Os hereges por haverem confundido o dogma, a moral e a disciplina, como faz v. rvma., vendo esta hoje não só diversa, mas em muitos pontos contrária ao que antes foi, são os que gritam totalmente, que a Igreja tem caído em imensos erros. Eis a conseqüência ímpia, que o sr. pe. devia tirar do seu princípio falso, se fora capaz de raciocinar. Desgraçada religião católica se necessitasse da defesa do sr. pe. para sua conservação!

Ignora o sr. pe. como foram os jejuns de instituição apostólica? E não vê, como a Igreja hoje os pratica? Não será de instituição apostólica a trina imersão no batismo? E está ela em uso entre nós? Não será de instituição apostólica a abstinência do sangue, e carnes sufocadas? E alguém ainda respeita esta lei? Não serão as vigílias de instituição apostólica? E em que parte se celebram hoje? As ágapes não serão de instituição apostólica, e será hoje lícito reproduzi-las? Não se ordenarem bígamos, não será de instituição apostólica! E não se lembra do que dizia São Jerônimo *que no seu tempo haviam tantos bispos bígamos, que podiam formar um numeroso concílio?* Seria um nunca acabar, se quisesse agora enumerar tantos usos, e práticas de instituição apostólica, que ou caíram em desuso, ou foram claramente revogadas.

Portanto, se o sr. pe. soubesse ao menos os primeiros princípios da jurisprudência eclesiástica, não diria tantas parvoíces a respeito da questão presente. Saberia que a Igreja somente no dogma e na moral, que são as partes essenciais da religião, é que define na qualidade de tribunal infalível pela assistência do Espírito Santo, e que por isso a religião é a mesma desde os apóstolos até nossos dias. Outro tanto não acontece a respeito da disciplina. Esta é de sua natureza variável: não tem o seu fundamento na revelação, mas nos cálculos humanos: e todo o verdadeiro cristão sabe que não obstante a falsidade das decretadas de Izidoro e das diferentes decisões de papas e concílios ainda gerais, fundadas nas mesmas, pelas quais tantos atentados se têm cometido contra o poder temporal, e contra a boa ordem dos negócios eclesiásticos, a religião católica é a mesma. E nada tem sofrido no seu essencial, isto é, no dogma e na doutrina.

Ora, se o sr. pe. soubesse que o celibato é uma lei disciplinar, e que por isso mesmo tem sofrido tantas variações na Igreja. Se fosse capaz de conhecer a diferença entre dogma, moral e disciplina, saberia que não só o Concílio, e papas como também os bispos podem e devem fazer toda a alteração, que a força das circunstâncias fizer convenientes à salvação dos fiéis, único alvo a que se dirigem todas as leis eclesiásticas; pois que todas estas *autorida-des são constituídas pelo Espírito Santo para reger a Igreja de Deus*. Os que entendem da matéria sabem muito disto; mas para sua confusão quero que note as suas mesmas parvoíces e contradições.

Se no século IV o papa Sirício teve poder para impor a lei do celibato, quando o primado do bispo de Roma era tão limitado ainda; não poderá tirar hoje essa lei o sumo pontífice, que exercita sobre a Igreja católica em poder quase absoluto, e ilimitado? Nos primeiros séculos alguns bispos estabeleceram em suas dioceses a lei do celibato; e no século XIX, o Espírito Santo lhes caçou a autoridade concedida então?

Não é o mesmo sr. pe. que admira a prudência, e as virtudes de um papa de nossos dias, quando concede aos padres franceses casados contra a lei, continuarem a viver com suas mulheres?

Não sabe o que Pio IV respondeu ao imperador Maximiliano, quando lhe rogava pela abolição da lei do celibato clerical; onde lhe afirmou que reconhecia que semelhante lei era somente eclesiástica, e de nenhuma sorte inerente às ordens sacras?

Não sabe que Clemente VIII e Benedito XIV, um dos mais esclarecidos papas que se tem assentado na cadeira de São Pedro, permitiu os padres gregos a sua antiga prática de viverem casados; recomendando somente a abstinência de suas mulheres por uma semana, ou três dias antes da celebração dos ditos mistérios?

Não saberá, porque estes, e outros fatos não estão escritos no artigo "Celibato" do Diccionario de theolog. de Bergier. Mas não sabe v. rvma. que estas matérias não se estudam por dicionários; e quem não é com ciência de livreiro, que se sai a campo para combater opiniões de quem estuda, e sabe a matéria, de que trata?

O fanático, que lhe lembrou a aparatosa proposição, com que v. rvma. quis impor ao público, por que não lhe ajudou a descobrir algumas provas, ainda que aparentes, para mostrar, que o *celibato clerical tem sido definido pelos concílios da instituição apostólica contra os gregos cismáticos?*

Talvez v. rvma. pensou que a prática dos gregos se introduziu depois do Cisma? Enganou-se. Combine as datas, e se desenganará, que a Igreja do Oriente conserva os seus padres casados desde os apóstolos; e que só do século VIII por diante é que depõem os padres que se casam sem jamais anular os seus casamentos: e pela história saberá mais, que esta disciplina sobre o celibato nunca foi obstáculo para a suspirada reunião. Logo ímpio é aquele que nega ao papa e aos bispos o poder, que J. C. lhes concedeu, e de que tantas vezes tem usado.

Agora responda-me sr. pe. o que será mais provável ser de instituição apostólica? O que se praticou nos três primeiros séculos, e que por uma tradição constante ensina, e pratica ainda hoje a Igreja grega, sem nunca ser condenada pela latina, ou o uso posterior ao século III, cuja origem nos é conhecida? Não tem resposta. Responda-me mais. Já está convencido que ainda sendo o celibato eclesiástico de instituição apostólica, pode ser abolido pelo papa em toda a Igreja, e pelos bispos nas suas respectivas dioceses? É provável que de vergonha não o queira declarar; apesar de já o haver confessado nos exemplos que citou e louvou. Pois consulte a Geofroi, que como autor do século XVI lhe deve merecer muito crédito.

Logo sr. pe. nem o celibato clerical é de instituição apostólica, e ainda mesmo sendo, é de sua natureza revogável: e por isso tudo quando v. rvma. disse a este respeito são parvoíces, absurdos, impiedades e contradições.

Destruída a sua falsa proposição, e as falsíssimas conseqüências que dela tirou, quero ainda para confundi-lo, responder a algumas das muitas parvoíces que ornam o seu folheto.

Diz o sr. pe. muitas palavras para provar a excelência da virgindade, e que não é impossível a continência; digo palavras porque a maior parte dos textos, que produziu, nada provam (é o ordinário inconveniente do cego, e estúpido plagiário), mas nem eu me opus à excelência da virgindade, nem disse que era impossível a continência, como caluniosamente afirma o sr. pe. O que disse foi que, sendo a lei do celibato inexeqüível em sua generalidade etc., não devia ser imposta à uma classe inteira. Para prova apontei o mesmo Evangelho, em que devo supor que v. rvma. acredita. Pois o que quer dizer *que potest capere capiat?* Para quem pensa, quer dizer: *que há muita gente, que não pode ser continente; e que por isso à continência é só para quem pode.* Quem será ímpio, sr. pe.? Quem fala com as palavras de J. C. ou quem o contradiz? Ou está v. rvma. tão destituído de razão, que conceba este entimema? O padre sujeitou-se à lei da continência, logo pode com ela. Na verdade semelhante conclusão é bem própria da sua lógica.

Se o sr. pe. porém não ignorasse estas matérias, ou, pelo menos, tivesse mais caridade e religião, saberia, e requereria pelo que a Igreja tem praticado em casos semelhantes. Saberia que São Paulo, apesar de aconselhar a continência, diz claramente *que é melhor casar, que viver abrasado de desejos carnais;* que São Cipriano, falando das mesmas virgens consagradas a Deus, diz: *que era melhor casarem-se, senão queriam, ou não podiam ser castas.* Que a Igreja tem declarado impedimento só impede o voto de castidade, e facilmente dispensa, a quem a ela se recorre. Enfim não só nesta matéria, como em todas as de disciplina, a Igreja tendo em vista a salvação dos fiéis, dispensa todos os dias em suas leis. É por este princípio que Benedito XIV permitiu aos padres gregos o uso de suas mulheres; que Pio VII permitiu aos padres franceses o continuarem a viver casados; que os frades se seculizaram; que os parentes se casam; que o jejum se relaxa; que a abstinência da carne se dispensa; que se trabalha nos dias santos etc. etc. etc. A Igreja nisto obra contra as máximas de desumanidade, tirania, e despotismo, que dominaram o coração do sr. pe. Luiz Gonçalves; mas com a sabedoria dos legisladores, os quais podem, e devem, derrogar uma lei, todas as vezes que a sua execução se torne muito difícil; ou quando de sua transgressão resultam maiores males do que bens da sua execução.

Diga-me pois, sr. pe., quem será ímpio, e libertino? Quem se opõe à doutrina do apóstolo, às opiniões dos santos padres, à prática da Igreja, ou quem insta, e requer por sua execução? Quem terá mais zelo da religião, e caridade para com seus irmãos? Quem deseja ver os seus ministros irrepreensíveis, derrogando-se uma lei, que é a ocasião da imoralidade nos mesmos, que os desacredita, e os torna sem consideração; e que finalmente os conduz à perdição; ou quem estupidamente satisfeito com a formalidade do celibato, insensível à desgraça de seus irmãos, ao escândalo que recai sobre a religião, à inutilidade dos seus ministros, e possuído de um zelo fanático, furioso vocifera mais ou menos desta sorte: *os padres ordenam-se com a condição de serem continentes; sejam ou não sejam, possam ou não possam; embora gemam; embora lutem inutilmente com a sua fraqueza, já que foram imprudentes; já que se enganaram na possibilidade da execução da promessa, hão de morrer solteiros sejam quais forem os resultados.* Meu Deus!!! Que parvoíces! Que absurdos! Que impiedades!!!

Sr. pe., o que praticou a Igreja nos séculos mais felizes da sua glória? Nesses séculos, que todos os verdadeiros cristãos desejam fazer reviver? Eu já mostrei; e ainda vou repetir para que v. rvma. aprenda a ser respeitador das sábias instituições de nossos maiores.

A Igreja em seu princípio, com um olho no Evangelho e na doutrina do apóstolo, com outro nas necessidades da natureza humana, não reputou o matrimônio obstáculo algum para a ordenação: antes e depois dela foram os padres casados. O que queria ser continente, tinha o arbítrio da sua vontade: era reputado mais perfeito; mas não era obrigado a isso. O tempo foi pouco a pouco alterando esta prática tão santa como razoável; julgou-se conveniente que a continência então praticada por muitos séculos o fosse também por alguns eclesiásticos, que se quisessem ordenar com essa condição; mas (note-se bem) não se lhe impôs a lei de não casarem-se, mas só de tornarem ao estado de leigos, se o fizessem. Até aqui vemos diferença, mas não vemos nenhuma contradição com o Evangelho e a doutrina do apóstolo. A Igreja do Oriente, mais obediente aos concílios que aos papas, até hoje se conserva nesta disciplina; à exceção somente dos bispos, que como príncipes da Igreja, os quer ver ordenados de toda a perfeição evangélica; e para isso vai aos mosteiros buscar celibatários de profissão, que por longos anos habituados à continência, e já pela idade avançada ao abrigo das paixões, dão esperança de conservarem-se à morte (e não porque todos os sacerdotes são casados, como aereamente afirmou o sr. pe.). A Igreja Latina, por causas que todo mundo sabe (à exceção do sr. pe.), foi sucessivamente alterando esta disciplina; já proibindo ordenarem-se homens casados; já exigindo dos mesmos casados a abstinência de suas mulheres; já depondo os que se casavam depois de ordenados; já enfim anulando o casamento dos padres; e quando, sr. pe.? No século XI? E por quem, sr. pe.? Por um papa, que tinha poder para depor os mesmos reis!!! E esta é a disciplina da instituição apostólica, e que se deve conservar!!!

A tudo isso porém repete o sr. pe. o que já estamos cansados de ouvir aos defensores do celibato: Que esta lei é muito honrosa para a religião, que conta no seu seio tão grande número de celibatários (sejam ou não continentes, pouco lhe importa: que impiedade!). Como se permitir aos padres o matrimônio seja o mesmo que proibir-lhes a continência. Continua. Que o padre solteiro está livre dos cuidados do século, desembaraçado para servir a Deus etc. etc.; não se lembrando porém o sr. pe. que quando São Paulo exige que o bispo tenha filhos bem educados, e saiba reger a sua casa, o supõe necessariamente ligado aos deveres de uma família, que o zelo do sr. pe. lhe quer poupar. Como se o padre por ser padre *deva abandonar pai, mãe, irmãos, amigos, e mulher*, como literal, e impiamente entendeu v. rvma. o Evangelho, imputando assim a J. C. uma doutrina absurda, e contraditória a todas as suas máximas. Eis o mal de quem copia, sem entender, opiniões alheias. Talvez que consultando a própria razão, viesse a perceber que o dito Mestre nada mais quis nos ensinar com aquelas palavras, do que a obrigação de estarmos dispostos aos mais penosos sacrifícios, quando forem necessários para obedecer a sua vontade.

Diz mais o sr. pe.: Que os padres gregos, e protestantes vivem em profunda miséria por serem casados — eis outra solene parvoíce. Quando um efeito pode nascer de muitas causas, não é para qualquer descobrir a verdadeira; mas cumpre saber que os padres gregos e protestantes não são mais pobres que os latinos, os quais temos visto mendigar muitas vezes; e podemos afirmar que conhecemos alguns que poderiam subsistir decentemente se legítimas esposas evitassem prodigalidades, que a fraqueza, ou a paixão ocasionam. O que o sr. pe. devia confessar, ainda que com vergonha nossa, é a moralidade do clero protestante. Com efeito, se os padres protestantes oferecem o tocante quadro de tantas virtudes morais, apesar de destituídos de graça de N. são por se acharem fora da verdadeira Igreja, e talvez somente por lhes ser livre o matrimônio; que prodígios da santidade não apresentaríamos nós, se tivéssemos igual permissão, e ajudados da graça de Deus!

Diz o sr. pe. que não tive razão de queixar-me da falta de liberdade de imprensa, do horror ao Santo Ofício, e da proscrição de livros opostos às máximas ultramontanas; e que tais queixumes estão muito safados etc. Tal é o ódio que v. rvma. tem ao sistema liberal, que a nação adotou à imitação de tantos Estados, que florescem, e cada dia se tornam mais felizes com ele! A sua mesma ignorância nesta matéria provou assaz a verdade da mesma asserção; porque em verdade se em tudo o mais v. rvma. proferiu parvoíces, avançou absurdos, e cometeu impiedades, quando tratou do matrimônio disse tais disparates e despropósitos, que umas vezes me excitaram a riso, e outras a compaixão; e o mais é, que se o sr. pe. fosse capaz de imputação, seria responsável por muitas proposições anti-religiosas, anárquicas, e anti-sociais, que proferiu nessa ocasião. Como v. rvma. porém, ou não pode entender-me, ou não pôde refutar minhas razões; e vergonhosamente confessa *que deixa intacto o meu parecer*: votando ao desprezo, que merecem, as suas injúrias e insultos, apenas para que o público melhor o conheça, direi alguma coisa sobre as asneiras mais salientes, que ali encontro; certificando-lhe desde já que v. rvma. desempenhou no pé da letra o dito do apóstolo: *Que muitos reputam blasfêmia tudo quanto ignoram.*

Tomado de um orgulho insano, exclamou o sr. pe. que eu errava na inteligência que dava às palavras de J. C.: "O meu reino não é deste mundo", para fazer notar que a autoridade da Igreja é só especial e não temporal. Sr. pe., v. rvma. é quem erra miseravelmente com os seus papistas, quando não quer entender o texto, segundo o entendeu toda a Antigüidade ilustrada, e com ela os mais hábeis intérpretes da Sagrada Escritura.

Saiba que J. C. não veio a este mundo para dar leis aos Estados. Ele foi o primeiro em obedecer às leis civis; jamais se quis intrometer no governo temporal. Não apareceu na qualidade de monarca, mas na de sacerdote supremo, aperfeiçoando a lei escrita; instituindo sacramentos e ministros para os administrarem. O Messias, cujo reino é deste mundo, e criado de glória, força e esplendor, que tem por fim debelar os inimigos do povo de Deus, e sujeitar-lhe todas as nações da terra, isto é: Messias que v. rvma. pinta em sua imaginação é o Messias que os judeus ainda esperam; mas não é o Messias que os cristãos adoram. Sabemos todos que J. C., enquanto Deus, é Senhor do Universo: é quem o rege, o dirige, segundo a Sua vontade; mas a Sua missão, como Cristo, não foi para fundar impérios, nem fazer constituições políticas, nem reformar os códigos civis das nações: esse poder já desde o princípio das sociedades estava concedido às mesmas, e ainda hoje a elas privativamente compete constituírem-se e regerem-se, não segundo as leis da Igreja, mas segundo os princípios da sociedade. Portanto não podem os ministros de J. C., instituídos para administrar sacramentos, e ensinar as verdades reveladas, intrometer-se a legislar nos negócios civis, ou políticos, quais são, entre outros, as convenções matrimoniais: e todos os monarcas sabem hoje que a Igreja não pode legislar sem seu consentimento nas matérias, que de qualquer modo estejam sujeitas à sua jurisdição. Aqui grita o sr. pe.: Heresia! Libertinagem! Etc., etc., etc.

Com efeito, sr. pe., veja agora se tive razão de atribuir a ignorância destas matérias à falta de liberdade de imprensa, à proscrição de livros opostos às máximas ultramontanas etc., e note a sua pueril afetação, quando disse que eu acarretara autoridades e opiniões já muito sabidas. Eu mesmo disse que eram sabidas de muitos, e já velhas para o resto do mundo; mas novas, e até incompreensíveis a v. rvma., que ou por falta de capacidade mental, ou por nímio escrúpulo não leu, ou não entendeu a esse Pereira, que citou, como exemplo de autor livre de ultramontanismo; porquanto se lesse a sua *Análise da profissão de fé*, ali encontraria: *Que o Concílio Tridentino não decidiu dogmaticamente a questão dos impedimentos do matrimônio* etc. etc. como eu demonstrei no meu voto. Ali acharia que perto de cinqüenta doutores da Universidade de Coimbra juraram: *Que por constituições eclesiásticas não se entendiam muitos absurdos, que nelas se continham, nem as decretais falsas, nem muitos decretos ainda de concílios gerais etc.* Ali encontraria estes oráculos de Pereira: *Que só se devem entender por observâncias e constituições da Igreja as que os concílios gerais tiverem publicado em matérias de edificação, e de reforma de costumes; e que como tais se acharem geralmente aceitas, e recebidas em todo o cristianismo...* Que é uma doutrina corrente dos teólogos, conhecida, e aprovada pelo grande Cano; que no constituir leis sobre matérias de puro governo humano, e de nenhuma sorte reveladas, pode errar todo um concílio geral, por defeito ou do entendimento ou da vontade; e que nos juízos que dependem da combinação de circunstâncias, pode suceder faltar a um concílio geral a madureza, e prudência, que se requer em toda a legislação pública. Agora, sr. pe., se v. rvma. sabe tirar conseqüências, veja se todo o meu voto está ou não concluído nestes princípios. Mas já estou ouvindo vociferar desta sorte: "O Pereira é herege, suas obras foram proscritas em Roma. Eu só creio no papa; portanto se ele me dispensar de obediência ao imperador em boa consciência o desobedecerei; e se o imperador favorecer a heresia do deputado Feijó, que sustenta contra o Concílio de Trento, que pertence ao poder temporal dispensar, ou revogar o impedimento da ordem para o padre validamente contrair matrimônio, eu mostrarei a todo o brasileiro que o imperador, *co ipso*, está deposto do trono, e privado dos seus Estados; por que assim o declara Paulo IV na bula *Cum ex, Apostolatus Officio*, e esta tem sido a prática da Igreja.

Que bela doutrina, sr. pe.! Tão concorde com o Evangelho, e com a tranqüilidade pública! Ó liberdade de imprensa! Apesar de detestada pelo sr. pe. Luiz Gonçalves, tu és hoje a sua salvaguarda! Sim, sr. pe., se estivéramos noutro tempo, o governo já o teria obrigado a retratar-se, ou a ir engrossar o número dos vassalos de São Pedro; pois tais são as monstruosas conseqüências, que naturalmente dimanam dos seus princípios, professados, e defendidos no celebérrimo folheto *O Celibato* etc.

Quem quererá pois perturbar a tranqüilidade pública? Quem sustenta a verdadeira autoridade do poder temporal contra as usurpações da Igreja, e quem prova a necessidade de derrogar-se uma lei da sua competência; ou quem quer sustentar e defender essas usurpações, e a continuação de uma lei, que há quinze séculos produz a imoralidade nos ministros da religião, com manifesto escândalo dos homens de bem, e prejuízo da sociedade?

Sr. pe., *foram os votos separados dos que se separam da Igreja* que inundaram a Europa em sangue por causa de investiduras? Para sujeitar uns às opiniões de outros? Foram votos separados, que depuseram monarcas; lançaram interditos em seus Estados? Foram votos separados, que descasaram soberanos, e levaram a guerra, a morte, e o extermínio aos confins da África? Sr. pe., a ignorância, a perseguição, o espírito de intolerância, o fanatismo, a superstição são os verdadeiros agentes destas calamidades. A religião é santa: detesta semelhantes procedimentos. Os ministros dela, que são homens, e muitas vezes tolos, presumidos, atrabiliários são os que se valem do pretexto da religião para cevarem o seu mau gênio. Contra estes é que devemos todos gritar: Alerta! Alerta!

O sr. pe. esquecido de que com o seu folheto fizera um verdadeiro *Libelo famoso*, e de que com as expressões, com que tão caritativamente honrou a seus irmãos, se declarou hostil à religião que diz defender, a qual manda amar até os próprios inimigos, e não chamá-los *debochados, epicureu, lobos de Satanás, pirilampos do inferno, filhos de Belial, ateus, incrédulos, libertinos,* etc., nem consente que gratuitamente se atribua ao próximo fins sinistros, como faz v. rvma. chamando aos que requerem a abolição da lei do celibato *perturbadores da ordem social, civil, e religiosa, desavergonhados anarquistas, liga para lançar por terra o trono e o altar etc., etc.,* de repente se tornou tão abrasado de caridade pelo frágil cardeal, cujo nome por decência ocultei; que para defendê-lo não duvidou chamar-me caluniador, e por quê? Por não lhe contar o autor, por quem eu soube do fato; pois eu satisfaço a sua curiosidade. Consulte por enquanto a estes quatro: Hovedin, Hutingdon, M. Paris, M. Wertin. E quando tenha medo de os ler, e obstinado afirme ser falso o acontecimento por ser impossível, e impraticável a uma eminência, escolha para substituí-la entre seis ou sete santidades, que provaram com o seu público exemplo a necessidade da abolição da lei do celibato; e quando ignore os seus nomes, eu lhes direi, e apontarei autores, que sem escrúpulo poderá consultar.

Espantado o sr. pe. com os luminosos princípios do meu voto separado, suas exatíssimas conseqüências, e provas irrefragáveis, tomou o ridículo expediente de asseverar em geral *que tudo quanto eu dissera fora bebido em fontes venenosas de hereges, e canonistas jansenistas.* Eis aqui que o diz São Paulo: *Alguns reputam blasfêmia tudo quanto ignoram.* Com efeito, bastavam estas duas asneiras, independentes da sua própria confissão, para provar-se até canonicamente a sua ignorância, e nenhum conhecimento em jurisprudência eclesiástica. Diga-me, sr. pe., há jansenismo em cânones? Que parvoíce! Os autores citados no meu voto são hereges! O Evangelho, os apóstolos, concílios, santos padres, escritores ortodoxos, só porque v. rvma. tem a infelicidade de não os ler, ou não os entender, são hereges! Que impiedade! E ainda quanto me tivesse servido da autoridade de escritores hereges (como v. rvma. o fez) segue-se que tudo quanto diz um herege é heresia? Semelhante modo de raciocinar é privativo do sr. pe., é o *suprasummum* da ignorância.

Saiba pois sr. pe. que ainda quanto todo quanto eu disse no meu voto separado, se fundasse somente na autoridade de Gmeiner, só este autor valia por todos os ultramontanos, papistas, e fanáticos, que v. rvma. consultou, e pode consultar. Gmeiner, sr. pe., é católico, não estudou religião por escolásticos, mas nas verdadeiras fontes das verdades católicas: escreveu num país católico, bem vizinho do papa, e onde se estuda, e se sabe o que é religião católica: é um lente público de história eclesiástica; sua teologia, suas instituições canônicas são adotadas talvez em todas as academias católicas da Alemanha, e nessa Universidade de Coimbra, onde os lentes fazem profissão da fé católica, onde um bispo católico é reitor, e um monarca fidelíssimo à Sé de Roma preside, e rege.

Saibam pois os doutores católicos da Alemanha, e Portugal, que Gmeiner está prescrito, e condenado por herege, libertino, debochado etc. etc. no tribunal do sr. pe. Luiz Gonçalves; e que portanto são hereges todos os que lêem; e seguem sua doutrina; e que igualmente são libertinos, debochados perturbadores da ordem social os papas, bispos, monarcas, e todos, de que fiz menção no meu voto, que desejaram, e requereram a abolição do celibato clerical. Ora, isto faz rir!!

À vista de tudo isto, sr. pe., ainda teme algum cisma, se a Assembléia Geral do Brasil usar do seu direito, derrogando uma lei temporal, que impede o casamento de uma classe de cidadãos; e que ocasiona a imoralidade na sociedade?

D. João IV não temeu cisma, quando ameaçou a Sé de Roma restituir à Igreja lusitana a antiga disciplina. Não temeu d. José, quando esteve resolvido à mesma coisa. Não temeu d. João VI quando mandou romper com a Cúria romana, se recusasse passar letras de confirmação sem cláusula a um bispo por ele nomeado; e protestar que faria restabelecer a antiga disciplina nos seus Estados. Sr. pe., estes monarcas católicos, que apenas principiavam a conhecer a autoridade do poder temporal em matéria de disciplina eclesiástica, não temeram cisma; e temerá a nação brasileira, certa, como está, do seu poder ilimitado em matérias temporais, e que de nenhuma sorte podem ofender o essencial da religião, que professa? Deixemos, sr. pe., de imposturas, ameaças, profecias. Os papas e os soberanos conhecem hoje bem os limites do seu poder.

E será querer com a faca aos peitos arrancar do papa a revogação da lei do celibato? (o que eu não disse) ou será ainda uma condescendência aos princípios, que o sr. pe. professa, o suplicar o governo à Sé de Roma aquilo que não depende senão de sua vontade? Sr. pe., se não quer ler a Regier, Gmeiner, ao mesmo Pereira e Pascoal sobre os direitos dos príncipes sobre a disciplina da Igreja, leia Eybel, que nele achará o seguinte: *Omnia ea, quae Religioni arbitrio hominum advenere, et accidentalia vocentur, quam primum Reipublicae nociva esse incipiunt, porro Religiosa non esse* (N. B.) *et illico jussu Principe, cujus solius esse nociva Reipublicae cognoscere, e Republica eliminari.* Introd. *in* jus ecl. catho. t. 1, liv. 1, cap. 6, § 101.

Será pois o meu voto a boceta de Pandora, que v. rvma. quer que se conserve fechada por amor da pátria? Que belo amor de pátria, sr. pe.! O meu voto tem por fim ilustrar o povo com verdades sólidas, e com a proposta de medidas decisivas, que o mesmo povo apetece à vista dos escândalos de que é testemunha; e ao mesmo tempo confundir a ignorância e o fanatismo dos que se metem a falar em matérias, que confessam ignorar. Facho da discórdia é o seu folheto, que não tem outro destino que criar o fanatismo, e espalhar na sociedade o espírito de perseguição; mas engana-se. O mundo já está cansado de ver derramar o sangue humano para obrigar consciências. Hoje ele quer somente ser ilustrado. Se temos zelo pela religião, e caridade para com o próximo, façamos bela e amável a mesma religião, removendo as causas que inutilizam ou desacreditam os seus ministros. Enfureça, brame, e despreze: morrerá confundido; e não conseguirá ver ateadas as fogueiras do Santo Ofício, nem fulminados os raios do Vaticano contra quem respeita o primado de São Pedro, o dogma, e a moral da religião católica.

Basta. Para quem for capaz de nos entender o meu voto separado e a sua celebérrima defesa do celibato confrontados devem produzir o juízo, que ambos merecemos. Para o incauto e sincero povo, as injúrias, insultos, e calúnias espalhadas no seu folheto farão conhecer qual de nós quer atrair sobre o Brasil as maldições do Céu: se eu procurando arredar o crime, restituir à humanidade seus direitos, e ao eclesiástico a necessária estima, e consideração que v. rvma. apesar do seu inculcado zelo da religião, que dizendo seu próximo, e tolerando o concubinato; dando-se por satisfeito com a hipocrisia de uns, com a impostura de outros, com a continência de raros, e com o escândalo de muitos?

Ah! Sr. pe., se o escândalo é, como definem os teólogos, a ocasião de pecar; e sendo v. rvma. quem protege essa ocasião, querendo até perpetuá-la, não contente com os males de quinze séculos, com quanta maior razão devo eu exclamar: *Vae homini illi, per quem scandalum venit!*

Peço ao leitor me queira relevar o estilo desta carta. Confesso que é contra os meus princípios e a minha educação a acrimônia, que nela respira; mas atacado com as armas aguçadas do odioso, pelo qual se pretendeu não combater minhas opiniões, mas fazer suspeitosa minha religiosidade, e por isso execrável a minha pessoa; forçoso me foi pesar algumas vezes a pena sobre a capacidade mental do indivíduo que me acometeu; mas ainda assim trabalhei por não faltar às leis da decência, nem às regras da moral.

[Assinatura.]

*Coleção*
*Formadores do Brasil*

*Direção geral*
Jorge Caldeira

*Conselho editorial*
Boris Fausto
Evaldo Cabral de Mello
Fernando Novais
José Murilo de Carvalho
Sergio Goes de Paula

*Edição de texto*
Claudio Marcondes
Gabriela Nunes Ferreira

*Secretaria editorial*
Assahi Pereira Lima

*Pesquisa em arquivos*
Magda Maria de Oliveira Ricci
Patrícia Ferreira Souza Lima

*Transcrições*
Márcia Bueno dos Reis Rial

*Projeto gráfico original*
Carlos Azevedo

*Coleção*
*Formadores do Brasil*

Diogo Antônio Feijó
*Organização e introdução de Jorge Caldeira*

Bernardo Pereira de Vasconcelos
*Organização e introdução de José Murilo de Carvalho*

Visconde de Cairu
*Organização e introdução de Antonio Penalves Rocha*

Hipólito José da Costa
*Organização e introdução de Sergio Goes de Paula*

Frei Joaquim do Amor Divino Caneca
*Organização e introdução de Evaldo Cabral de Mello*

Visconde do Uruguai
*Organização e introdução de José Murilo de Carvalho*

Zacarias de Góis e Vasconcelos
*Organização e introdução de Cecilia Helena de Salles Oliveira*

José Bonifácio de Andrada e Silva
*Organização e introdução de Jorge Caldeira*

Marquês de São Vicente
*Organização e introdução de Eduardo Kugelmas*

ESTE LIVRO FOI COMPOSTO EM COCHIN PELA
BRACHER & MALTA, COM FOTOLITOS DO BU-
REAU 34 E IMPRESSO PELA BARTIRA GRÁFICA
E EDITORA EM PAPEL PÓLEN SOFT 80 G/M$^2$
DA CIA. SUZANO DE PAPEL E CELULOSE PARA
A EDITORA 34, EM DEZEMBRO DE 2002.